BIBLIOTHÈQUE DES RELIGIONS COMPARÉES

L'INDE
APRÈS LE BOUDDHA

Par E. LAMAIRESSE

Ancien ingénieur en chef des établissements français dans l'Inde

---

PARIS

GEORGES CARRÉ, ÉDITEUR

58, RUE SAINT-ANDRÉ-DES-ARTS, 58

—

1892

L'INDE

APRÈS LE BOUDDHA

BIBLIOTHÈQUE DES RELIGIONS COMPARÉES

L'INDE
APRÈS LE BOUDDHA

PAR

LAMAIRESSE

ANCIEN INGÉNIEUR EN CHEF DES ÉTABLISSEMENTS FRANÇAIS
DANS L'INDE

PARIS
GEORGES CARRÉ, ÉDITEUR
58, RUE SAINT-ANDRÉ-DES-ARTS, 58

1892

L'INDE APRÈS LE BOUDDHA

LIVRE PREMIER

Depuis le Bouddha jusqu'à Asoka (543 à 276 avant J.-C.)

CHAPITRE PREMIER

PÉRIODE HISTORIQUE DE RÉNOVATION RELIGIEUSE

La prédication du Bouddha pour substituer l'altruisme et le prosélytisme à l'égoïsme religieux et social, n'était point un événement isolé et borné à l'Inde, mais seulement la manifestation la plus éclatante d'un travail ou mouvement général dans l'humanité qui se révèle presque partout à partir environ de l'an 1000 av. J.-C. Le point de départ, tout semble le prouver, fut l'Egypte dont les prêtres ont eu seuls une serie de siècles de loisir et de retraite pour approfondir dans le secret, avec une transmission héréditaire continue, tous les problèmes religieux.

D'après Dollinger, la doctrine secrète de Thèbes ou de Memphis se divisait en trois degrés :

1° Le dualisme ou le dogme des deux principes ; après avoir adoré dans le démonisme les génies du bien et du mal représentant les forces naturelles bienfaisantes et malfaisantes, la tendance vers l'unité qui nous est naturelle et l'esprit de synthèse propre aux penseurs et aux savants, avaient conduit les prêtres d'Egypte à réunir en un seul principe ou une seule personne toutes les forces bienfaisantes, et en un principe opposé toutes les causes du mal ; ce dut être la première doctrine secrète. Elle n'impliquait aucun culte particulier et elle pouvait tolérer l'idolâtrie populaire.

2º Le Zéobatisme, espèce de Panthéisme naturaliste. En Egypte, comme dans l'Inde, la force de beaucoup d'animaux supérieure à celle de l'homme alors mal armé, et la puissance irrésistible de la nature animale par le nombre, comme par exemple celle des sauterelles, portèrent les peuples à diviniser les animaux, à leur faire des sacrifices pour les appaiser. De là le Panthéisme naturaliste des prêtres. Les Egyptiens adoraient les animaux comme étant des incarnations de la divinité. On retrouve, même aujourd'hui, cette idée dans l'Inde qui a une espèce d'animaux sacrés et divins dans chaque *genre*, par exemple, le Milan *brame*, l'espèce la plus belle, que les Indiens recueillent et nourrissent dans leur vieillesse.

Lorsqu'on voit au musée de Boulacq le nombre infini d'animaux de tout ordre qu'adoraient les Egyptiens et lorsqu'on songe, en même temps, à la prodigieuse animalité de l'Egypte et à l'antiquité presque insondable de sa civilisation, on ne peut s'empêcher d'admettre, ainsi que l'écrivait Hérodote, en l'an 455 avant J.-C. qu'elle fut le berceau de la métempsycose, avec le dogme de l'Individualité de l'âme Immortelle, bien reconnu par les prêtres d'Egypte sous le second empire et proclamé par le Bouddha.

3º Le troisième degré de la doctrine secrète était le Hiohahisme (ressemblance de nom avec Jéhovah) ou le culte unique d'un Dieu indépendant du monde matériel. — « Les Inscriptions », dit Mr de Vogué, démontrent, qu'au fond de la religion Egyptienne et malgré les apparences contraires, il y a la croyance au Dieu unique et éternel. Moins personnel que celui de la Bible et surtout moins distinct de la matière créée, le Dieu Egyptien est pourtant incorporel, invisible, sans commencement ni fin. Les innombrables divinités du Panthéon sont les attributs personnifiés, les puissances divinisées de l'Etre incompréhensible et inaccessible. Cause et prototype du monde visible, il a une double essence ; *il possède et résume* les deux principes de toute génération terrestre, le principe mâle et le principe femelle. C'est une dualité dans l'unité ; conception qui, par suite du dédoublement des symboles, a donné naissance à la série des divinités femelles ».

La doctrine du Hiohahisme ainsi commentée, nous donne, par son alliance avec le Panthéisme, les systèmes Indiens ; détachée au contraire de lui et spiritualisée, elle devient le monothéisme sémitique. L'historien Juif Joseph raconte que Moïse avait épousé la fille du roi d'Abyssinie et Joseph le fils de Jacob, l'esclave de Putiphar, la fille du grand prêtre d'Héliopolis.

L'ensemble des avis et des témoignages qui viennent d'être cités donne lieu de penser que l'Egypte a fourni le germe de toutes les grandes doctrines religieuses y compris le dualisme Iranien.

A cause de la facilité avec laquelle de petites embarcations peuvent se rendre de Suez dans l'Inde en suivant les côtes de la mer Rouge, ainsi que nous l'avons vu faire encore aujourd'hui par des chaloupes Arabes, il y a eu, de toute antiquité, des relations constantes entre l'Egypte et l'Inde. — Suivant Mr de Maspero la reine Hatasou appartenant à la XVIIIe dynastie des Pharaons envoya une flotte pour prendre la terre de Pount située à mi-chemin entre l'Inde et l'Asie sémitique où les vaisseaux Hindous venaient apporter les richesses du Dékan. En même temps, les Phéniciens servaient de trait d'union entre toutes les parties du monde alors connu.

Selon toute vraisemblance, il y eut une importation des doctrines et de la civilisation de l'Egypte dans l'Inde avant l'élaboration des six grands systèmes Orthodoxes ; et à leur tour les Aryens de l'Inde et de l'Iran réagirent sur l'Occident, d'abord avant la venue du Bouddha ; puis, après sa mort, par l'expansion sans limites de l'Apostolat bouddhique. Les Assyriens, en déplaçant et dispersant au loin des peuples captifs, avaient déjà préparé une fusion des mœurs et des idées. L'Empire Médo-Perse qui embrassait l'Egypte et la Palestine relia la Grèce et l'Inde dont il occupait les provinces extrêmes et s'étendit jusqu'aux confins du monde de la Chine ; de là les théories Indiennes que l'on trouve dans la métaphysique de Lao Tseu ; de là les emprunts qu'Orphée a faits à l'Inde et à l'Egypte pour ses mystères et ceux d'Eleusis et pour les règles de l'Initiation.

D'après lui, livres VII et VIII, le monde terrestre est l'enfer ; le séjour de l'expiation en même temps que de l'épreuve.

Le fonds des mystères, c'est le dogme des vies successives ; les différents grades de l'initiation sont les symboles des divers degrés de la vie future, de même que Bouddha avait des grades de perfection se correspondant sur la terre et dans les sièges ou séjours supérieurs. Dans les mystères anciens et modernes, il est défendu à l'initié d'un grade de pénétrer les secrets du grade supérieur avant d'y être promu. Cette interdiction est la condamnation implicite du suicide. L'homme ne peut s'affranchir volontairement du degré terrestre de l'initiation. Le même motif de condamnation du suicide existe dans le Bouddhisme, tandis que le Brahmanisme y excite les fanatiques. — On voit là encore ce qui forme la différence radicale entre le Brahmanisme et le Bouddhisme ; la croyance de ce dernier à l'individualité de l'âme immortelle. C'était évidemment aussi la différence radicale entre la religion des mystères qu'on peut considérer comme se confondant avec la doctrine des philosophes (Socrate, Platon etc.,) et la religion payenne. De là la haine populaire contre les Initiés et les philosophes. On peut remarquer d'ailleurs que cette question se lie à celle du sacrifice des victimes. La glorification du suicide se trouve dans toute religion où le sang des victimes est considéré comme agréable à la divinité. La philosophie Sankya qui a eu l'immense mérite d'établir bien nettement pour la première fois dans l'Inde, l'individualité de l'âme Immortelle, a rejeté presque absolument le sacrifice.

Les degrés de l'initiation variant suivant les progrès et la valeur de l'Initié, on en déduisait le principe : la récompense est proportionnelle aux mérites. C'est encore le principe bouddhique pour la hiérarchie religieuse et pour le classement dans la vie à venir. Même, nous verrons plus loin le Bouddhisme admettre qu'il devait y avoir trois credo différents pour trois états échelonnés d'instruction et de perfection.

La religion des mystères inspira toute la philosophie Grecque depuis Pythagore. Ses dogmes se propagèrent dans la Sicile et l'Italie et jusqu'en Gaule où ils furent vraisemblablement apportés d'Egypte par les Phéniciens. Selon Jean Reynaud, les Druides empruntèrent beaucoup aux Perses, notamment la doctrine de la transmigration des âmes que César leur attribue dans ses commentaires.

Ainsi s'étendait partout la lutte plus ou moins ouverte entre le naturalisme ou polythéisme d'une part, et de l'autre la doctrine de la délivrance, de l'affranchissement graduel des âmes individuelles et immortelles.

Le massacre des mages par Darius fils d'Hystape fut le triomphe de Zoroastre sur le Démonisme et la Magie; mais le polythéisme grec, ennobli par l'art, résista, bien que miné par la philosophie, et ne céda qu'au Christianisme. Avant de reprendre l'histoire religieuse de l'Inde, il convient d'indiquer sommairement ce que cette contrée a inspiré aux plus beaux génies de la Grèce et surtout à Pythagore qui prit le premier le titre de philosophe au lieu de sage (φιλο-σοφια ami de la connaissance) équivalent de bodhi-sattva). Si son entreprise n'avait pas été étouffée dans le sang, on aurait pu l'appeler le Bouddha grec; son nom ressemble singulièrement à *Bouddha gourou*.

Né en l'an 570 avant J.-C. et probablement contemporain du Bouddha, il personnifie en Grèce les doctrines de l'Inde, fusionnées avec celles de l'Egypte, et forme par cela même trait d'union entre les Aryens de la Grèce et de l'Inde et les Sémites de l'Egypte et de l'Asie.

D'après Dollinger Pythagore emprunta la métempsycose aux mystères d'Egypte, l'astronomie à Babylone, la purification à la Perse. Il naquit d'un riche marchand en Phénicie à Sidon, alors la ville cosmopolite par excellence, il eut pour maîtres successivement Phérécide le Syrien, le médecin Anaximandre et enfin Thalès de Milet qui l'engagea à se rendre en Egypte pour étudier sous les prêtres de Memphis. Sur sa route, il s'arrêta au mont Carmel où il y avait un couvent d'hommes; c'étaient les prophètes successeurs de Moïse qui prenaient le nom d'Essayius dont on a prétendu que l'origine est bouddhiste, Mr Mislin a vu des restes de ce couvent; c'étaient des cellules disposées autour d'une cour centrale.

Pythagore resta en Egypte 22 ans à étudier les mathématiques, l'astronomie et la doctrine Secrète (Initia). Il fut emmené captif à Babylone par un soldat de Cambyse et, selon Anquetil Dupéron, y suivit les leçons de Zoroastre qui, alors, avait un corps de prêtres à Balk. Ce récit est confirmé par Porphyre qui assure que Pythagore étudia aussi avec les Chaldéens et les Hébreux.

De retour à Samos à l'âge de 56 ans, il essaya d'enseigner par des symboles, c'est-à-dire d'inaugurer le religion des mystères pour des Initiés, avec des représentations symboliques susceptibles d'une double interprétation, l'une commune pour le vulgaire et l'autre secrète. Ayant échoué dans cette tentative à Samos, il quitta cette île et se rendit à Crotone dans la grande Grèce (Sicile). Il eut dans cette ville jusqu'à 600 disciples qui avaient tout en commun ; de là leur nom de Cénobites (κοῖνοσ βιοσ, vie commune).

Il faisait un choix parmi ceux de ses auditeurs qui désiraient entrer dans la communauté ; il les soumettait à un noviciat de 3 ans, puis à un silence de 5 ans. Il reconnaissait par des épreuves ceux qui étaient capables de garder inviolablement le secret de l'enseignement reçu, et il les admettait comme disciples de l'intérieur. Il rendait leurs biens aux autres non admis.

Il fut ainsi conduit à établir parmi ses disciples deux catégories ; les Pythagoriciens et les Pythagoristes. Les premiers qui avaient la vie et les biens communs pendant toute leur vie étaient des modèles de perfection que les seconds imitaient de loin, gardant leurs biens séparés, mais se réunissant dans un même lieu pour l'étude. (C'est à peu près la division des Bouddhistes en religieux et simples dévots).

Il y avait deux formes de philosophe ou deux sortes de disciples ; ceux qui apprenaient par démonstration (μαθη-ματικοι de μαθειν apprendre, les hommes de science) et ceux qui se contentaient de la tradition et de l'enseignement sans démonstration (ακουσματικοι ceux qui écoutent c'est-à-dire reçoivent de confiance la parole du maître, les hommes de foi). Les premiers refusaient aux seconds le titre de Pythagoriciens, de même que Kapila n'admettait la tradition ou l'autorité du témoignage qu'en l'absence de la démonstration logique. C'est sans doute dans ce sens que Platon a écrit : θεοι μεν αυτοι μαθηματικοι, les dieux eux-mêmes sont logiciens.

Il y avait entre tous les disciples une exhortation réciproque à accomplir la loi, à repousser toute transgression ; ils s'aidaient les uns les autres à vaincre la tristesse, la colère, la haine etc. C'était une fraternité complète dont l'exemple n'avait encore été donné nulle part.

Les Pythagoriciens devaient, en rentrant dans la maison, se poser ces trois questions : Quelle faute ai-je commise ? Quel bien ai-je fait ? Quels devoirs ai-je omis d'accomplir ?

Au nombre de ces devoirs étaient la dignité et la tenue ; les disciples devaient porter la robe blanche et pure en laine comme les prêtres d'Egypte. C'était peut-être aussi une imitation des Brahmes.

Pythagore prescrivait : le respect des parents, l'équité et la bienveillance envers les égaux ; envers les jeunes gens, la douceur et des admonestations *toujours paternelles* ; — *l'amitié de tous pour tous :* des dieux pour les hommes et des hommes pour les dieux par la piété et la science contemplative, de l'âme envers le corps, des hommes entre eux, citoyens et étrangers (charité universelle), du mari envers sa femme, des frères entre eux ; de tous entre eux et même envers les animaux par la justice et la bonté ; enfin de l'homme envers lui-même par la paix et l'harmonie de ses sens et de ses facultés.

Il donnait à tout cela le nom *d'amitié*. Il appellait aussi l'amitié égalité, parce que des amis doivent tout se partager.

A ses yeux les femmes étaient presque des êtres privilégiés. « Il a vu dit-il, tourmenter dans les enfers ceux qui tourmentent leurs épouses. »

« Les femmes ne doivent dire que des paroles agréables » (renouvelé de Manou).

« A cause de leur piété, elles doivent toutes avoir un surnom divin : la vierge *Coren* ; la mariée Nymphe ; celle qui a eu des enfants, en dialecte dorique Maya (matrem), nous retrouvons la Maya-Aryenne.

L'institution et la doctrine de Pythagore étaient admirables, mais peu conformes au génie grec amoureux de la forme et dont l'idéal était tout extérieur. Le principal grief qu'on eut contre lui fut le secret dont il entourait sa doctrine et l'isolement dans lequel ses disciples se tenaient à l'écart de la foule. On les calomnia et on ameuta contre eux la populace qui les massacra. Ils auraient pu échapper à la mort dans leur fuite, s'ils avaient voulu violer leurs préceptes. Une femme s'arracha la langue pour être bien sûre de ne pas dévoiler les secrets de la doctrine.

Les deux amis qui, en se remplaçant comme otages auprès de Denys l'ancien, firent l'admiration du tyran, étaient des Pythagoriciens.

Après la mort de Pythagore, son disciple Thyside qui fût le précepteur d'Epaminondas, mit son enseignement en écrit : voici la doctrine qu'on lui attribue :

L'âme est immortelle ; elle habite diverses espèces d'êtres animés et, après un certain nombre de circuits, elle retourne à son point de départ ; il n'y a point de création, tous les êtres animés sont de même nature.

L'âme humaine se divise en trois, la raison, l'intellect et le cœur (le manas indien). Les animaux ont l'intellect et le cœur, l'homme seul a la raison qui seule est immortelle. Après la mort, l'âme chassée erre dans l'air. Hermés (mercure), gardien des âmes, emmène les âmes détachées des corps, les pures et les purifiées dans un haut lieu, les autres aux enfers où elles sont livrées aux Furies. Tout l'air est peuplé d'âmes, démons et héros, qui envoient ceux-ci la santé, ceux-là la maladie, aux hommes et au bétail. C'est à eux qu'il faut faire les lustrations, les expiations, les divinations et toutes choses du même ordre.

Ce dernier alinéa rappelle les croyances primitives de la cité antique (Coustel de Foulanges).

L'âme est ce qu'il y a d'essentiel dans les hommes pour les porter au bien. *Heureux les hommes auxquels une bonne âme est échue !* (c'est la prédestination brahmanique).

On lui prête d'avoir enseigné que la croyance en un seul Dieu est nécessaire pour la vertu ; ce serait le résultat de son séjour parmi les prophètes du mont Carmel.

Il défendait de jurer par les Dieux. Il prescrivait *d'honorer* d'abord les Dieux, puis les demi-Dieux, puis les parents. — C'étaient donc, comme chez les Bouddhistes, de simples honneurs rendus à des êtres *supérieurs* mais non l'adoration.

Il interdissait les sacrifices sanglants en général ; on ne devait offrir aux dieux que des fleurs, de l'encens, quelquefois des poulets et des petits porcs, jamais de bœufs et de béliers. (On se rappelle que Socrate, le jour de sa mort, fit sacrifier un coq à Esculape [1] ;) on ne de-

---

[1] Les Hébreux paraissent n'avoir sacrifié des béliers et des bœufs que dans les grandes solennités, témoins ces versets du

vait pas manger certaines parties des victimes, la tête, le pubis, les pieds, les entrailles.

Il déclarait que les grands dieux, regardaient plutôt le sentiment de celui qui offre que la valeur de l'offrande ; mais il en était autrement des dieux inférieurs, surtout des dieux infernaux qu'il fallait apaiser avec beaucoup plus de frais. — Il est permis de douter que Pythagore ait fait cette dernière concession aux croyances populaires les plus anciennes.

Il admettait la divination par des augures, des oracles, par l'encens ; si cela est vrai, c'était encore une concession.

Il guérissait ses amis malades par des incantations, et par le chant et la musique. — Emprunt évident à l'Inde.

Les *Pythagoriciens*, disciples du 1er degré, s'abstenaient de toute nourriture animale, à cause de la parenté des hommes et des animaux. Aux adhérents qui n'étaient point cénobites, l'usage de la viande était permis, mais avec exclusion de certains animaux et de certaines parties du corps. Par exemple le poisson et la fève étaient interdits comme impurs, le premier aussi sans doute comme aphrodysiaque.

Il était défendu de faire du mal aux plantes et aux animaux qui n'étaient point nuisibles.

On devait apporter la plus grande modération et retenue dans les plaisirs charnels et s'éloigner des courtisanes.

Il fallait poursuivre trois espèces de choses : l'honneur et la gloire ; — Ce qui était nécessaire à l'existence ; — les plaisirs graves et honnêtes comme ceux représentés par les Muses ; surtout la vérité, *car cela seul rendait les hommes semblables aux dieux.*

miserere : (David) Si voluisses sacrificium, dedissem utique, holocaustis non delectaberis. — Sacrificium deo Spiritus contribulatus..... donec edificentur muri Jerusalem ; tunc imponent super altare tuum vitulos.

Isaïe et les prophètes qui le suivirent condamnent formellement les sacrifices sanglants, contrairement aux prescriptions de Moïse dans la Pentateuque. Ils sont interdits par le Talmud qui forme aujourd'hui la loi.

Pythagore avait plusieurs enseignements suivant la capacité des personnes (comme les Bouddhistes). Il formulait souvent ses dogmes en aphorismes (comme Kapila).

Comme Bouddha, il racontait ses anciennes vies et enseignait que ceux qui sont purifiés peuvent se souvenir des vies antérieures.

La fin de sa philosophie était de détacher l'esprit de ses chaines et de lui rendre une liberté indispensable pour apprendre le vrai et le bien ; — Selon lui, l'esprit voit tout, entend tout ; tout le reste est sourd et aveugle.

Pour Pythagore, la loi des choses est le nombre, objet de la pensée non des sens, et le seul véritable être.

L'unité est le principe des nombres, tous en sortent et y reviennent. Par suite, le principe des êtres est l'un ou la *monade*, d'où sort la Dyade.

La monade est unité, esprit, lumière, perfection, le Bien ou Dieu. La Dyade est le monde, pluralité, matière, ténèbres, imperfection, le Mal. Mais l'opposition du bien et du mal est conciliée par l'union des contraires en Dieu. (Iranien). Puisque tout vient de l'Un ; l'Un enveloppe tout ; la matière est déjà dans la Monade et on trouve encore l'esprit dans la *Dyade*.

A mesure que les nombres s'éloignent de l'unité, et les êtres multipliés de leur principe, ils descendent les degrés de l'imperfection ; mais ils doivent par degrés remonter vers le bien jusqu'au principe ou à l'Un, en se détachant des liens corporels. L'âme s'affranchit non par le suicide ; car elle est immortelle, mais par le renoncement au monde et la contemplation de l'Un poussée jusqu'à son identification avec lui. En quittant le corps, elle peut s'abaisser et descendre dans le règne animal, ou bien restant au même degré, se continuer dans des vies humaines, ou franchir plusieurs degrés et enfin tous les degrés jusqu'à Dieu.

Cette théorie est, sous une forme mathématique, la doctrine Brahmanique et Bouddhiste de la métempsycose.

Pythagore amenait les hommes à la béatitude par la contemplation de la vérité, obtenue par des exercices gradués (Porphyre) (cela est tout-à-fait boudhique). Il y employait les mathématiques.

D'après cet exposé, la doctrine de Pythagore serait un

éclectisme cosmopolite de toute la science religieuse de son époque, dans lequel dominaient les idées Indiennes, et où se faisait déjà sentir le génie Grec. On y trouve la croyance aux esprits, et démons, reste ennobli et spiritualisé de l'Animisme ; la transmigration et la rétribution des œuvres, la division en Cénobites et laïques, conceptions presque exclusivement bouddhistes ; enfin et cela est très remarquable, la croyance en un seul dieu, très vraisemblablement personnel, le dieu des Sémites, déjà providence dans Isaïe et Jérémie et arianisé par les rapports entre la Perse et la Judée. L'Ecole de Pythagore serait ainsi le commencement du Christianisme défini, en se plaçant au point de vue humain : la fusion du Monothéisme Sémitique avec la Métaphysique Aryenne. Socrate et Platon ont développé ce germe fécond, pendant que les grands prophètes d'Israël universalisaient et humanisaient le Judaïsme. Tous, poussés par un courant supérieur, travaillaient séparément à préparer la grande fusion du génie sémitique et du génie Aryen.

Les éléments grecs dans le système de Pythagore étaient la distinction très nette, entre l'âme et la vie ; l'amour de la gloire et des arts ; et surtout l'importance très grande donnée à l'Harmonie et aux nombres, etc.

C'est avec raison que l'on a appelé Pythagore le père de la philosophie grecque, car elle dérive du principe posé par lui : l'excellence de l'âme humaine appelée par sa partie *divine à la science universelle* (théorie de la Sankya et du Bouddhisme) ; elle n'a qu'à se regarder attentivement pour arriver à la vérité (théorie de Lao-Tseu-Chinois). Le γνωθι σεαυτον de Socrate, est une des plus vieilles maximes de l'Inde d'où Pythagore a tiré l'examen de conscience prescrit à ses disciples.

Les Pythagoriciens unirent tout ce qui relève du nombre, l'Astronomie, la musique, l'Arithmétique, la géométrie, l'Esthétique et même la danse.

Platon met dans la bouche de Socrate la doctrine de la rénumération par la transmigration : « ceux qui sont adonnés à la volupté, à la bonne chère, à l'intempérance entrent vraisemblablement dans le corps d'animaux semblables. Et ceux qui n'ont aimé que l'injustice, la tyrannie et les rapines, vont animer des corps de loups d'éperviers et de faucons. Les autres âmes ont une destinée en rapport avec la vie qu'elles ont menée ».

La gloire suprême de Socrate est d'avoir dégagé très nettement les deux idées de l'Immortalité de l'âme et de la Providence.

Au dessus de la métempsycose et d'un enfer temporaire, Platon admet une immortalité spirituelle réservée aux seuls *philosophes* (hommes de science et de vertu) qui consiste non pas à s'absorber en Dieu comme les Brahmes mais à vivre en quelque sorte en société avec lui, à participer de sa pureté, de sa félicité. de sa sagesse — si on remplace ici le mot *philosophes* par celui de saints, on a le paradis des chrétiens. Comme les Hindous, Platon admet des dieux inférieurs ministres ou agents de Dieu (αγγελοι), (les régents du Bouddhisme).

Le secret dont Pythagore, Socrate et les Initiés aux Mystères enveloppaient leurs dogmes, les rendait suspects et antipathiques à la foule et donnaient créance à toutes les calomnies de leurs ennemis. Socrate tomba sous les coups d'Aristophane, victime de la lutte entre le Polythéisme populaire et les Philosophes ou Initiés. Tout en se moquant des dieux, Aristophane défendait la religion officielle dans l'intérêt du parti aristocratique auquel il appartenait. *Ses Oiseaux*, figurant les philosophes, édifient entre le ciel et la terre une cité qui intercepte la fumée des sacrifices, nourriture des dieux, et font capituler Jupiter. On disputait alors à Athènes, comme auparavant dans l'Inde, sur l'efficacité du sacrifice aux Dieux. Aristophane s'attaquait plutôt aux philosophes qu'aux Initiés dont beaucoup appartenaient plutôt aux premières classes. Il dit quelque part : Tous ceux qui participaient aux Mystères menaient une vie innocente et comptaient sur les Champs-Elysés.

Dans sa République, Platon reproche à Hésiode et aux autres poètes leurs fictions sur la vie future et il ajoute : Il y a de détestables théories dans Athènes. Les Prêtres mendiants (αγυπται) assiègent les portes des riches, offrent de leur vendre à bas prix le paradis pour eux et les leurs, quelques crimes qu'ils aient commis, et l'enfer pour leurs ennemis, quelqu'honnêtes qu'ils soient).

Ce texte prouve qu'on faisait alors à Athènes abus de la vie future et que des Charlatans, sans doute venus d'Egypte, exploitaient la crédulité publique ; il pouvait s'y trouver aussi des Mendiants Bouddhistes qu'on confondait avec les Charlatants.

On sait que les Mystères orphéïques et Egyptiens furent portés à Rome, Ciceron et Plutarque les louent. Plutarque dit : Il se commettait des fautes dans les mystères, parce que de mauvais sujets s'introduisaient dans les réunions.

APPENDICE AU CHAPITRE I

Fabre d'Olivet a donné de la doctrine de Pythagore un résumé qui confirme notre appréciation du rôle que ce philosophe a joué dans l'humanisme en général et dans la Grèce en particulier. Nous devons le reproduire parce qu'il est souvent cité :

Pythagore admettait deux mobiles des actions humaines, la puissance de la volonté et la nécessité du destin ; il les soumettait l'un et l'autre à une loi fondamentale appelée la Providence, de laquelle ils émanaient également.

Le premier de ces mobiles était libre et le second contraint : en sorte que l'homme se trouvait placé entre deux natures opposées, mais non pas contraires, indifférentes, bonnes ou mauvaises suivant l'usage qu'il savait en faire. La puissance de la volonté s'exerçait sur les choses à faire ou sur l'avenir : la nécessité du destin sur les choses faites ou sur le passé ; et l'une alimentait sans cesse l'autre, en travaillant sur les matériaux qu'ils se fournissaient réciproquement.

D'après cette doctrine, la liberté règne dans l'avenir, la nécessité dans le passé et la providence sur le présent. Rien de ce qui existe n'arrive par hasard, mais par l'union de la loi fondamentale et providentielle avec la volonté humaine qui la suit ou la transgresse en opérant sur la nécessité.

L'accord de la volonté et de la Providence constitue le bien, le mal naît de leur opposition. L'homme a reçu, pour le conduire dans la carrière qu'il doit parcourir sur la terre, trois forces appropriées à chacune des trois modifications de son être et toutes trois enchaînées à sa volonté.

La première, attachée au corps, est l'instinct ; la seconde, dévouée à l'âme, est la vertu (sans doute la conscience) ; la troisième, appartenant à l'intelligence, est la science ou la sagesse. Ces trois forces, indifférentes par elles-mêmes, ne prennent ce nom que par le bon usage que la volonté en fait, car dans le mauvais usage, elles dégénèrent en abrutissement, en vice et en ignorance. L'instinct perçoit le bien ou le mal physique résultant de la sensation ; la vertu connaît le bien et le mal moraux existant dans le sentiment ; la science juge le bien ou le mal intelligibles qui naissent de l'assentiment. Dans la sensation, le bien et le mal s'appellent plaisir ou douleur, dans le sentiment, amour ou haine ; dans l'assentiment, vérité ou erreur.

La sensation, le sentiment et l'assentiment résidant dans le corps, dans l'âme et dans l'esprit, forment un ternaire qui, se développant à la faveur d'une unité relative, constitue l'homme considéré abstractivement.

Les trois affections qui composent ce ternaire agissent et réagissent les unes sur les autres, et s'éclairent ou s'obscurcissent mutuellement ; l'Unité qui les lie, c'est-à-dire l'homme se perfectionne ou se déprave, selon qu'elle tend à se confondre avec l'Unité universelle ou à s'en distinguer (brahmanique).

Le moyen qu'elle a de s'y confondre ou de s'en distinguer, de s'en rapprocher ou de s'en éloigner, réside tout entier dans sa volonté qui, par l'usage qu'elle fait des instruments que lui fournissent le corps, l'âme et l'esprit, s'inctinctifie ou s'abrutit, se rend vertueuse ou vicieuse, sage ou ignorante et se met en état de percevoir avec plus ou moins d'énergie, de connaître et de juger avec plus ou moins de certitude ce qu'il y a de bon, de beau et de juste dans la sensation, le sentiment ou l'assentiment, de distinguer avec plus ou moins de force et de lumière le bien et le mal ; et de ne point se tromper enfin dans ce qui est réellement plaisir ou douleur, amour ou haine, vérité ou erreur.

L'homme placé sous la domination de la Providence, entre le passé et l'avenir, doué d'une volonté libre par son essence et se portant à la vertu ou au vice de son propre mouvement doit connaître la source des malheurs qu'il éprouve nécessairement et, loin d'en accuser cette même providence qui dispense les biens et les maux à chacun selon son mérite et ses actions antérieures, ne s'en prendre qu'à lui-même s'il souffre par une suite inévitable de ses fautes passées, commises avant ou pendant l'existence présente.

Cette nécessité dont l'homme ne cesse de se plaindre, c'est

lui-même qui l'a créée par l'emploi de sa volonté ; il parcourt, à mesure qu'il avance dans le temps, la route qu'il s'est déjà tracée à lui-même ; et suivant qu'il la modifie en bien ou en mal, qu'il y sème pour ainsi dire ses vertus et ses vices, il la retrouvera plus douce ou plus pénible, lorsque le temps sera venu de la parcourir de nouveau.

Cette citation est la théorie de la métempsychose avec substitution du dogme de la providence justicière au dogme bouddhique du fruit inhérent aux œuvres. C'est le commencement de l'alliance du Monothéisme et de la métaphysique Aryenne.

CHAPITRE II

LE PREMIER CONCILE BOUDDHIQUE

Pour empêcher que la doctrine du maître ne se perdit en mille traditions et interprétations divergentes, et surtout que la discipline ne se relachât parmi les religieux, Kaciapa, le disciple de Bouddha qui avait le plus d'autorité par sa science et sa perfection et que les modernes Bouddhistes appellent le premier patriarche, réunit en Concile, avec l'appui du roi Azadatah, 500 religieux, dans la grotte de Sattapani qui existe encore dans la montagne de Vaihara près de Radzagio.

On posa d'abord et on admit unanimement deux principes :

1º Il n'y a d'orthodoxe que ce qui a été enseigné par Bouddha, et d'obligatoire que ce qu'il a déclaré tel expressément.

2º Tout ce qui est d'accord avec le bon sens, ou en parlant d'une manière générale, avec les circonstances, est d'accord avec la vérité et doit être pris pour guide, et c'est cela seul qu'a pu enseigner Bouddha.

Bouddha avait toute sa vie, insisté sur ces deux principes, en vue de garder ses disciples de l'exagération et des extrêmes dans la conduite de la vie, des subtilités et de l'absolu dans la doctrine.

Mais, à mesure que l'on s'éloigna davantage du point de départ, on interpréta le second principe dans un esprit tout-à-fait opposé et on admit que tout ce qui pouvait par le raisonnement, même le plus subtil et le plus ardu, être déduit directement ou *transversalement* (nous retrouverons cette expression plus loin) de l'enseignement attribué à Bouddha, pouvait être introduit dans la doctrine, ce qui conduisit à des écarts extraordinaires.

Les Brahmes opposés au Bouddhisme s'appuyèrent sur ce principe, admis comme fondamental, pour appeler les religieux Bouddhistes qui ne pouvaient s'y refuser, à des joutes publiques de dialectique où ceux-ci furent défaits, car l'objection est toujours facile et la réfutation difficile et peu de doctrines résistent à une controverse publique et continuelle contre des ennemis acharnés.

Tout le concile adopta par acclamation et répéta jusqu'à ce qu'elles fussent gravées dans la mémoire, les paroles de Bouddha reproduites par Oupali, en ce qui concerne le Vinaïa et les règles de l'Etat Religieux et, pour ce qui regarde à la fois les religieux et les laïques, le Dharma, la Morale Générale.

Quant à la Métaphysique les Cingalais (habitants ou Ecole de Ceylan) admettent qu'elle fut arrêtée par Kaciapa, mais on ne fait remonter généralement qu'au IIe siècle de l'ère Bouddhique, c'est-à-dire après le concile de Vaïçali, les Abidarmas les plus rudimentaires. Un traité spéculatif rédigé par Çariputra (le patriarche) obtint la consécration canonique au 3e concile puisque, dans une inscription de Piadaci, il est indiqué comme faisant partie de la Loi (Bouddhique).

Les promoteurs et les adhérents du 1er concile prirent le nom de Saûtrantikas ou Suttavadas; ils ne reconnaissaient que l'autorité des Sutras et rejetaient celle de l'Abidarma.

Le Pèlerin Chinois Hiouen Tsang rapporte que l'on donna à l'Ecole qui maintint les doctrines sobres et sévères du 1er concile, le nom de Staviras (anciens) par opposition à l'Ecole des Mahasanghikas (la Grande Assemblée) dont il explique ainsi l'origine :

Ceux que Kaciapa avait exclus du concile, se réunirent non loin de là au nombre de plusieurs milles, tant laïques que religieux, et se fondant sur le principe de l'égalité entre tous ses disciples qu'avait admis le Bouddha, ils formèrent une collection qui comprit, outre les 3 recueils admis par le concile, Vinaia, Darma et Abidarma, 2 autres, celui des mélanges et celui des formules magiques.

Très vraisemblablement, les deux derniers recueils, aussi bien que les trois premiers, n'ont été arrêtés dans leur forme définitive qu'après le 2e ou le 3e concile, néanmoins il faut croire que, dès le premier concile, il se forma en opposition une secte qui contrairement au sentiment de Bouddha et de Kaciapa, s'adonnait aux sortilèges et à la magie ; peut-être même la condamnation de ces pratiques, fut-elle l'objectif principal qu'eût en vue le promoteur du 1er concile. Il faut remarquer toutefois que la plupart des auteurs ne font remonter qu'au 2e concile la division des Bouddhistes en Staviras ou Ariahstaviras et Mahasanghikas.

Peu de temps après le 1er concile, Azadatah prit et ruina Véthalie et détruisit la confédération des clans Vajjian de l'autre côté du Ganges ; delà entre le Magadha et les royaumes voisins de Kosambi et de Sravati, une série de luttes qui se terminèrent par le triomphe et une vaste extension du Magadha. C'est sans doute de cette extension que date dans l'Inde l'idée que la légende a fait remonter jusqu'avant Bouddha d'un roi Tsékiawade ou Universel ; car pour les Hindous d'alors, l'Inde ou même la partie de l'Inde qu'ils connaissaient était l'univers. Ces luttes relevèrent les basses Castes auxquelles il fallut faire appel et abaissèrent, par là même, les oligarchies Aryennes dominées par les Brahmes. Cette révolution politique fut de même sens que celle du Bouddhisme.

Le roi Açadatah, parricide, on s'en souvient, mourut la 25e année de l'ère Bouddhique de la main de son fils qui lui-même eût un sort pareil. Le petit-fils, après quelques années de règne, fut expulsé par le peuple de Palipoutra et Katalhoka fonda une nouvelle dynastie.

Vers cette époque, les religieux Bouddhistes mendiants, étant devenus trop nombreux à Benarès pour pouvoir être entretenus par les habitants, un certain nombre émigrèrent au Kachemir sous la conduite de Madayantika disciple d'Ananda qui avait succédé à Kaçyapa dans le patriarchat bouddhique. Il y a probablement lieu d'attribuer à une cause semblable, autant qu'à l'esprit de prosélytisme, la diffusion des religieux Bouddhistes en tant de lieux et des idées Indiennes presque partout. Ces idées ont pu aussi naître séparément dans plusieurs pays par une évolution naturelle du développement humain.

C'est aux travaux du 1er Concile qu'il faut rechercher, comme à la source la plus pure, le véritable enseignement de Bouddha, les circonstances et le caractère de sa prédication et les détails de sa vie. C'est aux écrits bouddiques arrêtés d'après ces travaux ou s'inspirant d'eux qu'il faut se référer, comme reflétant seuls fidèlement les impressions que Bouddha a laissées à ses disciples, ses préceptes et sa doctrine. Dans les écrits postérieurs surviennent : les exagérations et amplifications et le surnaturel si fort dans le goût des Hindous, l'influence consciente ou non des idées personnelles de l'auteur ; puis celle des milieux ambiants et des idées régnantes, fort différentes de l'esprit primitif du Bouddhisme ; ces défauts s'accentuent davantage à mesure qu'on avance dans l'ère bouddhique.

Peu de croyances reposent sur un aussi petit nombre de dogmes et imposent au sens commun aussi peu de sacrifices que l'enseignement primitif de Bouddha. Le principe du mérite et du démérite attaché aux actes est une idée commune et, même encore aujourd'hui populaire sous cette forme : « une bonne action porte bonheur, une mauvaise, malheur ». La conception de Bouddhas ou de sages extraordinaires venant successivement apporter aux hommes la lumière et le salut a beaucoup de grandeur et de pureté, surtout si on la compare à celle des Avataras ou Incarnations de Vichnou —. Socrate a dit que la vérité doit être figurée par une statue enveloppée de voiles que les grands sages, les Instituteurs du genre humain viennent successivement arracher. L'idée des *prophètes successifs* que l'on trouve dans le Judaïsme et l'Islamisme est à peu près la même.

Gautama avait promis à plusieurs de ses convertis qu'ils deviendraient un jour des Bouddhas accomplis ; il n'est pas rare dans les écrits bouddhiques de voir des religieux qui font le sacrifice de leur vie dans l'espoir de devenir des Bouddhas. Cette aspiration est la source d'une dévotion désintéressée, faite de compassion et de charité. Beaucoup de ces dévots devant devenir des Bouddhas, il leur fallait une situation exspectante. De là l'invention des Pratyéka Bouddhas (limités) et des Bodhi Sattvas, puis du Maitréya Bouddha, des Bagavat et des Tatagathas.

Les Bodhi-Sattvas possèdent l'essence de la Bodhis c'est-à-dire *l'intelligence et la nature d'un Bouddha*. Pour les Brahmanes, la Bodhi signifiait la connaissance parfaite et l'acte de tenir l'esprit éveillé pour la connaissance.

Le Thatagata est à la fois Bouddha (éclairé) et Baghavat (magnanime), génie sans bornes et bonté infinie. Il ne peut exister qu'un Thatagata à la fois dans un même monde.

CHAPITRE III

LES ÉCRITURES BOUDDHIQUES

Suttra-Pittagat ou Darma ou Morale générale.

Les discours ou prédications de Bouddha répétées par Ananda sont reproduits dans le Suttra Pittaga, la collection des Suttras. Il faut distinguer les Suttras en simples et développés [1].

Les premiers sont les seuls qu'on puisse considérer comme émanant d'Ananda et du premier concile. Par la forme plus compliquée de versifications, de répétitions, de locutions étrangères au sanscrit et de préambules ; — par leur étendue exagérée et leur contenu même, — il est démontré que les Suttras développés sont de beaucoup postérieurs. Ils renferment infiniment plus de merveilleux et de développemens dogmatiques et métaphysiques produits évidents d'un travail intérieur du Bouddhisme et enfin des prédictions de faits historiques postérieurs au moins aux deux premiers conciles. On y sent infiniment moins l'empreinte du milieu ambiant du Bouddha. On n'y voit plus personne se convertir, tout le monde croit.

Dans les Suttras simples la scène est l'Inde, les acteurs sont des hommes ou des divinités favorables au Boud-

---

[1] Nous empruntons l'appréciation des Suttras à M. Eugène Burnout qui met en relief parfaitement le caractère opposé des deux espèces de Souttras, bien que la date en ait été mieux précitée depuis. Ce qu'il a dit se rapporte aux livres de Nepaul ; Wasselief a analysé ceux de la Chine et du Thibet ; Spence Hardy ceux de Ceylan. Comme le Nepaul est très rapproché du premier théâtre de la prédication, M. Burnout nous fait mieux connaître que tout autre le caractère du Bouddhisme primitif.

dhisme ; il n'y a de surnaturel que l'intervention assez rare de ces divinités et la faculté de faire des miracles attribuée à Gautama et aux Arhats ses premiers disciples ; la magie en est absolument absente.

Au contraire les Suttras développés renferment tout ce qu'on peut imaginer d'immense dans le temps et dans l'espace, et, comme les Indiens conçoivent une infinité d'univers, ils augmentent à l'infini le nombre des Bouddhas et des Bodhisattvas qui coexistent dans le même temps. Par un simple acte de leur puissance surnaturelle, les Bodhisattvas se transportent peur entendre les prédications de tel ou tel de ces nombreux Bouddhas. Ils remplacent en partie, mais sans aucun avantage au point de vue de la grâce poétique les dieux Hindous qui figurent dans les Suttras simples ; il faut considérer ces fictions qui ne tiennent par aucun lien nécessaire au Bouddhisme, comme des excroissances tout aussi innocentes que certaines fantaisies anciennes et modernes sur les habitants de la Lune et des autres astres.

Les Suttras ordinaires paraissent dictés par des contemporains du maître et reproduire fidèlement la forme et les circonstances de son enseignement; ils portent les traces de la lutte et du prosélytisme et ont, surtout ceux du Dyvia Adavana, une couleur toute locale.

Par eux, nous assistons à la naissance et aux premiers developpements du Bouddhisme. Ils nous montrent la société dans laquel prêchait le Bouddha comme profondément corrompue, ce qui est conforme au tableau que nous avons tracé de l'Inde au moment de la venue du Bouddha. La métaphysique occupe dans sa prédication beaucoup moins de place que les vertus morales, au premier rang desquelles figurent la charité sous le nom de compassion, la patience et la chasteté. Les Suttras ordinaires et les légendes de la même époque y reviennent sans cesse.

Tel était donc le Bouddhisme primitif, tel on le retrouve à Ceylan et en Birmanie, tel nous l'avons présenté dans la vie du Bouddha.

La Loi n'est pas dans ces premiers écrits et, par conséquent, n'a pas été dans les prédications du Bouddha, exposée dogmatiquement : elle y est souvent présentée d'une manière vague et plutôt dans ses applications que dans ses principes. Les légendes que Bouddha raconte de ses vies antérieures constituent un enseignement analogue à celui des paraboles de l'Evangile. La morale et la métaphysique ne sont point présentées systématiquement.

Il y a une série de Soutras qui confirment les dogmes du Vinaïa : par exemple, le Soutra précieux pour les Biskous ; le Soutra sur la moralité ou les vieux ; le Soutra sur les cinq péchés ; et autres.

Ainsi un Soutra se borne à comparer les bons Biskous à un troupeau de moutons et les mauvais à un troupeau d'ânes.

Viennent ensuite la série des Soutras qui commentent les dogmes ; l'un démontre par l'exemple du bois l'existence de la vie future ; dans un autre, on explique brièvement qu'il faut renoncer au monde, nettoyer l'œil de l'esprit et purifier les souillures ; un troisième parle de l'influence des œuvres. Ce qu'il y a de remarquable, c'est que ces Soutras procèdent non point par déduction mais par analogie, par des rapprochements avec les objets physiques ou les mœurs générales. Une des dénominations de l'Ecole des Çaoutantrikas fondée par Outtara fût : « Ceux qui démontrent par des exemples ; » nous avons vu que c'était la méthode de Bouddha.

Sans les lier en rien à sa Théorie, Gaudama admettait en fait dans sa prédication les dieux du jour, mais comme des êtres soumis à la mutabilité dans des durées immenses (c'était admis par les Brahmes) et subordonnés aux Bouddhas et même au pouvoir surnaturel des Parfaits, (d'après les Brahmes, des pénitents extraordinaires pouvaient détrôner les dieux). Il n'est jamais question dans les premiers Suttras, de la conception brahmanique de l'Etre préexistant par lui-même. Ce qui prouve bien que la doctrine était, comme on le dirait aujourd'hui, l'homme fin en soi.

Les divinités que l'on rencontre dans les Suttras simples sont Narayana (Vichnou), Siva, Varuna, Kouvéra, Brahma ou Pitamaka; Çakra, ou Vàsava, Hari ou Djanardana, Viçvakarna, Indra ; sans compter les divinités inférieures les Nagas, les Assuras et enfin les génies bons et mauvais qui apparaissent à chaque instant, preuve que la croyance aux génies était très répandue dans les états où eût lieu la prédication, de même qu'elle l'était dans tous les pays bouddhistes hors de l'Inde.

Indra est le dieu qui revient le plus souvent dans les légendes avec le titre de Kançika qu'il porte dans les Upanishads des Vedas Brahmaniques.

Tous les dieux qui figurent dans les légendes des Sutras ont été reproduits dans les monuments bouddhiques; cela était naturel et M. Lebon dans ses « civilisations de l'Inde » en a conclu, peut-être un peu superficiellement, que le Bouddhisme poussa très loin le polythéïsme et l'Idolâtrie.

L'historien indien Dataka pense que les Soutras primitifs ont été refaits et que l'on reconnaît beaucoup d'interpolations dans un grand nombre. Il y aurait lieu d'étudier à quel degré et dans quel sens ces interpolations ont pu modifier les premiers textes, faire intervenir les dieux etc.

Longtemps après Bouddha, les Bouddhistes eurent leur mythologie des Bouddhas, Boddhisatwas et dans laquelle ils firent entrer tous les dieux de l'Inde, surtout Yama le dieu des enfers, mais en les subordonnant de plus en plus aux Bouddhas « quand les bienheureux Bouddhas conçoivent une pensée mondaine, dit un Suttra développé, au même instant, Çakra, Brahma et les autres Dévas connaissent cette pensée. »

Parmi les Suttras développés, il faut distinguer : Ceux où il est parlé de personnages humains, contemporains ou postérieurs ; tels sont : la Légende Birmane, le Lalita Vistara, les légendes d'Açoka ; et les Sutras de *grand développement*, bien plus modernes où ne figurent presque plus d'événements humains — ainsi du Lotus de la bonne Loi.

Ces derniers sont la glorification, presque la déification des Bouddhas de tout ordre et l'exposé de la doctrine Bouddhique avec tous les développements qu'elle a successivement reçus. Ils portent le titre de Maha-yana Suttras ou Suttras du Grand Véhicule. C'étaient les livres ou traités de l'Ecole ou des Ecoles de ce nom qui indique un essor plus élevé ; les Ecoles du petit Véhicule qu'on aurait volontiers appelées terre à terre, s'en tenaient aux Suttras simples.

Le moyen Véhicule est une Ecole plus avancée que le premier Bouddhisme et qui, plus tard, s'est réunie au Petit-Véhicule. Plus tard encore, ce dernier a admis une partie des idées du Grand-Véhicule. Il faut rapporter la Légende Birmane et le Lalita Vistara plutôt au moyen-Véhicule et le Lotus de la bonne Loi à la première période du Grand-Véhicule.

On peut déjà se faire une idée du caractère des deux premières œuvres par les extraits nombreux que nous en avons donnés dans la Vie du Bouddha ; nous la complétons en reproduisant ici le récit de l'existence antérieure du Bouddha actuel, d'après la légende Birmane, plus sobre de surnaturel que le Lalita Vistara et par conséquent plus ancienne que lui, conforme d'ailleurs à la légende la plus ancienne de la collection de Ceylan (bouddhistes du sud) sur la vie de Bouddha, bien que les auteurs de ces deux biographies soient restés absolument inconnus et étrangers l'un à l'autre :

« Après avoir passé par toutes les existences et avoir vécu dans toutes les conditions, depuis celle du minéral et du végétal jusqu'à la condition humaine, pendant 7 thingies du monde (un thingie est l'unité suivie de 140 zeros) où 125,000 Bouddhas firent leur apparition, celui qui devait être le Bouddha que nous honorons, sentit s'éveiller dans son âme un désir d'arriver à l'état de Bouddha et comprit que la pratique des plus hautes vertus était nécessaire pour obtenir cette gloire.

La période d'aspiration à cet état dura 9 thingies de mondes pendant lesquelles apparurent un million de Bouddhas.

Elle fut suivie d'une autre période de 4 thingies, période d'obscurité que n'illumina la venue d'aucun Bouddha ou Tsékiavade.

Mais pendant les 100,000 révolutions de la Nature qui suivirent, il surgit 27 Bouddhas, depuis Tahinzara le premier de la série jusqu'à Katzaba le prédécesseur immédiat de Gautama et le 3e des Bouddhas qui ont paru dans le monde où nous vivons.

Pendant que le Bouddha Deipinkara enseignait tous les êtres, notre futur Gautama, naissait au royaume d'Amarawati, dans une illustre famille de Brahmes. Ayant perdu, jeune encore, son père et sa mère, il abandonna aux nécessiteux tout ce qu'il possédait et se fit Rahan, vivant sous l'ombrage des arbres et quêtant sa nourriture. Deipinkara et le Bouddha Katzaba lui promirent qu'il deviendrait un Bouddha.

Dans sa dernière existence antérieure, il fût, sous le nom de

Vethandra, le 8ᵉ roi de Kapilawot ; il distribua aux pauvres tous les trésors royaux, et se sépara même de sa femme et de ses deux enfants. A sa mort, il émigra au ciel de Thoucita où il goûta la félicité pendant 670 millions d'années où régnèrent à Kapilawit 80,000 rois dont le dernier fût le père de Gautama. »

Suit le récit que nous avons donné dans la vie du Bouddha.

Outre les soutras, il y a 12 espèces de compositions ou écrits dont l'une, les Adbouta Darma, présente un exposé analytique de la doctrine.

On peut faire remonter au premier concile le Bodhipékéra, traité des 37 préceptes que nous avons énumérés au chapitre X de la vie de Bouddha ; il se rattache aussi bien à la morale qu'à la discipline et peut servir aussi bien aux dévots laïques qu'aux religieux.

Les Agama sont des compilations de différents Suttras. On y trouve : un abrégé de tous les sujets qui composent la doctrine du Kinaiana (petit véhicule), des réflexions sur la moralité, sur les douze Nidanas, sur la rémunération des actes, sur les préceptes du chemin ; enfin des légendes qui préludent à la formation de la Mythologie des Bouddhas et Boddhi Sattras.

Les Çastras diffèrent des Soutras ordinaires qui renferment toujours des désignations de personnes ; on en rencontre aussi dans le Brahmanisme dont ils sont probablement originaires.

Ils prennent un sujet et l'analysent sous toutes ses faces dans un but particulier. Ils interprètent la doctrine, d'une manière indépendante de tout cas particulier, soit dans son ensemble, soit sur un point spécial.

Avadanas.

M. Léon Feer définit l'Avadana : une instruction destinée à rendre palpable le lien qui rattache les événements de la vie présente aux actes accomplis dans les existences antérieures, le présent étant considéré comme le produit du passé. Ainsi tout avadana, se compose essentiellement de deux récits : le récit d'un événement actuel — le récit d'un événement passé qui l'a déterminé. Ce dernier récit ne peut être fait que par le Bouddha omniscient ; et comme ce Bouddha est essentiellement un docteur, son explication est nécessairement suivie d'une leçon, d'un précepte, d'une instruction appropriée ; morale de la fable.

Un Avanada se compose donc essentiellement de 4 parties :

1º Un préambule qui exalte plus ou moins le Bouddha en faisant connaître le lieu de sa résidence ;

2º Un récit du temps présent fait par un narrateur quelconque ;

3º Un récit du temps passé, expliquant le récit du temps présent et fait par le Bouddha ;

4º Une conclusion qui est le précepte donné par le Bouddha à l'occasion des faits dont il vient d'être témoin et des souvenirs qu'il vient de rappeler. Il y a dans la littérature bouddhique un très grand nombre de récits faits suivant ce plan.

L'Avadâna est donc un genre bien caractérisé ; et M. Léon Feer ne peut se ranger à l'opinion de Burnouf qui a cru voir dans les recueils d'Avadânas, le Vinaya du Canon Népalais. Le Vinaya est proprement l'ensemble des réglements donnés à la Confrérie Bouddhique par son fondateur. Il est vrai qu'on peut y faire entrer et qu'on y a fait entrer bien des choses étrangères à cet objet spécial. Il est certain d'ailleurs que l'on trouve dans le Vinaya thibétain un grand nombre d'Avadânas et tout porte à croire qu'il en existe beaucoup dans le Vinaya Népalais que nous ne connaissons pas. Certains Avadânas, certaines conclusions d'Avadânas peuvent avoir un caractère nettement « disciplinaire. » — En un mot il se peut que l'avis émis par Burnouf se justifie dans un grand nombre de cas particuliers, sans être la règle — Burnouf a signalé avec insistance des analogies entre les Avadânas et les Suttras ; cependant il faut bien qu'un texte bouddhique appartienne soit au Vinaya soit au Suttra. Il est vrai qu'il en est plusieurs, et non des moins importants qui sont répétés dans l'une et l'autre classe ; ce qui atténue la contradiction, mais produit la confusion. La vérité est que les avadânas font partie des Sutras, ils en constituent un genre spécial dont on peut donner la définition ci-dessus. L'Avadâna occupe la 11e place dans l'énumération des douze espèces d'écritures bouddhiques.

Jataka. Les récits de faits auxquels le Bouddha a été mêlé, ne peuvent pas être confondus avec tous les autres ; on en a fait une classe spéciale appelée : *Jataka*, naissance qui dans l'énumération précitée occupe la 8ᵉ place.

Les Jatakas représentent une partie considérable de la littérature bouddhique et de la section Suttra, — dans le bouddhisme du sud le Jataka fait partie intégrante du Suttra.

Viâkarana. — Une série d'instructions, qui relient le présent au futur et de textes dans lesquels le récit du temps passé est remplacé par une prédiction, occupe la 3ᵉ place dans l'énumération.

Tout Viâkarana n'est pas une prédiction, mais toute prédiction est un Viâkarana. — Pris en ce sens le Viâkarana est une variété du genre Avadâna.

L'Avadâna mixte est celui où le Bouddha, à propos d'un fait actuel, d'une part évoque les souvenirs du passé et de l'autre dévoile les secrets de l'avenir.

Avadana du présent. Il n'y a ni récit du temps passé, ni prédiction ; l'acte raconté est suivi de sa punition ou récompense en très peu de temps ; et quelquefois du jour au lendemain.

Il y a donc cinq variétés d'Avadânas :
1. Avadânas du passé. — 2. Avadânas Jatakas. — 3. Avadânas du présent. — 4. Avadânas de l'avenir. — 5. Avadânas mixtes. — Ils sont embrassés dans cette définition : Instruction qui démontre par des faits le lien qui existe entre un acte et sa conséquence inévitable.

Evolutions des êtres. — L'Avadâna explique aussi les évolutions des êtres, suites nécessaires de leurs actes c'est-à-dire leur passage par cinq états ou conditions :

1º Divinité, humanité (bonnes) — animalité, damnation, Condition de prêtas (mauvaises)

La divinité vient au 1ᵉʳ rang parce que les habitants du ciel sont plus heureux, plus tranquilles que ceux de la terre ; mais la véritable supériorité appartient à l'humanité, car c'est surtout par elle qu'on obtient la délivrance finale ; c'est par elle exclusivement qu'on s'élève à la dignité de Bouddha.

Le tableau suivant résume le contenu des 10 décades d'Avadânas, soit des Cent légendes bouddhiques traduites par M. Léon Féer.

I. Futurs Bouddhas (prédictions).
   II. Jatakas (non classiques).
   III. Pratyékabouddhas (2 passés, 8 futurs).
   IV. Jatakas classiques.
   V. Prétas.
   VI. Dieux et animaux.
   VII. Arrhats Çakyas.
   VIII. Arrhatis (Arrahts femelles).
   IX. (x, 10) Arrhats irréprochables. 81-90 (100).
   X. Arrhats coupables et malheureux.
On a encore le tableau suivant :
1º Avadânas du passé 52
2º   —   Jatakas 23
3º   —   du présent 5
4º   —   de l'avenir (Vyakarânas) 18
5º   —   mixtes 2
                                   Total 100

Ces Avadânas sont remplis de récits destinés à exemplifier des idées fort communes et qu'on a appelé les lieux communs du Bouddhisme. En voici un qui est huit fois reproduit.

Manière d'obtenir des enfants.

« Il ne naissait à N... ni fils ni filles ; la joue appuyée sur sa main, il était plongé dans ses réflexions : Ma maison, pensait-il, se distingue par l'abondance des biens, et je n'ai ni fils ni filles. A ma mort, on dira : Il n'y a point d'héritier pour tous ces biens et ils seront mis à la disposition du roi. Les Çramanas, les Brahmanes, les devins, ses amis, ses parents, ses proches, lui dirent : Fais des invocations aux dieux, car c'est un bruit répandu dans ce monde que, par la prière, on obtient qu'il naisse des fils et des filles. — Mais il n'en est point ainsi, car s'il en était ainsi, chacun aurait un millier de fils comme un roi Çakavartin.

C'est par le concours de trois conditions qu'il naît des fils et des filles. Les voici :
Le père et la mère sont sous l'empire de la passion et se

rencontrent ; la mère ayant ses mois est prête à concevoir ; un Gandarva se présente ; voilà les trois conditions.

N. donc, invoqua Çiva, Varuna, Kuvèra, Çakra, Brahma et toutes les autres divinités supérieures. — Puis les divinités comme celles des jardins, des bois etc. — Les divinités nées avec lui, soumises à la même condition, liées avec lui constamment. — C'est ainsi qu'il était tout entier aux invocations.

Un être détaché de la collection des êtres entra dans le sein de la Dame. Cinq conditions indépendantes existent en chaque individu féminin dont la nature est celle des savants ; il connaît l'homme passionné ; il connaît l'homme exempt de passion, il connaît le temps, il connaît les menstrues, il connaît la descente du fœtus. — Du moment où il connaît l'entrée du fœtus, il sait si ce sera un fils ou une fille ; si c'est un fils, il repose sur le côté droit ; si c'est une fille sur le côté gauche.

Transportée, ravie, elle en informe son seigneur ! Bonheur ; fils d'Arya, lui dit-elle, prospérité ! je me trouve enceinte ! comme le fœtus en entrant dans mon sein, repose sur le côté droit, ce sera un fils.

Lui également ravi et transporté redresse sa poitrine, étend le bras droit et exprime son allégresse. Ce visage d'un fils désiré si longtemps, je le verrai donc ! que ce soit un fils digne de moi, non un enfant dégénéré ; qu'il remplisse ses devoirs envers moi, qu'il me rende par ses gains ce qu'il a reçu de moi ! que ma famille se maintienne longtemps et que, après notre mort, qu'il se soit écoulé peu de temps ou qu'il s'en soit écoulé beaucoup, ayant fait des dons et accompli des actions pures, il paie en notre nom les honoraires du sacrifice et s'applique à poursuivre ce double but partout où l'occasion se présentera.

Sachant donc qu'elle était enceinte, il la porte sur le seuil de sa demeure, l'y surveille et la garde avec soin. Dans la saison froide, il lui donne des préservatifs contre le froid ; dans la saison chaude des préservatifs contre le chaud ; il lui applique des médicaments préparés, lui fait servir des aliments sans saveurs piquante, acide, salée, douce, forte, astringante. Semblable à une apsara qui, couverte d'ornements sur l'épaule et sur le corps, se promène dans le bois de Nandana, elle passait d'un lit sur un autre sans descendre à terre, et l'on avait soin qu'aucun son désagréable n'arrivât à ses oreilles.

Enfin, son fœtus étant venu à maturité parfaite, après huit à neuf mois, elle accoucha. — Un fils naquit.

Vinaia ou discipline.

Le Vini Pittagat, dans sa teneur définitive, se renferme dans l'exposition des péchés formels et de choses simplement à éviter ; c'est une discipline ou code prohibitif dont quelques règles ont du être modifiées pour certains climats.

La collection du Vinaia (Vini Pittaga), a été nécessairement, comme celle des Suttras (Suttra Pittaga) transmise par la mémoire d'abord, puis écrite sur le papier à la même époque que nous indiquerons plus loin.

Aujourd'hui les livres du Vinaia se partagent chacun en deux parties : celle du Pratimauk, péchés, vœux et leurs explications ; celle du Vinaïavaktou qui s'occupe de l'ordination, des occupations suivant les saisons etc.

On a fait, pour l'usage quotidien des religieux, sous le nom de Pratimauk, un abrégé du Vini-Pittagat, qui se trouve dans tous les pays bouddhistes. Les divers péchés que les religieux peuvent commettre sont des contraventions à 227 règles, au nombre desquelles se trouve l'expiation par l'aveu public des fautes, la confession publique.

Cet aveu était déjà recommandé par Manou, livre XI, versets 227, 228, 229, 230, 231, 232, mais d'après le verset 229, le repentir procurait surtout la *purification* d'une souillure *du corps*, le verset 231 fait reposer la vertu sur la crainte des châtiments futures et par conséquent sur l'intérêt ; le verset 232 est presque une prescription pénale dans un but social. Au fonds, rien d'élevé dans cette doctrine des Brahmes ; rien qui se rapporte soit à la haute raison et au but de perfection, objectifs des disciples de Confucius, soit à l'amour divin dont se nourrit le Christianisme ; les pénitences et expiations, détaillées si longuément par Manou, pouvaient coûter beaucoup au corps et à la bourse, mais ne demandaient rien à l'âme.

Bouddha fit de la confession une institution morale ; le repentir, l'aveu, le ferme propos étaient, à ses yeux, presque exclusivement un moyen d'avancer dans la voie des mérites et de s'éloigner de celle des démérites.

Tous les ans dans le principe, et ensuite tous les 3 ou 5 ans, les laïques ou simples fidèles étaient convoqués pour une confession générale qu'on appelait Pochada. La disposition du Pochada démontre que tout l'ancien culte bouddhiste consistait en une seule Assemblée tenue pour cette confession générale et pour le renouvellement des vœux conformément au livre Pratimauk.

Deux fois par mois, à la nouvelle et à la pleine lune, les religieux confessaient leurs fautes à haute voix devant le Bouddha et l'Assemblée. D'après le Vini, « Lorsqu'un Rahan a contrevenu à la règle, il doit aller immédiatement trouver son supérieur et lui confesser sa faute à genoux. »

Cette règle suppose l'examen de conscience quotidien que recommande la philosophie aussi bien que la religion, pour étouffer dans leur germe nos mauvais sentiments et nos mauvais penchants, et pour donner à chacun de nous la mesure de son avancement dans le progrès moral. C'est la mise en œuvre du « *Connais toi toi-même* » des livres sacrés de l'Inde et de Socrate.

Bouddha ne paraît pas avoir ajouté, au moins dans la forme que nous connaissons, le directeur de conscience qui aurait pu être utile pour stimuler l'indolence des religieux bouddhistes devenue aujourd'hui proverbiale, pour combattre les vices de l'enfance et de la jeunesse et venir en aide à la faiblesse des femmes. Il a sans doute craint l'abus, pire en pareille matière que le défaut ; le directeur de conscience, aux yeux du psychologue, ne devant être que l'auxiliaire, le stimulant, le guide très réservé, essentiellement et intimement personnel. La direction de conscience est exercée dans l'Inde par les grands gourous brahmaniques, et dans la Chine et au Thibet, chez les bouddhistes, par des gourous individuels, luxe à la mode pour les riches.

Abidarma ou métaphysique.

Cette section des écritures bouddhiques qui, avec les deux autres Pittagas, forme la *Triple corbeille*, n'a pas été exposée directement par Bouddha, mais formée après sa mort d'un certain nombre de passages philosophiques recueillis dans son enseignement.

Loin de contenir le Pyrrhonisme et le nihilisme, les

Suttras émanés de la prédication de Bouddha admettent la multiplicité et l'individualité des âmes, comme le Sankya. La délivrance, c'est l'affranchissement de l'esprit par l'anéantissement des conditions de l'existence relative, par le détachement absolu de la nature et du monde des formes.

Pas plus que les Brahmes, Bouddha n'avait su analyser exactement nos facultés et établir nettement la part du corps et celle de l'âme. Mais il n'en admettait pas moins pour chaque être une individualité impérissable, puisqu'il raconte dans les Soutras ses vies antérieures et celles de quelques-uns de ses disciples.

La plupart des Bouddhistes admettent, sous le nom *de fourberie*, un état intermédiaire de l'individu pour passer de l'existence à la renaissance ; pendant que meurt l'homme extérieur, l'homme intérieur sort orné des mêmes Skandhas, élémens, mais subtilisés (comme le corps subtil de la Sankya) et il se porte alors dans le lieu où il doit renaître en conséquence de ses œuvres.

Les premiers Bouddhistes déclarèrent l'existence de la matière ou du monde extérieur, conformément au système de Kanada auquel Bouddha a beaucoup emprunté ; ils commentèrent sur les atômes ; mais cette opinion a été rejetée par les Ecoles plus modernes.

Les Abidarma sont réputés les livres élémentaires de la doctrine des Vaïbachika qui, avec les Çaoutentriques forment l'Ecole la plus ancienne.

On compte sept compositions principales très anciennes des Abidarma :

L'Abidarma proprement dit, présenté au 1er concile par Kacyapa et qui a dû être tout-à-fait rudimentaire.

Djanapractana qui traite de la Sagesse et qui est attribué à Katéiaiana ;

Prakaranapada composé par Vaçoumitra, abrégé des doctrines du Bouddhisme ;

Vidjanakaïa, traité de dialectique par Devakchema ;

Cangatiparéiaia, dictionnaire termologique par ordre de dates attribué à Çaripoutra.

Amritachaçta, court abrégé de dogmes par Gochta.

Datoukaïa, attribué aussi à Vaçoumitra établissant les rapports entre les parties capitales traitées par les précédents.

Les six auteurs dénommés sont les six chefs d'école cités dans la vie du Bouddha. Ils conservèrent probablement chacun leur enseignement particulier en ce qui concerne la métaphysique dont Bouddha se préoccupait peu. Cet enseignement conservé et transmis par chaque école donna lieu aux sept compositions énumérées ci-dessus qui ne furent définitivement fixées qu'après l'invention de l'Ecriture Sanscrite.

Le Vibacha est un énorme commentaire de ces sept compositions qui ne fut pas composé avant Kaniksha (environ 600 de l'ère Bouddhique, 40 de l'ère chrétienne). Ce fut alors seulement, selon toute probabilité, que l'Ecole qui avait adopté cet Abidarma ainsi commenté prit le nom de Vaïbachistes. La métaphysique qui, dans l'origine, avait été propre aux Vaïbachistes passa ensuite dans les autres écoles ; chacune eût son Abidarma.

Tous les traités canoniques, Sutras, Avadanas, Abidarmas, etc. se transmettaient dans les Viharas par la mémoire; les religieux se divisaient en plusieurs sections dont chacune apprenait une portion de ces traités. Il est possible que, pour aider la mémoire, on ait employé des écritures (vulgaires) suo olles, c'est-à-dire sur feuilles de palmier, comme le font encore aujourd'hui les Hindous. C'est ainsi qu'ils tiennent leur comptabilité élémentaire, même pour l'administration. On écrit au moyen d'une pointe sur la feuille encore verte et elle conserve l'empreinte après qu'elle s'est désséchée.

Le Bouddhisme du Nord et celui du Sud ont eu chacun leur collection de livres canoniques ; la première nous est venue du Népaul par les soins de M. Hogson ; la seconde, de Ceylan. Il y a en outre, les collections de la Chine et du Thibet qui se composent, en grande partie, de traductions des livres de l'une ou l'autre de ces deux grandes Ecoles, surtout de celle du Nord.

CHAPITRE IV

LE DEUXIÈME CONCILE

Sous le règne de Katachoka, vers la 100ᵉ année de l'ère bouddhique (387 avant J.-C.), un second concile, dit des 700, se réunit à Vaïçali et fixa dix points de discipline pour les religieux qui avaient une grande tendance au relâchement. Quelques-uns de ces articles ont de l'importance ; tels sont l'interdiction de recevoir de l'or et de l'argent, l'uniformité des règles pour tous les Viharas, la confession publique, etc, d'autres sont des détails insignifiants.

Le concile formula ce principe : « On doit admettre absolument tout ce qui est conforme à la loi morale de Bouddha et à l'esprit de sa doctrine, que ce soit ancien ou moderne ; on doit au contraire rejeter tout ce qui y est opposé, quand même cela aurait déjà été admis. »

Ce principe est novateur. On ne s'en tient plus, comme dans le premier concile, à la lettre des Instructions du Bouddha ; on admet les interprétations et les déductions à titre de développement, et la suppression des pratiques anciennes qui ne seraient point justifiées par le raisonnement. C'était ouvrir le champ à un grand travail dans les esprits et à beaucoup de divisions. On le vit à l'occasion même du concile. Les dissidents ne reconnurent point son autorité ; ils tinrent de leur côté une grande Assemblée de 12,000 religieux et laïques qui formula un Vinaïa et un Darma différents de ceux du concile officiel qui représentait l'École des Çravakas et différant beaucoup, suivant ces derniers, des préceptes et de l'enseignement du maître. La nouvelle École prit le nom de petit Véhicule ou des Pratikéya Bouddha ; elle s'appuyait sur les 12

Nidanas, tandis que les Çravakas s'en tenaient exclusivement aux quatres vérités, à la morale, aux observances extérieures et à l'enseignement.

Ce fut le premier schisme du Bouddhisme ; les dissidents se divisèrent en 17 Écoles de sorte qu'il y en eut 18 en comptant les Orthodoxes. Déjà se faisait jour le résultat nécessaire de la vie religieuse bouddhiste, exclusivement remplie par le travail de la pensée dans un cercle d'idées très limité : la division des esprits dans un grand nombre de sectes très ardentes, absolument indépendantes de tout contrôle et et de toute suprématie, heureusement, elles avaient pour liens communs, la tolérance et la douceur bouddhiques qui empêchèrent toujours les luttes d'êtres sanglantes, un désir de conciliation et de ralliement au moins apparent à l'enseignement du Bouddha qui porta toujours les sectes nouvelles à absorber les anciennes, enfin un esprit général de renoncement qui partout fit accepter facilement par les religieux des règles sévères, de telle sorte que le Vinaïa est à peu près commun à tous les pays bouddhistes et que les vertus bouddhiques (la compassion, la charité, la tolérance etc.,) se retrouvent, même dans les systèmes et les contrées qui admettent les superstitions les plus condamnées par le sage, comme la magie etc.

Le Bouddhisme primitif dut, lui-même, subir dans une certaine mesure l'influence des Ecoles étrangères, de celles des six maîtres mentionnés dans la vie du Bouddha, et il lui fallut louvoyer entre leurs opinions, ce qui coûta peu au Bouddha dont l'objectif était essentiellement moral et social. Nous voyons dans les plus anciens Soûtras que Bouddha opère toutes les conversions par la prédication des quatres vérités sublimes. L'Ecole des Çravakas (auditeurs de Bouddha) s'en tint à cette doctrine. Le chemin à 37 articles leur servit longtemps seul et il est probable, à cause des répétitions qu'on y remarque, qu'il fut formé par des additions successives aux 8 mégas ou grands chemins de la perfection que comprend la 4ᵉ vérité sublime, ou autrement des additions faites à la Roue de la Loi.

D'après Dataka, auteur Indien (traduit par le russe Vasselief) qui a fait l'histoire du Bouddhisme Indien jusqu'à l'invasion Musulmane, la doctrine des 12 Nidanas est postérieure à celle des 4 vérités et apparaît en même temps que les Prateyeka Bouddhas, ou, ce qui est probablement la même chose, que l'Ecole des Pratéyéka Bouddas, école de contemplatifs (Prateya isolé, solitaire). Ce qui le prouve, c'est que les douze Nidanas ne paraissent pas dans la collection des livres sacrés traduits au Thibet où ils furent apportés du Kachemir devenu l'asile des Staviras qui s'en tenaient aux quatre vérités.

On peut admettre que la dénomination de Pratéyéka cache l'Ecole des Vaïbachikas qui s'est rattachée au petit véhicule et en forme la seconde période (moyen véhicule). Les Çravakas, à leur tour, se sont, ainsi que les Staviras, rattachés au Petit-Véhicule dont les Çaoutantrikas ou Suttavadas forment la première période.

Ceux-ci admettaient la perception comme une source de certitude et la réalité du monde extérieur formé de monades. La monade était la 2401e partie de la pointe d'un cheveu et la 7e partie d'un atôme.

Les Vaïbachicas reconnaissaient comme réelles les 48 modes d'apparitions de l'âme, c'est-à-dire 48 modes dont l'âme peut être affectée.

Un ouvrage du Grand Véhicule taxe les Vaïbachicas : de rester aux plus bas degrés de la spéculation, de prendre dans les écrits tout dans le sens terre à terre, de croire tout sans rien discuter. Pourtant ils avaient leur Abidarma et les noms des sectes indiquent que, dans la controverse, ils affectionnaient le dilemme. Ils ne formaient d'abord qu'une seule école avec les Çaoutantrikas et ne se sont séparés d'eux que lorsqu'ils ont commencé à attacher la même importance aux Abidarma qu'aux anciens Soutras, sans doute dans le second siècle de l'ère bouddhique.

Eugène Burnouf cite un passage remarquable de Yaçoumitra, commentateur de l'ancienne école métaphysique bouddhiste :

« Les êtres ne sont créés ni par Dieu, ni par l'esprit, ni par la matière. »

« Si en effet Dieu était la cause unique, il faudrait, par le seul fait de cette unité de cause, que le monde eût été créé d'une seule fois, car on ne peut admettre que la cause soit, sans que son effet existe. Mais on voit les êtres venir successivement, les uns d'une matrice, les autres d'un bouton ; on doit donc admettre qu'il y a une succession de causes et que Dieu n'est pas la cause unique. »

« Mais, objecte-t-on, cette variété de causes est la volonté de Dieu qui a dit : que tel être naisse maintenant de manière que tel autre naisse ensuite. »

On répond : « admettre plusieurs actes de volonté de Dieu, c'est admettre plusieurs causes. Et même *cette pluralité de causes* ne peut avoir été produite qu'en une seule fois, *puisque la source des actes distincts de volonté qui ont produit cette variété* de causes est *une et indivisible*. D'où la conclusion que le monde a été créé en une fois. Mais les fils de Çakiamouni ont pour principe que la révolution du monde n'a pas eu de commencement. »

On peut, selon nous, concilier l'unité de cause, Dieu, avec la pluralité des phénomènes et des événements, en admettant que le monde physique et le monde moral existent et agissent en vertu d'un double système de lois physiques et morales, conception unique et par conséquent volonté unique de la cause une et infinie. On peut ajouter que, Dieu étant infini dans la durée, les divisions du temps n'existent pas pour lui ; qu'en lui se confondent le passé, le présent et l'avenir, et que dès lors il n'y a chez lui ni prescience, ni prévoyance qui auraient pour conséquence le fatalisme, mais seulement vue directe, intuition. — Cette explication est peut-être obscure, mais elle nous paraît logique. Lorsqu'on s'élève jusqu'aux questions de l'Infini, il y a toujours quelque nuage dans notre esprit habitué à ne s'exercer que sur des rapports finis. Au lieu de risquer de se perdre dans des régions vertigineuses, il serait peut-être sage de se borner à constater avec Socrate : « qu'il ne peut y avoir que des dieux justes et bons » puisque l'homme a la conscience de sa liberté morale, tout en sentant qu'elle est souvent restreinte par des forces majeures.

Quant à la part de responsabilité de chacun, Dieu seul en est le juge infaillible. « Dieu seul », a dit l'Evangile, « connaît le fonds des cœurs ». La justice humaine n'est qu'une nécessité sociale et l'histoire n'est jamais complètement impartiale et éclairée.

Katachoka eut pour fils et successeur Pitzamoura qui fut défait par un chef de hordes nommé Ouggasena Nanda. Ce dernier, s'étant emparé de Patalipoutra, succéda à Pitzamoura. Lui et ses frères régnèrent 22 ans ; ils furent contraires au Bouddhisme et firent de grandes largesses aux Brahmes.

En 325 Alexandre-le-Grand arrêta sur l'Hyphase sa marche victorieuse. Son invasion et l'établissement des Grecs dans le Punjab tendaient à briser les religions locales, et à propager l'Humanisme. Cette tendance se communiqua au jeune Bouddhisme, l'aida et fut aidée par lui. La conquête d'Alexandre dut favoriser son expansion dans le monde aussi bien que celles de l'Hellénisme d'Alexandrie et du Judaïsme cosmopolite. Les travaux des savants révèlent chaque jour de plus en plus une propagation latente et indéfinie des idées bouddhistes dans tout l'ancien monde, dont les premiers véhicules furent les empires de Cyrus et d'Alexandre et qui se sont étendues jusque dans l'Islanisme dont elles ont pénétré les Zaouia, les confréries et les Thaleb, mêlées au mysticisme Indien. Alexandrie fut le trait d'union entre l'Orient et l'Occcident, entre les trois grands maîtres Aryens qui ont préparé le renouvellement de la face de la terre, Zoroastre, Bouddha et Socrate.

On trouve dans Plotin Ire partie, livre Ier, toute la théorie brahmanique de la transmigration, et, comme conclusion le Paradis de Platon pour des âmes individuelles, ce qui s'accorde avec le mysticisme de son école (d'Alexandrie).

Porphyre admet, avec le Paradis de Platon, la théorie bouddhiste des mérites et des démérites et les états d'existence au-dessus du siège de l'homme. Mais bien qu'il reconnaisse aux animaux une âme douée de sensibilité et de raison, il ne les comprend point dans la transmigration. Aux divers degrés par lesquels il fait descendre l'homme jusqu'à l'enfer sont des démons malfaisants qui, répandus partout, poursuivent l'âme humaine, comme dans les premières croyances de la cité antique et dans celles actuelles de la Chine. Porphyre ne croit pas à l'éternité du mal.

Jamblique admet le jugement, la punition et la purification des âmes. La purification enlève l'âme au monde *de la génération et du changement.*

Aussitôt qu'Alexandre eut quitté l'Inde, un rebelle échappé aux mains du roi de Magadha, réunit autour de lui les tribus de Punjab, s'empara de Magadha dont le trône était devenu vacant par l'assassinat du roi Nada et fonda la dynastie des Mauryas qui régna 137 ans de 325 à 188 avant J.-C. et fournit dix rois. Peu après, sous le nom ou plutôt sous le titre de Chandragupta, protégé de la Lune, (Sandracottus), il défit Seleucus Nicator qui possédait les provinces de la vallée de l'Indus et chassa les Grecs de l'Inde. L'avènement au trône de ce Sudra à la tête de ses aventuriers de toute origine, favorisa le Bouddhisme en effaçant les distinctions des castes. Mégasthènes, ambassadeur de Séleucus Nicator, le visita plusieurs fois et écrivit des observations intéressantes sur les Brahmes et les Çramanas.

Après avoir décrit assez fidèlement les quatre phases de la vie des Brahmes et les pratiques des Ascètes, il fait ces remarques :

« Les Brahmes évitent de philosopher avec leurs femmes. Si elles sont perverses, disent-ils, elles révéleront aux profanes ce qu'ils doivent ignorer, et, si elles sont portées à la vertu, elles abandonneront leurs maris pour ce qui, en ce monde, n'est pas accident et apparence. »

« Parmi les Çramanas, on tient le plus en honneur ceux qui vivent dans les forêts ; les rois eux-mêmes leur rendent hommage et les consultent. »

« Après eux viennent les médecins qui, par leurs recettes, procurent la fécondité et des enfants du sexe que l'on désire. »

« Il y a encore les devins et les magiciens et ceux qui se transportent de village en village pour accomplir les cérémonies des funérailles (sans doute les brahmes officiants). »

« Enfin ceux qui ont le plus de tenue et de culture professent la piété, la sainteté et la vie future. »

Les derniers sont évidemment les religieux bouddhistes qui vivent dans des Viharas ou des Ermitages.

Les trois premières classes peuvent être aussi bien brahmanistes que bouddhistes. On peut toutefois induire de ce qui est dit de la seconde et de la troisième, que chez les Bouddhistes, les médecins-magiciens, malgré la condamnation prononcée contre eux par le Bouddha, préludaient déjà alors au rôle qu'ils ont joué dans le Nord de l'Inde et au Thibet.

Mégasthènes parle des Brahmes et des Çramanas comme

de deux sectes d'une même religion ; celle des Brahmes était alors prédominante.

Le Bouddhisme n'étant qu'une théorie morale, indépendante de toute théodicée, mais qui ne repoussait point le surnaturel et le divin, put s'étendre partout sans attaquer les dieux populaires, et même en leur faisant dans les séjours divers des êtres, une place accessoire et subordonnée. En même temps qu'il imprégnait les peuples de ses dogmes essentiels, il s'imprégnait lui-même dans chaque pays des tendances religieuses qui y dominaient. De là une nouvelle cause de division en écoles qui, se développant et se modifiant isolément, devaient s'écarter d'une manière assez notable, surtout dans ce qui n'était pas fondamental. Les écrits bouddhiques des trois sources, Népaul, Ceylan, Chine et Thibet, admettent qu'il y avait dans le Bouddhisme, avant et après le roi Açoka, dix-huit sectes, celles que nous avons mentionnées plus haut. Les conciles et même les écrits les plus autorisés, comme le Lotus de la bonne Loi, se proposaient surtout de fondre et concilier les doctrines divergentes, et ils maintinrent autant d'union qu'on pouvait l'espérer entre des religieux ne formant ni un corps sacerdotal, ni une Eglise, tant que les Bouddhistes furent reliés entre eux par un centre politique commun à défaut d'un centre religieux, l'état de Magadha dont la religion partagea l'extension et les progrès. Jusqu'à la fin de la dynastie des Mauryas, toutes les Ecoles, malgré leurs divergences, se tinrent très près de l'enseignement primitif. Chandragupta qui régna 24 ans et son fils Bindusara donnèrent la première place au Brahmanisme. Mais il en fut tout autrement du 3ᵉ roi de la dynastie connu universellement sous le nom d'Açoka. Maintenant, on admet généralement qu'il y eut deux Açoka dont le premier serait le fondateur de la dynastie des Mauryas, le mot Chandragupta étant seulement un titre, de même que le mot Piadasi qui figure en tête de toutes les Inscriptions attribuées au grand Açoka. Les Bouddhistes du Sud (Ceylan et Birmanie) et ceux du Nord (Kachemir, Nepaul etc.,) les deux grandes divisions du Bouddhisme, paraissent d'accord sur le fait d'un concile qui aurait été tenu à Vaïçali sous le premier Açoka.

Ceux du Nord paraissent étrangers, ou du moins ne se réfèrent point dans leurs écrits, au concile qui fut tenu à

Palipoutra (aujourd'hui Pathna) sous le grand Açoka. Nous lui donnons ce surnom pour nous conformer au sentiment des Bouddhistes qui, aujourd'hui encore, depuis le Volga jusqu'au Japon et à Ceylan répètent ses légendes au point qu'elles font partie de la Religion presque autant que celles du Bouddha. Nous devons d'abord les reproduire telles qu'elles sont racontées ; nous essaierons ensuite de caractériser historiquement le règne d'Açoka.

¹ Chandragupta, de la famille des Nandas du Magadha, à la tête d'une troupe d'aventuriers comme lui-même, tantôt combattait Alexandre, tantôt feignait de s'allier à lui. Après sa mort, il profita des dissensions entre les gouverneurs Gré et les princes du pays pour augmenter ses forces ; renversa la dynastie des Nandas dans le Magadha vers l'an 317 av. J.-C., s'empara de Pataliputra et de la vallée du Gange, et obligea les princes grecs et indiens du Punjab à reconnaître sa suzeraineté. On dit qu'il réussit à décider un corps de troupes grecques à servir dans son armée ; c'est ainsi que les Yavanas furent admis dans la classe des Kchattrias, Seleucus Nicator, après avoir combattu Chandragupta, fit avec lui un traité d'alliance. En retour de 500 éléphants, il lui abandonna le Punjab et le haut Afghanistan jusqu'à l'Indu Kush, lui donna sa fille en mariage et envoya en ambassade auprès de lui Mégasthènes qui demeura à sa cour de l'an 306 à l'an 298 av. J.-C.

Sous Chandragupta et son fils Bindhusara, tous deux Bouddhistes, mais tièdes, le Bouddhisme s'étendit dans tout le Nord de l'Inde et au sud Cangi (Cangivaram) à l'Ouest de Madras.

LIVRE II

Açoka.

(276 ou 264-222)

CHAPITRE PREMIER

LÉGENDE DE LA CONVERSION DU ROI

Dans le royaume Tchamparna qui appartenait à la génération des Kourous, régnait Némita de la race du soleil. Il avait six fils légitimes et, de la fille d'un marchand, un 7e fils Açoka auquel il donna en apanage la ville de Patalipoutra (Patna), en récompense de ses victoires sur les habitants du Nepaul et autres montagnards. Némita envoya ses fils à Magada contre un Brahme qui y régnait et ils s'emparèrent de ses provinces du Magada. Némita étant mort subitement, les grands proclamèrent Açoka. Il attaqua de suite ses frères, les tua et fit de si grandes conquêtes que son empire s'étendit de l'Himmalaya aux Monts Vindhya, embrassant ainsi le Nord et le centre de la Péninsule.

Pendant les dix premières années de son règne qui précédèrent sa conversion, le roi favorisa beaucoup les Brahmes. Il se signala d'abord par son amour des plaisirs et on le surnomma « Kamachoka, l'homme du plaisir charnel » puis par des cruautés et on le nomma « Tchandachoka, l'homme des supplices ».

A son avènement au trône, il fit mettre à mort ses 99 frères, dont l'un seulement lui avait disputé la couronne.

Il fit tomber, de sa main, la tête de cinq cents ministres qui l'avaient contredit ; pour une légère offense, il fit bruler ensemble sous un monceau de bois ses cinq cents femmes ; puis sachant que le peuple, à cause des exécutions auxquelles il prenait part, l'avait surnommé « le furieux », il prit pour bourreau un monstre de férocité nommé Tchandagorika, lui fit construire une maison de belle apparence que l'on appela *la maison agréable* et lui promit que quiconque y entrerait, n'en sortirait plus et serait abandonné à sa cruauté. Sept jours après, il lui envoya une femme des appartements intérieurs et un jeune homme entre lesquels on avait surpris des signes d'intelligence. Tchandra les broya dans un mortier d'airain avec des pilons.

Un Biksou étranger à la ville, entra dans cette maison dont il ignorait la destination. Témoin du supplice des deux infortunés, il se confirma dans le mépris de l'existence et s'abandonna au bourreau.

Mais tous les instruments de torture et de mort furent sans action sur le Religieux que préservaient d'innombrables mérites acquis dans des existences antérieures.

Le roi en fut informé et se rendit à la prison pour voir le fait de ses propres yeux. En ce moment, le religieux était assis tranquillement, impassible et invulnérable dans un chaudron chauffé au rouge blanc et rempli de matières bouillantes dans lesquelles le bourreau l'avait plongé. Reconnaissant que le moment était venu de convertir le Roi en déployant son pouvoir surnaturel, il s'élança dans l'air semblable à un cygne ; de la moitié de son corps jaillissait de l'eau, de l'autre moitié du feu. Produisant tour à tour de la pluie et des flammes, il resplendissait dans le ciel comme le sommet embrasé d'une montagne d'où s'échapperaient des sources.

Le roi lui dit : qui es-tu, toi dont la puissance est surhumaine et l'essence parfaite ? Je suis, répondit le religieux, un fils de Bouddha, le plus miséricordieux et le plus éloquent des hommes. Dompté par le Héros qui s'est dompté lui-même, calmé par ce sage qui est parvenu au comble de la quiétude, j'ai été affranchi de l'existence.

Et toi, ô grand Roi, ta venue a été prédite par Baghavat c'est de toi qu'il a dit :

Cent ans après que je serai entré dans le Nirvana complet, règnera à Palipoutra un roi juste, souverain des quatre parties de la terre, qui fera la distribution de mes Reliques et qui établira 84,000 (nombre bouddhique) édits de la Loi.

Cependant tu as fait construire cette demeure, image de l'enfer, où des milliers d'hommes sont mis à mort. O, roi des hommes! donne, en la détruisant, la sécurité aux êtres qui implorent la compassion !

Le roi joignant les mains en coupe répondit :

« Pardonne-moi, ô fils du sage, cette mauvaise action dont je m'accuse devant toi ; je me réfugie auprès de Bouddha, de la Loi et de l'Assemblée. Je couvrirai la terre de Dzeddis (Stoupas) qui brilleront comme l'aile du Cygne, comme la Conque et comme la Lune. »

Le roi voulut alors quitter la prison, mais Tchandagorika lui dit les mains jointes : O roi, tu m'as promis qu'aucun homme entré ici n'en sortirait plus ! Tu voudrais donc me mettre aussi à mort, s'écria Açoka. Oui, répondit le bourreau. Quel est, reprit le Roi, celui de nous deux qui est entré le premier ? Moi, dit Tchanda Gorika « alors tu dois mourir d'abord ». Il le livra à ses propres aides et fit démolir la maison agréable.

Telle est, sur la conversion d'Açoka, la légende du Népaul tout à fait dans le goût hindou.

La légende birmane, beaucoup plus sobre, fait opérer la conversion par un jeune religieux dont la distinction, l'éloquence et la sainteté gagnèrent le cœur du roi.

A partir de ce moment, Açoka fut un protecteur de plus en plus déclaré des Bouddhistes qui alors l'appelèrent Darmachoka. Son empire s'étendit au Nord au-delà du Thibet et au Sud jusqu'à l'Océan.

Il rendit un grand nombre d'édits en faveur de la morale et de la religion. On en retrouve inscrits sur des piliers ou gravés sur des Stèles et sur le roc en vingt endroits de l'Inde, à Gunar, à Khalsi, à Jaugada, à Deuli, à Kandaghiri. Il y a à Allahabad un édit, dit de la Reine. Ces inscriptions de Pyadaci sont les plus anciennes que nous possédions de ces pays.

Plusieurs des édits étaient accompagnés de la représentation gravée sur le rocher d'un éléphant ou de l'arbre Boddhi ou de quelque autre symbole bouddhique. Dans le 13e édit l'éléphant est qualifié de grand éléphant, d'éléphant par excellence. On sait que l'éléphant blanc est une représentation symbolique du Bouddha.

Les sept premiers édits sont antérieurs à la conversion officielle du roi : mais on reconnaît facilement qu'il était déjà favorable au Bouddhisme, car il protège les Ascètes qui tendaient à se substituer aux Brahmes. Les édits suivants ont en vue surtout de répandre parmi les peuples les doctrines morales du Bouddha. Schlagenweit nous apprend qu'ils étaient en caractères phéniciens; sans doute ces caractères auront servi à représenter les mots de plusieurs dialectes parlés par les peuples divers au milieu desquels étaient placées les inscriptions, en sorte que celles-ci présentent un grand intérêt linguistique. Depuis 50 ans les Orientalistes s'appliquent à les déchiffrer et à les traduire. Cuningham leur a consacré un livre spécial et prétend que la langue employée est au sanscrit, ce que l'Italien est au Latin.

Ces édits sont tous d'une grande élévation morale, et ont un prix immense pour l'histoire des religions et la géographie historique. C'est le seul document complètement précis que nous ait laissé l'Inde livrée toute entière à la fable et à la Légende. On ne peut y ajouter comme ayant une réelle valeur historique que les Annales Monastiques de Ceylan, c'est-à-dire la Chronique du Mahavansa et du Divapansa.

Dans leur ensemble, les édits nous révèlent un Açoka bien supérieur à celui des Légendes, un Saint-Louis, un Charlemagne du monde Indien ; la tradition bouddhiste ne nous donnait qu'un Constantin bouddhiste, finissant par l'absorption dans la dévotion la plus aveugle.

La traduction la plus satisfaisante des Edits est celle que M. Senard a donnée dans le Journal Asiatique, années 1880 et 1882 ; nous lui empruntons les citations de l'abrégé qui suit.

CHAPITRE II

LES ÉDITS D'AÇOKA

Le premier édit prescrit d'épargner la vie des êtres soit pour les sacrifices, soit pour l'alimentation (ce précepte est commun aujourd'hui au Brahmanisme et au Bouddhisme).

Le 2ᵉ Edit qu'on pourrait appeler. Edit de bienfaisance publique, est également tout aussi brahmanique que bouddhique. Nous le donnons à cause de l'intérêt qu'il présente pour la géographie politique de l'époque.

« Partout, sur le territoire du roi Pyadassi cher aux Dévas et aussi des peuples qui sont sur ses frontières, tels que les Çodas, les Pandyas, le pays de Sadyapoutra et jusqu'à Tambapani dans le territoire du roi grec Antiochus et aussi des rois qui l'avoisinent dans l'Aryana (la Bactriane, la Sodgiane etc.) partout le roi Pyadassi cher aux Dévas a répandu des remèdes de deux sortes; remèdes pour les hommes, remèdes pour les animaux. »

« Partout des plantes et des arbres utiles ont été emportés et plantés. »

« Partout où il manquait des racines et des fruits, il en a été emporté et planté. »

« Et sur les routes des puits ont été creusés pour l'usage des hommes et des animaux. »

Tout cela d'ailleurs est plutôt la proclamation des bienfaits du roi, qu'une instruction ou une série de recommandations.

M. Senard pense et il paraît très probable que les Chauderies, établissements hospitaliers si nombreux dans l'Inde, sont d'origine bouddhiste; de même des étangs utiles à l'agriculture ou à la santé publique. Il faut cependant remarquer que le principe de toutes ces œuvres se trouve dans Manou ; il peut y avoir été intercalé après la venue du Bouddha.

Le 3ᵉ édit (3ᵉ année après le sacre du roi) a pour objet de faire régner la morale bouddhique que partout dans mon empire, les fidèles, le Radjouka (prince guerrier) et le gouverneur du district, se rendent tous les cinq ans à l'assemblée (des religieux) comme à leurs autres devoirs, afin d'y proclamer l'enseignement religieux suivant :

Il est bon de témoigner de la docilité à son père et à sa mère, à ses amis, à ses parents, à ses connaissances.

Il est bon de faire l'aumône aux brahmes et aux Çramanas (religieux Bouddhistes mendiants).

Il est bon de respecter la vie des êtres animés.

Il est bon d'éviter l'intempérance et la violence du langage.

C'est au clergé, ensuite, d'instruire les fidèles dans le fonds et dans le détail.

Le dernier alinéa est exclusivement bouddhiste ; c'est même on peut dire l'essence du Bouddhisme.

Le 4ᵉ édit (13ᵉ année après le sacre) est la suite des prescriptions morales et religieuses ; le 1ᵉʳ alinéa concerne le culte : « Aujourd'hui le roi Pyadassi, fidèle à la pratique de la religion, a fait raisonner la voix du tambour, de telle sorte qu'elle est) comme la voix de la religion, montrant au peuple des processions de chasses (à reliqués pour les bouddhistes), *d'éléphants, de torches allumées et autres spectacles divins.* »

Les mots en italique ont plutôt trait au culte brahmanique qu'au culte bouddhique.

Le 2ᵉ alinéa constate que la religion et la morale bouddhique grâce à l'instruction donnée aux peuples, sont observées ; les derniers alinéas promettent aux peuples que les successeurs et descendants du roi perpétueront cet état de choses « car l'enseignement de la religion est l'action la meilleure, et il n'est pas, sans la vertu, de pratique sincère de la religion. »

Le 5ᵉ édit (16ᵉ année après le sacre), crée des surveillants de la religion et définit leurs fonctions :

« Ils s'occupent des adeptes de toutes les sectes, en vue de l'établissement et du progrès de la religion et du bonheur des fidèles qui la suivent. » Ils s'occupent chez les Yavanas, les Kambojas (Cambodge), les Gandharas et les autres populations frontières, des guerriers, des brahmanes et des riches, des pauvres, des vieillards, en vue de leur bien-être et de leur bonheur, pour lever tous les obstacles devant les fidèles de la vraie religion. »

« Ils s'occupent de réconforter celui qui est dans les chaînes, de le délivrer lorsqu'il est chargé de famille, lorsqu'il est victime de la ruse, lorsqu'il est âgé et infirme.

« Partout ils s'occupent des fidèles de la vraie religion, de ceux qui y restent fermes, et qui donnent l'aumône. »

Le 6e édit concerne l'expédition rapide des affaires publiques. « En quelque endroit que je me trouve, si intime qu'il soit, pénètrent les officiers chargés de me rapporter les affaires du peuple et partout aussi j'expédie les affaires publiques ; j'ordonne moi-même de faire savoir au peuple les choses imprévues que j'apprends des surveillants de la religion ; je ne crois jamais avoir déployé assez de zèle et d'activité pour l'administration de la justice ».

« J'ai commandé que, partout et toujours, il me soit fait immédiatement rapport sur toute division ou querelle qui peut se produire au sein des assemblées du clergé (les religieux bouddhistes, Açoka voulait tenir dans sa main les affaires religieuses)

« Tous mes efforts n'ont qu'un but : acquitter envers les créatures la dette du devoir qui doit assurer leur bien-être. Puissent-elles par mes conseils gagner le ciel ! »

Le 7e Edit prescrit la tolérance religieuse.

« Le roi Piyadasi, cher aux Devas, souhaite que toutes les sectes puissent habiter librement en tous lieux ;

Toutes en effet se proposent également la domination des sens et la pureté de l'âme.

Mais l'homme est mobile dans ses volontés, ses inclinations et ses attachements : Souvent il ne pratiquera qu'en partie l'idéal religieux qu'il poursuit ; mais au moins que celui qui ne fait pas d'abondantes aumônes, possède la domination sur ses sens, la pureté de l'âme, la reconnaissance, la fidélité dans les affections, ce qui est toujours un mérite excellent. »

Par le 8e édit le roi Piyadasi fait connaître à ses peuples qu'il a abandonné les plaisirs frivoles et mondains pour les plaisirs vertueux que procure la religion « la visite et l'aumône aux Brahmanes et aux Çramanas ; la visite aux vieillards, la distribution d'argent, la visite aux peuples de l'empire en vue de s'assurer de son instruction religieuse ; *les conférences et consultations sur les choses de la religion.* »

Le 9ᵉ édit a pour but d'établir que les pratiques enseignées par la nouvelle religion sont préférables à toutes les autres ; aucun document n'a mieux interprété l'esprit du bouddhisme ; il mérite d'être cité en entier.

« Voici ce que dit le roi Piyadasi cher aux Dévas :

1. Les hommes observent, suivant les circonstances, des pratiques variables, soit dans la maladie, soit à l'occasion du mariage d'un fils ou d'une fille, soit à la naissance d'un fils, soit au moment de se mettre en voyage ;

Ces pratiques sont par leur étrangeté et leur bizarrerie vaines et sans valeur ; il faut cependant les observer (comme étant à l'usage des différents cultes).

2. Mais la pratique de la religion (le bouddhisme) produit seule des effets excellents. Elle comprend : les égards pour les esclaves et les serviteurs ; le respect pour les parents et les maîtres, l'aumône aux Çramanas et aux Brahmanes, la douceur envers tous les êtres vivants.

3. Il faut qu'un père ou un fils ou un ami, ou un maître ou un camarade, ou un voisin (qui connaît ces pratiques) dise (à ceux qui les ignorent) « voilà ce qui est bien, voilà ce qu'il faut observer » jusqu'à ce que le but poursuivi soit atteint.

L'aumône sans doute est bonne, mais il n'est pas d'aumône qui vaille la religion.

C'est pourquoi, il faut qu'un ami, un particulier, un camarade conseille, suivant les circonstances : « ce qui est bien, ce qu'il faut faire. »Cette conduite est le seul moyen sûr de gagner le ciel.

Au contraire des pratiques anciennes, celles de la loi ne sont pas liées par le temps. Si elles ne produisent pas le résultat terrestre qu'on a en vue, elles assurent certainement une moisson infinie de mérites. Mais si elles produisent au contraire ce résultat, elles ont une double efficacité, celle présente et celle à venir.

La dernière partie de ce document, à partir du nᵒ 3 pourrait faire partie d'un livre de piété chrétienne.

Dans le 10ᵉ édit, le roi déclare qu'il met toute sa gloire

à assurer le triomphe de la religion nouvelle ; *dans le 11e*, il rappelle les prescriptions morales exposées dans le 9e édit.

Le 12e édit est le développement du 7e, la proclamation de la tolérance religieuse.

« Le roi Piyadassi, cher aux dévas, honore toutes les sectes : ascètes (religieux voués au célibat) et maîtres de maison (brahmes mariés), il les honore par l'aumône et par des honneurs divers.

Mais ce qu'il a le plus à cœur, c'est de voir régner les vertus morales qui constituent la partie essentielle de leurs doctrines.

Le fonds de ces doctrines comporte, il est vrai, bien des différences, mais toutes ont une règle commune, la modération dans le langage ; il ne faut pas exalter sa secte en décriant les autres sectes ; il ne faut pas déprécier les autres sectes sans raisons légitimes ; il faut, au contraire, en toute occasion rendre aux autres sectes les honneurs qui conviennent.

En agissant ainsi, on travaille au progrès de sa propre secte tout en servant les autres ; en agissant autrement on nuit à sa propre secte en desservant les autres [1].

La concorde seule est bonne, en ce sens que tous écoutent et aiment à écouter les croyances les uns des autres.

Tous les hommes, quelle que soit leur foi, doivent se dire que le roi attache moins d'importance à l'aumône et au culte extérieur, qu'au vœu de voir régner les doctrines essentielles et le respect de toutes les sectes religieuses les unes pour les autres.

C'est à cela que travaillent les surveillants de la religion, les officiers chargés de la surveillance des femmes, les inspecteurs et autres corps d'agents préposés à la sécurité publique. Le fruit que j'en retire est l'avantage de ma propre croyance et la mise en lumière des bienfaits *de la religion en général.*

---

[1] Les missions des diverses communions chrétiennes qui s'efforcent de convertir les Nègres de l'Afrique Australe semblent être tombées d'accord, au moins tacitement, pour cette ligne de conduite fort sage. Chacune agit dans un certain rayon qui lui est propre, sans contrecarrer l'action des autres.

Cet édit est daté de la 9ᵉ année après le sacre du roi ; il est antérieur aux précédents où éclate le zèle du roi pour le triomphe et l'extension de la religion bouddhique. Cependant bien qu'il soit empreint de moins de ferveur que ces derniers, il n'en est pas moins fidèle à l'esprit du Bouddhisme essentiellement tolérant, bienveillant pour les autres religions et même curieux de leurs doctrines. Les Bouddhistes ont été quelquefois persécuteurs, mais il a fallu pour cela ou bien qu'ils fussent provoqués, ou bien qu'ils crussent en péril les intérêts temporels du corps religieux dans des pays où ces intérêts avaient pris un développement contraire aux prévisions du Bouddha, au point d'altérer l'esprit de l'institution.

Il ne faut pas d'ailleurs oublier que le roi Açoka n'avait en vue que les sectes indiennes, c'est-à-dire les diverses sectes brahmaniques et le bouddhisme qui se considéraient comme des dérivations diverses d'une religion commune, de même que catholiques et protestants sont tous chrétiens.

Le 13ᵉ édit proclame que les guerres de conquête sont désastreuses et que les conquêtes de la religion sont seules profitables pour le présent et pour l'avenir ; il indique aussi le grand rôle historique qu'a joué le roi Açoka.

Il se termine ainsi :

Le roi cher aux Dévas souhaite de voir régner pour toutes les créatures, la sécurité, le respect de la vie, la paix et la douceur ; c'est là ce qu'il considère comme les conquêtes de la religion.

C'est dans ces conquêtes que le roi cher aux Dévas trouve son plaisir, à la fois dans son empire et sur toutes ses frontières dans une étendue de bien des centaines de Yoganas.

Parmi ces voisins se trouve le roi des Yavanas Antiochus, et au nord de celui-ci sont quatre autres rois (grecs), Ptolémée, Antigone, Magas et Alexandre.

Au sud sont les Codas, les Pandiyas jusqu'à Tambapanni et de même aussi le roi des Huns Vismavasi !

Chez les Grecs et les Kambajas, les Nabhakas et les Nabhapantis, les Bhogas et les Petonikas, les Andras et les Poulindas, partout on se conforme aux instructions religieuses du roi cher aux Dévas.

Là où ont été dirigés ses envoyés, là aussi après avoir

entendu, de la part du roi cher aux Dévas, les devoirs de la religion, on se conforme maintenant avec zèle aux instructions religieuses et à la religion, cette digue contre (les mauvaises passions).

C'est ainsi que la conquête (par la religion) s'est étendue en tous lieux.

J'y ai trouvé une joie extrême, car tel est le contentement que procurent les conquêtes de la religion.

Mais, à vrai dire, le contentement est chose secondaire et le roi cher aux Dévas, n'attache une grande valeur qu'aux fruits que l'on s'assure pour l'autre vie.

C'est pour cela que cette instruction religieuse a été gravée, afin que nos fils et nos petits-fils ne croient pas qu'ils doivent faire quelque autre conquête nouvelle.

Qu'ils ne pensent pas que la conquête par l'épée (la flèche) mérite le nom de conquête; qu'ils n'en voient que l'ébranlement et la violence (qui en résulte pour les peuples).

Qu'ils ne considèrent comme vraies conquêtes que celles de la religion ; elles seules sont profitables pour ce monde et pour l'autre. »

Cette inscription nous rappelle le zèle religieux de Charlemagne réglant dans ses capitulaires les choses de la religion, inspectant par les missi dominici l'instruction religieuse et laïque et propageant celle-ci au-delà de ses frontières par des missionnaires.

Le 14e édit fait connaître que le roi a fait graver les édits afin de rappeler les vrais principes de la religion et de les conserver dans toute leur pureté... Il donne à entendre que, sur le nombre des édits qui ont été gravés en différents lieux, on en doit rencontrer qui se répètent et qui sont abrégés ou plus ou moins développés pour l'intelligence des vrais principes.

Vient ensuite une série d'édits qui sont ou datés expressément, de la 27e année après le sacre, ou très probablement à peu près de la même année.

Le premier édit de cette série déclare (27e année) que tout doit progresser et marcher par la religion (bouddhique). Il paraîtra sans doute bien exclusif et bien absolu ; le roi veut forcer les gens à faire leur salut.

« Le bonheur dans ce monde et dans l'autre est difficile à procurer (aux hommes) à moins d'un zèle extrême pour la religion (de la part de mes officiers), d'une surveillance rigoureuse et d'une obéissance absolue, d'un sentiment très vif de responsabilité, d'une activité qui ne s'interrompt jamais.

« Mais grâce à mes instructions, ce souci de la religion, ce zèle pour la religion, grandissent et grandiront chaque jour davantage, chez les surveillants et les officiers préposés au bien de la religion.

« Et mes officiers supérieurs, subalternes et de rang moyen, s'y conforment et dirigent le peuple dans la bonne voie de manière à maintenir les esprits légers. De même les surveillants des frontières s'attachent à maintenir la règle, et cette règle, la voici :

« Le gouvernement par la religion ; la loi par la religion ; le progrès par la religion ; la sécurité par la religion. »

La religion, on le voit, absorbe tout ; heureusement, elle n'emploie jamais la violence. Quant à l'ingérence exorbitante des agens du roi pour la religion, elle était nécessaire pour inculquer les préceptes au peuple qui ne voyait dans le Bouddha qu'un Dieu s'ajoutant à des milliers d'autres. Ce qui justifie le roi Açoka, c'est que, aussitôt après lui, toutes les sectes Brahmaniques se relevèrent vivaces et s'emparèrent de nouveau des Hindous que la doctrine nouvelle n'avait touchés qu'à l'épiderme sans les pénétrer jusqu'à la moelle. Les moyens qu'il employa étaient donc opportuns et de plus ils étaient légitimes, car ils n'empruntaient rien à la contrainte et ils avaient, en réalité, pour but la moralisation si nécessaire des peuples de l'Inde.

Dans le 2e édit le roi définit *la religion*.

« Elle consiste à faire le moins possible de mal et le plus possible de bien (aux êtres animés), à pratiquer la piété, la charité, la véracité et aussi la pureté de vie. »

Le 3e *édit* établit la nécessité de l'examen de conscience.

Le 4e édit (27e année après le sacre) déclare que la justice doit être égale pour tous.

« J'ai créé des Rajoukas (administrateurs et juges) pour le bien et l'utilité de mes sujets, et pour qu'ils puissent librement, en toute sécurité, vaquer à leurs fonctions, sans préoccupation ni crainte d'aucune sorte, je me suis personnellement réservé toute poursuite, tout châtiment contre eux.

Il est en effet très désirable de faire régner l'égalité et dans les poursuites et dans les peines à prononcer (on se rappelle que les lois de Manou prescrivent le contraire).

A dater d'aujourd'hui, j'établis la règle suivante :

Aux prisonniers qui ont été jugés et condamnés à mort, j'accorde un sursis de trois jours avant l'exécution ; on les avertira qu'il ne leur reste ni plus ni moins à vivre. Ainsi avertis, ils feront l'aumône en vue de la vie future et pratiquement le jeûne (qui purifie). Je désire, en effet, que, même enfermés dans un cachot, les condamnés à mort puissent assurer l'au-delà avant leur exécution. »

Le 5e *édit* ordonne de respecter la vie des animaux et de n'exercer sur eux aucun sévice (27e année).

« J'ai interdit de tuer aucun des animaux appartenant aux espèces suivantes :

Les perroquets, les Carikas, les Arounas, etc., les flamands, les Nandimoukas, les chauve-souris, les fourmis d'eau, les poissons appelés anastikas, les poupoutas du Gange, les tortues et les porc-épics, les taureaux sauvages, les renards, les tourterelles, les pigeons de l'espèce blanche, les pigeons de village et toutes les espèces de quadrupèdes que l'on ne mange pas.

Quant aux chèvres, aux brebis, aux truies, on ne doit les tuer ni pendant qu'elles portent, ni pendant qu'elles allaitent, non plus que leurs petits au-dessous de six mois.

Il ne faut pas faire de chapons.

Il ne faut brûler vivant aucun être.

Il ne faut pas mettre le feu à un bois, soit par malveillance, soit pour détruire les animaux qui l'habitent.

Il ne faut pas se servir d'êtres vivants pour en nourrir d'autres.

A chaque jour d'Ouposatha, (nouveau quartier de lune), il ne faut tuer aucune catégorie d'êtres vivants.

Les 8, 14 et 15 de chaque demi-lunaison, et le jour qui suit la pleine lune de Tishya, de Pourarvasasou et les trois Catourmâsyas, il ne faut mutiler aucun des animaux qu'il est d'usage de castrer. »

Toutes ces prohibitions ont pour but d'empêcher les

cruautés inutiles ou de restreindre celles qu'on ne peut empêcher.

Dans le 6ᵉ édit le roi déclare de nouveau qu'il honore toutes les sectes, mais qu'il apprécie surtout l'adhésion à leurs doctrines et à leurs pratiques.

Dans le 7ᵉ, il annonce « sa résolution de répandre des exhortations religieuses, de promulguer des instructions religieuses ; les hommes entendant cette parole, entreront dans la bonne voie, ils avanceront dans le bien. »

Le 8ᵉ Edit est une circulaire qui résume les mesures prises par le roi et ses vues :

Pour que la religion fasse des progrès rapides ;

J'ai promulgué des exhortations religieuses et des instructions diverses ; (28ᵉ année après le sacre).

J'ai institué sur le peuple de nombreux fonctionnaires, chacun ayant son rayon à lui, pour qu'ils répandent l'enseignement, qu'ils développent mes pensées.

J'ai aussi institué des Rajoukas (princes, chefs) sur beaucoup de milliers de créatures et ils ont reçu de moi, l'ordre d'enseigner la masse des fidèles ;

J'ai élevé des colonnes revêtues d'inscriptions religieuses ;

J'ai créé des surveillants de la religion ;

Sur les routes, j'ai planté des Nyagrodhas pour ombrager les hommes et les animaux.

De demi Kroça en demi Kroça j'ai planté des jardins de Manguiers.

J'ai fait creuser des puits et faire des piscines.

Et en une foule d'endroits, j'ai élevé des caravansérails pour recevoir les hommes et les animaux.

Par ces améliorations diverses j'ai contribué au bonheur des hommes, mais ce que j'ai le plus à cœur, c'est de les faire entrer dans les voies de la religion et, dans cette vue ;

J'ai créé des inspecteurs de la religion pour qu'ils s'occupent — des affaires de charité en tous genres, — des membres de toutes les sectes, vivant hors du monde ou dans le monde, — des intérêts des clercs, des brahmanes, des religieux mendiants (bouddhistes) et Nirgrantas (djaïnas — enfin des sectes diverses.

Les Mahamatras (grands gourous) s'occuperont isolément les uns des autres, chacun d'une corporation ; les inspecteurs de la religion, de l'ensemble de toutes les sectes.

C'est en se formant sur mes exemples, sur les actes de bonté que j'accomplis, que les hommes ont grandi et grandiront en obéissance aux parents et aux maîtres, en condescendance pour les personnes âgées, aux égards envers les brahmanes, les Çramanas, les pauvres, les misérables jusqu'aux esclaves et aux serviteurs.

Mais le progrès de la religion parmi les hommes s'obtient de deux manières : par les règles positives ; — par les sentiments qu'on leur sait inspirer — c'est seulement par le changement des sentiments personnels que s'accentue le progrès de la religion dans le respect général de la vie, dans le soin de n'immoler aucun être.

J'ai posé cette inscription afin qu'elle dure pour mes fils et mes petits-fils. Partout où elle est gravée, sur colonnes de pierre ou parois de rochers, il faut faire en sorte qu'elle dure longtemps.

Par cet édit, on voit que le roi Açoka ne fut pas seulement le Constantin de l'Inde président des conciles, mais qu'il en fut aussi le Saint-Louis ; nous avons vu par le 13e édit de la 1re série qu'il fut mieux encore, qu'il fut un Charlemagne Indien.

Tous ces édits sont remplis de tolérance et même de bienveillance pour toutes les sectes ; la ferveur pour la Religion, (le Bouddhisme) s'y accentue de plus en plus à mesure qu'Açoka avance dans son règne.

CHAPITRE III

ZÈLE DU ROI. LÉGENDE DE VITHAÇOKA

Le roi ordonna que ces édits qui étaient de véritables instructions morales seraient lus au peuple tous les 4 mois au moins par l'Assemblée des Religieux, et, dans l'intervalle par un seul Religieux isolément de telle sorte que le peuple les sût par cœur. Un édit prescrivait une confession générale tous les 5 ans et enjoignait d'y procéder sans déranger le peuple de ses travaux. Par là fut établie, en ce qui concerne les laïques, la règle de la confession et elle eut le caractère d'une fête quinquennale, à la fois d'expiation et de bienfaisance qui a été vue et décrite par le pèlerin Chinois Hiouen Tsang. Inutile d'ajouter que, dans ces termes, elle n'était nullement une direction de conscience ; elle n'était même pas exclusivement bouddhiste.

Pour diminuer le prestige des Brahmes dont l'influence lui portait ombrage, sans rompre ouvertement avec eux, Açoka témoignait en toute occasion et voulait qu'on témoignât un respect sans limites aux Religieux Bouddhistes. Chaque fois qu'il en rencontrait un, il se prosternait devant lui. Son ministre Yaças, quoique converti lui-même, lui représenta qu'il avilissait la dignité royale, en mettant sa tête aux pieds de mendiants sortis de toutes Castes. Quelques jours après, le roi le chargea de faire vendre des têtes d'animaux et une tête humaine et de lui dire les prix de vente. Yakas ne trouva pas d'acheteur pour la tête humaine. Pourquoi ? lui demanda le roi.

Parce qu'elle est un objet sans valeur. Est-ce que toutes les têtes humaines sont sans valeur ? interrogea encore le roi ? Certainement. — Et la mienne ? — Aussi dut répondre Yakas.

« Et si ma tête, cet objet sans valeur, rencontre quelque occasion de se purifier, qu'y a-t-il de contraire à l'ordre ? Tu regardes la Caste dans les Religieux de Çakya et tu ne vois pas les vertus. On s'enquiert de la Caste pour une invitation ou un mariage ; mais les vertus ne s'inquiètent pas de la Caste. On méprise un homme de haute naissance pour ses vices, et on honore un homme de basse extraction pour sa vertu. »

« Le héros compatissant des Çakyas (Bouddha) a dit : Pour les sages, les choses sans valeur sont précieuses. Celui qui est éclairé par le sage aux dix forces, ne fait pas de différence entre le corps d'un prince et celui d'un esclave. Ce qui est essentiel en ce monde, ce que les sages doivent honorer, peut se trouver dans un homme vil. »

Il fit des Religieux de ceux de ses fils qui ne devaient point régner. Par là, il relevait et s'attachait les religieux Bouddhistes. — En même temps il préservait les jours de ces enfants menacés dans l'avenir par l'usage des princes orientaux d'immoler leurs frères à leur propre sécurité.

Il restait à Açoka un seul frère nommé Vitaçoka. Pour qu'il ne pût devenir un prétendant, il le força à se faire moine. Là nous retrouvons sous une forme Indienne l'histoire de l'épée de Damoclès. Sous le prétexte que Vitaçoka avait essayé les ornements royaux pour les porter un jour, Açoka le remit aux mains du bourreau ; puis feignant de céder aux prières de ses ministres, il lui accorda la vie pour sept jours pendant lesquels il jouirait de tous les privilèges et plaisirs de la royauté. Chaque soir, le bourreau rappelait à ce roi éphémère le compte de ses jours. Le 7e jour, il fut conduit devant Açoka qui lui demanda quel plaisir il avait pris aux chants, aux danses, au concert des instruments, aux acclamations de la foule etc.

Vithaçoka répondit : Je n'ai rien vu que les exécuteurs assis à ma porte avec leur vêtement bleu ; rien entendu que le son de leur cloche ; je n'ai pas connu le sommeil, j'ai passé mes jours et mes nuits à songer à la mort.

Alors Açoka lui dit : « Si la crainte de perdre une seule vie, péril toujours suspendu sur un roi, t'a empêché de jouir des plaisirs de la royauté, comment crois-tu que les religieux envisagent les tourments des lieux où l'on peut renaître, les flammes de l'enfer, les terreurs et les déchirements des animaux qui s'entredévorent, les poignantes inquiétudes et les vains efforts des hommes sur la terre, la crainte qui assiège les dieux de perdre la félicité des sièges fortunés, ces cinq causes de misères qui enchaînent les trois mondes ? Les Religieux voient des bourreaux dans les attributs de l'existence, des brigands dans tous les objets, dans le corps une demeure incendiée.

Comment la délivrance n'appartiendrait-elle pas à ceux qui ne désirent qu'elle, qui se détournent de l'existence, et dont le cœur ne s'attache pas plus aux causes de plaisir que l'eau à la feuille du lothus ?

Vitaçota, adhérant aux trois joyaux, demanda à son frère la permission de se faire religieux mendiant, et de se retirer à la campagne au-delà des frontières. Il y fut atteint de la lèpre et eut beaucoup de peine à s'en guérir.

En ce temps-là, dans la ville de Pundra, un habitant et un mendiant brahmanique brisèrent une statue de Bouddha. Le roi les fit mettre à mort ainsi que les habitants de Pundra au nombre de 18,000 en un seul jour.

Le même attentat contre la statue de Bouddha fut commis dans la capitale Pataliputra. Le roi fit brûler l'auteur du crime, ainsi que ses parents et amis, et, ne trouvant pas la punition suffisante, il mit à prix la tête des mendiants brahmaniques.

On voit que le Bouddhisme n'avait point adouci les supplices, ni supprimé les responsabilités injustes. La même barbarie se retrouve encore de nos jours en Chine et au Thibet.

Vitaçoka s'était retiré pour une nuit dans la cabane d'un pasteur. Comme il relevait de maladie, il n'avait pu prendre soin de sa personne ; le désordre de sa barbe, de ses cheveux, de ses vêtements, lui donnait l'aspect d'un mendiant brahmanique. Le pasteur s'y trompa et pour obtenir la récompense promise, il lui coupa la tête et l'apporta au roi qui, l'ayant reconnu, tomba évanoui. Lorsqu'il revint à lui ses ministres lui dirent : « Tes ordres ont occasionné la mort d'un Sage exempt de passions, révoque-les donc et rends le repos au peuple. »

Le roi, dit la Légende, défendit qu'à l'avenir, on mît personne à mort.

Ce qui est certain, c'est qu'il entoura des plus grandes précautions le jugement des criminels. Nous l'avons vu dans ses Edits se montrer charitable envers les condamnés à mort. Il veut trois jours de sursis entre la sentence et l'exécution, afin que par le repentir, des aumônes ou des jeûnes, ils puissent adoucir les châtiments qui les attendent dans une autre existence.

CHAPITRE IV

LÉGENDE DE KUNALA

C'est au règne d'Açoka que remonte la légende Hindoue qui correspond à celle de Phèdre chez les Grecs. Elle s'est transmise jusqu'à nos jours par un poème très populaire et par une tragédie que nous avons vu représenter à Pondichéry sur une scène improvisée plus vaste que celles des théâtres antiques, telles qu'on les voit à Pompeï et Herculanum. Les différents actes de la tragédie figuraient à l'Exposition Universelle de 1866 dans une série de tableaux très curieux, très exacts et d'un beau coloris.

A Pondichéry, cette représentation théatrale n'a lieu que tous les 5 ans ; les frais qui sont assez considérables, en sont faits par un riche dévot.

Nous allons reproduire cette légende en lui restituant sa couleur bouddhique primitive à l'aide du récit de M. E. Burnouf.

Le roi Açoka avait fait présent à chaque religieux de trois vêtements, à l'Assemblée de 400,000 manteaux. Il avait établi 84,000 Edits royaux de la Loi.

Le jour où il promulgua ces édits, la reine Padmavati mit au monde un fils beau, gracieux, dont les yeux brillaient du plus vif éclat. Le roi s'écria : « C'est parce que je gouverne suivant la Loi qu'il m'est né un fils. Qu'ils sont purs les yeux de cet enfant ! Ils ressemblent à un lotus bleu bien épanoui. »

Ses ministres lui dirent : Sur le sommet d'un des pics du Mont, Roi des neiges (l'Himmalaya) qui est riche en arbustes, en plantes précieuses et en eaux, habite un oiseau qui se nomme Kunala. Les yeux de ton fils ressemblent à ceux de cet oiseau auxquels ne ressemblent ceux d'aucun homme.

Ayant fait vérifier le fait, le roi de la terre donna à son fils le nom de Kunala ; sous ce nom le prince qui avait toutes les vertus des Ariahs devint célèbre dans le monde.

Le président de l'Assemblée des Parfaits, qui possédait les 5 connaissances surnaturelles, vit que Kunala perdrait les yeux et il lui dit :

« Réfléchis, ô prince, que l'œil est périssable, qu'il est la source de mille maux ; que, pour s'y trop attacher beaucoup tombent dans le malheur. »

Kunala se mit à méditer sur cette maxime, en écartant toute autre idée.

Il se retira dans un bosquet solitaire du Jardin Royal formant un réduit délicieux et presque impénétrable, qu'il avait pris depuis longtemps en affection et où l'on ne venait jamais le troubler.

Un jour Tichya Rachita, la première épouse d'Açoka, dans toute la fleur de la jeunesse et de la beauté, y entra comme par hasard. Depuis longtemps, elle était éprise de Kunala, le plus beau et le plus vanté des hommes. Kunala se prosterna et lui dit : O ma mère, qui avez obtenu ce titre par vos perfections et vos austérités, je vous salue et me prosterne à vos pieds couleur de rose de Nénuphar.

Tichya Rachita. Pourquoi m'appelles-tu ta mère ? T'ai-je jamais porté dans mon sein ? T'ai-je mis au monde avec joie ? N'est-ce pas plutôt Padvamani, ce joli coucou des bois sacrés qui t'a enfanté avec bonheur ?

Kunala. Vous êtes pour moi, ô ma mère, plus qu'une mère qui me porta avec bonheur et qui tressaillit de joie en me voyant naître.

T. Convient-il que tu m'appelles ta propre mère ? Je te possède enfin comme un trésor difficile à trouver sur cette terre ; quel bonheur pour moi de voir s'accomplir ce qui était depuis longtemps l'objet de mes vœux, le sujet de mes langueurs, de mes troubles mortels ! Pourquoi restes-tu prosterné ? Viens reposer avec moi sur ce lit de fleurs. Puis le serrant entre ses bras et l'attirant elle lui dit :

A la vue de ton regard charmant, de ton beau corps, de tes beaux yeux superbes, tout mon corps brûle comme la paille que dévore l'incendie. Je veux m'unir et m'endormir avec toi, comme Vichnou avec la belle Latchoumi sur la mer de lait qui roule l'or et les pierreries ; comme encore le dieu de l'amour lançant des flèches de fleur et s'unissant avec sa belle Radi. Désormais, je ne te quitte point, je te l'assure, avant que tu aies pressé mon sein et que m'enlaçant dans tes bras, tu aies éteint tous mes feux.

K. Ne prononce pas d'aussi coupables paroles devant un fils, car pour moi tu es sacrée comme une mère, toi la première épouse de mon père. Renonce à une passion déréglée ; cet amour serait pour toi le chemin de l'enfer.

T. Qui a vu en ce monde la vertu et le péché ? pourquoi y penses-tu ? pourquoi dis-tu des paroles vides ? ô héros Kunala au cou duquel se jouent des guirlandes de fleurs délicieuses ; ô toi le plus beau des rubis, viens me satisfaire sur ce lit de fleurs. Crois-tu, si tu t'y refuses, pouvoir échapper à la vengeance d'une femme ?

K. Si une mère s'éprend de son fils, y aura-t-il encore dans le monde, après un tel bouleversement de ses lois, et la sublime pénitence, et la sainte vertu et la pluie du Ciel ? Ne voyez-vous pas, ô ma mère, l'infamie dont vous couvrira un crime irréparable qui poursuit dans les vies postérieures ceux qui s'en rendent coupables dans celle-ci.

T. Loin de moi ces mots de mère que tu répètes, Kunala, viens plutôt serrer mes jolis seins, viens me caresser avec amour et m'embrasser à l'instant sur ce lit de fleurs suaves.

K. Loin, loin de moi, ces mots d'amour, ô ma mère, ô vous dont je suis le fils pour faire la gloire de la dynastie des Mauryas. Votre invitation à satisfaire vos désirs criminels, ô ma mère, n'est-elle pas une chose inouïe dans ce vaste univers ?

T. Viens, viens donc, de grâce, t'unir avec moi ; viens mon cher Kunala, parfumer de sandal mes deux seins.

K. Est-ce donc là, ô reine, le langage vertueux que doit tenir une mère à son fils qui l'honore ?

T. Gloire, beauté, force, mérite et vertu, c'est l'amour qui les donne. Viens, Kunala, t'unir avec moi. Tu me livres aux flèches du dieu de l'amour. Que tardes-tu encore, Kunala ?

K. Quel malheur est le mien ! quel cruauté, quel projet sont les vôtres !

T. C'est maintenant le moment opportun pour nous unir; viens, mon cher Kunala, cesse de trahir mon ardeur. Si tu ne me caresses pas, moi que mon bonheur a amenée vers toi, mon cœur aura-t-il jamais le calme? ô mon cher époux.

K. Vous osez appeler votre fils votre époux ! seriez-vous un Spectre ou un Assura.

T. Hélas, je me disais : Si j'avais envoyé, même un messager habile, j'aurais risqué mon honneur; et même je n'aurais trouvé personne qui voulût t'aborder pour un pareil sujet. Mais te voici avec moi toi, l'objet de mes vœux ; si tu m'embrasses avec amour, tu auras la vertu, la beauté, la gloire et les autres prospérités ; le roi Açoka comblera tes désirs et les miens ; mais si tu refuses, prends garde !

K. Est-ce par une perfidie que vous pensez me faire vivre glorieusement ? Mais peut être n'êtes-vous point coupable ! Peut-être subissons-nous l'un et l'autre la peine de mauvaises actions dans une vie antérieure qui nous livrent aujourd'hui au déshonneur.

Stances prononcées par Tichya Rachita [1].

Pourquoi songer à ton sort futur, ô mon Kunala !
Penses-tu me payer de paroles artificieuses ?
Qui t'apprit donc tant de refus ?
Je t'implore et te conjure, Kunala !
Pourquoi tant de détours et de feinte ?
Quand les amantes sont éprises,
Les amants trompent-ils leurs désirs ?
Se fait-on payer pour boire le jus de la canne à sucre ?
Ton cœur est-il un rocher, Kunala ?
Ne sais-tu pas ce qu'est la vengeance d'une femme ?
Tu es là comme celui que tourmente un démon !
Trouves-tu amers le lait et le miel ?
Point de refus ! Viens de grâce, Kunala.
La fleur de la jeunesse passe, hélas ?

[1] Ces vers sont très populaires, le chant et la poésie sont universellement admirés.

Quand la fortune s'offre d'elle-même,
La foule-t-on aux pieds, dis-moi, Kunala.
Satisfais-moi sur ce lit,
Et caresse mon sein plein d'amour.
Je languis et me meurs, Kunala,
Pas de colère, contre moi, je t'en conjure.
Ne commets pas un crime par tes refus ;
J'attends sûrement tout de toi, Kunala.

La Reine devenait irrésistible, Kunala se dégagea soudain par un effort ; Tachya Rachita lui dit :
Prince, tu oses me fuir ! as-tu perdu la raison ? Je me complaisais dans l'espoir de te voir reposer entre mes bras sur mon sein ; si tu fuis en repoussant mes instances, tu n'échapperas pas à la vengeance des amantes offensées. Voici que je te poursuis et te saisis sans craindre le mal que tu peux me faire.

KUNALA. Je suis sous le coup du plus grand des cinq grands crimes (Loi de Manou). Perfide, renonçant à toute pudeur, tu veux me forcer à commettre un forfait inouï ! Je m'arrache à ton étreinte et je m'enfuis.

TICHYA. Tu pars et tu t'imagines que tout est fini. Je te jure que je te ferai arracher ces yeux ton orgueil, ou je perdrai mon nom et mon corps cessera de m'appartenir.

KUNALA. Je suis tout prêt à perdre ces biens périssables, ta vengeance ne fera que me fortifier dans le mépris des choses sujettes au changement.

Depuis ce moment Tichya Kachita ne songea plus qu'aux moyens de perdre Kunala.

Peu après, la ville de Takahacita se révolta et le roi désigna Kunala pour la soumettre. Ayant fait orner la ville et la route et éloigner les vieillards, les malades et les indigents [1], il monta dans un char avec son fils. Au moment de le quitter, il lui jeta les bras au cou et contemplant ses yeux, il lui dit : Heureux les mortels qui

---

[1] On voit qu'Açoka, ou au moins l'auteur de cette légende, avait conservé les préjugés brahmaniques sur les personnes dont la vue ou la rencontre porte malheur.

pourront voir constamment le Lotus de la face de mon fils.

Lorsque le jeune prince arriva dans le voisinage de Takahacita, les habitants vinrent à sa rencontre portant entre leurs mains des vases pleins de pierreries et lui dirent avec respect :

« Nous ne nous sommes pas révoltés contre le roi Açoka, mais contre de mauvais gouverneurs qui nous ont accablés d'outrages » Kunala fit son entrée en grande pompe dans la ville.

Cependant le roi Açoka fut atteint d'un mal terrible qui lui faisait rendre ses excréments par la bouche et dont rien ne pouvait le guérir. Il commanda qu'on fît venir Kunala qu'il voulait placer sur le trône.

Tichya Rachita, craignant tout pour elle-même, si le roi accomplissait son intention, dit à Açoka : « Prince, je me charge de te rendre la santé, si tu veux te confier à mes soins. » Elle fit venir un pasteur qui avait la même maladie que le roi et le fit mettre à mort. On trouva dans ses intestins le ver solitaire et on reconnut qu'on pouvait le faire périr avec de l'oignon. La reine alors fit manger, à titre de médicament, de l'oignon au roi qui s'y était d'abord refusé, parce que cette substance est interdite aux Kahattryas (Loi de Manou).

Quand le roi fut guéri, il demanda à Tichya Raschita quelle faveur elle désirait. Accorde-moi, lui répondit-elle, l'exercice de la royauté pendant sept jours ». A peine Açoka y eût-il consenti, qu'elle écrivit à Takahacita ; « Le roi Açoka fort et violent ordonne aux habitants de Takahacita d'arracher les yeux à Kunala son ennemi, la honte de la dynastie des Mauryas » — et elle scella la lettre du Sceau Royal.

Les habitants craignant d'encourir, par un refus, la colère terrible du roi, firent venir les Tchandalas (chargés des exécutions) ; mais ceux-ci refusèrent leur office, malgré les présents que leur offrit le prince. Un seul habitant, le plus vil de tous, consentit ; le prince lui dit :

« Je ne tremble pas, ami, à l'idée de ce supplice ; car j'ai tiré de mes yeux le parti le plus utile ; puisque j'ai vu que les objets sont périssables ; qu'on me les arrache suivant l'ordre du roi !

Arrache d'abord un œil et mets-le moi dans la main. En le prenant le prince dit :

« Pourquoi ne vois-tu plus les formes, comme tu le faisais tout à l'heure, grossier globe de chair ? Combien ils s'abusent ceux qui s'attachent à toi, en disant : C'est moi !

Heureux ceux qui reconnaissent en toi un organe semblable à une boule, pur mais dépendant. Après qu'il eût prononcé ces paroles, Kunala obtint, à la vue de tout le peuple, l'état de Crotâ apatti.

Kunala dit à l'exécuteur : au second œil maintenant ! Lorsque le bourreau l'eut posé dans sa main, Kunala prononça cette stance :

« J'ai perdu les yeux de la chair ; mais j'ai les yeux parfaits et irréprochables de la sagesse ».

« Le Roi m'a délaissé, mais je deviens le fils du Magnanime roi de la Loi ».

« Je suis déchu de la grandeur suprême, source de tant de chagrins et de douleurs, mais j'ai acquis la souveraineté de la Loi qui détruit la douleur et le chagrin. »

Peu après, ayant appris que ce n'était pas son père, mais bien Tachya Kachita qui avait ordonné son supplice, Kunala s'écria :

« Puisse-t-elle conserver longtemps le bonheur, la Reine qui m'a procuré un si grand avantage !

Kantchana mala, l'épouse de Kunala, avertie à temps de son supplice, se fit jour à travers la foule et le trouvant tout sanglant, s'évanouit. Revenue à elle, elle s'écria en pleurant : ses yeux ravissants, en me regardant, faisaient mon bonheur ; maintenant qu'ils sont jetés à terre, je sens la vie abandonner mon corps.

Kunala la consola et il prononça cette stance : Ce monde est le fruit des œuvres, les créatures sont vouées au malheur ; les hommes sont condamnés à perdre ceux qui leur sont chers ; il faut, chère amie, sécher tes larmes.

Puis il reprit avec sa femme le chemin de Paliputra ; il lui fallut, le long de la route, mendier sa nourriture en chantant et s'accompagnant de la Vina.

À son arrivée, le roi Açoka voyant le malheur de son fils, tomba par terre.

Revenu à lui, il lui dit en pleurant :

« Aujourd'hui que tes yeux sont éteints, comment pourrai-je encore te donner le nom de Kunala ».

« Raconte-moi comment ce visage a été privé de la lumière de ses beaux yeux, comme le ciel auquel la chute de la lune aurait enlevé sa splendeur.

« J'ai commis jadis quelque faute, répondit Kunala, et c'est sous l'influence de cette faute que je suis revenu en ce monde, puisque mes yeux ont été la cause de mon malheur. »

Mais Açoka apprit que ce crime était l'œuvre de Tichya Kachita et il la menaça des plus affreux supplices.

Kunala plein de compassion dit à son père :

« Agis conformément à l'honneur et ne tue pas une femme. »

« O roi, je n'éprouve aucune douleur ; mon cœur n'a que de la bienveillance pour ma mère qui m'a fait arracher les yeux. »

« Puissent, au nom de la sincérité de ces paroles, mes yeux redevenir tels qu'ils étaient auparavant. »

Lorsqu'il eut prononcé ces mots, ses yeux reparurent avec leur premier éclat.

Néanmoins le roi Açoka fit mourir Tachya Rachita par le feu et massacrer les habitants de Takahachita.

Les Religieux demandèrent à Upagupta, le membre le plus savant ou le plus voyant de l'Assemblée des parfaits et qui fut aussi un des patriarches du Bouddhisme, quelle action avait commise Kunala pour que les yeux lui fussent arrachés, il répondit :

Jadis un chasseur surprit au fond d'une caverne dans la montagne de l'Himmalaya, cinq cents gazelles et les prit toutes dans un filet, puis il leur creva les yeux pour les empêcher de s'échapper.

En punition de cette action, Kunala, car c'était lui-même, a souffert les douleurs de l'enfer pendant plusieurs centaines d'années ; puis, pour achever d'expier sa faute, il a eu les yeux arrachés dans 500 existences en sa qualité d'homme.

CHAPITRE V

AÇOKA LE CONSTANTIN DU BOUDDHISME

On a dit d'Açoka qu'il fut le Constantin du Bouddhisme. Il y a, en effet, beaucoup de traits de ressemblance entre ces deux princes. Tous deux ne furent point d'abord des modèles de loyauté et d'humanité ; tous deux se convertirent dans des circonstances où ce changement était utile à leurs intérêts ; pour tous deux le zèle en faveur de la religion était en même temps une ligne de conduite politique. Tous deux convoquèrent un concile, surtout dans des vues politiques et pesèrent sur ses décisions ; par leurs libéralités, leurs faveurs et leur protection plus ou moins autoritaire, ils lièrent jusqu'à un certain point la cause de la religion à celle de leur domination et de leur dynastie ; ils assurèrent le triomphe de la religion nouvelle, mais en même temps ils lui firent perdre une partie de sa modération, de sa simplicité et de son indépendance des choses de ce monde.

En détruisant le prestige et les sources de revenus des Brahmes, en réduisant de plus en plus le pouvoir des princes des divers états dépendants, en multipliant jusqu'à l'excès par ses largesses, le nombre des couvents et des religieux, Açoka préparait, à son insu, une réaction des Brahmes et des princes tributaires ou assujettis et leur alliance sous la forme d'un parti national hostile aux Bouddhistes signalés comme les partisans antipatriotes de la dynastie étrangère des Mauryas. La défaveur des princes et l'antipathie populaire devaient avoir pour conséquence l'abandon d'une partie des couvents dont les Religieux trop nombreux n'étaient plus en totalité entretenus par la piété publique. La liaison de la religion au pouvoir séculier, même au simple titre de libéralité, entraîne toujours une certaine dépendance de celle-ci et souvent une déviation de la ligne qu'elle aurait suivi, naturellement. C'est ce qui arriva par la pression d'Açoka sur le concile de Palipoutra (Patna) qu'il convoqua sous le Patriarchat d'Oupagoupta, très vraisemblablement dans un but d'Eclectisme. Il convenait sans doute à sa politique de rallier à la religion qu'il avait adoptée le plus grand nombre possible de dissidents. Beaucoup de Brahmes y avaient adhéré ou étaient disposés à le faire ; mais ils y introduisaient leurs systèmes philosophiques et religieux ; de là une recrudescence de lutte entre les diverses écoles bouddhiques plus ou moins nouvelles et les Staviras ou anciens qui se prétendaient les héritiers et les gardiens de la loi primitive et se refusaient à des concessions tendant à en altérer le caractère essentiel de simplicité et de sobriété. Les 1,000 membres du concile furent choisis de telle façon que les Staviras y furent en minorité et que l'Ecole des Çravakas dut subir la loi des écoles plus avancées des Santavadas et des Çaoutantrikas.

Par les termes de la convocation, le roi trace au concile le programme de ses travaux et désigne les ouvrages qui doivent former la base de ses études et de ses décisions.

« On connaît, Seigneurs, toute l'étendue de ma foi et de mon respect pour les trois Joyaux. Il n'y a de bien que ce qui a été dit par le Bienheureux Bouddha. Pour que la bonne Loi soit de longue durée, il faut rechercher quelles en sont les autorités ; c'est là ce que je crois nécessaire. Mais, en attendant que vous ayez prononcé, voici les objets qu'embrasse la Loi :

Les règles du Vinaïa ou la Discipline, les pouvoirs surnaturels des Arias (Arhats), la crainte de la vie future, les stances et le Soutra du Bienheureux ; les discours et la conduite qui conviennent au Sage, les questions d'Oupatissa, les Exhortations de Bouddha à Raoula au sujet de l'erreur.

J'espère que les Religieux et les fidèles des deux sexes étudieront et méditeront constamment ces sujets. Telle est ma volonté et ma déclaration.

La majorité, se conformant aux désirs du roi, favorisa la fondation de l'Ecole des Maçangika, sans doute l'Ecole des Prateyéka Bouddha qui s'efforça de réunir les 18 premières Sectes du Bouddhisme dans le Petit Véhicule comprenant les Soudavadas ou Çaoutantrikas et les Vaïbachistes. Ceux-ci qui avaient seuls adopté les Abidarma, les développeront successivement jusqu'au concile de Kanichska où ils furent réunis dans la collection du Vibacha qui fut elle-même dépassée plus tard. Ils forment ainsi la transition au Grand-Véhicule et, à cause de cela, ils furent désignés longtemps sous le nom de Moyen-Véhicule.

Les Staviras qui formaient la partie la plus éclairée et la plus vertueuse de l'Assemblée, se trouvant écartés se rendirent au Kachemir où ils trouvèrent le terrain tout préparé par la première émigration bouddhiste dont nous avons parlé plus haut et s'en tinrent aux quatre vérités sublimes ; leur école ne mentionne même pas dans ses livres le concile de Palipoutra.

Le Pittagat ou la collection des livres religieux, telle qu'elle existe maintenant (Sutras et Avadanas d'où l'on a plus tard tiré l'Abidarma), est supposée l'œuvre de ce concile qui en fit une révision très étudiée. Elle fut conservée par la tradition orale pendant 200 ans ; on admet généralement que l'an 454 de l'Ere bouddhiste, le Pittagat fut écrit en sanscrit par 500 Religieux.

Les édits du Roi Açoka témoignent que, jusqu'alors, le Bouddhisme ne s'était point écarté de sa pureté et de sa simplicité primitives. Il n'y est question que de morale et d'humanité et nullement de pratiques, ni d'un culte quelconque, surtout théïste. Les Brahmes introduits dans le corps religieux et dans les Ecoles, activèrent l'altération du Bouddhisme primitif par le développement des Sutras et surtout des Abidarmas et de la Métaphysique ; la lutte se prolongea entre les Ecoles récentes et les Anciennes. Un concile fut tenu à Vatcipoutra pour la conciliation des Systèmes et la recherche *de l'enseignement propre de Bouddha*. Toutes les écoles, même celles qui s'éloignaient le plus de cet enseignement, s'efforçaient d'établir qu'elles en provenaient, au moins pas déduction logique et par développement naturel.

Par l'effet de la tolérance propre au Bouddhisme lui-même et de celle qui règne dans les édits d'Açoka qui tiennent la balance presque égale entre tous les cultes, la conversion de la plupart des provinces soumises au roi Açoka, surtout dans le Sud de l'Inde, ne fut que superficielle. Les

Brahmes eurent l'adresse de faire en sorte que, les Soudras, c'est-à-dire la masse de la population, ne vissent dans le Bouddha qu'un dieu de plus qu'ils adorèrent à l'occasion, mais auquel ils ne s'attachèrent point comme à un Etre d'une sagesse et d'une bonté infinie, comme on l'a fait dans les pays qui sont restés bouddhistes. De là vint sans doute aux Brahmes l'idée d'en faire une Incarnation de Vichnou que, plus tard, ils représentèrent comme malfaisante ainsi que sa doctrine. Dans la période de faveur superficielle qu'eut le Bouddhisme dans le sud de l'Inde, grâce à la protection d'Açoka et de ses successeurs, il s'y fonda un grand nombre de couvents bouddhiques. Ainsi que nous le verrons plus loin, le pèlerin Chinois Fa Hien dans le v⁰ siècle de notre ère avait trouvé partout dans l'Inde d'innombrables couvents, pour la plupart florissants ; deux siècles plus tard, lors du pèlerinage de Hiouen Tsang, un grand nombre étaient en ruines ou déserts près des pagodes Brahmaniques en faveur.

Ce qui a signalé surtout le règne d'Açoka, c'est l'expansion qu'avec son aide et sous sa protection, le Bouddhisme prit, par l'envoi, à la suite du concile de Patna de missionnaires dans presque toute l'Inde et dans les états limitrophes. Il y eut des missions pour le Cachemire et le Candahar ; pour la province de Vanveasa (aujourd'hui Goa), pour le Radjapoutana et le grand désert contigu, pour l'ouest du Punjab, dans le Dèkan, sur les bords de la Nerbudda où les Grecs avaient fondé des établissements, dans le Meissour, chez les Mahrates dans le haut du Godavery, dans la Baktriane, dans le massif central des Himmalayas jusqu'à Ladak, dans la vallée de l'Irravady et Suvarnabhumi le pays de l'or (la Birmanie et le Pégou) que convertirent les théros Cosra et Uttara ; enfin à Ceylan. Ce fut Mahinda, fils du roi Açoka, qui eut cette dernière mission.

Le Bouddhisme fut ainsi la première religion de propagande et de prosélytisme, de même qu'elle fut la première religion altruiste et indépendante. L'un était la conséquence de l'autre.

La Birmanie ne fut complètement convertie au Bouddhisme qu'après le séjour qu'y fit Budhagosta vers l'an 450 après J.-C. et Siam que vers l'an 630 de notre ère. Java paraît avoir reçu les premiers missionnaires de Kalinga dans le vi⁰ ou vii⁰ siècle ; ce qui est certain, c'est que le Bouddhisme y était la religion dominante au xiii⁰ siècle auquel remonte le grand temple de Bora Budor. Vers cette époque, il s'étendit de Java aux îles voisines Bali et Sumatra Mais il ne prit pas racine à Sumatra, et depuis il a disparu de Java où il n'y a plus aujourd'hui que des Musulmans.

Hiouen Tsang atteste qu'il a rencontré et vu de ses propres yeux, des monuments bouddhiques attribués à Açoka depuis le pied des montagnes noires de l'Hindou Kouch au nord jusqu'au cap Comorin à l'extrémité méridionale de la péninsule Indienne et, dans le sens de l'est à l'ouest, depuis la mer de Bengale jusqu'aux bords du Sindh (Indus) et même aux frontières de la Perse. Il est donc très probable, qu'il a soumis l'Inde presque entière, au moins comme tributaire.

D'après la légende, il avait promulgué 84,000 édits royaux, édifié 84,000 Stoupas et donné 84,000 suvanas, (sorte de monnaie) à chacun des endroits où ils furent dressés. Il en avait fait autant aux lieux où était né le Bouddha, à ceux où il avait fait tourner la roue de la loi (Bénarès, etc.) et où il était entré dans la Nirvana. Il avait institué en beaucoup de lieux, même en dehors et assez loin des limites de l'Inde, des hôpitaux pour les hommes et les animaux.

Il avait nourri six cent mille religieux ou *dévots*. Il avait fait présent à l'Assemblée des Aryahs (parfaits), de la grande terre, de ses femmes, de la foule de ses ministres et serviteurs, de Kunala, de lui-même, ne se réservant que son trésor. Il avait ainsi donné pour la loi de Bouddha 96 kotis lorsqu'il tomba en langueur. Sentant sa fin prochaine, il voulut réunir les 4 kotis qui manquaient pour accomplir le vœu qu'il avait fait de donner 100 kotis afin d'égaler le chiffre auquel s'étaient élevés les dons d'Anatapein à la religion, et il se mit à envoyer de l'or et de l'argent à l'ermitage ou Vihara de Kukuta, lieu de réunion de l'assemblée où se trouvaient 18.000 religieux. Mais Vigatachoka, le fils de Kunala, héritier présomptif, craignant de voir vider le trésor public, défendit de donner de l'argent au roi. Açoka alors envoya la vaisselle et les vases d'or dans lesquels on lui servait ses repas — puis ceux d'argent par lesquels on les remplaça — puis ceux en fer — alors on lui servit ses aliments dans des vases d'argile. — Açoka convoqua ses ministres et les habitants, et, tenant dans sa main la moitié d'un fruit d'Amalaka, il leur dit : « qui donc maintenant est roi de ce pays ? Il ne me reste plus que cette moitié de fruit dont je puisse disposer en maître. »

« Fi d'une puissance misérable qui ressemble à un fleuve gonflé qui se tarit, car malgré l'étendue de mon empire, la misère m'a atteint. » « Ainsi vérifient les paroles du Bouddha : Tous les bonheurs aboutissent à l'infortune. »

« Après avoir réuni la terre sous son sceptre, supprimé tous les conflits et tous les désordres, consolé les pauvres et les affligés, le roi Açoka est dans la misère ; il se dessèche comme une feuille coupée ou arrachée.

Alors il chargea un homme qui se trouvait près de lui, de porter à l'Assemblée des Parfaits, la moitié du fruit d'Amalaka, sa seule richesse, avec ces paroles : « Voici aujourd'hui ma dernière aumône, tout ce qui me reste de ma royauté et de ma puissance ; partagez ce fruit de manière que tous les membres de l'Assemblée en goûtent une part. »

Ayant reçu ce message, l'ancien de l'Assemblée s'adressa ainsi aux religieux : « aujourd'hui vous devez vous abandonner à la douleur, car Bouddha a dit : « Le malheur d'un autre est un motif pour s'affliger. » Privé de sa puissance, le roi Açoka donne cette moitié de fruit pour instruire le commun des hommes qu'enivrent les jouissances et l'orgueil de la prospérité. » Ensuite on pila cette moitié de fruit et on la fit circuler dans l'Assemblée.

Bien que privé en fait de son pouvoir, le roi voulut, au dernier moment, affirmer son droit souverain et sa dévotion sans bornes à la loi de Bouddha. Se soulevant un peu, il dirigea ses mains jointes en coupes du côté de l'Assemblée et prononça ces stances :

« Cette terre que l'Océan enveloppe d'un vêtement de saphir, qui supporte les créatures et le mont Mandara, je la donne à l'Assemblée. Puissé-je recueillir le fruit de cette action !

Je ne souhaite pour prix de cette bonne œuvre, ni le Paradis d'Indra, ni celui de Brahma, et moins encore une nouvelle royauté sur la terre.

Ce que je désire pour récompense de la foi parfaite avec

laquelle je fais cette donation, c'est d'exercer sur moi cet empire souverain qu'honorent les Aryas et qui est un bien à l'abri du changement. »

Aussitôt après avoir fait écrire et sceller de son sceau cette donation, le roi expira. Les ministres firent porter son corps dans une litière parée d'étoffes bleues et jaunes et lui rendirent les derniers devoirs.

Açoka avait régné 37 ans, de 263 à 226 avant J.-C.

Les Ministres rachetèrent la donation de la terre qu'il avait faite et qui n'était de sa part qu'une simple manifestation, en payant à l'Assemblée quatre kotis et ils placèrent sur le trône le fils de Kunala.

LIVRE III

Entre Açoka et Kanishka.

CHAPITRE PREMIER

LE PREMIER AGE DU BOUDDHISME ALLIÉ A LA MYTHOLOGIE DE L'INDE

Nous avons déjà cité Ougagoupta fils d'un vendeur de parfums, comme patriarche bouddhiste du temps d'Açoka ; il avait succédé dans cette dignité à Chanavika qui lui-même aurait succédé à Çoudatrou le fils. Ce fut, sous lui, dit l'historien Indien Darnata que l'on érigea les premiers temples bouddhistes et que l'on eut l'idée d'élever des statues à Bouddha. Il se transporta et s'établit à Matoura et en acheva la conversion commencée par Bouddha lui-même qui y avait trouvé en vigueur le culte de Krichna. Son successeur, le patriarche Ditika convertit Bactra que l'on relia à Kachemir par une route. C'était une œuvre si considérable, à cause de la distance et des montagnes à franchir, que l'on doit douter de l'exactitude de l'historien à moins d'attribuer au roi de Kachemir une très grande puissance qui n'a rien d'invraisemblable.

Les rois de Bactra, Minara et son fils édifièrent plus de 50 temples. Ditika propagea aussi le Bouddhisme vers l'Est à Kamaroupa, et au sud dans le royaume de Malva où régnait le Brahme Adarpa qui offrait des hommes en sacrifice. Il mourut dans le royaume d'Oudjaiana et eut pour successeur Çoudarchana, natif du Baroukatcha et de la race des Pandavas. Celui-ci convertit la contrée de Sindou où l'on faisait des sacrifices humains au Rakshaka Khingalatchi. Il visita toutes les parties de l'Inde méridionale, les pourvut de temples et y installa des Religieux. Ce fut sans doute un grand missionnaire ou apôtre dont la légende aura fait un patriarche.

Le renoncement bouddhique, défini comme nous l'avons vu, l'abandon de tous les biens pour des œuvres méritoires, c'est-à-dire de charité ou d'utilité religieuse ou publique, mit à la disposition de la communauté bouddhiste d'immenses ressources, comme (cela a encore lieu aujourd'hui en Birmanie). Ainsi que dans toutes les religions sévères, le Judaïsme, le Mahométisme etc le culte était très simple, mais les monuments où il s'exerçait furent magnifiques et le sentiment religieux fut interprété presque exclusivement par un seul art, l'architecture qui n'entre pour rien dans le culte védique et pour très peu sans doute dans le Brahmanisme avant Bouddha. On lit dans Manou que les sacrifices se faisaient dans une enceinte pareille à celle des temps védiques, c'est-à-dire formée de pieux juxtaposés. Ce fut le Bouddhisme qui donna à l'Inde une véritable architecture religieuse. Partout les ruines les plus vastes et les plus anciennes proviennent de lui. On sait les merveilles que les Bouddhistes ont laissées au Cambodge. Les temples souterrains sont leur ouvrage et leur marque se retrouve dans les substructions de presque tous les sanctuaires de l'Hindouïsme. Les Brahmes ont pris au Bouddhisme tout ce qui, chez eux, n'est pas terre à terre. Ils leur ont emprunté l'architecture et la sculpture religieuses, et maintenant l'Inde est couverte d'un nombre immense de pagodes monumentales ; aucune ne paraît ancienne, sauf celles qui ont une origine Bouddhiste, origine qui n'a jamais été considérée comme une tache ou une souillure, tandis que le contact des musulmans a été regardé comme une profanation. Les sculptures et les bas-reliefs des temples bouddhiques témoignent d'un art remarquable aujourd'hui disparu de l'Inde, sans doute avec le Bouddhisme. Les artistes étaient ou des Grecs Baktriens ou même des religieux bouddhistes de race Aryenne, doués par conséquent du sentiment du beau. Dans les premiers temps, le Bouddhisme brilla par l'imagination dans la littérature comme dans l'architecture.

Aujourd'hui les Brahmes savants prétendent que ce sont les Bouddhistes qui ont introduit l'idolâtrie dans l'Inde; ils rappelent qu'il n'est pas question d'idoles dans les Védas ni dans Manou et qu'on n'a pas trouvé de représentations de dieux hindous aussi anciennes que les idoles Bouddhistes. Mais comment Bouddha aurait-il pu sanctionner l'idolatrie, si elle n'existait pas avant lui ? Et comment aurait-il pu l'établir alors qu'elle était contraire à son enseignement. Même aujourd'hui, à Ceylan, bien qu'on y trouve beaucoup de statues de Bouddha, le refuge aux trois joyaux constitue le seul acte de foi.

Il est certain que, pendant plusieurs siècles après sa mort, Bouddha ne fut pas représenté corporellement.

Les sculptures de Baruth qui datent du second siècle avant J.-C. et celles encore plus récentes de l'entrée monumentale de Sanchi, quoiqu'elles représentent plusieurs scènes où Bouddha intervient, ne nous montrent aucune image de Bouddha lui-même. Ainsi elles représentent les rois Ajatu-Satru et Prasenagit se rendant près de Bouddha, comme il est dit dans sa biographie. Il y a aussi des bas-reliefs représentant Rama et d'autres dieux, des Yaksas, des Nagas, mais nullement le Bouddha. Sans doute, à cette époque, on ne reproduisait que les dieux secondaires, la divinité suprême étant considérée comme impersonnelle et le Bouddha également par sa doctrine.

Selon Cuningham, il n'y a dans les sculptures de Bharuth comme objets de révérence que des arbres Bodhi, des roues, des symboles du Tri-ratna, des Stupas et des impressions de pieds. Il en est de même pour les bas-reliefs des balustrades du temple de Bouddha Gaya qui sont un peu antérieurs. Les édits d'Açoka ne prescrivent d'honorer que l'arbre Bodhi.

Pourtant, on ne peut nier que dans les premiers siècles de notre ère, les représentations du Bouddha et des Bodhisattvas ne soient devenues très communes dans toute l'Inde parmi les Bouddhistes.

Une des plus anciennes statues de Bouddha est celle qui figure au musée de Calcuta, extraite des ruines de l'ancien temple de Budda-Gaya et qui porte en inscription la date 142 après J.-C. On remarque les lèvres épaisses et l'attitude qui est celle de la démonstration et de l'enseignement.

La statue trouvée par Cuningam à Çravasti est de la même époque.

Il est très remarquable que Bouddha ait, plus qu'aucun dieu ou personnage, de représentations de toutes sortes, et dans toutes les attitudes. Les images, statues, statuettes, bas-reliefs, peintures etc., qui lui sont consacrées sont innombrables et il en est de même de la représentation de tous objets ayant rapport à lui.

C'est la preuve de l'immense prestige qu'il a exercé pendant sa vie et qu'il a su transmettre après sa mort, comme idéal de sagesse, de sainteté et de bonté suprêmes. C'est par l'effet de ce prestige et du mode de l'enseignement que toutes les sectes Bouddhistes vivent dans une union fraternelle, si opposées que soient leurs doctrines que toutes font remonter jusqu'à Bouddha et s'efforcent de relier entre elles comme les membres d'un seul corps.

Ces représentations ne furent originairement pour les religieux que des objets de souvenir ou de vénération ; pour le vulgaire, par la tendance naturelle à la superstition, elles devinrent plus ou moins, après plus ou moins de temps, objets d'adoration et favorisèrent la pente au Théisme.

On eut d'abord dans quelques temples des représentations du Bouddha qu'on prétendit s'être produites d'elles-mêmes, puis on leur attribua le pouvoir de produire tous les miracles. Fahien et Hiouen Tsang ne se lassent point d'en raconter.

La forme et le caractère des représentations du Bouddha dépendent de l'époque et de la contrée auxquelles elles appartiennent, mais partout elles restèrent humaines. Bouddha n'est jamais nu. Sa robe est jetée gracieusement sur ses épaules comme une toge ; cependant l'épaule droite était nue dans les circonstances officielles. Selon Monier Villiam, dans les statues Indiennes la robe est quelquefois figurée comme s'appliquant si juste au corps que celui-ci paraît sans vêtement ; la présence de la robe n'est indiquée que par une ligne allant diagonalement sur la poitrine de l'épaule gauche au-dessous du bras droit. Dans celle que j'ai rapportée pour le musée de Chalons-sur-Marne, on distingue, outre cette ligne diagonale, des franges qui terminent la robe en haut au cou et en bas au ventre ; celle-ci est transparente au point de laisser apercevoir sur la pierre le bout des seins.

Les images indiennes ont, pour la plupart, l'épaule

droite nue, même lorsqu'elles représentent des religieuses ; celles des pays froids ont les deux épaules couvertes. Devadata est toujours représenté nu, au moins jusqu'à la ceinture.

Les caractères des plus anciennes statues de Bouddha sont : des traits d'une impassibilité et d'une sérénité absolues qui expriment le triomphe complet sur les passions et le calme parfait ; le cercle ou le petit globe, ou le lotus, ou quelque marque de bon augure sur la paume ou les paumes des mains ouvertes et tournées en dessus et aussi sur les plantes des pieds, sur la tête, au lieu de cheveux, une sorte d'assemblage de têtes de petits clous (voir à la vie du Bouddha, Gautama coupant sa chevelure) réunis en boucles et rappelant la coiffure de Siva ; souvent, au sommet de la tête, une sorte de protubérance arrondie. Cette excroissance se trouve toujours dans les images apportées de Siam ; elle est en forme de corne ou de pointe ou d'hémisphère. On dit que cette excroissance est conservée comme relique dans une ville de l'Afghanistan près de Jallalabard. D'autres fois cinq flammes sortent au sommet de la tête pour indiquer l'expansion de la lumière et de la sagesse de Bouddha dans tous les mondes.

Dans beaucoup de représentations du Bouddha, un Nimbus ou auréole de gloire encercle la tête ; dans quelques-unes des rayons de lumière jaillissent de tout son corps. Monier Villiam a vu dans un temple de Ceylan une image de Bouddha avec un halo autour de la tête.

Les images représentant Bouddha, son écuelle à aumônes à la main, sont communes au Népaul et rares ailleurs.

Les représentations sont généralement en pierre ou en marbre, quelquefois en métal ou en bois, quelquefois moulées avec de l'argile. Leur hauteur varie de 2 pouces à 60 pieds (20 mètres).

Les Bouddhistes croient généralement que les statues de 3 à 6 mètres reproduisent la taille véritable du Bouddha. Il n'avait évidemment que la plus haute de sa race, soit au plus deux mètres.

Dans un temple près de Colombo, des bas-reliefs montrent Bouddha entouré d'un petit nombre de personnages qui tiennent un dai en guise d'ombrelle au-dessus de sa tête, c'est la naissance de Bouddha. Elle se trouve dans les sculptures et bas-reliefs, mais jamais elle ne forme un tableau ou groupe isolé. Bouddha s'élance du flanc de sa mère, Brahma reçoit le nouveau-né. Indra est debout à droite et Gautami la tante de Gautama à gauche. Cette scène est pour les Bouddhistes ce qu'est pour nous le crucifiement.

Quelques représentations ou formes du Bouddha, comme celle d'Amitabha le montrent émergeant d'une fleur de lotus et assis sur un piédestal formé de feuilles de lotus, fleur qui est le symbole de la perfection.

Dans chaque pays les images du Bouddha reproduisent généralement le type ou caractère local. Ainsi le contour et l'expression de la figure sont différents à Ceylan, en Birmanie, à Siam, au Thibet, en Mongolie, en Chine et au Japon, quoique partout les traits expriment le calme, la douceur, la méditation, l'absence de passion.

En Birmanie où on est gai, les images ont quelquefois un clignotement dans les yeux et le sourire aux lèvres.

En Chine il y a des spécimens de Bouddha libertin facile, et d'autres qui lui prêtent un air farouche.

Presque en même temps que Vigatachoka fils de Kunala et successeur d'Açoka, Daranata mentionne le roi Viracema qui honora le Bouddhisme; on est incertain si ce ne fut pas Vigatachoka lui-même sous un autre nom ou son successeur. Après lui, son fils Nanda régna 29 ans; sous lui vécut Panini le premier grammairien et peut-être aussi le premier qui ait introduit l'écriture dans l'Inde.

A Nanda, succéda son fils Makhapadma qui régna à Koumouçapoura et protégea le Bouddhisme. Il fut contemporain des deux grands disciples de Panini, Badra et Vararoutchi. C'est alors que l'on rencontre la première mention de la littérature sous forme écrite. Il est dit que Vararoutchi fit préparer un grand nombre d'exemplaires du Vibacha et les distribua aux religieux enseignants. Pour concilier cette version avec la donnée que la collection appelée Vibacha ne fut faite qu'à l'époque du concile de Kanichska, il faut admettre que le mot Vibacha est générique et s'applique à tous les ouvrages de la nature de ceux qui composèrent la susdite collection.

Au commencement de l'année 1886, M. Sénart a lu à l'Académie des Inscriptions un intéressant mémoire consacré à la chronologie du développement linguistique et de l'histoire littéraire de l'Inde. Il estime qu'il est possible de tirer à cet égard des monuments épigraphiques des lumières précises et il résume de la manière suivante les conclusions générales qu'il lui paraît d'ores et déjà possible d'établir :

1º En ce qui concerne la langue Védique et religieuse, les Inscriptions de Pyadaci témoignent indirectement qu'elle était, vers le commencement du IIIe siècle avant notre ère, l'objet d'une certaine culture.

2º En ce qui concerne le sanscrit classique, son élaboration dans l'Ecole, fondée matériellement sur la langue Védique, provoquée en fait par la première application de l'écriture aux dialectes populaires, doit se placer entre le IIIe siècle avant J.-C. et le Ier siècle de notre ère. Son emploi littéraire ou officiel s'est répandu à la fin du Ier siècle ou au commencement du IIe.

Il est, à priori, certain qu'aucun ouvrage littéraire classique ne saurait être notablement antérieur à cette époque.

3º Pour ce qui est du sanscrit mixte, appelé : *dialecte des Gathas*, il n'est qu'une manière d'écrire le Prâkrit, en se rapprochant autant que possible de l'orthographe et des formes étymologiques connues par la langue religieuse. Son usage né spontanément et développé peu à peu, stimule la codification d'une langue inspirée par le même penchant, mais plus raffinée, plus conséquente, à savoir, le sanscrit profane. Pour nous, il en mesure approximativement le progrès. Répandu avant celui du sanscrit littéraire, son usage ne se généralise que sous le règne d'un des grands souverains bouddhistes. Kanischka assure sa survivance à titre de dialecte littéraire dans certaines écoles du Bouddhisme.

4º En ce qui touche les Prâkrits, la constitution antérieure du sanscrit en détermine la réglementation grammaticale. C'est au IIIe siècle de notre ère qu'elle s'accomplit ; aucune des grammaires qui enseignent les Prâkrits grammaticaux, aucun des livres rédigés dans un quelconque de ces dialectes, y compris le pâli, ne peut être considéré comme antérieur à cette date.

Il faut rapporter à cette période d'élaboration les premiers Sutras développés, ceux dont le merveilleux, comme dans le Lalita Vistara est védique et brahmanique et qui ont un caractère plutôt poétique que scholastique. Les

Sutras développés postérieurs ont un caractère opposé ; leur merveilleux est surtout bouddhique ; il évoque les saints du Bouddhisme, les cieux d'Occident, la Cosmogonie bouddhiste etc. Tel est le Lotus de la bonne Loi.

Il faut admettre avec M. Sénart que le Lalita Vistara considéré comme canonique par les Bouddhistes du Nord et si souvent cité dans notre vie du Bouddha est l'expression de la légende de Bouddha déjà formée dès le IIIe siècle avant Jésus-Christ, avant qu'on eût fait la distinction entre les Bouddhistes du Nord et ceux du Sud, légende qui encadrait les événements de la vie de Bouddha dans un fonds mythologique, moitié védique, moitié héroïque, réunissant la théorie de Vichnou-soleil à celle des incarnations en Rama et Kritchna inventées avant la venue de Çakia Mouni. Nous partageons complétement les opinions de M. Sénart sur l'origine védique ou brahmanique de l'arbre Bodhi, l'arbre cosmogonique, de la roue de la Loi (cercle de Souria ou Çakra de Vichnou, sur les gopies, les Maras, les Cravartins etc).

Déjà dans notre livre publié *en 1867 et écrit auparavant dans l'Inde*, nous avons exprimé l'opinion que Siva, Vicknou et Kritchna étaient des dieux des peuples conquis adoptés par les Brahmes et identifiés par eux à dessein avec ceux des dieux Védiques auxquels ils ressemblaient ; d'où la conclusion conforme à l'opinion de M. Sénart que le naturalisme de ces cultes est ancien et non une corruption des symboles védiques ou brahmaniques, que ce sont au contraire les Aryens qui, par la poésie ou la philosophie religieuse, ont relevé ces dieux et ces cultes et ont idéalisé, sinon spiritualisé Vichnou, Siva et Kritchna. Malheureusement, cet effort n'était fait que par les Aryens et pour eux seuls, puisque les livres sacrés étaient interdits aux Soudras et plus tard, les brahmes, pour étouffer le Bouddhisme, encouragèrent le naturalisme dans les sectes hindoues et le systématisèrent.

Le merveilleux des légendes bouddhiques primitives a recueilli les mythes Aryens qui correspondent à cet effort poétique et religieux. Pour donner un corps à cette pensée, M. Sénart a ramené le Lalita Vistara à un mythe solaire aussi gracieux qu'ingénieux qui figure la part capitale qu'ont eue dans les premières biographies de Çakya Mouni les croyances Aryennes qui formaient encore, selon lui, un cycle bien coordonné, héritage faiblement altéré d'un long passé de traditions. Ce sont ces éléments mythologiques qui, populaires au moment où s'établit le bouddhisme, firent corps avec lui et en sont restés un des éléments caractéristiques. Nous citons textuellement l'essai sur la légende de Bouddha (1882, page 432) qui divise sa vie en douze époques, entre lesquelles il est de tradition chez les Bouddhistes de la répartir :

I. *Résolution de quitter le ciel.* — Le Bouddha, avant sa naissance, est un dieu, le chef des dieux[1] ; à vrai dire, il ne naît point, il s'incarne parmi les hommes en vue de leur bien et de leur salut.

II. — *Conception.* — Sa génération est toute miraculeuse ; il n'a point de père : sa descente du ciel s'opère sous les symboles d'un dieu lumière voilé dans le sein de sa mère ; il révèle sa présence par ses premiers rayons qui appellent tous les dieux à la prière, les rendent à la vie.

III. *Naissance.* — Il naît en héros lumineux et igné, de l'arbre producteur du feu, par le ministère de Maya ; cette mère virginale qui représente à la fois la puissance créatrice souveraine et la déesse à demi ténébreuse des vapeurs atmosphériques, périt dès la première heure, dans le rayonnement même de son fils. En réalité, elle survit sous le nom de Pradjapati (la créatrice), la nourrice de l'Univers et de son Dieu. Le jeune héros plein de force, irradie dès sa naissance ; s'avance dans l'espace, illuminant le monde, proclamant sa suprématie à laquelle tous les dieux font cortège et rendent hommage.

IV. *Epreuves.* — Il grandit au milieu des jeunes filles de l'athmosphère parmi lesquelles sa puissance est pour un temps dissimulée ou méconnue et ne se révèle que par de rares échappées. Un jour vient pourtant où il se dévoile, s'essaie aux premières luttes contre ses ennemis ténébreux, et brille sans rival.

V. *Mariage et plaisirs du Harem.* — Avec lui ont grandi les jeunes Nymphes ; les compagnes de ses jeux deviennent ses femmes, ses amantes ; le dieu s'attarde dans les palais célestes parmi les délices du gynécée nuageux.

[1] M. Senart a un peu forcé la note afin de se rapprocher de Vichnou-Soleil. Ce n'est que dans le développement extrême du Bouddhisme que Bouddha a été considéré comme un dieu par une partie des Bouddhistes.

VI. *Sortie de la maison paternelle.* — Cependant, son heure est venue, il s'échappe violemment, miraculeusement de sa splendide prison ; le coursier céleste franchit les murailles des forteresses démoniaques et traverse le fleuve athmosphérique.

VII. *Austérité.* — Dès ce moment, la lutte commence ; le héros s'attarde au matin, errant qu'il est dans les forêts de l'espace ; mais bientôt il reprend ses forces dans les pâturages célestes ; il boit l'ambroisie et se baigne dans l'eau d'immortalité.

VIII. *Défaite du démon.* — Il est mûr pour sa mission prédestinée, la conquête de l'Ambroisie et de la Roue, de la pluie et de la lumière féconde. Il prend possession de l'arbre divin. Le démon orageux accourt le lui disputer ; le héros bienfaisant reste vainqueur ; la sombre armée de Mara, rompue, déchirée, se disperse.

Les Apsaras filles du démon, les dernières vapeurs qui montent au ciel, essaient en vain d'enlacer et de retenir le triomphateur ; il se dégage de leur étreinte ; elles se tordent, se défigurent, s'évanouissent.

IX. *L'illumination parfaite.* — Il paraît alors dans toute sa gloire, dans sa splendeur suprême ; le dieu a atteint alors le milieu de sa course.

X. *Mise en mouvement de la Roue.* — Libre de tout obstacle, il met en mouvement à travers l'espace son disque aux mille rayons, vengé des entreprises de son éternel ennemi.

XI. *Nirvana.* — Un peu plus tard, il touche au terme de sa carrière ; il va s'éteindre victime prédestinée du sanglier démoniaque et ténébreux ; mais, auparavant, il voit disparaître dans la mêlée sanglante des nuages du soir, toute sa race, tout son cortège lumineux.

XII. *Funérailles.* — Il disparaît lui-même dans l'Occident embrasé de ses derniers rayons comme dans un bûcher gigantesque et le lait des vapeurs peut seul éteindre à l'horizon les dernières flammes de ses diverses funérailles.

Impossible de mieux imaginer et de mieux dire. On croirait lire un hymne à Adithya, cette divinité solaire universellement adorée dans le Nord-Ouest de l'Inde lors de la visite des deux pèlerins Chinois et qui tient une si grande place dans la fête bouddhique quinquennale que Hiouen Tsang vit célébrer à Praya, au confluent sacré de la Jumna et du Gange.

CHAPITRE II

LE BOUDDHISME à CEYLAN

1. Historique.

La dynastie des Mauryas s'éteignit en 188 et fit remplacée par celle des Sangas qui fournit 10 rois et dura 112 ans.

Vers cette époque, une émigration de Grecs Baktriens ou noirs (les Kala Yavanas) bouddhistes, sous la conduite d'Eucratides, fit irruption dans l'Inde septentrionale, conquit le Kaboul, le Punjab, les rives de l'Indus jusqu'à son embouchure, et envoya des expéditions dans le Catch et le Guzarat. Ménandre son fils ou son successeur poussa ses conquêtes à l'Est jusqu'à Ayodya et Patalipoutra (Patna). On a trouvé des médailles de ces deux princes à Caboul, Mathura et Patna.

Ménandre était bouddhiste ; c'est le roi Mitindu des légendes bouddhistes, peut-être le Kala Yavana qui attaqua Kritshna et sa tribu devant Mathura et les en chassa ; ils se réfugièrent dans le Guzarat.

Empire Indo Scythe (126 ans avant — 544 après J. C.). Une nouvelle irruption de Sakas ou Saces (Gêtes) dans le Nord Ouest de l'Inde en chassa les Grecs Baktriens et fonda un empire qui s'étendait depuis Yarkande et Khokand dans le bassin du Tarin jusqu'à Agra, au Sind et au Kachemir. Il dura 600 ans et fut le soutien du Bouddhisme dans le Nord Ouest de l'Inde.

Vers l'an 76 de l'ère ancienne, la dynastie des Sangas de Magadha fut remplacée par celle des Kanevas qui dura 45 ans et fournit quatre rois.

Vers l'an 70 avant J.-C. la tribu Scythique des Sus ou Suars fonda dans le Guzarat un empire qui dura environ 400 ans ; ils donnèrent leur nom à cette contrée, le Surahtra, pays de Surate et, furent remplacés en 319 par les Wallabhas. Ils avaient un port qui faisait un grand commerce avec l'Egypte et l'Europe.

On fait remonter au 11e siècle avant J.-C. l'admission des Radjapoutes dans la classe des Kchattrias pour remplacer les anciens qui s'étaient convertis au Bouddhisme. Ils s'établirent alors dans la contrée qui a pris et conservé leur nom. Vikramadita roi d'Udgein (Oudgiana) dans le Radjapoutana fut le premier des souverains Radjapoutes qui combattit les Sâkas bouddhistes. Il leur infligea de sanglantes défaites vers l'an 56 avant J.-C. Sa cour était le rendez-vous de tous les beaux esprits du temps.

L'an 31 du même siècle, la dynastie des Andrahs supplanta dans le Magadha celle des Kanewas et fournit 31 rois qui régnèrent sur l'Inde Septentrionale jusqu'à l'an 436 après J.-C. Ils étaient bouddhistes et on leur attribue la construction du magnifique temple d'Amaravati.

Le Royaume d'Orissa avait une dynastie propre. Le littoral du golfe du Bengale obéissait aux rois Andhras ou Gangas du Kalinga.

L'Inde centrale était occupée par les Kôles, les Bills, les Konds, les Curumbars etc.

Ces derniers formèrent jusqu'au milieu du 11e siècle une puissante monarchie avec Canjipuram pour Capitale.

Le Sud se partageait entre les royaumes de Chola, Pandion et Chera, et l'état de Kongu en formation, comprenant les provinces actuelles de Salem et de Coïmbatour.

Ceylan. — Sous Devanampyatissa, le plus illustre et le plus pieux des rois de Ceylan qui régna de 307 à 207 avant notre ère, cette île fut convertie au Bouddhisme par Maheinda fils du roi Açoka assisté de 4 religieux dans son apostolat. Les missionnaires furent accueillis à la capitale Lanka avec toute la faveur possible par le roi qui était un tributaire d'Açoka. Les succès de la prédication furent très rapides et bientôt on construisit des Viharas pour servir de lieux d'étude, de noviciat et de retraite pour les religieux, entre autres le Mahavihara (grand Vihara) le plus ancien et le plus grand de l'Ile. Le roi lui attribua de vastes domaines et dota de la même manière les autres Viharas et en même temps fit construire 52 Stoupas.

Açoka envoya au roi, sur sa demande, une précieuse relique, la Clavicule de Bouddha ; et plus tard une branche sacrée de l'arbre Bodi ; l'un et l'autre furent reçus avec des honneurs infinis.

Le roi fit construire dans toute l'île de vastes et nombreux monuments religieux, temples et monastères.

Mahinda vécut encore huit ans sous le règne du successeur de Devanampyatissa, gouvernant l'île pour le spirituel. A sa mort on lui fit les plus solennelles funérailles. Ses reliques furent en partie renfermées dans un stoupa élevé comme monument funéraire et en partie distribuées entre les différents Viharas.

Un an après mourut Sanghamitta, la grande Rahanesse sœur de Maheinda, qui avait apporté à Ceylan la branche de l'arbre de la Bodi et avait ensuite partagé l'apostolat. Elle reçut les mêmes honneurs funèbres que son frère.

A cette histoire qui paraît véridique, la tradition ajoute et les Cingalais (habitants de Ceylan) croient que, neuf mois après avoir acquis la Bodhi, Gautama se transporta de sa personne à Lanka qui était alors livrée aux mauvais génies les Yakshas. Ceux-ci étaient réunis en assemblée dans les délicieux jardins de Mahanaga au centre de Lanka, lorsque Bouddha arriva, au milieu d'eux par la voie des airs, les frappa d'abord d'épouvante, puis toucha leurs cœurs par sa prédication. A quelques années d'intervalle, Bouddha fit une seconde, puis une 3e visite à Lanka et sanctifia cette capitale, autrefois le séjour et la proie de tous les mauvais génies décrits dans le Ramayana.

Il y a à Ceylan beaucoup de légendes se rapportant au séjour de Bouddha dans l'île et de monuments pour en honorer et perpétuer le souvenir.

Pendant les règnes suivants, Ceylan eut beaucoup à souffrir des invasions des Malabars. Ceux-ci furent enfin chassés par Dhouttagamini qui régna de 161 à 137 avant Jésus-Christ. Il y fut puissamment aidé par les religieux Bouddhistes qui, à cette occasion, prirent les armes contre les Malabars Brahmanistes et entraînèrent à leur suite beaucoup de combattants. En reconnaissance de ce service, le roi rendit tout son ancien éclat au culte de Bouddha qui avait subi quelque éclypse. Il édifia le Mahastoupa (grand Stoûpa) qui fut érigé solennellement en l'an 137 avant Jésus-Christ. Dans cette cérémonie figurèrent des tableaux représentant les Djatakas, c'est-à-dire les naissances successives de Bouddha. On voit encore près d'Anouradhapoura (ville d'Anouradha) les ruines de l'immense construction en briques qui formait ce stoupa, le plus grand de l'île.

Le fils de Dhouttagami donna un exemple extraordinaire pour l'Inde ; il renonça au trône pour épouser une Tchandali.

Comme il n'y avait pas de centre d'Orthodoxie bien reconnu, les différents monastères se disputèrent sur l'interprétation de la doctrine du maître. Pour prévenir des Schismes, on fixa par l'écriture sous le règne de Vattagamini, en l'an 89 avant Jésus-Christ les textes sacrés du Pattakattaya (la Triple corbeille) pâli, jusque-là conservé oralement par les religieux, ainsi que le commentaire orthodoxe de l'Atthakatha. Cette précaution n'empêcha point les hérésies ; la plupart naquirent sans doute de compromis avec le brahmanisme qui survivait dans l'Ile.

En même temps les invasions des Malabares désolèrent le pays pendant trois siècles.

Enfin le roi Tissa qui eut la gloire d'abolir la torture, se fit le protecteur généreux de la religion, paya les dettes des couvents depuis longtemps obérés et combattit au profit de l'Orthodoxie du Mahavihara, l'hérésie Vetoullya que professait le couvent d'Abayâcaguiri.

Un de ses successeurs Mahaséna, de 275 à 302 de notre ère, se déclara pour l'hérésie et laissa détruire le Mahavihara et transporter à Abayaguiri les objets précieux qui s'y trouvaient. Mais neuf années après, les religieux Orthodoxes furent rappelés de l'exil et rebâtirent le Mahavihara. Sirunegavarna fils et successeur de Mahaséna protégea l'Orthodoxie ; ce fut sous son règne que fut apportée à Ceylan par une princesse Brahmine la fameuse dent de Bouddha conservée jusque-là à Dantapoura. Cette dent, objet d'une vénération enthousiaste, est le sujet d'une histoire qui se prolonge jusqu'au milieu du siècle dernier.

De 339 à 368 après Jésus Christ, régna Bouddhadassa grand médecin et bouddhiste fervent qui fonda de nombreux hôpitaux et établit un médecin pour chaque section de 10 villages.

De 395 à 416 après Jésus-Christ eut lieu le séjour du pèlerin Chinois Fa Hien à Ceylan. Il y trouva la religion bouddhique plus prospère que dans aucune autre partie de l'Inde. Il rapporte, d'après la tradition locale, que Bouddha est venu à Sinhala et a laissé deux empreintes de ses pieds, l'une au Nord de cette ville, l'autre sur le pic d'Adam qui a 2,000 mètres d'altitude. Il raconte aussi que la branche de l'arbre Bodhi amenée de l'Inde est annuellement l'objet d'une adoration générale suivie d'une procession où l'on porte des tableaux représentant les 500 naissances ou manifestations de Bouddha. Il a vu le couvent de la montagne sans crainte, où résidaient 5,000 religieux, le grand couvent, où il y en avait 3,000, la chapelle de la Bodhi où il y en avait 2,000 et enfin 5 ou 6,000 religieux que le roi nourrit directement lui-même.

Il estime que le nombre des religieux dans toute l'île est de 50 à 60 mille, tous pauvres et vivant d'aumônes, tandis que les temples sont très riches. Les donations magnifiques que les rois leur font continuellement finissent par former d'immenses propriétés.

Les 4 castes se rendent tous les 10 jours à des lieux désignés pour écouter attentivement la prédication faite par des religieux qui sont fort instruits.

Fa hian a récolté une riche moisson d'ouvrages écrits dans la langue sacrée (le pâli ou le sanskrit).

On rapporte à cette époque la traduction des Soutras Palis ou Cingalais.

2. *Les livres canoniques de Ceylan.*

En 432, au contraire, l'Atthakatha Cingalais fut traduit du Cingalais en pâli par le fameux Brahmane Bouddagosha. Ce commentaire des livres sacrés avait été traduit en Cingalais par Maheinda lui-même, sans doute du sanskrit, mais on n'avait point le livre en langue pâli. Bouddagosha fit cette traduction difficile à la grande satisfaction des religieux.

La triple corbeille Cingalaise se compose, comme partout, des Soutras, du Vinaya et de l'Abidarma.

Le Soutrapitaka Cingalais comprend 5 ouvrages, en tout

200,000 stances, indépendamment du commentaire qui en a davantage encore.

Le Vinaya Cingalais comprend également 5 ouvrages. Les 2 premiers sont une espèce de code criminel, les deux seconds une sorte de code religieux et civil. Le cinquième n'est qu'un commentaire des quatre autres sous une forme de catéchisme qui en rend l'étude plus facile.

Il y a 42250 stances pour l'ensemble du Vinaya.

La méditation a cinq degrés : 1. la bienveillance envers tous les êtres y compris les ennemis que l'on peut avoir ; 2. la pitié pour tous les maux et toutes les douleurs ; 3. la joie pour tous les biens et tous les bonheurs d'autrui ; 4. le dégout du corps et de tout ce qui s'y rapporte ; 5 enfin l'indifférence, source d'un calme inaltérable.

L'Abidarma se compose de 7 ouvrages renfermant ensemble 96,250 stances pour le texte et un tiers environ en plus pour les commentaires.

Le Brahma Jala Sutra, d'après Gogerly, compte soixante deux sectes hétérodoxes ; cette énumération, dit le Sutra, comprend tous les modes de croyance qui existaient alors ou qui pouvaient exister dans l'Inde. Ils sont divisés en deux grandes sections ; ceux qui raisonnent sur le passé et ceux qui s'occupent de l'avenir.

La 1re section renferme 18 écoles ;

Les 4 premières croient à l'éternité de l'existence, soit en raison du souvenir qu'ils ont de leur ancienne naissance, soit par induction.

Les quatre suivantes croient que certains êtres sont éternels et d'autres soumis au changement.

Les quatre qui viennent ensuite soutiennent : l'une que le monde est fini, l'autre qu'il est infini, la 3e qu'il est infini seulement en largeur, la dernière qu'il n'est ni fini ni infini.

La 13e école doute ou dispute sur un grand nombre de points.

Les cinq dernières écoles admettent que ni les hommes ni le monde n'ont de cause, parce qu'ils ont préalablement existé dans le monde de Brahma dans lequel on n'a pas d'existence consciente.

La 2e section compte 46 classes.

Les seize premières comprennent ceux qui croient à un état futur d'existence consciente, état soit matériel, soit immatériel, soit partie matériel et partie immatériel, soit ni matériel, ni immatériel — dont la durée est finie ou infinie, ou un mélange des deux, ou ni finie ni infinie — dans lequel les perceptions sont ou simples ou divergentes, limitées ou illimitées, heureuses, malheureuses, mélangées de plaisirs ou de peines, ou sans peine ni plaisir. Les sept classes suivantes croient à une existence inconsciente comme terme final.

Les 6 classes qui viennnent ensuite, croient que la mort est une annihilation temporaire ou définitive.

Enfin les cinq dernières raisonnent sur les moyens d'atteindre le bonheur parfait ou la béatitude.

Après avoir fait cet exposé, le Sutra ajoute : Selon Gautama, la vérité pure, sans mélange, ne se trouve que dans son bana ou enseignement.

Les autres maîtres ont pu voir chacun une partie de la vérité ; lui seul la possède toute entière et sans nuage, non pour l'avoir apprise d'un autre, mais par sa propre intuition et création.

Aucune des soixante-deux opinions énumérées ne sont vraies ; par conséquent l'état de l'existence future n'est ni conscient ni inconscient — ni matériel ni immatériel — ni heureux ni malheureux — et pourtant la mort n'est pas l'annihilation. Nous existons et nous n'existons pas. Nous mourons et nous ne mourons pas.

Cela paraît contradictoire ; mais cette apparente contradiction ne vient que de la complication du système. Il y aura un état futur d'existence, mais l'individu ne sera point tel qu'il est en ce monde. Quoique la mort détruise ce qui existe, elle n'annihile point la force ou virtualité inhérente à cette existence. Pour les fidèles de Ceylan, Bouddha est le plus fort, le plus puissant, le plus compatissant, le plus méritant, le plus beau de tous les êtres. Nul autre n'a une démarche pareille. Celui qui prononce pieusement son nom ou qui donne en son nom un peu de riz obtiendra le Nirvana. L'oreille ne peut rien entendre, l'esprit rien concevoir d'excellent comme le Bouddha. Il en est de même de la Loi et de l'assemblée qu'on ne sépare jamais de lui.

Malgré cette suprématie, les Bouddha sont des hommes. Si un Bouddha apparaissait comme un déva ou un brahma, on pourrait attribuer son excellence à sa nature de Déva ou de Brahma et non à sa nature de Bouddha.

Il ne serait point aimé, écouté par toutes les espèces d'êtres sans exception, tous ne seraient pas convertis.

Mais quoiqu'il naisse homme, il peut apparaître par une naissance apparitionnelle (magique).

Le corps du Bouddha était sujet à la souffrance et à la maladie. — Cela ne tient pas à lui, mais à une cause générale opérant dans le moment où cette souffrance s'est produite ou bien à sa participation à la souffrance des autres par l'effet de sa bienveillance.

D'après un Soutra, Bouddha a dit à Ananda : Il n'y a rien de caché dans la doctrine du Thatagata.

On pourrait en conclure que Bouddha n'a point eu de doctrine secrète et que tous les développements ultérieurs du Bouddhisme sont des altérations. C'est en effet ce que prétendent en général les Bouddhistes de Ceylan. Cependant, il est difficile d'admettre qu'il n'a pas eu un enseignement supérieur ou du moins plus explicite, pour les disciples les plus avancés, et que cet enseignement renfermait en germe les développements de sa religion qui n'ont point été empruntés au Brahmanisme.

La légende prétend que tous ceux qui entendaient le Bouddha entraient dans le chemin de la perfection, même les animaux. mais ceux-ci ne pouvaient avancer dans ce chemin qu'après une renaissance.

On possède une relation intéressante de l'état intérieur de Ceylan et par suite de son état religieux par Robert Knox qui y fut captif de 1659 à 1680. Le Bouddhisme y était florissant ; les viharas et les temples étaient d'une grande richesse et possédaient des terres immenses, les meilleures de l'île. Les fermiers des viharas étaient les plus heureux de l'île, ils tenaient admirablement les terres moyennant des redevances assez légères qui étaient affectées à l'entretien des temples, des viharas et des stoupas, aux frais du culte et au traitement du nombreux personnel attaché à chaque communauté.

A certaines époques de l'année des femmes allaient mendier pour le Bouddha portant dans leurs mains son image couverte d'un voile blanc. On donnait ou de l'huile pour Bouddha, ou du riz pour l'offrande à lui faire, ou de la toile, ou même de l'argent. Cette quête était un acte de piété auquel participaient les plus grandes dames.

De 432 à 1800 le Bouddhisme subit à Ceylan beaucoup d'altérations tendant à le rapprocher du Civaïsme ; cela ressort des documents que nous citerons un peu plus loin et des peintures et statues que l'on trouve dans les temples même de Ceylan que j'ai visités [1]. Il en est résulté un système religieux conservant le fonds moral du bouddhisme, mais tout imprégné de souvenirs et de formes brahmaniques. En voici les traits distinctifs :

Système du monde[2].

Il y a d'innombrables systèmes de mondes dont chacun a son soleil, sa terre et sa lune et prend le nom de sakhala. Chaque sakhala a ses enfers et ses cieux. Chaque ciel est divisé en deva lokas et brahma lokas (sièges des devas et des brahmas). Chaque sakhala est entouré d'un mur circulaire en rocher. Les sakhalas sont répandus dans l'espace par groupes de trois qui se touchent. L'espace compris entre les trois forme l'enfer Lokantarika.

Il y a trois sortes de Sakhalas : ceux que Bouddha voit seulement, ceux qui obéissent à son autorité, enfin ceux au nombre de 10.000 où un Bouddha peut naître, (entre la naissance où il est un aspirant au Bodhisattwa et celle dans laquelle il atteint la Bodhi) ou bien dans lequel on connaît l'apparition d'un Bouddha et auquel s'étend le pirit ou l'exercice religieux.

On divise encore les sakhalas en mondes d'où la forme est absente ; mondes où il y a la forme sans jouissances charnelles ; mondes où il y a la forme et la jouissance charnelle.

Chaque partie de chaque sakhala appartient à une des trois divisions suivantes : le monde des êtres sentants ; celui de l'espace ou du vide ; le monde de la matière qui comprend rochers, arbres etc.

[1] Par exemple, on y voit Bouddha entre Vichnou et Siva, etc. des enfers bouddhiques qui n'envient rien à ceux de Calot, etc.
[2] Tout ce qui suit diffère très peu de ce qui est dit sur les mêmes sujets dans la vie de Bouddha et au Tibet.

A la base de chaque Sakhala est le vide ; au-dessus du vide est le monde du vain ou de l'air ; au-dessus celui de l'eau ; au-dessus la grande terre qui repose sur un lit de miel vierge.

Au centre de la terre de chaque sakhala est un mont Maha Mérou (grand Mérou) qui a une hauteur de deux cent mille myriamètres. A son sommet est le Dewa loka dont Sakra (Brahma) est le Régent.

Entre le mont Mérou et le cercle extérieur du sakhala, il y a six cercles concentriques de rocher embrassant des mers dont la profondeur va en diminuant à mesure que l'on s'éloigne du centre et qui sont peuplées de poissons de grandeurs diverses qui atteignent plusieurs milliers de kilomètres.

Dans chaque terre, il y a quatre continents dont les habitants ont la figure de même forme que le continent lui-même carrée, demi-lune, circulaire et la nôtre ; notre séjour s'appelle Djambudjiva. Innombrables étaient primitivement et même du temps de Bouddha, les villes, les ports de mer, les royaumes du Djambudjiva.

Notre terre est soumise à une série de destructions et de restaurations sans commencement ni fin. Il y a pour une des révolutions ou vies de notre monde trois grands cycles dont chacun dure un asankijaka (l'unité suivie de 140 zéros d'années,) la destruction, la continuation de la destruction, et la formation ; la continuation de la formation ; en tout un mahakalpa (4320 millions d'années.)

L'âge de l'homme dans un monde croît depuis 10 ans jusqu'à un asamkyaka d'années.

Il y a dans chaque continent ; six dewa lokas, ou parades des dewas encore passionnés ; seize rupa brahma locas où existe encore la forme, mais sans la passion ; quatre arupa brahmalocas, sièges où la forme a disparu.

Ils se distinguent par la durée des jours et celle du temps que l'on y passe et qui va toujours en augmentant : Les âges de tous ces séjours additionnés ensemble donnent un total de 12 milliards 285 millions d'années.

Il y a enfin 8 narakas ou séjours de punition. Toute cette cosmogonie se retrouve à peu près textuellement dans les Pouranas ainsi que nous le verrons plus loin au Baghavata ; Pourana, elle est aussi la même que celle des Djaïns ; d'où il faut conclure que le Bouddhisme a partout accepté la cosmogonie reçue ; cela était absolument indifférent à sa doctrine et à son institution.

Différents ordres d'existence sensible.

En dehors des suprêmes Bouddhas, les différents ordres d'existence sensible comprennent :
1. Les Pratryka Bouddhas ; 2. Les Arhats ; 3. Les Devas 4. Les Brahmas ; 5. Les Gandarvas ; 6. Les Garoudas ; 7. Les Nagas ; 8. Les Yaksas ; 9. Les Khumbandas ; 10. Les Assouras ; 11. Les Raksasas ; 12. Les Prélats et autres monstres ; 13. Les habitants des Narakas ; il faut y ajouter les animaux qui peuplent l'air, la terre et les eaux.

Ces ordres se divisent en cinq conditions ou natures : dieux, hommes, monstres (comme les Prélats), brutes comme les animaux, démons nature infernale.

Parmi les hommes les plus éminents sont : Les Sidhas qui ont des pouvoirs surnaturels par les herbes ; les Widhyaras qui ont le même pouvoir par les mantrans et la magie ; les Rishis qui l'ont obtenu par la pratique de certains rites et austérités ;

1. Les Prateyka Bouddhas sont des sages doués d'un pouvoir surnaturel qui n'apparaissent que dans les Kalpas [1] où il y a un Bouddha, mais jamais en même temps que le Bouddha lui-même.

2. Les *Arhats* sont les ascètes qui sont entrés dans le 4ᵉ et dernier chemin qui conduit au Nirvana. Ils ont cinq pouvoirs surnaturels.

3. Les Déwas, dit minores, n'habitent pas exclusivement les Dewa lokas, ils sont aussi répandus partout sur la terre (comme les Nats). Ils naissent par une apparution (magie). Ils ont toutes les passions, et une taille plus que colossale. Leur nombre est incalculable. Ils ont évidemment été empruntés aux Brahmanistes.

Il y a des dewadatas (places d'adoration pour les Dévas) dans presque tous les villages de Ceylan, mais rarement des temples. Ils inspirent plutôt la crainte que l'amour ou la sympathie.

4. Les Brahmas sont bien supérieurs aux Dewas, ainsi

[1] Un Kalpa ordinaire est de 18 millions d'années.

que l'indiquent les définitions de leurs divers séjours. Ils ont obtenu leur état présent par l'exercice du Dyani (con templation). Quelques-uns sont lumineux par eux-mêmes, traversent l'air, ont des plaisirs purement intellectuels. Dans un des siéges, ils sont demi-conscients, dans un second inconscients, dans tous les autres conscients.

Le chef des Brahma lokas, Sampati Maha Brahma exerce continuellement les 4 aspirations suivantes : 1° d'amitié ; 2° il désire que tous les êtres puissent être relevés des 4 enfers et obtenir le bonheur ; 3° de tendresse ; que ceux qui sont dans les Brahma lokas gardent pendant très longtemps leur bonheur ; 4° d'équité ; que chacun soit récompensé suivant ses mérites.

Mais Bouddha le seigneur des trois mondes est bien au-dessus de Maha-Brahma.

C'est ainsi que les Bouddhistes, par esprit de conciliation, adoptaient les dieux de la foule, mais en les subordonnant à Bouddha.

5. Les gandarvas ont un loka particulier ; leur taille est de 16 myriamètres et leurs attributs sont les mêmes que chez les Brahmanes.

6. Les garoudas sont des oiseaux d'une grandeur immense, ennemis des Nagas.

7. Les Nagas résident immédiatement au-dessous du Mérou et dans les eaux du monde des hommes ; ce sont des demi-dieux très bien doués, généralement favorables à Bouddha, mais dont la colère est fort redoutable.

Leur nom Naga veut dire montagne, sans doute parce qu'il existe entre Assam et Manipur un peuple de montagnards appelés Nagas dont les incursions étaient fort redoutées. On les appelle encore Nayas, nom analogue à celui des Nayades dont ils ont les fonctions. On suppose qu'ils gardent les trésors avec une vigilance sans pareille. On les trouve dans beaucoup de légendes bouddhiques.

8. Yakas. Il ne faut pas les confondre avec les démons quoique ce soit leur désignation populaire. Ce sont des êtres que leur Karma a fait naître tels, mais beaucoup de leurs actes pourraient être attribués aux Dévas et réciproquement.

Les Singalais les redoutent beaucoup et lorsqu'il y a une calamité, on a recours au danseur des démons, pour vaincre leur malignité par des charmes. Mais ces pratiques n'ont pas été approuvées par Gautama et elles sont formellement condamnées quand elles accompagnent un sacrifice sanglant.

Quelques-uns sont méchants et en révolte contre l'autorité.

Les Yakas n'habitent pas les Narakas comme les démons de la révélation. Ils sont cependant sur la terre et dans les eaux. Ils se marient ; aiment la danse, la musique etc. Ils ont une grande force et quelques-uns de l'éclat et de la dignité. Il y a des exemples de Yakas qui sont entrés dans les chemins qui conduisent au Nirvana. Leur roi Wessarvana s'étant présenté à Bouddha avec une nombreuse suite, lui expliqua qu'il avait des Yakas mauvais et opposés à la religion qui habitaient les lieux solitaires et pouvaient troubler les religieux ou leur nuire et il lui proposa d'apprendre le pirit ou la défense contre les Nagas, formule qui préserve contre leurs attaques.

CHAPITRE III

LE RAMAYANA

La période qui commence aux missions d'Açoka et qui se prolonge après Kanishka dans l'ère chrétienne fut une époque de vigueur intellectuelle extraordinaire dans l'Inde. Le Brahmanisme et le Bouddhisme, tout en s'imprégnant réciproquement, luttaient par des productions littéraires. Dès que la langue sanscrite fut fixée et écrite, ils tirèrent un parti admirable de cet instrument, le meilleur de tous pour la poésie et la philosophie. En même temps que les Bouddhistes écrivaient le poème du Lalita Vistara qui est au Lotus de la bonne Loi, ce que Mitton est à Pope ou à Klopstock, les Brahmes traduisaient en poèmes épiques les légendes des Pandavas et de Rama. Celles des Pandavas, à cause de leur caractère beaucoup plus passionné et guerrier que religieux se rapportent à la première période de l'âge héroïque et celle de Rama à la seconde : les premières sont par rapport à la dernière à peu près ce que sont les deux Rolands de l'Arioste par rapport à la Jérusalem délivrée. Mais, comme production littéraire dans sa forme définitive, le Ramayana a dû précéder le Mahabarata. C'est une épopée religieuse écrite pour les rois et les prêtres à la cour de quelque souverain protégeant les Brahmes, une sorte de Télémaque brahmanique dont l'objectif religieux est surtout d'établir la doctrine des Avataras. Le Mahabarata au contraire a été composé pour satisfaire l'imagination du peuple que l'on sert ordinairement après les rois [1]

---

[1] Le Mahabarata est quelquefois désigné sous le nom de Véda de Krishna.

Le chant du bienheureux qui n'en est qu'un épisode a une bien plus grande portée philosophique et religieuse que le Ramayana. C'est la doctrine de la foi et le culte de l'amour, doctrine et culte qui ont reçu un très grand développement dans l'Inde. Pour ces motifs nous avons cru devoir donner la partie héroïque du Mahabarata avant la vie du Bouddha, et le chant du bienheureux seulement dans l'exposé de l'établissement des grandes sectes de l'Hindouïsme. Quant au Ramayana, sa place est intermédiaire et elle vient ici.

Aussi bien que le Mahabarata, le Ramayana a évidemment sa source dans des faits historiques très reculés et des légendes héroïques qui, comme l'Iliade, ont été chantées par des Rapsodes et transmises par la mémoire d'âge en âge jusqu'au moment où des fragments ont pu être fixés sur des olles (feuilles de palmier), comme l'ont été certainement des écritures bouddhiques et jusqu'à celui où ces fragments ont été réunis dans une composition unique arrangée et au besoin amplifiée de la manière qui convenait aux Brahmes par un auteur qui appartenait à leur caste ou lui était dévoué. Selon toute vraisemblance, une première compilation, probablement celle qui fut fixée sur des olles, fut l'œuvre de Valmiki très rapprochée de Bouddha et peut-être contemporaine d'Açoka. La rédaction définitive eut lieu dans le cours de la lutte entre le Bouddhisme et le Brahmanisme, puisque Rama recommande à son frère Baratha de fuir les religieux mendiants (les bouddhistes). Nous admettrions volontiers la version d'après laquelle Kalidasa, l'auteur du drame de Sakuntala et de plusieurs autres œuvres très remarquables, fut chargé par Vikramatitya, roi d'Udjein, de restaurer les œuvres de Valmiki dispersées ou perdues.

Il les rétablit, dit on, textuellement. La légende raconte qu'il fut accusé d'avoir substitué ses propres compositions et qu'il dut se justifier par des prodiges surnaturels.

Comme l'œuvre était tout à fait selon le cœur des Brahmes ils ont du tout faire pour lui conférer la plus grande authenticité. Il faut reconnaître d'ailleurs que, si l'on met à part les légendes du commencement racontées à Rama pendant ses premières pérégrinations, l'œuvre présente, comme l'Iliade, un récit bien lié et une action unique, la lutte de Rama contre Ravana, ce qu'on ne trouve pas dans le Mahabarata.

Quant au personnage de Rama et à ses exploits, rien ne limite l'antiquité à laquelle ils peuvent remonter. Nous croirions même volontiers, en raison de l'immense popularité de Rama dans le Sud de l'Inde, qu'il y a eu plusieurs héros successifs dont les souvenirs se sont à la longue accumulés sur un personnage unique sous le nom de Rama qui serait un nom générique et nous adopterions à la fois comme vraies toutes deux la version de M. de Riancey et celle de M. Monier Villiam, sans parler de celle nullement impossible de Villiam Jones et Vilfort d'après laquelle Rama serait le fils de Chus l'Ethiopien et aurait fondé un Empire sur les frontières occidentales de la Perse. « Rama, disent les frères de Riancey, le prince de Magadha (il serait différent de celui qui fut prince d'Ayoudhya) réunit sous un seul sceptre les tribus des péninsules, incorpore dans son royaume les deux états des Souryas (soleil) et des Chandas (lune) et marche vers les régions septentrionales. Il traverse les steppes immenses de la Tartarie, touche à la Chine et porte sa domination jusque chez les Scythes et les Thraces où son souvenir a longtemps vécu. »

Le bassin du Tarim est encore aujourd'hui plein des légendes d'un héros Aryen.

« Il est très vraisemblable, écrit le professeur Monier Villiam que, peu après l'établissement des Aryens dans les plaines du Gange, une poignée d'envahisseurs ayant à leur tête un chef hardi et aidée par les tribus encore sauvages des montagnes de l'Inde Centrale ait tenté de se frayer une route dans la Péninsule Méridionale ; les exploits de ce chef seront naturellement devenus le thème de chants et ballades où les auxiliaires aborigènes auront été convertis en singes et en ours. »

Le nom de Vanaras sous lequel le Ramayana désigne les sujets de Sougriva, signifie à la fois : hommes qui demeurent dans les forêts — et hommes à queue, ou singes.

— Les Maravars et les Callars du Sud prétendent qu'ils descendent des compagnons de Rama et attribuent la même origine à la grande division des Pallis (tamoul).

Ramayana. — Le mérite et même le caractère essentiel d'une épopée, c'est d'être l'image poétique d'un des grands âges de l'humanité, le miroir fidèle d'une grande civilisation à l'époque de sa jeunesse ou de sa plus grande vigueur. C'est ainsi que l'Iliade est le tableau vivant de la Grèce héroïque ; la Pharsale, la crise suprême des révolutions romaines ; la Jérusalem délivrée, l'épopée des Croisades ; l'Arioste, le Dante et Milton les poètes épiques de la Chevalerie, de la Renaissance et de la Réforme ; don Juan enfin, le héros de la révolte, le reflet d'une société à laquelle Voltaire n'avait laissé de foi que dans l'humanité.

Le Ramayana de Valmiki est l'épopée Brahmanique, la mise en action des lois, des mœurs, du génie de la Société Hindoue, ayant dépassé l'âge héroïque, et soumise à la théocratie, au code de Manou et à la religion du Panthéisme et des Incarnations. C'est un poème bien plutôt religieux et moral que guerrier, l'illustration des légendes, de la théologie et des institutions brahmaniques. C'est aussi, comme l'a dit M. Eynaud, la déification du *devoir* dans toutes les conditions et situations, ou plutôt *des devoirs* définis comme nous l'avons vu, par la loi de Manou et surtout comme l'obéissance à la coutume même dans ce qu'elle a de plus implacable et non à la voix de la conscience s'interrogeant toujours elle-même. Au fond, c'est la déification du principe d'autorité, du texte aveugle, de la formule absolue, en morale comme en politique. Le livre n'a pas d'autre but ni d'autre intention.

Les sentiments doux naturels aux Hindous et les vertus domestiques consacrées chez eux par la coutume et par la loi ont donné au poème ses pages les plus nombreuses et les plus belles. C'est le côté par lequel il excelle, plus peut-être qu'aucun livre humain.

Les devoirs des Rois tracés par Manou y sont éloquemment développés ; le bonheur des peuples et la justice doivent être leur objectif suprême ; les princes n'étaient pas mieux formés à l'Ecole des Bossuet et des Fénelon. On regrette toutefois de voir dans ces leçons, comme dans Manou, les intérêts et la suprématie des Brahmes si constamment recommandés ; on sent que la principale préoccupation de ces derniers était de prospérer et de dominer par l'intermédiaire des rois. Tu ne fréquentes pas, j'espère, dit Rama à son frère qui commence à régner, les brahmes athées ? etc. (les bouddhistes ou les partisans du Sankya.

L'accomplissement des devoirs sociaux est poussé dans le Ramayana jusqu'à la subtilité métaphysique et même jusqu'à la satisfaction d'odieux préjugés. La conduite révoltante de Rama envers Sita à laquelle il impose, après l'avoir reconquise, l'épreuve par le feu, n'est que correcte aux yeux des Hindous, le poème consacre en tous points l'infériorité morale et sociale de la femme, la déification des brahmes et la séparation des Castes comme on devait s'y attendre ; et en outre le fatalisme, la magie et la vertu sans limites attribuée à des pénitences stériles et toujours égoïstes. Le pardon des injures n'est lui-même qu'une purification, une répression intéressée de la passion de la colère, et non un acte d'amour pour le prochain.

Citons comme exemple les pénitences de Viçvamitra dont la fable a été évidemment inventée dans le but d'exalter la qualité de Brahme au-dessus de celle de Kchatria et même de celle du Rishi.

Le roi Vicvamitra voulut ravir au pénitent Vacythia la vache merveilleuse qui satisfait tous les désirs, mais ses puissantes armées furent anéanties par les mantrans de ce brahme ; reconnaissant par là que le Kchatria est inférieur au Brahme, il se fit pénitent pour obtenir cette condition supérieure.

Après mille ans de pénitence, il obtint de Brahma le titre de Rishi [1] mais il n'en continua pas moins ses macérations jusqu'à ce qu'une Apsara d'une beauté merveilleuse vînt se baigner sous ses yeux pour le séduire. Le solitaire passa avec elle dans le plaisir dix années comme un seul jour : puis il recommença une affreuse pénitence qui dura mille ans comme la première.

« Les immortels craignant d'être détrônés du ciel (la pénitence a ce pouvoir) envoyèrent vers lui la plus belle Apsara qui vint l'agacer. L'Amour était du complot. Indra changé en Kokila se tenait près de la Nymphe qui chantait des chansons énamourantes et le ramage délicieux du Kokila allumait le désir au sein de Vicvanitra. »

---

[1] Le plus haut titre de sainteté à l'époque des Védas et des premiers Upanishads. On donnait quelquefois ce titre aux religieux bouddhistes les plus éminents. Ce passage a évidemment pour but d'attribuer aux Brahmes une supériorité immense sur les Rishis.

Le Ritchi fut d'abord jeté hors de lui-même. Mais bientôt, pénétrant le piège, il se mit en colère, et, par sa malédiction, (celle d'un Rishi a ce pouvoir), il transforma la nymphe en un roc stérile. Puis il tomba dans une profonde douleur, reconnaissant qu'il s'était laissé aller à l'emportement de la colère. Il recommença le cours de sa pénitence, observant le vœu du silence un millier d'années, se tenant debout les bras levés, immobile comme une montagne. »

« Quand ils virent, après mille ans, l'Anachorète, sans amour, sans colère, l'âme morte à toute impression, les immortels prièrent Brahma de mettre fin à sa pénitence, ce que celui-ci fit en accordant à Vicvanitra le rang de Brahme. »

La poésie et les comparaisons du Ramayana appartiennent en grande partie à l'ordre moral : tel est le passage suivant où le poète décrit Sita en présence et en puissance de son ravisseur :

« Sita parut aux yeux de Ravana comme une gloire qui s'est souillée, comme la foi en butte à la dérision, comme une postérité détruite, comme une espérance envolée, comme une déité déchue du ciel, *comme un ordre foulé aux pieds.*

Autre exemple : « L'armée de Rama voit Lankâ (la capitale de Ravana) parée comme une femme qui se dispose à mourir pour son époux déjà placé sur le bûcher. »

L'Image est belle, mais quelle horrible notion du devoir elle montre dans l'auteur et ses inspirateurs !

L'ouvrage est semé de descriptions gracieuses comme le sont toujours les fêtes des Hindous qu'embellissent toujours une profusion de fleurs et de feuillages artistement disposés, les brillantes parures et les danses voluptueuses des Bayadères, les feux d'artifice, les chants, le bruit de la musique, les chevaux, les éléphants et les riches costumes. Celui qui a vécu dans l'Inde sent tout cela revivre dans le Ramayana. Beaucoup de belles et grandes images ont été prises à la nature toute puissante dans l'Inde. La poésie vraie de ces tableaux est bien grande puisqu'elle n'est point étouffée par le mélange continuel de l'Hyperbole Hindoue si blessante pour notre goût.

Le merveilleux mythologique du poème est même, en grande partie, emprunté à la nature, car la plupart des demi dieux des Hindous et des objets qu'ils adorent, les Nagas, les singes, les Kinnaras, chevaux ailés, sont des animaux réels ou fabuleux. Les Raeksasas paraissent avoir été des vampyres ou des pterodactyles.

On sait que les Hindoüs vivent en amis avec tous les animaux tant soit peu sociables, même avec des serpents dont la blessure est mortelle, et qu'ils finissent par la terminaison de Poulley (enfant en tamoul) le nom d'un certain nombre d'animaux presque domestiques pour lesquels ils ont de la prédilection, comme le singe, le lézard, le rat palmiste.

Ainsi s'explique le rôle considérable que jouent dans le Ramayana les animaux fabuleux comme les Nagas, les Kinnaras, et existant comme les vautours et surtout les singes et les ours qui composent l'armée de Rama, et qui sont substitués sans doute par la légende aux peuplades sauvages des bois et des montagnes qui formaient les bandes du Rama historique.

On trouve aussi, à chaque pas, l'intervention des dieux et des démons, la magie et comme enseignement, le récit des légendes mythologiques ; le culte des Mânes y est même mentionné, Sita invoque pour son époux Rama non seulement la protection des Immortels, mais encore celle des Mânes.

On peut se faire une idée de la mythologie naturaliste du Ramayana par l'épisode de la descente de la Gangâ (le Gange) sur la terre.

« La Gangâ est la fille aînée de l'Himmalaya, roi des Montagnes. Les Immortels sollicitèrent sa main : le mont des Neiges voulut bien la leur accorder à tous et la Gangâ habita avec eux le Souarga. »

« Par des siècles de mortifications surnaturelles, l'anachorète Bhagiratha obtint qu'une issue fût ouverte dans le Souarga à ses flots. Pour diviser la chute qui aurait brisé la terre, on les précipita d'abord sur la tête de Civa ; le fleuve erra pendant toute une année perdu dans la chevelure du dieu.

« Puis, à la prière de Bhagiratha, Civa abaissant une seule natte de ses cheveux daigna livrer un passage par lequel s'échappa, dans trois lits, le purificateur du monde. »

« Toutes les classes des Immortels s'étaient réunies

pour voir la plus grande des merveilles, la chute prodigieuse du fleuve dans le monde inférieur ; leurs auréoles et leurs ornements étincelants illuminaient tout l'espace d'une lumière égale à la clarté de cent soleils. »

« Le fleuve s'avançait tantôt plus rapide, tantôt modéré et sinueux ; le ciel envoyait mille éclairs, l'atmosphère remplie d'écumes blanches sans nombre resplendissait comme, à l'arrivée de l'hiver, brille un lac argenté par une multitude de cygnes. L'eau tombée de la tête de Mahadéva, montait et descendait plusieurs fois en tourbillons avant de suivre un cours régulier sur le sein de Prithivi (la terre).

On vit alors les Grahas, les Gandarvas et les Nagas, préparer la route du fleuve, et la purifier. Tout au long de ses rives les Ritchis divins, les Sidas et les plus grands saints murmuraient la prière. Les dieux et les Gandarvas chantaient, les Apsaras dansaient, l'univers tressaillait de joie.

Derrière le char divin de Bagiratha la Ganga allègre et légère s'avançait comme en dansant, parée d'une guirlande et d'une aigrette d'écume, dispersant çà et là ses eaux d'un pied folâtre, pirouettant dans les tourbillons de ses grandes ondes. »

Les Daityas, les Danavas, les Rachsasas, les Yaksas, les Kinnaras, les Nagas suivaient le char triomphal de Bhagiratha qui traçait sa course au fleuve, et tous les animaux qui vivent dans les eaux l'accompagnèrent joyeux jusqu'à la mer. »

De la mer, Bagiratha pénétra avec la Ganga dans les entrailles de la terre et l'introduisit jusqu'au fond du Tartare. »

Les combats occupent une grande partie du poème ; et il le fallait pour plaire aux Hindous passionnés, malgré leur peu de courage, pour le récit mouvementé des batailles et surtout des combats surnaturels. Mais on sent que le poète est hors de son élément et qu'il n'a jamais eu sous les yeux que de pauvres guerriers. Tout le courage et l'art militaire de ses héros consistent à s'envoyer des flèches, à assommer leurs adversaires sous des masses prodigieuses et surtout à les enchaîner par la magie. Tous ses guerriers sont, à un certain degré, des pénitents ou des magiciens.

Ils se défient et se menacent avec des préceptes de morale et quelquefois avec de la métaphysique, voir même avec de la scholastique Hindoue. On trouve dans tout le cours du poème et jusque dans les noms des guerriers, des traces des systèmes des Ecoles et de leurs noms.

Il y a loin de là aux héros et aux combats homériques, et même à ceux du paradis perdu où, à travers le surnaturel, se développent des passions ardentes et tout humaines et des caractères indomptés. Les combats sont le côté faible du poème, comme ils ont été le côté faible de la civilisation et de la nation Hindoue, surtout après que le Bouddhisme eut absorbé dans ses monastères les Castes des Kchattryas et des Vaissyas ; c'est le défaut d'une organisation trop exclusivement théocratique qui a livré les Hindous à tous les conquérants venus du Nord depuis les Perses et Alexandre.

Nous voyons les règles d'honneur des Kchattryas partout rappelées dans le Ramayana. Bali reproche à Rama de l'avoir attaqué lorsqu'il était aux prises avec un autre et Rama se justifie assez mal ; mais plus loin, Rama s'éloigne de Ravana hors de combat et remet au lendemain sa défaite définitive. Ailleurs il pardonne à l'espion trouvé dans son camp et le renvoie généreusement parmi les siens. Cette conduite est tout l'opposé de celle d'Ulysse et de Diomède surprenant l'espion Dolon, tirant de lui par des menaces et des promesses tous les renseignements dont ils ont besoin et ensuite l'immolant sans pitié. Homère évidemment trouvait cela tout à fait correct et ne se doutait guère que le Dante, pour si peu, ferait bruler ses deux héros dans le cercle où sont punis les trompeurs (i consiglieri fraudolenti).

> Ogni fiamma un peccatore invola.
> Là entrò si martira
> Ulysse et Diomede, e cosi insienne
> Alla vendetta come all'ira.
>
> L'inferno, Canto XXVI.

Fenimore Coowper, dans son beau roman de l'Espion est de l'avis de Rama et du Dante ; l'épisode de Dolon n'en est pas moins dramatique au plus haut dégré et tout à fait conforme à ce qu'on appelle les usages de la guerre.

Nous avons fait un abrégé du Ramayana pour mettre en relief les principaux traits que nous venons de signaler dans le poème [1]. Il dépasse encore notre cadre, et nous ne pouvons en donner ici qu'un sommaire, insuffisant reflet de l'original.

Daçarata le roi magnanime d'Ayoudhya, sur les bords de la Sarayou, ayant fait le sacrifice de l'Ekiam, obtint quatre fils :

D'abord de sa première épouse Kaançalaya, Rama le premier par toutes les qualités ; puis, de Soumitra, Laskmahna et Çatrougha, modèles de dévouement ; et enfin, de Kékeyi, Baratha, l'homme juste, inébranlable dans la vérité.

Depuis l'enfance, Lakshmana s'était donné tout entier d'amitié à son frère aîné.

Quand Daçaratha eut fixé le jour du sacre de Rama pour l'associer au trône, il entra dans le Gynécée pour en instruire Kékeyi et la trouva gisante misérablement dans la poussière ; elle lui dit :

« Jadis, ô roi, par reconnaissance des soins que je t'ai donnés lorsque tu fus blessé dans la guerre des dieux contre les démons, tu m'as juré de m'accorder la grâce que je te demanderais quelle qu'elle fût. Si donc tu es vrai dans tes promesses, exile Rama dans les forêts et sacre Baratha mon fils comme héritier du trône.

Afin que la parole donnée par son père fût tenue religieusement, Rama, sans hésiter, partit pour l'exil accompagné de son frère Lakshmana et de sa femme Sita qu'il ne pût dissuader de le suivre. Daçaratha mourut du chagrin que lui causa cet exil. Rama se croyant obligé d'accomplir jusqu'au bout la promesse faite à son père, exigea que Baratha succédât au roi ; mais celui-ci ne voulût prendre le sceptre qu'à titre de dépôt.

Après avoir passé dix années en se rendant d'ermitage en ermitage, Rama s'établit dans la forêt Pantchavati, repaire des animaux carnassiers de toute sorte sur les bords du Godavéry. Là le premier des oiseaux, le

---

[1] Alger, librairie de Cavault, Saint-Lager 1880.

grand vautour Djatayou fils de Garouda, lui offrit de défendre Sita lorsqu'elle serait seule.

Mais pendant qu'il était absent ainsi que les deux frères, Ravana, le démon aux dix têtes qui s'était épris de Sita, s'approcha d'elle sous la forme d'un anachorète mendiant et s'efforça de la séduire en se dévoilant. Repoussé, il la saisit, l'emporta dans son char à travers les airs et blessa mortellement Dayatou qui s'efforçait de l'arrêter. Parvenu dans sa capitale Lanka, il mit sa captive sous la garde de dix Rackskasis d'un aspect et d'une méchanceté épouvantables.

Informés de ce rapt par Djatayou expirant, les deux frères s'allièrent avec Sougriva roi des singes, qui réunit une armée innombrable de singes et d'ours. Ayant découvert à l'aide de ses singes le séjour de Sita, Sougriva envoya près d'elle son ministre le singe Hanounat.

Celui-ci la trouva dans le palais de Ravana aux pieds de l'arbre Siso, tourmentée par les Kaksasis et résistant aux promesses de Ravana [1]. Il lui dit : Viens sur mon dos, je te ferai voir ton Rama aujourd'hui-même. Assise sur mon échine, traverse l'Océan par la voie des airs, comme la déesse Parvati montée sur le taureau.

Sita répondit : Il ne sied point que l'épouse de Rama monte, même sur le dos d'un être de l'autre sexe ; contente-toi de rapporter à Rama ce que tu as vu.

Hanounat se présenta à Ravana comme ambassadeur de Rama et lui enjoignit avec menaces de rendre Sita.

Voulant punir cette audace et ne pouvant mettre à mort un ambassadeur, Ravana ordonna qu'on mît le feu à la queue d'Hanounat. Mais, grâce aux incantations de Sita, le feu ne brûla pas le singe et, avec sa queue enflammée, il promena l'incendie dans toute la ville aidé par le vent son fils. Puis, plongeant dans la mer, il alla rejoindre Rama auquel il décrivit les défenses de Lanka et les forces de Ravana.

Arrivé avec son armée sur la rive méridionale du détroit, Rama fit alliance avec le frère puîné de Ravana et lui promît le trône de Lanka.

---

[1] Parmi ces menaces, on remarque celle-ci : je te ferai couper en morceaux pour mon déjeuner. Les Raksasas ou anciens habitants de Ceylan étaient donc anthropophages.

Avec la permission de la mer sa parente, Rama fit construire, en présence de tous les Immortels, par le singe Nala fils de Viçvakarna (dieu de l'architecture) un mole qui rejoignit l'île au continent et sur lequel son armée opéra son passage qui dura un mois. Rama la fit voir toute entière à deux espions de Ravana auxquels il avait pardonné.

La bataille s'engage entre les singes et ours d'une part et les démons de l'autre. Ceux-ci commencent à fléchir pendant la nuit. Intradjit le fils de Ravana sacrifie au feu, et du brasier ardent s'élance un char magnifique, attelé de quatre beaux coursiers avec des panaches d'or sur la tête, hérissé de toutes sortes d'armes et portant en guise de drapeau un serpent d'or massif déroulé semblable au soleil levant.

S'étant rendu invisible, le démon s'élance sur le char et blesse de ses dards Rama et Lakshmana. Ce dernier, dans sa colère, veut lancer la flèche de Brahma pour la mort de tous les Racksasas. Mais Rama arrête son bras. « Il ne faut pas, dit-il, pour un seul Racksasa, les tuer tous, ceux qu'il est défendu aussi bien que ceux qu'il est permis de frapper. »

Intradjit lia les deux frères par la vertu d'une flèche enchantée et ils tombèrent tous deux aveuglés. Mais Rama pensa au divin Garouda, la terreur des serpens ; et soudain il apparut comme un feu qui flamboie au milieu du ciel. Les serpens qui se tenaient sous la forme de deux flèches sur le corps des deux frères disparurent au plus vite dans le sein de la terre ; et les Raksasas de fuir.

Après la défaite de deux nouvelles armées, Ravana se met à la tête d'une quatrième et fait plier l'armée des singes. Leur roi Sougriva lance contre lui le sommet d'une montagne couronné d'une forêt ; mais Ravana coupe la masse avec des flèches formidables, perce Sougriva d'un trait et abat Hanounat d'un coup de poing sur la poitrine. Revenu à lui Hanounat s'offre pour monture à Rama qui vient combattre Ravana. Ce dernier atteint par un trait flamboyant chancelle et laisse tomber son arc. Le voyant désarmé, Rama se contente de couper son aigrette avec un trait en forme de croissant et le laisse se retirer dans Lanka.

Alors Ravana songe à son frère Koumbakarna. Ce colosse, aussitôt sa naissance, avait mangé dix Apsaras suivantes d'Indra. Comme son appétit dépeuplait le ciel et la terre, l'Être existant par lui-même décida qu'il serait plongé dans un sommeil continuel et qu'il n'aurait qu'un seul jour de veille par mois.

Ravana ordonne qu'on le réveille ; on l'essaie vainement au moyen des bruits et des coups les plus formidables, mais on y réussit par la musique des Gandarvas et les attouchemens délicieux des Apsaras.

Après avoir dévoré des sangliers et des buffles, il s'avance contre l'armée ennemie. Des milliers de Simiens escaladent le géant pour le percer tous à la fois. Il les prend sous ses bras pour les dévorer ; mais à mesure qu'il les jettait dans sa bouche, ils sortaient par toutes les issues de son corps pour se réfugier près de Rama.

Rama déploie un arc céleste et plonge des flèches invincibles dans le cœur de Koumbakarna qui vomit un mélange de flammes et de charbon ; puis il lui coupe un bras avec la flèche du vent et, avec un dard pareil à la foudre, un second bras qui lançait un Scorée, et enfin les deux pieds. Ainsi mutilé, le monstre court sur Rama pour le dévorer. Rama lui coupe la tête avec un dard qu'Indra respectait comme le second sceptre de la mort. Il tombe et la grande mer elle même est secouée par sa chute.

Intradjit continue la lutte à lui seul, invisible sur son char avec ses armes enchantées. Il lance une grêle de traits qui font tomber tous les chefs ennemis et enveloppent Rama lui même et Laskmana.

Mais Hanounat déracine et arrache de l'Himmalaya la montagne des Simples, qui contient les 4 plantes médicinales toutes puissantes et l'apporte au milieu de l'armée. Par la vertu de ces plantes, toutes les blessures se ferment, tous les singes s'éveillent de la mort.

Indradjit fit une nouvelle sortie monté sur un char où, par la magie, il avait fait paraître près de lui le Simulacre de Sita. Il lui abbatit la tête d'un coup de cimeterre pour terrifier l'armée ennemie. Vaine tentative ! après un échange de flèches magiques entre les deux adversaires, Indradjit est tué par Laskmana qui tombe à son tour percé au cœur par la pique enchantée de Ravana.

Ravana sur son char attaque Rama à pied. Mais Indra indigné de cette forfaiture envoie sur le champ à Rama son char conduit par son cocher Matâli. Le combat s'engage entre les deux chars avec les armes magiques les plus terribles. Une flèche de Rama abat une des dix têtes de Ravana ; immédiatement cette tête est remplacée par une autre pareille. Après avoir ainsi coupé cent têtes qui renaissaient immédiatement, Rama prend un dard que Brama avait fabriqué pour Indra, embrassant dans ses nœuds toutes les divinités terribles. Pétrie du sang et de la moëlle d'une foule d'êtres, il était aussi impossible de l'arrêter dans sa course que la mort elle-même ; elle partit accompagnée du plus efficace des Sastras. Elle brisa le cœur et ravit le souffle à Ravana ; quand elle eût traversé son corps, elle revînt sur elle-même et rentra dans son carquois.

Sita voulut qu'on pardonnât aux Raksasis qui l'avaient si cruellement tourmentée. Elle subit ensuite l'épreuve du feu pour faire voir qu'elle était restée toujours pure.

A la prière de Rama, Daçaratha évoqué[1] retira la malédiction qu'il avait prononcée contre Kékéyi et Baratha, et Indra fit ressusciter dans un paradis fait pour eux les singes tués en combattant — Rama fût oint dans Ayoudhya devant toute l'armée victorieuse. Pendant son règne rempli de toutes les prospérités, « *les classes vécurent se renfermant dans leurs fonctions respectives, et Rama offrit des sacrifices de toutes sortes pour lesquels les Brahmes reçurent de magnifiques honoraires.* »

Plusieurs traductions ont été faites du Ramayana dont une en italien, fort estimée. Aucune ne serre le texte d'assez près. Il est regrettable que M. Eynault, n'ait pas accompli comme il l'avait annoncé, cette œuvre difficile. Tout en respectant le lecteur français et voilant ce qui dans nos mœurs, doit être caché, il aurait pu ne point supprimer ou transformer radicalement beaucoup de détails caractéristiques comme l'a fait Galand pour les Mille et une Nuits et conserver au moins une partie de la saveur originale.

Quelques auteurs, comme M. Michelet, ont exalté le Ramayana et l'Inde antique des Brahmes et les ont placés en tête de l'humanité. Ils sont en désaccord, et cela se

---

[1] On voit par là que le spiritisme entrait jusqu'à un certain point dans les croyances brahmaniques.

conçoit, avec les Missionnaires dont les travaux, quoique peu connus en France, ont cependant une grande valeur. En première ligne vient le père Dubois ; après lui, le livre le plus instructif comme résumé, l'Hindhouisme composé pour les missions protestantes par M. Villiams Monier professeur de sanscrit à l'université d'Oxford ; enfin l'ouvrage de Mgr Laouénan vicaire apostolique de Pondichéry, intitulé : Du Brahmanisne et de ses rapports avec le Judaïsme et le Christianisme. Ces trois livres sont très savants, d'une grande bonne foi et d'un esprit très libéral.

Les jugements des missionnaires peuvent avoir été, à leur insu, influencés par leurs convictions très arrêtées. Mais le même écueil existe, en sens contraire pour des écrivains tels que Michelet et autres qui ont trouvé dans la perfection de la littérature et de la philosophie Hindoue de l'âge brahmanique, la confirmation de leurs théories humanitaires et de puissants arguments en faveur de la libre pensée. Ne se sont-ils pas laissés aller à un enthousiasme qu'il aurait fallu modérer par une analyse attentive des sentiments et des principes, et par « *l'examen des effets qu'ils ont produits.* » La première condition pour comprendre un peuple et ses œuvres, c'est d'avoir vécu pendant de longues années dans une intimité suffisante avec lui. J'ai pu le faire moins imparfaitement que beaucoup de français. Ingénieur de nos établissements dans l'Inde pendant six ans, avec mission de développer les intérêts de toute nature de nos sujets, j'ai pu entrer dans la confiance de beaucoup d'indigènes, étudier toutes les situations, profiter de l'expérience et des travaux des missionnaires et de ceux des maîtres de l'Inde, les Anglais ; visiter enfin la plus grande partie des provinces et des monuments. C'est ainsi que j'ai appris le caractère de ce peuple et que jugeant par ce caractère les œuvres de ses moralistes, je suis arrivé à cette conclusion :

On trouve dans la doctrine des Brahmes, de très beaux préceptes de morale ; mais ils sont toujours imposés au nom de *la Coutume*, c'est-à-dire de l'inertie intellectuelle ou du principe d'autorité, ayant pour unique sanction des voluptés grossières ou des tourments atroces ; c'est-à-dire au nom de la peur et de l'égoïsme. Ces préceptes ne sont ni vivifiés par un ardent amour, comme celui de

Dieu et du prochain, ni cimentés par le sentiment généreux de la solidarité humaine. Il manque aux adeptes la liberté, l'initiative et même l'enseignement ; et au système, l'expansion. Une morale religieuse sans la conviction, la lumière, l'égalité et la dignité pour tous n'est qu'un instrument de tyrannie sociale et de mort pour l'âme et la pensée.

On ne s'y était pas trompé au 18e siècle, où les Français possesseurs d'une grande partie de l'Inde en connaissaient bien les mœurs et le caractère. Les écrivains de ce siècle ont été surtout frappés de ces deux énormités :

Les Brahmes, dieux de la terre, gardant pour eux seuls le monopole de la science religieuse, de la vertu, de la lumière ; les Pariahs, la partie la plus laborieuse de la population, voués par prédestination à une misère et une dégradation irrémédiables ;

Ces deux faits subsistent et dureront autant que la religion brahmanique.

Ce chapitre et celui concernant le Baghavat Gitta (livre V chap. II) sont la reproduction en abrégé, faite depuis plusieurs années, d'un commentaire des deux poèmes que nous avons publié en 1879. Ce n'est que depuis peu que nous avons pu prendre connaissance du mémoire de M. Schoëbel sur le Ramayana. Malgré le talent et la science qu'il y a déployés et qui ont été si légitimement couronnés, et quelque fondée que puisse être la glorification de Rama, nous maintenons notre appréciation sur le Ramayana.

Selon M. Schoëbel, (Rama est un de ces représentants d'élite de l'humanité dans lesquels seuls le Dharma Universel, c'est-à-dire, la loi Universelle de Justice et d'amour trouve son expression pleine et entière. En raison de sa nature divine, il est savant et sage selon les règles ; sa pensée aime à s'absorber dans la contemplation d'elle-même. C'est que non-seulement hypostase, mais incarnation complète de Dieu et reconnu comme tel, il renferme en lui, avec le monde entier la source même de la conscience. Ainsi considérée, la conception de la personnalité de Rama est d'une grandeur qui rappelle celle du Christ, mais ce qui est merveilleux, c'est qu'un tel type ait pu se produire dans un milieu doctrinal aussi amalgamé que celui de l'Inde).

L'Inde, sans doute a eu une très haute conception religieuse en faisant de Vichnou un bienfaiteur universel; le restaurateur du droit et de la règle dans le monde, le représentant du Bien, (semblable rôle est prêté à Siva dans maints passages des Pouranas). Elle l'a complétée en imaginant l'Avatar comme trait d'union entre Dieu et le monde et elle a élevé cette idée presque jusqu'au sublime dans l'incarnation du *Dharma* en Rama et du *Bien* en Krichna personnification de l'amour-universel [1].

Mais ce sublime est essentiellement subjectif et n'a de valeur que par son objet; il appartient exclusivement au caractère, à la piété du héros et non à l'état social et religieux qu'on veut personnifier en lui, ni « à la nature » de la pensée dans laquelle il s'absorbe. Rama est le représentant du Dharma « *brahmanique*, » qui n'est pas la Loi Universelle de justice et d'amour, car il autorise l'épreuve de Sita par le feu, les Suttys, l'oubli des préceptes moraux en faveur des Brahmes et au détriment des déshérités etc.

L'idéal social et religieux qu'a réalisé Rama, le couronnement de son œuvre nous sont donnés par la conclusion du poème; c'est par elle qu'il faut les juger.

« Pendant le règne de Rama rempli de toutes les prospérités, les classes vécurent en se renfermant dans leurs fonctions respectives et Rama offrit des sacrifices de toutes sortes pour lesquels les Brahmes reçurent de magnifiques honoraires. »

C'est le maintien à perpétuité du statu quo officiel et sacerdotal : les Brahmes comblés ; le sacrifice si antipathique à Kapila glorifié ; les castes immobilisées etc.

Œuvre poétique admirable, le Ramayana n'a donc dans l'ordre philosophique et humanitaire, ni originalité ni valeur.

Il en est tout autrement du Baghavat Gita.

M. Schoëbel trouve merveilleux qu'un type tel que

---

[1] Ces conceptions sont de même grandeur que celles des Bouddhas enseigneurs et bienfaiteurs.

celui de Rama ait put se produire dans un milieu doctrinal aussi amalgamé et troublé que celui de l'Inde.

Il n'y a merveille que par méprise. Le type de Rama comme représentant du Dharma, serait sublime sans restriction, si le mot Dharma avait pour l'Inde le sens que le mot Devoir a pour Kant ; mais, nous le répétons, le Dharma, c'est le rite, la coutume, la loi écrite, l'étiquette et la forme convenues, et non l'obligation imposée par la conscience toujours active.

CHAPITRE IV

SYNCRÉTISME RELIGIEUX ; LES ESSÉNIENS D'APRÈS FLAVIUS JOSEPHE ; LES THÉRAPEUTES.

Syncrétisme religieux.

A la renaissance du génie Aryen dans l'Inde, correspondait dans l'Occident le développement de l'humanisme grec et celui du Judaïsme cosmopolite.

Les Grecs portaient partout leur civilisation et leur philosophie et fondaient dans un même foyer à Alexandrie les doctrines de l'Orient et de l'Occident. Déjà répandu dans la Haute-Asie avec les dix tribus emmenées en captivité, le Judaïsme, après avoir atteint dans Jérémie et Isaïe son plus haut degré d'élévation patriotique et humanitaire s'étendait jusqu'en Grèce et jusqu'à Rome à tel point que Saint Paul trouva dans toute l'Asie mineure et en Grèce des synagogues où il prêcha la bonne nouvelle, et auxquelles se rattachaient des milliers de Gentils qui pratiquaient la religion Juive à cause de la pureté de sa foi et de sa morale.

Il faut admettre que le Bouddhisme était largement représenté à Alexandrie et qu'il avait pénétré de son esprit toutes les écoles et les sectes de l'époque.

Nous avons déjà montré son influence dans la philosophie grecque. On reconnaît dans la conception socratique de la providence, à la fois la miséricorde et la prévoyance infinie du Bouddha et le dieu personnel des Sémites, le Seigneur. L'idée était complexe dans ses origines, mais le génie grec lui imprimait sa simplicité et son unité. C'était le Christianisme conçu avant le Christ. On peut en dire autant de la doctrine et ce qui est mieux encore de la vie des Esséniens, héritiers à la fois du Bouddhisme et des prophètes d'Israel,

Leur première règle, la vie en commun, le cénobitisme était évidemment d'origine Bouddhique ; le célibat des Cénobites peut avoir été emprunté par eux soit à l'Inde, soit à la vie austère des prophètes dans le désert ou dans leur couvent du mont Carmel. Leur dogme c'était le dogme Juif le plus pur et le plus élevé. Simplicité et unité sont des qualités communes au génie Grec et au génie Juif, instinct chez les Juifs, sens mathématique, sens de l'idéal chez les Grecs.

Les Esséniens ont été la plus admirable union, avant le Christianisme, du sentiment religieux et du sens moral ; c'était la philosophie complétée par la religion, le Bouddhisme soudé au Judaïsme, comme il s'est soudé à la religion des devas dans l'Inde, au cultes des ancêtres dans la Chine et à l'Animisme (religion des esprits) dans l'Indo-Chine et au Thibet. A ce titre, les Esséniens appartiennent au sujet que nous traitons, à notre histoire qui doit embrasser toutes les manifestations religieuses altruistes en dehors du Christianisme. Nous croyons devoir reproduire ici une traduction nouvelle de quelques pages de Flavius Joseph qui corrige les traductions précédentes sur un point fort intéressant pour l'histoire des religions : Le jour de fête hebdomadaire des Esséniens n'était point le samedi comme chez les autres Juifs, mais bien le dimanche et ils n'allaient point au Temple.

Les Chaldéens avaient désigné les jours de la semaine par des astres ; le jour de fête était le jour du soleil leur dieu, dies dominica. La fête hebdomadaire des Esséniens était donc la fête du soleil, ce qui indique une origine Indienne. Le dimanche des chrétiens est évidemment emprunté aux Esséniens.

Leur prière matinale paraît s'adresser au soleil comme la Savitry, et peut avoir comme la fête hebdomadaire une origine brahmanique. Les flottes de Salomon qui allaient chercher des richesses jusque sur les bords de l'Indus en rapportaient des ascètes Indiens. De plus on suppose que, chez eux, il y avait comme chez les Indiens et les Pythagoriciens deux doctrines : l'adoration du soleil pour le vulgaire et la doctrine secrète το θειον, le divin, les mystères de toutes les écoles issues de l'Inde et de l'Egypte.

Il y a ensuite les éléments bouddhistes introduits sans doute à un âge postérieur, le cénobitisme, le célibat etc. On remarque qu'ils étudiaient la médecine et qu'ils prédisaient l'avenir, autres particularités bouddhistes. A chaque couvent Essénien était annexée une école et une maison d'hôte, comme chez les Bouddhistes. L'organisation cénobitique des Esséniens existait longtemps avant Jésus-Christ. A son époque, elle était dans tout son développement. D'après une opinion développée tout récemment, la propagande de la Bodhi par les maîtres précurseurs du Bouddha historique a produit les prophètes, leurs écoles, leur guerre contre les anciens prêtres du pays et la captivité de Babylone ; enfin le Bouddhisme a opéré la transformation des écoles de prophètes en de véritables couvents bouddhistes, le fanatisme des Assidéens, la révolte furieuse où les Esséniens se sont fait massacrer en masse, et enfin la destruction de Jérusalem.

Cette manière de voir soulève plus d'une objection ; d'après le savant professeur Thiele, Jérémie et Isaïe n'ont cessé de prêcher aux Juifs la conciliation, et c'est parce que Jérémie n'a pas été écouté qu'a eu lieu la captivité de Babylone.

Il paraît vraisemblable que la doctrine et les règles des Esséniens ont été élaborées définitivement comme celles de Pythagore et à peu près à la même époque ou antérieurement, dans quelque province de la Perse, pendant la captivité. Un chef d'école ou une société de Juifs pieux et instruits aurait associé au Judaïsme, les éléments mazdéens et indiens que Pythagore a hellénisés. La secte se serait constituée définitivement en Judée après la rentrée de la captivité. Les Esséniens sont les Pythagoriciens du Judaïsme. Les uns et les autres ont préparé l'avènement du Christianisme, concurremment avec la religion des Mystères. Celle-ci avait ouvert la voie à Saint Paul pour prêcher à Athènes le Dieu inconnu.

Flavius Josephe a, dans sa jeunesse, étudié tous les systèmes religieux de la Judée et surtout celui des Esséniens. Il a vécu pendant 3 années de 15 à 19 ans, dans le désert avec un religieux qui n'avait pour vêtement que l'écorce des arbres et que des herbes pour nourriture et qui, pour se conserver chaste, se baignait plusieurs fois le jour et la nuit dans l'eau froide ; il ressemblait beaucoup, on le voit, à un ascète brahmanique.

Bien que Josephe se déclare de la secte des Pharisiens, toutes ses sympathies et son admiration sont pour les Esséniens.

Il constate que, vers l'an Ier de notre ère, les Juifs se partageaient entre quatre sectes : Les deux plus anciennes sont les Pharisiens et les Saducéens ; les derniers, sorte d'Epicuriens sans influence qui ne croyaient pas à la vie future. Les Pharisiens au contraire y croyaient et avaient un grand pouvoir par cette croyance et par leur attachement judaïque à la Loi. Les Galiléens formaient la religion la plus récente et avaient été précédés par les Esséniens.

Joseph a parfaitement décrit la secte dans la « guerre des Juifs contre les Romains » dont voici un extrait :

Les Esséniens selon Flavius Joseph. — Les Esséniens enseignent à suivre la vie la plus vénérable ; ils sont Juifs de nation ; mais ils sont plus unis entre eux que tous les autres Juifs. Ils ont horreur de la volupté comme d'un crime ; ils tiennent pour vertu d'être maîtres d'eux-mêmes (εγκφατίαν) et de ne pas succomber à leurs passions. Ils dédaignent le mariage pour eux-mêmes, mais ils reçoivent les enfants des autres lorsqu'ils sont encore assez jeunes pour être faciles à discipliner et ils les élèvent comme leurs propres enfants, ils les forment à leur genre de vie (τοισ ηθεσι). Ils n'entendent d'ailleurs supprimer ni le mariage ni l'héritage, mais se mettre personnellement à l'abri des déréglements des femmes et ils sont persuadés qu'aucune d'elles n'est capable de garder sa foi à son mari (encore l'Inde) (προσ ευα, uni viro).

Ils méprisent les richesses. Les biens de tous sont confondus et forment, comme entre frères, un patrimoine commun dont ils jouissent sur le pied de l'égalité.

Les Esséniens affirment que la Providence ειμαρμευη est maîtresse absolue de tout (κυρία) et qu'il n'arrive absolument rien aux hommes que par sa volonté [1].

Ils aiment à laisser toutes les choses à la providence de Dieu,

---

[1] Ce serait le fatalisme. Selon le témoignage de Philon au contraire, les Esséniens par une anticipation de l'idée de la grâce, faisaient remonter à Dieu tout ce qui est bien, par conséquent nos bonnes actions et laissaient à l'homme la responsabilité du mal.

ils font les âmes immortelles, parce que cette croyance est, à leur avis, le moyen le plus puissant pour amener les hommes à la vertu. Ils envoient leurs offrandes au temple; mais ils n'y accomplissent pas leurs cérémonies religieuses à cause de la différence des purifications qu'ils pratiquent sans (doute parce que, de même que les Bouddhistes ils n'admettaient pas le sacrifice); ils se trouvent à cause de cela, exclus du temple commun, et c'est chez eux-mêmes qu'ils accomplissent leurs cérémonies particulières. Ils sont d'ailleurs des hommes de mœurs excellentes et s'adonnent surtout à l'Agriculture [1]. Il convient de les admirer au-dessus de tous ceux qui pratiquent la vertu et cela à cause de leur justice qui est inconnue aux grecs et aux barbares [2], qui chez eux n'est ni petite ni récente, mais ancienne et qui consiste en ce que, loin de s'opposer à la communauté des biens, ils tiennent fermement la main à ce que tous les biens soient communs entre eux, de telle sorte que le riche n'y ait pas une part plus grande que le pauvre et ceux qui font cela sont plus de quatre mille. Ils ne veulent ni se marier, parce que cela est une occasion de querelles [3] ni posséder des esclaves parce que cela est une injustice [4], mais ils vivent entre eux et se servent les uns les autres. Ils élisent pour recueillir leurs rentes et tous les produits de leurs terres des prêtres de leur confrérie qui sont chargés de faire préparer pour tous le pain et les autres aliments. Enfin ils vivent tout à fait comme les hommes appelés en Dacie les Polistes. Ils ne se frottent pas le corps avec de l'huile (comme les bouddhistes et les brahmatcharis qui repoussent les parfums); ils considèrent cela comme une malpropreté, et si par hasard ils sont tachés d'huile, ils s'en lavent avec soin, car ils ne considèrent pas comme bien d'être sales et ils sont au contraire toujours vêtus de blanc (comme les Pythagoriciens et les prêtres d'Egypte ; Bouddha recommandait à ses religieux une tenue décente),

Ils élisent des procureurs ou économes pour administrer les biens de la communauté et pour en distribuer les revenus à

---

[1] La médecine et l'agriculture étaient les seules professions qui leur fussent permises.
[2] Il faudrait peut-être traduire le mot justice par *égalité* comme l'a fait Pythagore.
[3] La plupart ne se mariaient pas, mais pas tous.
[4] Par un principe d'égalité, ils n'avaient même pas de domestiques.

chacun suivant ses besoins. Ils n'ont pas une seule ville, mais dans chaque ville ils sont nombreux. Si quelqu'un de leur secte leur arrive de dehors, ils mettent à sa disposition tout ce qu'ils ont et le nouveau-venu entre comme dans sa propre famille chez des gens qu'il n'a jamais vus ; c'est pourquoi lorsqu'ils sont en voyage, ils n'emportent pas du tout de vivres, mais seulement des armes contre les malfaiteurs. Dans chaque ville, au surplus, ils ont établi un procureur des hôtes qui leur fournit des vêtements et tout ce qui leur est nécessaire.

Ils ont de leur mise et de leur personne autant de soin qu'un enfant qui agit dans la crainte et sous la surveillance de son maître (propreté Hindoue). Ils ne renouvellent leurs vêtements et leurs chaussures que quand ils sont entièrement usés et déchirés (bouddhiste). Ils ne se vendent ni ne s'achètent rien entre eux, mais chacun donne du sien à celui qui manque de quelque chose ; chacun accepte de l'autre ce dont il a besoin et, sans être tenus de rendre, ils sont libres d'accepter.

Ils sont particulièrement pieux envers la divinité (το Θείου le divin), car ils ne parlent de rien de profane avant le lever du soleil et ils lui adressent certaines prières qui proviennent de leurs ancêtres πατρίουσ ευχασ (c'est la savitry) comme pour le supplier de se lever, après cela, on les laisse aller sous les ordres de leurs surveillants chacun à l'ouvrage qu'il a appris ; ils travaillent jusqu'à la 5ᵉ heure, ils se réunissent ensuite tous ensemble dans un même lieu ; ils se ceignent d'une étoffe de lin et ils se lavent le corps dans l'eau froide (bain des brahmes). Après cette purification, ils se retirent chacun dans la cellule qui leur est propre et dans laquelle il n'est permis à aucune personne étrangère à la secte de jamais mettre le pied (sans doute pour éviter les accusations contre les mœurs aussi bien que les tentations); puis lavés de toute souillure, ils se rendent au réfectoire comme dans un temple saint. — Lorsqu'ils sont assis avec calme, le boulanger sert un pain et le cuisinier une portion d'un même mets à chacun suivant son rang. Avant tout le prêtre qui préside au repas fait une prière, le repas fini on prie de nouveau, et les Esséniens quand ils terminent leur repas, de même que quand ils le commencent rendent grâces à dieu του θεου comme étant celui qui leur a donné la nourriture (cela est chrétien plutôt qu'indien et surtout plutôt que bouddhiste; d'après cela, panem nostrum quotidianum da nobis hodie, serait essénien ; toutefois la prière peut être d'origine brahmanique car les brahmes faisaient des cérémonies avant et après le repas, et les aliments peuvent être considérés comme nés de l'action du soleil — le dieu supposé). Alors ils déposent leurs vêtements comme sacrés ; ils retournent à leurs travaux jusqu'au crépuscule du soir, en revenant du travail, ils prennent un second repas avec les mêmes cérémonies que le premier et ils font asseoir avec eux les hôtes qui ont pu leur arriver.

Jamais ni clameur ni tumulte ne troublent l'habitation ; ils parlent entre eux tour à tour (c'est-à-dire sans s'interrompre) et le silence de l'intérieur produit sur les gens du dehors l'effet d'un mystère qui fait frissonner (μυστηριοντὶ φρικτον). Ce calme est dû à leur perpétuelle sobriété, car ils ne mangent ni ne boivent jamais que dans la juste mesure de leurs besoins.

Au surplus, ils ne peuvent rien faire que sous la surveillance de leur supérieur (cela n'est point bouddhique) et deux choses seulement sont laissées à leur libre arbitre, compatir à la souffrance et secourir les malheureux (επίκουρία καὶ ελεοσ) ; ils peuvent assister ceux qui en sont dignes suivant ce qu'ils jugent convenable et dans la mesure des besoins qu'il s'agit de soulager, de même ils peuvent donner à manger aux indigents ; toutefois ils ne peuvent rien donner à leurs proches sans la permission des administrateurs de la communauté.

Ils ne s'animent qu'avec mesure et convenance, ils gardent leur foi et ils sont des ministres de paix. Leur parole est plus sûre qu'un serment. Ils s'abstiennent de jurer, ils estiment qu'un serment est pire qu'un parjure ; et ils disent que celui-là est condamné par avance qui ne peut être cru si Dieu n'intervient.

Ils étudient avec un admirable zèle, les écrits des anciens principalement en ce qui regarde la santé de l'âme et du corps et, au moyen de ces livres, ils recherchent avec soin les pierres et les plantes (minéraux et végétaux) qui peuvent servir à la guérison des maladies physiques et morales.

Initiation. — Celui qui désire entrer dans cette secte n'y est pas admis de suite ; on le laisse au dehors de l'habitation commune pendant une année entière ; on lui prescrit le régime de vie de la communauté et on lui donne le caleçon de bain dont nous avons parlé, un vêtement blanc et une petite pioche. Après qu'on a éprouvé pendant ce temps son empire sur lui-même, on lui donne accès dans l'intérieur de l'habitation ; il commence à se laver dans des eaux plus pures, mais il n'est pas encore admis à la vie commune. En effet, après qu'il a donné la preuve d'un empire absolu sur lui-même, on met deux autres années à éprouver ses mœurs, et c'est seulement quand il s'en est montré digne qu'on l'admet enfin dans la communauté. Mais à ce moment même on se l'enchaîne par des serments terribles (φριχωσεισ ορχονσ).

Le recipiendaire jure d'abord de vénérer la divinité (το θεἰον) ensuite de garder la justice envers les hommes, de ne faire tort à personne ni de sa propre volonté ni sur l'ordre d'autrui (tout cela est juif), de prêter assistance aux justes et d'avoir les injustes en haine éternelle, de garder sa foi envers tous et principalement envers ceux qui exercent le commandement, parce que personne ne peut être arrivé au commandement, si ce n'est par la volonté de dieu. (Cela est tout à fait chrétien, mais cela a-t-il rapport aux supérieurs Esséniens seulement ou bien à tous les pouvoirs publics ?) que s'il arrive à être investi lui-même de l'autorité, il en usera sans orgueil et sans insolence, qu'il ne portera ni de plus beaux habits ni plus d'ornements que les autres frères soumis à ses ordres ; qu'il aimera (remarquons cette expression chrétienne et non bouddhique) toujours la vérité et qu'il repoussera toujours le mensonge ; qu'il gardera ses mains et son cœur purs de tout vol et de tout gain injuste, qu'il ne cachera rien à ses frères et qu'il ne révélera rien aux étrangers quand on pousserait la contrainte jusqu'à le tuer. Ils jurent en outre qu'ils conserveront sans altération les dogmes de la secte, δογρατα, et qu'ils les transmettront fidèlement tels qu'ils les auront reçus, et qu'ils conserveront avec une égale fidélité les livres de la secte et les noms des anges. C'est avec ces serments qu'ils se rendent maîtres de ceux qui entrent dans leur communauté.

« Ils chassent de leur communauté tous ceux qui sont surpris de péchés graves. Ceux qui sont ainsi chassés périssent ordinairement d'une mort lamentable, car ils sont liés par la puissance des rites et des serments (εθεσιν χαἰ ορχοἰσ) ils ne peuvent pas en effet même lorsqu'ils sont affamés, manger les aliments qu'on trouve chez les autres hommes ; ils en sont réduits à manger de l'herbe et finissent par mourir de faim [1].

---

[1] Ce trait est tout à fait indien ; il est plutôt brahmanique que bouddhiste, on le retrouve encore aujourd'hui. L'homme chassé de sa caste est comme excommunié. On refuse de partager aucun aliment avec lui. Il n'a d'autre ressource que de se confondre avec les classes les plus infimes.

Mais pour cette raison même, on prend souvent pitié d'eux quand on les voit sur le point de rendre l'âme et on les reprend dans la communauté, estimant qu'ils ont suffisamment expié leur faute par des souffrances portées presque jusqu'à la mort.

» Ils rendent leurs jugements avec beaucoup de justice et d'exactitude ; ils ne jugent qu'au nombre de cent au moins et ce qu'ils ont décidé ainsi est et demeure immuable.

Ce qu'ils vénèrent le plus après Dieu, c'est le nom de leur législateur (Joseph ne le nomme pas c'est peut être Bouddha partout objet de tant de vénération) et si quelqu'un blasphème contre lui, il est puni de mort. Ils tiennent pour beau d'obéir à leurs anciens πρεσβιτεροισ (cela est juif) et à leurs supérieurs (τογειοσίν). Si dix d'entre eux sont assis ensemble, aucun d'eux ne parlera sans l'assentiment des neuf autres et chacun se gardera de cracher, soit au milieu d'eux, soit à sa droite.

Tous les sept jours (ταισ εδδομασίν) ils s'abstiennent de tout travail manuel et observent le Sabath, mais très différemment de tous les autres juifs διαφοφωτατα ιυδαίων απαντων, car non seulement ils font cuire leurs aliments le samedi προ ημερασ μίασ (la veille du 1er jour) afin de ne pas toucher le feu, *pendant le jour du dimanche*, mais encore ils n'osent pas changer de place aucun vase dans ce jour sacré du dimanche ; ils n'osent même pas aller à la selle ce jour-là. Les autres jours quand ils vont à la selle ils creusent dans la terre un trou d'un pied de profondeur et l'on donne pour cela aux Néophytes une petite pioche semblable à celle des autres frères (prescription de Moïse) ; ils se couvrent de leurs vêtements comme pour ne pas manquer de respect aux rayons de dieu (brahmanique ou mazdéen plutôt), ωσ μη τασ ανΥασ οβριξοείν τον θεον ; ils font leurs nécessités dans le trou qu'ils ont creusé ; avec les terres qu'ils en ont tirées ils recouvrent leurs excréments, et pour cette opération, ils choisissent les endroits les plus écartés. Quoique cette évacuation des excréments du corps soit une nécessité naturelle, ils ont coutume de s'en purifier comme d'une profanation [1].

Ils se divisent en quatre classes suivant la durée de leur exercice τησ ασκησεωσ et les anciens considèrent les nouveaux

---

[1] Nous avons dans notre traduction conservé ces détails parce qu'ils sont identiques avec ceux que donne le père Dubois sur les précautions que les Brahmanes prenaient pour éviter les souillures.

comme tellement au-dessous d'eux que si, par hasard, un nouveau vient à toucher un ancien, celui-ci se purifiera comme s'il avait été touché par un animal d'une autre espèce (ceci est tout à fait indien). Ils vivent longtemps et la plupart dépassent l'âge de cent ans, ce que j'attribue à la simplicité et au bon régime de leur vie.

Ils méprisent l'adversité, ils triomphent de la douleur par la force de leur âme et ils préfèrent à la vie une mort glorieuse. La guerre contre les romains a été une preuve éclatante de la force d'âme que les Esséniens avaient tous. On les a torturés, mutilés, rompus, brulés dans les flammes et soumis à tous les genres de tourments pour les amener à blasphémer l'auteur de leur loi ou à manger quelque aliment défendu par leur tradition, sans jamais pouvoir obtenir ni l'un ni l'autre ; ils ne cherchaient même pas à attendrir leurs bourreaux, ils ne versaient pas la plus petite larme (comme les martyrs bouddhistes) ; au contraire ils souriaient au milieu des souffrances, ils raillaient leurs bourreaux et ils abandonnaient la vie avec joie parce qu'ils se croyaient sûrs de reprendre une vie nouvelle ; ευθυμοί τας ψυχας αφινσον ως παλίν κομίονμενοί.

Ils sont en effet fermement convaincus que, d'une part, le corps périt et que ses éléments matériels se décomposent et se transforment et que, d'autre part, les âmes ne peuvent pas mourir, parce qu'elles sont éternelles, que descendues en voltigeant de l'éther le plus subtil et attirées en bas par une certaine force naturelle (τινα φυσικη) elles pénètrent dans le corps et s'y trouvent retenues comme dans une prison, mais qu'aussitôt dégagées de ses liens, elles s'envolent joyeusement au plus haut des airs [1].

« D'accord sur ce point avec le sentiment des grecs, ils disent que les âmes bonnes passent leur vie au-delà de l'océan, dans un lieu ou il n'y a ni neige ni pluie ni fortes chaleurs, mais une chaleur douce, tempérée par la brise de mer et que les âmes mauvaises, sont reléguées sur la terre dans un gouffre ténébreux, glacé et plein de tortures éternelles (cela est du

---

[1] D'après Philon les Esséniens croyaient à la transmigration des âmes. On a fait observer que Jésus-Christ partageait cette croyance puisque, lorsqu'on lui a présenté un aveugle né il a demandé si son infirmité n'était pas la punition de quelque péché.

On a prétendu aussi qu'il était un Essénien à cause de la similitude de doctrine.

mazdéisme). Cette croyance à l'éternité des âmes, offre tant de séduction que ceux qui en ont goûté une fois ne peuvent plus s'en départir jamais.

Il y en a parmi eux qui se chargent de prédire les choses futures parce qu'ils ont été instruits dès l'enfance dans la science des livres saints, des hautes purifications, et des apophthègmes des prophètes ; *ils se trompent* rarement dans leurs prédictions.

Il y a une autre classe d'Esséniens qui suivent le même régime de vie (δίαιτη), les mêmes usages (εθεσίν) et les mêmes règles (νομιμα), mais qui ont une doctrine particulière en ce qui concerne le mariage qu'ils conservent. — Avant d'épouser leurs femmes, ils attendent trois menstrues successives et les soumettent à autant de purifications pour s'assurer qu'elles peuvent engendrer. Quand elles sont enceintes, ils cessent de s'approcher d'elles et ils montrent par là qu'ils ne se sont mariés que dans le but de procréer des enfants ; lorsque leurs femmes se baignent, elles s'enveloppent d'un vêtement, de même que les hommes. (tout cela est juif ou mazdéen).

Fin de l'extrait.

Aujourd'hui les occultistes font des Esséniens les dépositaires et les disciples d'une doctrine ésotérique de Moïse qui serait contenue sous des voiles dans le Sépher. Fabre d'Olivet qui a traduit les 10 premiers chapitres du Bereeschit le premier des cinq livres du Sépher, (voir la science occulte de Papus, chapitre X, 445 à 589), s'efforce d'établir que cet écrit doit être interprété dans un sens de spiritualité, c'est-à-dire tout à fait différent du sens littéral admis par les Pharisiens. Selon lui, la lettre ne serait qu'une figure et la figure seule aurait été reproduite dans la version grecque des septante et la version latine de Saint Jérôme, la Vulgate Aux yeux des occultistes, comme des Néo-Bouddhistes, Jésus est un Essénien ; sa morale et sa foi sont celles des Esséniens et celles-ci ont aussi été recueillies dans la Kabale qui a fixé la tradition orale de l'Hébraïsme.

Daniel la Ramée a publié un écrit : « *Jésus* chez les Esséniens ; » qui se compose essentiellement d'une lettre qu'on prétend avoir été retrouvée dans un monastère de l'Orient. Cette lettre qui a été publiée à 40 mille exemplaires en Allemagne est présentée comme signée par un chef de Thérapeutes. C'est une sorte de procès verbal secret ou relation confidentielle des faits qui, selon son auteur, auraient, à la connaissance des Esséniens, accompagné et suivi le crucifiement de Jésus. Elle explique comment Jésus recueilli, soigné et caché par les Esséniens, aurait survécu plusieurs semaines après sa passion dont elle admet toutes les circonstances telles qu'elles sont mentionnées dans les Evangiles :

Cette lettre est apocryphe, puisque, comme nous le verrons, les Thérapeutes, ne faisaient point partie de la confrérie des Esséniens et n'avaient aucun lien avec elle ; c'est simplement une hypothèse pour expliquer humainement comment les apôtres ont cru pleinement et de la meilleure foi à la résurrection de Jésus et pour donner au Christianisme une origine naturelle, sans rien sacrifier de son enseignement ni de sa sainteté. M. Renan n'a pas eu besoin d'imaginer et de justifier une hypothèse de ce genre, puisqu'il a posé tout d'abord comme un axiome : qu'aucun miracle n'est admissible.

A cause de leur détachement du monde, les Esséniens ne pouvaient avoir d'influence politique. Leur charité leur défendait de lutter à main armée et leur dogme qui rapporte tous les événements à Dieu, leur faisait considérer la lutte comme inutile. Une de leurs maximes était que tout pouvoir vient de Dieu : Omnis potestas ex Deô. Ils n'admettaient que la résistance passive pour ne pas trahir leurs principes et on a vu même qu'ils la poussaient jusqu'à ses dernières limites.

D'après M. Frank, les Esséniens admettaient l'existence des anges, mais ils leur imposaient des noms et probablement des attributs nouveaux que leur serment leur interdisait de révéler aux profanes (c'étaient peut-être les êtres des paradis bouddhiques étagés). Indépendamment de ces dogmes connus, ils en avaient d'autres secrets et dont ni Joseph ni Philon ne nous apprennent rien. Cependant, on trouve dans Philon des motifs de supposer que cette partie de leur doctrine était relative à la Théodicée ou métaphysique et à l'origine des choses (cela pouvait être bouddhique ; sinon, pourquoi en faire mystère [1] ?)

---

[1] Beaucoup pensent que Jésus était un Essénien, Daniel Ramé a écrit un livre intitulé « Jésus chez les Esséniens »

Thérapeutes. — On a fait dériver les Esséniens des Thérapeutes. Ceux-ci paraissent avoir aussi une origine Indienne, mais plutôt brahmanique que bouddhiste. Les Thérapeutes étaient des solitaires, vivant chacun dans sa maison et ne se réunissant que le jour du sabbat pour prier et méditer ensemble.

Les villages qu'ils habitaient, composés de maisons dispersées, étaient toujours bâtis dans des lieux déserts ; le plus célèbre était sur les bords du lac Mœris.

Les Thérapeutes ne mettaient par leurs biens en commun ; ils s'en dépouillaient complètement en faveur de leurs parents et de leurs amis, avant d'embrasser le genre de vie auquel ils se consacraient. Ils ne s'adonnaient pas au travail comme les Esséniens, ni à aucune œuvre de charité pratique ; mais ils se livraient exclusivement à la contemplation, « Ils vivaient par l'âme seule » comme dit Philon leur seul historien.

Lucius donne des Thérapeutes dans son traité de Vitâ contemplativâ une description où il est évidemment de bonne foi, mais il donne à penser qu'il n'était pas renseigné à fonds sur eux et qu'ils avaient une doctrine secrète, constituant une sorte d'Ascétisme Khrisnaïste Judaïsé ; en voici la description :

1. Leurs habitations ne sont ni contiguës comme dans les villes, ni trop distantes pour qu'ils puissent se voir et se secourir. Dans chaque habitation, il y a une pièce exclusivement consacrée aux objets et aux exercices de piété.

2. L'idée de Dieu leur est toujours présente, même dans les songes. Il y en a qui parlent religion dans le sommeil. Ils prient au lever du soleil et à son coucher. Du matin au soir, ils récitent les saintes écritures et étudient la philosophie religieuse nationale.

3. Ils ont aussi des écrits d'hommes anciens qui furent les chefs de la secte et ont laissé de nombreux monuments d'interprétation allégorique.

4. Ils se réunissent tous les sept jours en s'asseyant par rangs d'âge, la main droite posée entre la poitrine et le

---

comme M. Renan qui fait autorité dans cette matière se tait absolument sur le séjour de Jésus chez les Esséniens, on peut en douter.

menton, la gauche descendue le long du côté. Celui qui est le plus ancien et le plus instruit prend la parole d'une voix tranquille. Le sanctuaire où ils se réunissent est « une enceinte » divisée en deux parties par un mur qui ne monte pas jusqu'au toit et qui a deux ou trois coudées de haut. — Ce mur sépare les hommes et les femmes qui écoutent de la même manière et avec la même ferveur.

5. Ils ne mangent ni ne boivent avant le coucher du soleil ; quelques-uns ne mangent que tous les trois jours.

Leur nourriture est du pain commun assaisonné de sel.
Leur boisson est « de l'eau de source [1]. »

6. Ils ont pour vêtement : en hiver, un épais manteau de peau ; en été, une tunique d'esclave ou un vêtement de lin ; ils ne donnent rien à la vanité.

7. Après l'intervalle de 7 semaines, (49 jours, ils ont en vénération le nombre 7 et son carré 49) le 50e jour (de là la Pentecôte), ils se réunissent habillés de blanc. Au signal des éphémereustes (nom de ceux qui sont chargés du service de la réunion), alignés debout par ordre d'après la date de leur entrée dans la secte, ils prennent place sur les lits. Les Thérapeutides prennent aussi part au banquet, placées à gauche, tandis que les hommes le sont à droite. La plupart d'entre elles sont des vierges uniquement désireuses d'être fécondées par la semence intelligible du père.

Les lits sont de bois commun avec de simples couvertures de papyrus. Le service est fait, non par des esclaves, l'esclavage étant aux yeux des Thérapeutes, contraire à la nature, mais par des jeunes gens de naissance libre qui vénèrent les Thérapeutes comme des pères et mères. Leur tunique est flottante pour que leur aspect n'ait rien de servile. Il n'y a sur la table que de l'eau, du pain, du sel et de l'hysope.

Quelqu'un se lève et pose une question sur un sujet tiré des saintes Écritures, ou résout par allégories une ques-

---

[1] Les alinéas 1, 2, 3 pourraient s'appliquer à des Brahmes Ascètes Krichmaïstes. On remarque à l'alinéa 4 l'Enceinte, qui rappelle *de loin, il est vrai*, l'enceinte védique ; à l'alinéa 5 l'eau de source boisson des brahmes.

tion posée par un autre ; le président répète la solution. Celui qui s'est levé chante en l'honneur de Dieu un hymne ancien ou de sa composition. Tous répètent le refrain avec ensemble. L'hymne achevé, les jeunes gens apportent du sel mêlé d'hysope comme offrande pour la table sacrée sur laquelle sont des pains sans levain réservés aux prêtres.

8. Après le repas, la veille sacrée. Tous se lèvent et forment deux chœurs l'un d'hommes, l'autre de femmes, chacun dirigé par la personne la plus considérée ou qui sait le mieux chanter. Après avoir chanté des hymnes en l'honneur de Dieu, les deux chœurs se mêlent dans un saint transport et jusqu'à l'aurore tous se livrent à une sainte ivresse. Au lever du soleil, on élève les mains au ciel et on rentre chez soi pour méditer et philosopher de nouveau.

Cette fin ressemble singulièrement à une fête de nuit Krichnaïque.

Alexandrins. — Les Alexandrins, ou colonies juives transplantées à Alexandrie et dans les pays environnants dès le temps d'Alexandre, n'avaient retenu de leur ancienne religionque le dogme d'un Dieu unique ; pour tout le reste, ils suivaient des doctrines indiennes.

Ils s'efforçaient d'éteindre leurs passions et priaient Dieu de les délivrer des liens du corps et des sens. Ils gardaient le célibat et la virginité, hommes et femmes, car il y avait des femmes dans leur ordre. Ils ne connaissaient point l'attachement à la famille et à la patrie et se disaient citoyens de l'univers et du ciel.

Ils prenaient à peine les aliments indispensables pour ne pas mourir de faim. Toute leur science se traduisait en symboles et ils attachaient des vertus à certains nombres comme les Pythagoriciens (et aussi les Indiens).

Ils ont été moissonnés par la persécution ou absorbés par l'Eglise grecque.

LIVRE IV

Développement du Bouddhisme.

CHAPITRE I

EXPANSION

Avagoche qui, d'après les traductions chinoises, fut le 9ᵉ ou le 11ᵉ patriarche, convertit au Bouddhisme le Brahme Paréva, précepteur ou gourou du roi Kanishka, l'auteur du songe prophétique du roi Krikine et le premier lyrique bouddhiste. Ses hymnes chantées par tous les fidèles firent sortir le Bouddhisme des écoles spéculatives et apprirent au peuple à glorifier et exalter le nom de Bouddha.

D'après Daranata, ce fut vers cette époque qu'apparurent les dénominations de Vaïbachistes et de Çaoutantristes. Ceux-ci paraissent avoir continué les Staviras, ainsi qu'en témoignent les titres de quelques-uns de leurs livres canoniques, le *Rozaire des Exemples*, le recueil des exemples de celui qui tient la corbeille, etc. Les Çaoutantristes paraissent avoir réuni dans leur dénomination les 18 écoles précédentes.

Le nom bouddhiste le plus célèbre au Kachemir est celui de Madyantika qui est qualifié de Stavira. Pour les uns, ce fut un disciple d'Ananda qui vint au Kachemir avec la première émigration de Biskous partie de Bénarès ; pour les autres, il fut le chef des Staviras proscrits qui se réfugièrent au Kachemir après le concile d'Açoka. Il figure aussi comme chef d'une mission qui fut envoyée au Kachemir après ce concile. Cela fait supposer qu'au lieu de proscrire les Staviras qui étaient les membres les plus purs et les plus recommandables de l'Assemblée, on en fit simplement des missionnaires, rôle auquel ils convenaient parfaitement par leurs lumières et leur zèle, tandis que leur rigidité était gênante pour le roi Açoka et pour la majorité du concile qui voulait le satisfaire et aider sa politique en faisant œuvre d'éclectisme. Dans cette hypothèse qui paraît fort vraisemblable, les missions d'Açoka, de même que la première émigration bouddhiste, celle de Bénarès, auraient eu une cause politique autant que religieuse. Il est certain que les migrations des religieux mendiants fuyant devant des ennemis ou devant la faim résultant du manque de libéralité à leur égard des populations soit atteintes par des fléaux, soit devenues hostiles, ont dû contribuer beaucoup, à toute époque à la diffusion du Bouddhisme.

Voici comment il devint la religion dominante du Nord-Ouest de l'Inde au commencement de notre ère.

Chassé du Kaboul où il régnait, Havischka conquit le Kachemir et les états voisins jusqu'à Mathura où il fonda un monastère ; son frère Huschka qui lui succéda, favorisa également le Bouddhisme ; mais tous deux paraissent avoir été en même temps des adorateurs du feu. Mais Kanischka, leur 3e frère, fut un fervent Bouddhiste. Son empire s'étendait jusqu'aux montagnes de l'Hindou-Koush et comprenait le Yarkand, le Khotan, le Kachemir, Ladak, le massif central des Himmalayas, les vallées du Gange et de la Jumma, le Radjaputana, le Sind et tout le Punjab. Kanishka combattit à Actium à la tête d'un corps d'auxiliaires pour Antoine contre Octave. Cela prouve qu'il y avait alors de nombreux rapports entre l'Egypte et l'Inde.

Ce fut à la prière de Parehva que le roi convoqua un concile de 500 membres vers l'an 10 de notre ère.

Ce concile dont les écrits sont exclusivement en sanscrit marque le passage à un Bouddhisme modifié ; dans ces écrits sont légitimées et considérées comme orthodoxes des propositions religieuses de date plus moderne. C'est depuis ce concile qu'on a accordé aux grands docteurs la canonisation de Bodisattvas et ce fut peu après que Nagardjuna originaire du Sud fonda le grand Véhicule ; au moins, c'est à ce nom, peut-être générique, qu'on rapporte les principaux écrits de cette école.

Darmala rapporte qu'au concile de Kachemir, toutes les 18 écoles furent reconnues comme enseignement pur, que le Vinaïa reçut une forme écrite ainsi que ceux des Soutras et Abidarmas qui jusque-là n'avaient point existé sous cette forme et que l'on corrigea ceux qui en avaient été revêtus.

D'après Niouen Tsang le concile fut présidé par le fameux Vashoubandu le célèbre commentateur de l'Abidarmakoça, le trésor de la métaphysique. D'abord on rassembla les écritures des trois recueils dont le canon n'avait pas été changé, et on se proposa d'éclaircir le véritable sens de ces trois ouvrages (en d'autres termes on interpréta pour y trouver ce que l'on voulait y voir). On composa donc en cent mille çlokas l'oupadeça-Çastra pour expliquer le recueil des Soutras, de même le Vinaïa Vibthascha Çastra et l'Abidarma-Vibasha-Çastra ; en tout 300.000 çlokas renfermant 960.000 mots.

Le roi Kanishka fit graver sur des feuilles de cuivre les textes de ces Çastra et on les enferma dans une caisse en pierre qui fut scellée et ornée d'une inscription sous un grand Stoupa construit tout exprès pour cette destination.

Toutefois comme Hiouen Tsang a écrit 7 siècles plus tard et comme il est fort crédule, on peut douter de ces détails qui sont en contradiction avec certaines données des Indianistes les plus autorisés. Fa-Hien qui n'a précédé Hiouen Tsang que de 200 ans dit que, de son temps, dans tout le nord de l'Inde, les chefs d'école n'avaient qu'un enseignement oral qu'ils ne fixaient point par écrit. Pendant son séjour au Kachemir, Hiouen Tsang a eu entre les mains l'Abidarma-Vibasha-Çastra, d'où l'on peut conclure l'existence des trois Çastras à cette époque.

On doit considérer le concile de Kanischka comme le grand concile des Bouddhistes du Nord ; le sud de l'Inde y resta étranger et c'est à peu près de cette époque que date la division en Bouddhistes du Sud et Bouddhistes du Nord.

C'est du Kachemir que le Bouddhisme a rayonné dans le Nord et l'Ouest. Le mouvement arrêté vers l'Ouest, comme nous le verrons, s'est continué plus intense vers le

Nord. C'est du Kachemir que les livres Bouddhiques ont été portés au Thibet. La plupart des pandits indiens qui ont travaillé à la traduction de ces livres étaient Kachemiriens. Le culte de Civa qui s'est maintenu dans le Kachemir en présence du Bouddhisme et a fini par s'unir à lui, a laissé sa trace dans une portion considérable de la littérature bouddhique du Thibet. Les Nagas dont il est si souvent question dans les Soutras développés paraissent avoir été les aborigènes noirs du Kachemir, dont les habitants actuels sont presque blancs.

La mission d'Açoka avait converti le Kachemir, le Kandahar et le Caboul. Le Bouddhisme paraît dans les siècles suivants avoir pénétré dans la vallée de l'Oxus et au N. E. jusqu'à la petite Boukarie.

Tous les historiens Chinois mentionnent la domination des Gètes sur les contrées situées au sud du Kandahar. Ils se convertirent de très bonne heure au Bouddhisme auquel ils furent préparés, ainsi que nous l'avons vu, par leur conversion à la doctrine de Pythagore, si toutefois, il n'y a pas eu confusion et identité de ces deux conversions.

Il est presque certain que les commencements du Bouddhisme à Bactres et au bassin du Tarim remontent à la naissance du Christ. Un écrivain Chinois signale le Bouddhisme à l'Ouest des montagnes du Yarkand 122 ans avant J.-C. Une tradition rapporte qu'un fils d'Açoka devenu le premier roi de Kothan y établit le Bouddhisme dont cette ville a été la métropole dans le bassin du Tarim jusqu'à l'invasion musulmane. Aujourd'hui encore les Bouddhistes sont nombreux dans ces pays. Il paraît certain qu'ils s'y établirent ainsi que dans le Turkestan avant de pénétrer en Chine où ils s'introduisirent venant du Turkestan vers l'an 65 de notre ère. De là le Bouddhisme pénétra dans l'Higuren à Hami et à Hili, et il est très probable qu'il avait auparavant conquis la Transoniane, la Sodgiane aussi bien que le Khotan. En même temps, il se propageait à l'Ouest ; il paraît avoir dès le temps de Kanishka pénétré victorieusement dans la Perse d'où il fut rejeté sur le Kaboul par les Sassanides.

Le Kachemir, le Kandahar et l'Udjana (aujourd'hui le Kaféristan), quoique primitivement convertis par les Staviras, représentants du Bouddhisme le plus ancien, devinrent le centre d'un développement beaucoup plus avancé qui constitua le Bouddhisme du Nord. Celui-ci rayonna à l'Ouest au delà de lA'fghanistan et de la Perse, au Nord au-delà de la Bactriane et de la Sogdjane, à l'Est vers la Haute-Tartarie et de là vers la Chine. Sa distinction d'avec le Bouddhisme du Sud, d'abord à peine aperçue, puis de plus en plus apparente, ne fut point un schisme, une séparation, conséquence d'un conflit ou d'une réforme, mais le résultat de conditions géographiques, religieuses et ethniques opposées, le Bouddhisme subissant à un haut degré l'influence des milieux dans lesquels il s'implante.

Bien que Ceylan ne se soit jamais séparé de l'Ecole mère du Magadha, le dogme y prit, à partir de l'an 80 avant J.-C, par une édition de la Loi avec commentaire, une telle fixité que si, depuis lors, il y eu quelques excroissances, il n'y a eu aucune variation substantielle dans l'interprétation de la Loi, dans la vie religieuse et dans le culte. Les Singalais ne paraissent même pas connaître le concile qui s'est tenu au Kachemir et la nouvelle révision et collection des lois canoniques qui s'y est faite.

Il faut rapporter à cette période les progrès des écoles du grand Véhicule et la luttte des Çravakas contre les Novateurs, Nagardjouna ou les Nagardjouna [1] qui s'éloignaient de plus en plus du Bouddhisme primitif, auquel les Vaïbachistes avaient déjà fait, par interprétation, ou déduction, bien des additions plus ou moins combattues. On reconnaîtra facilement dans les développements successifs du grand Véhicule la part qu'il faut faire à l'élaboration, à la fructification pour ainsi dire naturelle des germes contenus dans l'enseignement de Bouddha et de ses premiers disciples et celle qui revient à l'influence

---

[1] On comprend sous le nom de Nagardjouna tous ceux qui ont travaillé à la composition des livres du Makaiana dont les premiers furent le Pradjana Paramita et l'Avantaçaka et dont les autres, fort nombreux, n'ont pas de date certaine. Le docteur Nagardjuna entreprit d'abord de reformer le Vinaia, puis il présenta ses systèmes religieux comme une doctrine ancienne enscignée par Budha spécialement aux Arhats et aux Dévas et conservée comme un dépôt par les Nagas.

des écoles Brahmaniques, soit anciennes, comme le Védantisme, qui reprirent vigueur à cette époque surnommée la Renaissance du Brahmanisme ; soit nouvelles, comme la doctrine de la foi et le Tantrisme. Il y avait pénétration constante du Brahmanisme dans le Bouddhisme, par l'effet à la fois de l'indépendance d'esprit et de la subtibilité des docteurs Bouddhistes et aussi de l'introduction dans le corps religieux Bouddhiste d'un grand nombre de Brahmes ou d'ascètes qui, tout en adhérant aux trois joyaux, conservaient à peu près toutes leurs opinions et même beaucoup de leurs pratiques antérieures. A son tour le Bouddhisme qui conservait sans altération ses idées essentielles et dominantes de morale et de charité, et jusqu'à un certain point, d'égalité universelle, en imprégnait le Brahmanisme qui, malheureusement, n'en fit plus guère usage dans la pratique quand il eut vaincu le bouddhisme. Il faut toutefois excepter de ce reproche les Chaïtanyas, secte Krishnaïste.

CHAPITRE II

INFLUENCE DU BOUDDHISME SUR LE BRAHMANISME

L'influence du Bouddhisme sur le Brahmanisme fut puissante et bienfaisante surtout dans les premiers siècles où la lutte engagée entre les deux religions n'avait encore qu'un caractère de controverse philosophique et humanitaire. D'ailleurs l'influence politique du Bouddhisme se faisait sentir partout. Dans les pays convertis depuis le Kaboul jusqu'au pays des Marates, on voit à côté des Rois Brahmes, des dynasties de Soudras, de Vessiahs et *de Kchattryas bouddhistes*. Dans le Sud de l'Inde où le Bouddhisme ne pénétra que par une infiltration lente, peut-être à cause du nombre des Pariahs beaucoup plus considérable que dans le Nord [1] l'esprit révolutionnaire souffla sur les Pariahs eux-mêmes et inspira la protestation admirable, quoique impuissante de Tirouvallouver, le divin Pariah qui vivait, dit-on, au commencement de l'ère chrétienne à peu près vers l'époque du concile de Kachemir.

Nous avons vu qu'il régnait dans toute l'Inde, depuis et même avant le Bouddha, une grande activité intellectuelle. Des écoles de tout ordre et de tout degré étaient ouvertes partout Il y avait à Madouré, presque à l'extrémité Sud de l'Inde, un grand centre d'instruction, sorte d'université semblable aux établissements bouddhistes de Nalanda et autres lieux, sauf le célibat des professeurs.

---

[1] Bien qu'égalitaire en principe, le Bouddhisme ne paraît pas avoir jamais abordé la question de l'émancipation des Pariahs, esclaves de la glèbe depuis un temps immémorial dans le sud de l'Inde. Les Soudras eux-mêmes ne songeaient pas à les affranchir.

La divinité tutélaire et particulièrement adorée était Ganésa, le dieu des arts et de l'éloquence.

Pour être admis à suivre les cours, il fallait subir avec succès des épreuves très sévères, mais les règlements n'excluaient personne, pas même les Pariahs, sans doute on n'avait pas songé qu'aucun d'eux pût jamais se présenter.

Le nom de Vallouver qui signifie Gourou, enseigneur, indique que le fameux poète appartenait à une famille de Gourous Parias ; cela explique qu'il ait, dès l'enfance, reçu ainsi que sa sœur Avyar une instruction supérieure qui, jointe à son génie, lui permit de se présenter aux examens de l'Ecole de Maduré. La légende veut qu'il ait vécu avec Avyar dans la forêt, ayant pour demeure le creux d'un chêne ; et que là, seul, par la force de sa volonté et de son intelligence, il ait acquis toute la science nécessaire pour subir les épreuves.

Les examinateurs n'osant point l'exclure pour le motif avoué de sa qualité de Pariah, firent tout leur possible pour le rejeter ; mais ils furent obligés de lui rendre une éclatante justice et même de l'admettre parmi les maîtres. Sa sœur obtint peu après le même honneur. Elle a laissé des poésies tamoules à juste titre très estimées et des livres d'éducation qui furent adoptés comme classiques à l'usage de l'Ecole et qui sont restés célèbres.

Les morales de Tirouvallouver, poème que j'ai traduit en entier, est un des écrits les plus remarquables de l'Inde, pour la délicatesse des sentiments et la grâce des images, et surtout pour la sobriété. On dirait presque une œuvre grecque.

Ce poème (Poésies populaires du Sud de l'Inde, 1867 Marpion et Flammarion), résume toutes les théories qui couraient dans l'Inde sur les devoirs des diverses castes et sur la métaphysique, telles qu'on les trouve dans Manou et le chant du Bien-Heureux ; il paraît surtout s'être inspiré du Ramayana dont il reproduit les conseils et les préceptes concernant les rois ; on y trouve la justice, et la tendresse à un degré inconnu aux Brahmes ; je citerai pour exemple seulement ces vers. « Le mariage, sans l'amour est un corps sans âme ». « Le grahasta (père de famille) vertueux a plus de mérite que le religieux ».

Tirou Vallouver et sa sœur, furent comblés d'hommages

et de distinctions. Par des vers que l'on récite encore aujourd'hui, il s'efforça d'arracher ses frères déshérités à l'abjection et à l'oppression. Il commence par des plaintes au ciel et à la terre :

« Voyez, terre et ciel, voyez ce que nous sommes !

« Où sont les champs qui produisent pour nous le riz et les légumes ?

« Pas une tige de Sorgho, pas un brin d'herbe, pas une pétale de rose qui nous appartienne !

« Où sont les sources pures ou notre soif puisse s'étancher ? l'eau qui tombe des abreuvoirs dans le pas des bestiaux, voilà le breuvage permis au Pariah ! »

« Voyez terre et ciel, voyez ce que nous sommes !

« Les fauves ont leur repaire, les serpents au venin mortel leurs trous, les oiseaux leurs nids suspendus aux branches des arbres, l'homme des quatre Castes naît et meurt dans la maison de son père. Où donc le Pariah peut-il naître ? où donc peut-il mourir ? Voyez terre et ciel, voyez ce que nous sommes !

Puis il fit un appel aux Pariahs :

« Eveille-toi homme des Jungles !

« Toi qui depuis tant de siècles demeures inerte sous les coups d'une fatalité impitoyable.

« C'est pour toi que j'ai composé le livre des devoirs qui te montre la voie à suivre dans l'avenir.

« Enseigne à tes enfants à chanter ces strophes qui célèbrent la vertu, la justice et le mâle courage.

« Un sang plus chaud, plus généreux, gonflera leurs veines et fera bondir leurs cœurs.

« Eveille-toi, relève la tête, contemple le ciel et conquiers ta place au jour du brillant soleil. Vois, il luit pour tous les hommes de cœur.

« Secoue ta torpeur, unis-toi à tes frères et forme enfin un peuple viril et fort.

« Debout, debout, homme des jungles !

« Délivre de l'opprobre par tes efforts persévérants les générations qui naîtront de tes enfants ;

« Donne à tes fils des ancêtres glorieux dont ils soient fiers : que dans mille ans on célèbre encore tes vertus et ton héroïsme !

« Eveille-toi, homme des Jungles, et tu posséderas, comme les hommes des autres Castes, des villages, des maisons, des troupeaux ; et les beaux adolescents qui naîtront de toi seront libres de s'unir à de belles jeunes filles issues de ton sang régénéré.

« Eveille-toi, homme des Jungles ! Redresse toi !

« La vie aux joies pures t'attend ; viens donc la saluer en homme libre !

« Comme le tigre forcé dans son repaire, dresse-toi terrible contre tes ennemis séculaires. Saisis d'épouvante, ils reculeront comme le bourreau qui verrait la victime se relever du bûcher pour le frapper.

« Debout, debout donc, homme des Jungles. »

Mais probablement, alors comme aujourd'hui, les hommes des Jungles étaient les plus misérables et les plus faibles de l'Inde, dévorés par les fièvres et par les tigres, incapables de soutenir une lutte. L'eussent-ils pu, il leur aurait fallu pour les entraîner et les conduire un homme d'action, et Tirouvallouver n'était qu'un poète philosophe.

Dans sa générosité, il ne veut pas croire à leur impuissance ; il met sur lui-même toute la faute de la stérilité de son appel :

« Hélas ! je n'ai été qu'une brise odorante qui courbe à peine la cîme des grands bois ; tandis qu'il m'aurait fallu être l'ouragan qui renverse les forêts, bouleverse les mers, ruine les cités ; la foudre enfin qui ébranle la terre, allume l'incendie. »

Pendant que, dans le Sud de l'Inde, le brahmanisme avait en Tirouvallaver son interprète le plus éloquent et son expression la plus pure, la doctrine de la foi, c'est-à-dire du salut par la dévotion entendue comme pouvaient le faire les Hindous, était formulée dans le chant du Bien-Heureux, épisode ajouté sans doute au Mahabatala avec toute l'élévation qu'elle comportait et sans l'exclusivisme aveugle qu'elle a eue depuis. On reconnaît dans le poème l'influence du Bouddhisme par la divinisation du Bien et des œuvres charitables avec omission complète des Brahmes, et par l'admission à la béatitude des hommes de toute caste qui remplissent religieusement leurs devoirs de caste ou de métier.

Dans la régénération littéraire, philosophique et religieuse, les Brahmes adoptèrent les principes du Bouddhisme dont l'excellence et la popularité étaient incontestables, sauf à les fausser dans l'application et à laisser tomber en oubli tous ceux qui pouvaient gêner leurs intérêts ou diminuer leur prestige. On ne peut expliquer que par cette tactique la division actuelle des Soudras en Castes sans nombre, l'abjection des classes hors Caste et la superstition générale.

CHAPITRE III

LES PLUS ANCIENNES ÉCOLES BOUDDHISTES, ET LA DOCTRINE SUR LE VIDE

Après la mort de Kanishka, apparurent à Magdala, sous le roi Makhapadna, les deux frères Mondgaragomina et Chankara, tous deux simples Oupçakas (dévots) qui ont composé des hymnes à Bouddha conservées dans le Tandjour Thibétain, et ont fondé le fameux monastère de Nalanda, le représentant du Bouddhisme dans l'Inde centrale. Dans les commencements, on y enseigna l'Abidarmna ; il devint, dans la suite, le siège de prédilection du Makaïana (grand Véhicule).

A Makhapadna succéda Tchandanapala ; à celui-ci Chankara auquel Darnataka attribue une vie de 150 ans, sans doute parce que plusieurs rois se succédèrent sous ce nom. Vers cette époque un Brahmane bouddhiste bâtit 108 temples dans la ville de Kchatinapouram et y attacha 108 professeurs du Vinaïa.

Sous Tchandanapala vécurent à Caketana le Biskou Mackaviraïa, à Bénarès Boudhadéva Vaïbachiste, à Kachemir Christataba Çaoutantrique, tous trois enseignèrent la doctrine des Çravakas.

Les Vaïbachiques eurent quatre grands docteurs : Dharmatrata, Oudgrana, Vaçoumitra et Bouddhadéva. Leurs principaux livres canoniques sont le Rosaire des trois mélanges et la Centurie d'Oupadana, composition qui ne nous est point parvenue.

Comme les premières sectes Bouddhistes ont fini par adopter une partie des opinions des dernières et comme ce sont celles-ci principalement qui ont eu des écrivains, l'histoire des premières écoles et même des premires temps du Bouddhisme et des luttes entre écoles nous est parvenue presque exclusivement par les livres des dernières écoles. Elles ont altéré beaucoup les traditions des premières, pour dissimuler les additions faites à la doctrine, pour ne point reconnaître comme leurs maîtres des personnages que les Çravakas ont qualifiés originairement d'hérétiques, pour s'attribuer à eux-mêmes des maîtres éminents qui, en réalité, ont appartenu à leurs adversaires, pour faire remonter à Bouddha lui-même les œuvres de leur école. Elles ont aussi passé sous silence des époques et des rois contraires à la foi, enfin elles ont commis des erreurs et des confusions pour composer des légendes plus intéressantes ; telle est, par exemple, la réunion de plusieurs personnages en un seul comme les deux rois Açokas, les trois rois Chankara, les Madiantika, les Nagardjuna etc.

Les écrits du Grand Véhicule reproduisent les reproches que les Çravakas adressaient aux Mahaianistes [1] (partisans du Grand Véhicule), au sujet de l'altération par eux des doctrines primitives. (Mahaiana, Grand Véhicule).

« Les premiers Çravakas », disaient-ils, « n'ont reconnu ni l'alaia, ni les aveuglements de l'âme, ni le non-moi de la nature, ni l'existence des trois corps du Bouddha, ni les dix puissances. »

Ils ajoutaient : « Le Grand Véhicule n'a pas été prononcé par Bouddha, puisqu'il n'est pas contenu dans les trois Pitakas des Chravakas [2] ; cette doctrine montre un autre chemin de la délivrance en proposant comme moyens d'expiation des péchés, la lecture des daranis, (mantrans), le bain dans le Gange [3] etc., en rejetant, comme le

---

[1] Nous avons ici les expressions de Hinianisme (Hina petit iana, véhicule ou chemin équivalent de Mégas, chemins de la perfection) et Mahaianisme (Maha grand) pour désigner le petit et le grand Véhicule.

[2] Cette observation fait voir que les trois Pitakas étaient arrêtés au temps du roi Açoka et même, au moins, en partie au premier concile, puisque les Çravakas sont les plus anciens bouddhistes.

[3] Cette expiation qui aujourd'hui n'est plus admise par aucun bouddhiste et qui l'était alors par le grand Véhicule, prouve à quel point le Brahmanisme avait infecté le Bouddhisme.

Vedanta, les causes et les effets (les 12 Nidanas) la croyance aux quatre vérités sublimes et en professant comme le Lokaiata [1] que tout est vide.

« Les livres du Mahaiana, quand même ils auraient appartenu aux dix-huit écoles, ne doivent pas être pris comme la parole du Bouddha parce qu'ils n'ont été connus ni dans la première collection des livres bouddhiques (sans doute celle du 1ᵉʳ concile conservée sur feuilles de palmier et par mémoire), ni dans les dernières (concile d'Açoka pour tous les Bouddhistes, de Kanishka pour ceux du Nord).

« Le dogme des Makhaianistes sur l'éternité du Çambogakaia (le corps de la béatitude), appelé le corps du Bouddha est en contradiction avec le principe professé par Bouddha que, *ce qui est composé n'est pas éternel;* la doctrine sur la vie fortunée des Bodhisattvas est en opposition avec l'idée fondamentale du maître que la douleur accable le monde.

« L'opinion que l'esprit du Tatagatha est lié à tont, et que le Vidjana est emprunté, n'est pas d'accord avec l'idée sur la non existence du moi, (opinion que les Mahianistes prêtent aux Çravakas, sans doute à tort, au moins en ce qui concerne l'école des Staviras la plus ancienne de toutes.)

« D'après la doctrine du Mahaiana, Bouddha n'est pas entièrement absorbé dans le Nirvana et il est prédit aux Arhats qu'ils deviendront un jour des Bouddhas [2]; mais cela est contraire à l'idée du repos absolu qui constitue le Nirvana, état final et suprême du Bouddha et des Arhats.

« En outre les Chravakas blâment les Mahianistes : d'interpréter et, par suite, de tolérer l'adoration des êtres ; d'accorder aux Bodhisattvas plus d'importance qu'au Bouddha lui-même ; de n'honorer Çakiamouni que comme une incarnation magique (c'est-à-dire temporaire) en admettant qu'il a été, tout d'abord et sans préparation un Bouddha ; de mettre la contemplation perpétuelle sans

---

[1] On donne aujourd'hui ce nom à une Ecole complètement sceptique et matérialiste. (Voir Monier Villiams Hinduism page 224).

[2] On voit par là que ce privilège n'a point été attaché par Bouddha à la qualité d'Arhat.

les œuvres, au-dessus de la causalité et de la moralité ; de croire contrairement au dogme de la fructification inévitable des œuvres et de la théorie des causes et des effets, que les péchés et les démérites peuvent être annulés (doctrine brahmanique de l'épuration) de n'admettre point les quatre vérités comme une doctrine absolue et complète.

« Pour toutes ces nouveautés, les Mahaianistes, aux yeux des Çravakas, sont : *la race du démon qui ne veut que le mal et qui compose tous ces fatras pour tromper les sots.* »

Après avoir rapporté dans ces termes les objections de leurs adversaires, les Mahaianistes répondent :

« Notre doctrine, à cause de sa spécialité, a échappé aux collecteurs ordinaires des Soutras et n'a pu, pour cette raison, être exposée que par des Bodhisattyas tels que Çamatabaudra et autres ; les Rudiments se trouvent dans le *Grand statut*, livre de l'Ecole des Mahaçangikas (favorisée au concile d'Açoka) dont les deux sectes ont eu les Soutras du Pradjana paramita et les autres Sutras de la doctrine du Mahaiana écrits dans la langue des Prakrits. »

« Nous sommes Bouddhistes tout autant que les Çravakas puisque nous regardons Bouddha comme notre maître, et nous ne nous écartons pas de la théorie des quatre vérités sublimes, nous admettons les seize vues des Çravakas sur la causalité comme vérité subjective ; mais la métaphysique et le surnaturel ne permettent point de se limiter aux idées sur la douleur ; les Çravakas eux-mêmes admettent, qu'à côté de la vérité subjective, il y a une vérité transcendentale ; l'apparition magique du Bouddha et la théorie de ses trois corps sont indispensables pour expliquer les miracles que les Çravakas eux-mêmes attribuent à Bouddha dans sa vie historique ; comment aurait-il pu les opérer, s'il n'avait été qu'un simple mortel ? »

La doctrine sur le vide.

D'après M. Hogson, les Svabhavikas, la plus ancienne des quatre grandes écoles philosophiques que compte le Népaul, ne reconnaissent comme réellement existant que la nature conçue comme l'absolu et à laquelle ils attribuent des énergies au nombre desquelles se trouve non seulement l'activité, mais encore l'intelligence. La nature est éternelle ainsi que ses énergies. Elle a deux modes, celui de Pravritti ou de l'existence et celui de Nivritti ou de la cessation, du repos. Les pouvoirs de la Nature sont dans leur condition propre, à l'état de Nivritti ; ils prennent leur forme animée et matérielle dans l'état de Pravritti dans lequel la Nature entre spontanément et non par la volonté ni l'action d'un être différent d'elle. La création et la destruction de l'Univers sont l'effet de la succession éternelle des deux états de la nature et non celui de la volonté d'un créateur qui n'existe pas. A l'état de Pravritti ou d'activité appartiennent les formes matérielles de la nature ; elles sont passagères comme les autres phénomènes au milieu desquels elles apparaissent. Ses formes animées, au contraire, formes dont la plus élevée est l'homme, sont jugées capables de parvenir par elles-mêmes, par leurs propres efforts à l'état de Nivritti ou Neibhan, c'est-à-dire qu'elles peuvent s'affranchir de reparaître au milieu des phénomènes passagers de la Pravritti.

Arrivés à ce point les Svabhavikas se divisent ; les uns admettent que les âmes qui ont atteint le Nivritti y conservent le sentiment de leur personalité et ont conscience du repos dont ils jouissent éternellement.

Selon toute probabilité, la doctrine des Svabhavikas avec cette conclusion a été l'enseignement métaphysique de Bouddha lui-même, car il a les plus grands rapports avec la Sankya, quoiqu'il ne soit pas identique.

Les autres Svabhavikas croient que, pour l'homme, le Nivritti est le néant absolu. (Ils considèrent le néant comme un bien, comme la délivrance) [1].

Ils disent :

1° Le vide est l'état élémentaire de tous les *êtres*, l'universel milieu et *mode* de l'entité première dans un état d'abstraction de toute forme spécifique et il est digne de remarque que parmi les premiers principes ou êtres est admise l'intelligence [2].

---

[1] Exposées en ces termes ces deux conceptions de la Nivritti paraissent comprendre chacune le Nirvana comme partie intégrante.
[2] Par là il faut entendre la faculté de comprendre et d'apprendre, mais non la raison, la combinaison des rapports.

Ils affirment par là que le vide est la fin nécessaire ou la partie éternelle du système de la nature, quoique séparé de la conscience de soi-même ou personnalité.

2° Quand le monde plongé dans le vide sort de nouveau de cet état d'abstraction, les êtres qui ne sont pas encore arrivés au Nirvana complet, continuent à exister, tandis que les autres demeurent dans le vide, dans l'Absolu.

Voici comment M. Hogson, l'éminent Indianiste auquel nous devons la collection des livres bouddhistes du Népaul, interprète le mot *Counyata* (le vide) :

« Il y a 18 espèces de vide (ce n'est donc pas le néant qui est unique dans sa négation). Je le comprends comme l'espace en général. Dans le sens transcendantal des Bouddhistes, il signifie non seulement l'universel *ubi*, mais encore le *modus existendi* de toutes choses dans l'état de repos et d'abstraction en dehors des phénomènes de l'être. Les Bouddhistes ont éternisé la nature dans cet état. L'énergie de la nature existe toujours, mais ne s'exprime pas toujours et quand elle ne s'exerce pas, elle est considérée comme vide de toutes les qualités périssables [1].

La plupart des Bouddhistes croient pour différentes raisons, comme les Védantins, que tous les phénomènes sont purement illusoires. Les phénomènes des Védantins sont de pures énergies de Dieu, ceux des Bouddhistes sont de pures énergies de la Nature déifiée et substituée à Dieu (philosophie du Sankya.)

Dans le monde sujet au changement, toutes les choses et tous les êtres qui sont également périssables, faux comme un rêve, trompeurs comme un mirage, procèdent selon les Bouddhistes de la Nature, selon les Védantins de Dieu (Iswara). On a dit, à cause de cela, que la nature et Dieu ne sont qu'une seule et même chose, différant seulement par le nom ; ce qui revient à dire que Athéisme et Panthéisme se confondent.

A la dissolution générale de toutes choses, les 4 éléments seront absorbés en Counyata Akaça (l'espace pur) dans cet ordre : La terre dans l'eau (le solide deviendra

---

[1] Cette théorie me paraît être une confusion de la conception géométrique de l'espace avec la conception métaphysique d'une essence universelle.

liquide), l'eau dans le feu (le liquide deviendra fluide) l'air dans l'Akaça éther, (le fluide deviendra impondérable), l'Akaça dans la Counyata (la vacuité) la Counyata dans le Tathata (qualité d'être ainsi, sans doute l'essence), le Tathata en Bouddha, Bouddha en Bavahma (ce qui existe, la substance) et Bahvana en Svabahva (la nature, la substance universelle) [1].

« Je n'interprète pas la Counyata (vacuité, le vide) des bouddhistes, en général *l'annihilation, le néant,* mais plutôt cette atténuation extrême et presque infinie qu'ils attribuent aux pouvoirs matériels des forces à l'état de Nivritti, où l'abstraction de toutes les formes palpables qui composent le monde sensible ou Pravritti.

« En montrant la liaison de la Counyata (vacuité) avec les éléments les plus palpables dans l'évolution et la révolution de la Pravritti, on peut voir clairement que Counyata est le milieu (ubi) et le mode de l'entité première dans le dernier et le plus élevé des états d'abstraction en dehors des modifications particulières, telles que celles dont nos sens et notre entendement ont connaissance. »

Il faut bien se garder de comprendre dans la Counyata ainsi définie l'état de Nirvana. D'après l'enseignement de Bouddha comme nous l'avons vu et, d'après le petit Véhicule, c'est l'omni-science passive ; d'après le grand Véhicule, c'est un état d'activité ; toujours il y a une individualité avec attributs fermes et distincts. C'est ce qu'exprime le Paranirvana Soutra dans les deux passages suivants :

« La délivrance complète est en possession d'une essence solide, comme par exemple les bois de Khadira, de Sandal et d'Agarou, qui, par nature, sont solides ; la délivrance complète est semblable à eux par nature solide et durable. »

« La délivrance ne doit pas être appelée chose légère. Ainsi, par exemple, le bambou et le calame étant vides au dedans sont des choses légères. Telle n'est pas la délivrance complète ; c'est pourquoi il faut savoir que la qualité de délivrance complète, c'est le Tathâgata. »

Ainsi défini, le Nirvana peut encore être compris dans

---

[1] Cette substance universelle ne peut être que la Prakrite de la sankya.

la Nivritti telle qu'elle est définie par la première école des Svabhavikas.

La confusion originelle de la nature ou virtualité de tous les êtres avec celles du Bouddha Tathâgata et leur confusion définitive après ou par le Nirvana paraissent être le fonds, la conclusion des sectes bouddhistes de plus en plus avancées et leurs différences doctrinales semblent porter sur le plus ou moins grand nombre de qualités qu'elles empruntent à la Nivritti et à Pravritti dans leur conception de la nature des êtres et du Bouddha et de l'action des énergies de ces natures.

Le développement des Écoles Bouddhistes de la Chine et du Japon toutes issues du Népaul paraît avoir eu pour point de départ commun la théorie de la Nivritti et de la Pravritti telle qu'elle vient d'être donnée. Toutes paraissent s'en être inspirées, dans des proportions et avec des additions et réductions diverses sur l'essence universelle du ou des Bouddhas, sous les noms de Butha Tathâgata, de Mahavairocana, et de Darmadhatu. L'histoire de ces écoles est le complément obligé de celle des Écoles du Népaul, de même que la connaissance et le rapprochement de celles-ci sont indispensables pour comprendre le Bouddhisme de la Chine et du Japon.

CHAPITRE IV

LE GRAND VÉHICULE

Le point de départ du Makaiana, c'est la doctrine sur le vide déduite de l'idée fondamentale du Bouddhisme, la concrétion de tout ce qui existe. L'idée sur le vide est une conception à la fois subjective et transcendentale ; et c'est en lui attribuant ce double caractère qu'on est arrivé à ces antithèses qui, au fond, ne sont que des subtilités de langage et des oppositions de mots. S'il ne fallait pas respecter le vocabulaire bouddhiste, nous substituerions au mot vide celui d'espace, considéré comme embrassant tout, corps et esprits. (Pour mieux comprendre, le lecteur pourra faire mentalement cette substitution).

Le vide des Bouddhistes est ce que nous retrouvons séparément dans chaque sujet comme quelque chose qui existe par soi-même, qui est primordial, permanent, indépendant de la forme, Cette chose à la fois est et n'est pas. D'une part c'est un être séparé de tout phénomène, sans manifestation, sans changement par conséquent sans aucun des modes de l'existence, la négation de l'existence. D'un autre part, c'est l'être abstrait et réel qui existe en tout sans être renfermé dans quelque chose (l'espace géométrique ou bien la virtualité universelle) et qui embrasse tout en soi quoiqu'il n'enferme rien ; en un mot, c'est le sujet dont on fait un objet ; c'est ce qui ne se représente pas dans l'esprit par une image ou un souvenir ; c'est la substance pure, l'essence immatérielle qui ne peut ni exercer une attraction ni inspirer un élan. « Rien n'a d'être ; la forme n'est pas le vide, le vide de la forme n'est pas la forme ; mais la forme n'est point séparée du vide et le vide n'est point séparé de la forme, et ainsi la forme est le vide et le vide est la forme. Tels sont absolument tous les objets » (Grand Paramita Chinois chapitre IX traduction de Vasselief).

La doctrine sur le vide prend le nom de Pradjana Paramita, la sagesse qui s'est transportée sur le rivage, opposé au Cançara (monde de l'illusion). Dans ce sens, l'instrument se confond avec le moyen, le vide n'est plus conçu seulement comme l'absolu. La théorie du vide, sa compréhension, sa possession, deviennent la sagesse, la fin et le guide de nos actes, de notre conduite. Ce qui fait dire :

« Tous les sujets qui font partie de la doctrine des Çrawakas, les Chandas, les 4 vérités, les 37 membres de la Bodhi (les 37 articles), les Çravakas, les Crotopanna, les Agamina, les Arrahts, les Pratéika, les Paramitas même n'existent pas, sont vides — d'un autre côté, en conséquence de ce même vide, devenus objets, ils existent. En un mot tous les contraires s'unissent et coexistent ; ils forment deux à deux une identité affirmative et négative ; en d'autres termes, la négation et l'affirmation se confondent dans une identité. »

« Dans aucun objet, il n'y a ni existence, ni non existence ; rien n'appartient à l'éternité ni à la non éternité — ni à la souffrance ni à la satisfaction — ni au moi ni au non moi, ni au vide ni au non vide. Tous les objets qui sont sans marque (distinctive ou manifestation), ont une marque et ceux qui sont sans désignation ont une désignation (Grand Paramita Chinois, chapitre III). »

Les trois premiers Soutras du grand Paramita (Mahayana) professent que le vide pur et absolu est presque le même dans tout le monde intérieur et dans tous les sujets (de même que l'espace). Dans ce système, l'idée du vide substance, et de l'Alaia, l'âme éternelle sont intimement connexes, naissent et se déduisent l'une de l'autre. (Voir sur l'Alaïa la secte Hosso, Japon).

Par l'ignorance, l'Alaïa obscurcie roule dans le monde de la transmigration. Le but de la doctrine est de la faire retourner à sa pureté primitive. Le moyen est de ne donner accès à aucune conception qui admette une chose comme existante. Toute pensée de cette sorte appartient au Cançara, monde de l'illusion.

Le Mahaïana dit : « Si nous enchaînons l'activité de l'esprit, nous n'appartiendrons plus au Çançara ; affranchis de l'ignorance, nous revenons à la nature primitive. Tout est semblable à l'écho, à l'ombre, au mirage. Ainsi sont les formes passées et futures ; tout ce qui est du péché n'est pas du péché : tout ce qui est sali n'est pas sali. » (Grand Pâramita Chinois, chapitre XIV).

D'après cela on doit sortir du Cançara, non plus parce qu'il est le monde de la douleur, mais parce qu'il est le monde de l'aveuglement et de l'illusion.

Le Bouddhiste primitif se détache du monde matériel ambiant. Le Mahaïaniste va plus loin, il s'interdit de donner accès dans sa pensée à aucune idée sur les *objets intérieurs* aussi bien qu'extérieurs.

« Le manque de nature est la nature propre de tous. Tous les êtres sont séparés de leurs signes (propriétés, attributs) caractéristiques. Si on ne peut pénétrer la non-existence des objets, on est dans l'état de folie, et alors on ne peut suivre aucun des Yâna ou Véhicules. (Grand Pâramita Chinois chapitre X).

« La forme est privée de la nature propre de la forme. Il en est de même de la sensation, de l'idée, des concepts, de la connaissance qui sont tous privés de nature propre. De même la perfection de la sagesse est privée de nature propre, il en est ainsi de l'omniscience. (Veut-on dire seulement par là que ces choses ne sont point des entités ?). L'attribut lui-même est privé de la nature propre d'attribut. La nature propre elle-même est privée des attributs de la nature propre. » (Pradjana Paramita).

On fait dire à Bouddha :

« Le grand char des Bodhisattvas, le grand Véhicule, ressemble à l'espace ; il y a dedans de la place pour des êtres sans nombre et sans mesure. On n'en voit ni le départ, ni la station, ni l'arrivée ; on n'en aperçoit ni le commencement, ni le milieu, ni la fin. Il est égal aux trois époques de la durée. D'où sortira-t-il ? où s'arrêtera-t-il ?.. Comment le Bodhisattva revêtu de la grande cuirasse (la perfection de la sagesse) sera-t-il reconnu comme étant entré dans ce grand char ? Par quel moyen y est-il monté ? Qui sortira par ce grand char.

(L'expression de grand char signifie l'immensité.)

« Je réponds :

« Entré au moyen des perfections, il sortira de l'enceinte des trois mondes ; entré au moyen de ce qui n'est pas apparent, il s'arrêtera dans l'omniscience. — C'est le Bodhisattva qui sortira.

« Mais au fonds, il ne sortira de nulle part; il n'est entré par aucune cause ; il ne s'arrêtera nulle part. — Bien au contraire, il s'arrêtera dans l'omniscience de manière à ne s'arrêter réellement pas ; et personne n'est sorti, ni ne sort, ni ne sortira par ce grand char. Pourquoi cela ? c'est que celui qui sortirait et ce par quoi il sortirait, sont deux êtres qui ne se voient pas plus l'un que l'autre. Comme il n'existe ainsi aucun être, quel est celui qui sortirait et de quoi sortirait-il ?

Citons encore deux autres textes de la Paramita :

« Le nom de Bouddha n'est qu'un mot ; le nom de Bodhisattva, n'est qu'un mot ; le nom de la perfection de la sagesse n'est qu'un mot. Et ce nom est illimité, comme quand on dit : le moi ; car le moi est illimité puisqu'il n'a pas de terme.

« Bodhisattva et Pradja ne sont que des noms (Burnouf). Le nom ne se forme pas, ne s'anéantit pas ; il ne se trouve ni à l'intérieur ni à l'extérieur, parce qu'il ne peut tomber sous sa possession. Il en est absolument de même de tous les objets (c'est l'ancienne théorie des Nominaux au moyen âge). C'est dans ces noms, que le Bodhisattva est contraint de chercher son activité. Une fois persuadé que, dans tout, il n'y a rien, il peut accomplir les six Paramitas et tous les articles de la Bodhi.

D'après le Mahaiana, on ne doit pas faire de distinction entre les objets. — On ne doit pas avoir d'idée sur la différence (expression bouddhiste), parce que, absolument, il n'y a rien qui soit semblable ou différent.

Le point à atteindre, le culmen, c'est le rejet de tout raisonnement pour l'adoption des idées, c'est l'intuition, l'intelligence pure. Celle-ci ne s'obscurcit que par les raisonnements et par les réflexions subjectives. La renonciation intellectuelle, c'est la plus haute sagesse, la Bodhi, la sainteté par laquelle les Mahaianistes arrivent à remplacer le Nirvana comme but de la délivrance. Défendre accès à toute pensée c'est le moyen et le but (secte Sañron au Japon — Lao Tse en Chine.

Toutefois jusqu'à ce qu'on ait atteint la raison absolue,

l'affranchissement total de l'illusion, il faut agir subjectivement et conditionnellement sur le terrain de l'illusion (en prenant le monde comme réel) et suivre pour la sortie, les règles précédemment admises. C'est ainsi que les quatre vérités et les douze Nidanas deviennent les dogmes des six Paramitas. Celui qui aspire à la sortie doit s'armer de moralité, de patience, d'application, de contemplation et de sagesse. Le Hinaiana (Petit Ve^{le}) procédait par prohibition, par élimination, par renoncement; pour lui, le Nivarna était le summum de l'épuration. Le Mahiana procède au contraire par accroissement, par essai graduel ; il prescrit de s'embellir de toutes les perfections morales et intellectuelles. Outre le perfectionnement individuel, il introduit un autre côté de l'activité, qu'on peut appeler le Paramita de la charité. Les premiers Bouddhistes ne recevaient que l'indispensable pour leurs besoins et par conséquent ils ne donnaient rien. Ils ne s'occupaient que de leur salut personnel et, par une exception très rare, de devenir des Bouddhas. Le grand Véhicule développe les rapports des Bouddhistes non seulement avec la communauté, mais encore *avec tous les êtres vivants*. Il ne faut rien épargner pour eux ni sa fortune, ni sa vie. Dans les Suttras du grand Véhicule, les plus anciens personnages du Bouddhisme s'arrachent les yeux pour satisfaire la demande d'un étranger, se découpent le corps pour nourrir des vers etc. Il ne suffit pas de respecter la vie des animaux, il faut voir en eux des frères, des parents. (Et faba Pytagoræ cognata!)

Le Mahaiana ne se contente plus de la philantropie rationnelle, il prend pour drapeau l'amour et la compassion. Nous avons vu qu'il y avait dans le Bouddha deux faces : le Réformateur moraliste et l'apôtre de la compassion, au besoin martyr. Le mahaiana concentre tout dans celle-ci. Il donne au cœur, à la foi, nous pourrions dire à la charité, ce qu'il retire à la science et à l'inflexible rigueur de la loi morale, de la rétribution fatale des actes. C'était une évolution naturelle et dans le sens du progrès providentiel de l'altruisme dans le monde.

Le Bodhisattva dont le rôle primitif était si borné, devient dans le Mahaiana un être supérieur, avec une circonscription assignée dans les mondes, et qui, de là, se transporte de monde en monde pour écouter la doctrine ou pour servir d'intermédiaire entre les différents Boudhas etc.

Les Hinianistes les plus avancés avaient admis, ou du moins on leur attribue d'avoir admis le Nirvana avec un reste (voir au chapitre suivant le Lotus de la bonne Loi). Le Mahaïana imagina le Nirmakaïa (incarnation magique) c'est-à-dire le corps dans lequel reste le Bodisattva et où il acquiert l'état de Bouddha par l'effet et comme récompense de l'accomplissement des 6 paramitas. Pendant un temps assez court, il les explique au monde et enseigne les yanas (chemins).

La théorie du Cambogakaya (corps de la béatitude) est née vraisemblablement chez les Yogatcheria qui ont dégagé, autant que des Indiens pouvaient le faire, la notion de l'âme, l'Alaïa des Ecoles anciennes. C'est une individualité qui recueille et développe le fruit de l'accomplissement des trois conditions du perfectionnement.

Le mahaianisme développe la personnalité du Bouddha ; tout en lui prêtant un calme, un repos éternel. Il décrit sa nature, ses qualités, ses vertus ; il lui attribue quelque chose de semblable aux Schandas, c'est-à-dire un corps. N'osant pas implorer Çakyamouni, à cause de la tradition de son inertie définitive dans le Nirvana, les Boudhistes du Grand Véhicule invoquent les Bouddhas de l'autre monde, multiplient les rédempteurs, les intercesseurs etc. tendance naturelle à toutes les religions.

Le Bouddha existant par lui-même et éternel, n'est autre que Dharmakaia, la Loi, la Morale ou Çvabavakaïa, la nature, l'abstrait, l'absolu (du Sankya).

Partant de la notion du vide, on a pu élargir l'existence du Bouddha ; avec le progrès des temps et celui des systèmes Indiens, on a pu personnifier tout en lui, comme les Brahmanes l'avaient fait dans Brahma, de là les Yogatcheria et le mysticisme.

On a d'abord imaginé les contrées pures des autres mondes qui ne sont peuplées que de Bouddhas et de Bodhisattvas, le monde sans forme etc.

C'est ainsi que commencèrent les deux écoles les plus avancées du Mahayana : les Yogatcharia disciples d'Ariaçanga, et les Madéiamika ; les deux, par leur réunion, sinon par leur fusion, formèrent le Grand Véhicule contemplatif.

En outre tous les travaux de la Mahaïana s'imprégnèrent de Mysticisme ; par ce mot, il faut, dans l'Inde, entendre une véritable physique ou médecine religieuse, comprenant l'astrologie, les conjurations, la guérison des maladies. — C'est là une corruption du Bouddhisme contre laquelle protestent les Bouddhistes éclairés. Les Sutras admis à Ceylan comme représentant l'authentique prédication de Bouddha, principalement le Sammanaphala Suttra blâment fortement ces pratiques et les interdisent aux religieux Bouddhistes et aux Brahmanes.

Le grand Véhicule admet les laïques au Nirvana, ce que ne faisait pas le petit Véhicule.

Dans la Ratanouta (collection précieuse), on lit :

Chap. XIX. — Il y a deux espèces de Bodhisattvas, (aspirants à la Bodhi) les uns vivant à la maison, les autres retirés du monde. Les Bodhisattva du monde sont ceux qui ont recours aux trois réparations, qui ont fait les vœux des Oupçakas, qui sont généreux dans les aumônes, qui ont du dégoût pour la vie du monde, qui se repentent de leurs péchés, qui obéissent aux exhortations.

Les Bodisattvas qui ont renoncé au monde (les religieux) se distinguent par la moralité, par l'observation des vœux religieux, par la contemplation et l'intelligence. Le Bodhisattva peut aussi dans l'état laïque posséder ces qualités que beaucoup de religieux ne possèdent pas.

Chap. XXIV. — Le vinaia des Bodhisattvas (par conséquent du grand Véhicule) est différent de celui des Çravakas ; il admet, le repentir et l'annulation des péchés en présence des trente-cinq Bouddhas (que l'on verra à l'histoire du Bouddhisme Tibétain).

(Le dernier alinéa est une altération évidente du principe primitif de la rétribution fatale et inévitable des œuvres).

Le Bouddha quitte à son gré le repos du Nirvana pour venir enseigner en prenant la forme qu'il lui plaît de choisir dans chaque occasion. Il reste dans cet état de « Nirvana avec un reste » pendant des temps incalculables, puis il atteint le Nirvana complet, et alors il ne donne plus l'enseignement qu'aux Bodhisattvas surnaturels dans les mondes en dehors de la transmigration.

Le dogme des Bouddhas de l'avenir, ou Messies se développe pleinement dans le grand Véhicule.

Quiconque atteint le Nirvana devient un Bouddha. De là un nombre infini de Bouddhas et de Bodhisattvas habitant des mondes en nombre infini. La maitreya Bouddha, le futur Bouddha de l'amour qui doit venir dans le notre monde 5000 après le Bouddha actuel, prend dans grand Véhicule, de plus en plus, ainsi que les autres Bouddhas, le caractère de rédempteur, tandis que la conception primitive était celle de gourou, de sage éclairant et moralisant.

Après le Maitréya, apparaissent dans le grand Véhicule Mandjoukri, Avalokitswara et Vadshadara, la trinité des Bodhisattvas. Le premier est la personnification de la sagesse et de la science. Avalokiteswara est le bienfaiteur empressé, le protecteur miséricordieux et le conservateur du monde et des hommes; une sorte de providence pour tous. La terminaison Swara indique une conception brahmano-théistique, concession évidente aux opinions Sivaïstes.

Vers l'an 450 de l'ère Bouddhiste, Mandjoukri prêcha dans l'Himmalaya à 500 Ritchis, 12 espèces de Soutras. Toutes les écoles le regardent comme ayant pris part à la propagation du Mahaïana et, en général, à l'organisation de cette école, ce qui n'est pas en contradiction avec la date rapportée ci-dessus. Le sud de l'Inde et le nord contribuèrent à cette organisation, ou du moins la reconnurent, car le couvent de Nalanda était un foyer commun où convergeait et d'où rayonnait la science de toute l'Inde bouddhique. Il en fut tout autrement des développements extrêmes du grand Véhicule. Le partage des Mahaïyanistes en Yogatcheria et Madéïamikas est inconnu aux contrées qui reçurent le Bouddhisme dans les 10 premiers siècles après le Bouddha, comme la Chine, la Birmanie et Ceylan.

CHAPITRE V

LES SUTRAS DÉVELOPPÉS, LE LOTUS DE LA BONNE LOI

Pour élucider tout ce qui précède sur les trois Véhicules, nous allons donner, d'après Mr Foucault, l'analyse du Lotus de la bonne Loi. Ce Sutra qui met d'accord toute la doctrine est évidemment une œuvre de conciliation préparée sans doute par un concile ou sous son inspiration. Son objectif est de rallier tous les Bouddhistes à une Loi commune appelée le Véhicule des Bouddhas et qui n'est autre que le Grand Véhicule présenté comme le complément nécessaire des deux autres Véhicules. Il admet toutes les croyances, même celle à la Magie.

On l'a fait remonter au Bouddha suivant l'usage. Sous le nom de Nénuphar blanc c'est le Sutra le plus populaire en Chine, une sorte de Catéchisme.

Il nous fait voir les procédés à l'aide desquels les Bouddhistes rattachaient au Bouddha les doctrines souvent les plus opposées à son enseignement.

Il nous montre aussi le changement du caractère de la littérature bouddhique à mesure du développement de la religion. Brillante encore de poésie et de Mythologie dans le Lalita Vistara, elle devient presque exclusivement scholastique et Métaphysique dans le Lotus de la bonne Loi ; la spiritualité, la spéculation y dominent. En dehors des problèmes agités et qui intéressaient presque exclusivement les religieux et les Oupsakas, nul attrait, nul charme. Des longueurs et des répétitions interminables ; L'étendue considérée comme le mérite principal d'un écrit. Ces défauts du Lotus de la bonne Loi s'aggravent prodigieusement dans les Sutras postérieurs.

Décourageants par leur volume, fatigants par leur subtilité stérile, ils ne pouvaient plaire qu'à des religieux se livrant avec ardeur à des luttes d'Ecoles. Ils ont cessé d'être lus, même par les religieux, dès que les polémiques ont pris fin.

On conçoit que tout ce qui, dans l'Inde, n'appartenait pas au corps religieux, se soit ennuyé du Bouddhisme et ait fait retour aux Brahmes.

Nous allons passer en revue tous les chapitres du Lotus de la bonne Loi en les abrégeant le plus possible et en éloignant tout ce qui n'est pas indispensable pour donner du Soutra une idée suffisante.

LE LOTUS DE LA BONNE LOI[1]

Chapitre I. — L'assemblée

Les religieux et les religieuses; les fidèles des deux sexes; les Devas, les Nagas, les Yakhas, les Gandarvas, les Assuras, les Garudas, les Kinnaras, les Maharajas [2], les hommes et les êtres appartenant à l'espèce humaine qui se trouvent dans cette assemblée, ainsi que les rois Mandalins, Balatchavatravertins et Kravartins), tous avec leur suite, tous ont les yeux fixés sur Baghavat, remplis d'admiration et de satisfaction.

Un rayon de lumière sorti du cercle de poils qui occupe l'intervalle entre les sourcils de Bhagavat, illumine les 18,000 terres des Buddhas situées à l'Orient jusqu'au grand enfer Avitchi et jusqu'aux limites de l'existence. Alors le Bodhisattva Maitréya demande, dans 56 stances, la cause de ce prodige à Mandjukri devenu Kumara; celui-ci lui répond, en 100 stances, que Baghavat veut expliquer la loi par un Sutra appelé le Lotus de la bonne Loi.

Chapitre II. — L'habileté dans l'emploi des moyens.

La bonne Loi n'est pas du domaine du raisonnement; elle

---

[1] Nous traduisons ici comme on l'a fait jusqu'aujourd'hui le mot dharma par loi, le mot *doctrine* serait plus juste.
[2] Remarquons le rang qu'occupent ici les divinités inférieures de l'Hindouïsme entre les fidèles bonddhistes et les

doit être connue, par le moyen du Tathâgata. — Les Tathâgatas passés, présents et futurs, dans les mondes innombrables, ont la même mission. Un Tathâgata enseigne la Loi aux créatures en commençant par un moyen de transport unique, le Véhicule des Bouddhas ; il n'y pas un second, un troisième Véhicule. Les Tathâgatas, après avoir reconnu les dispositions et les inclinations variées des créatures diverses, ont enseigné la loi qui est universelle pour le monde entier par l'habile emploi des moyens, tels que démonstrations, instructions de diverses sortes, raisons, motifs, comparaisons, arguments faits pour convaincre, interprétations variées.

Les êtres qui entendent ou entendront la Loi de la bouche d'un Tathagata entreront tous en possession de l'Etat suprême de Bouddha parfait, accompli.

Cependant, quand les Tathâgatas naissent à l'époque (la seconde moitié) d'un Kalpa pendant laquelle dégénèrent les Êtres, ils savent, par l'habile emploi des moyens, désigner sous le nom de triple Véhicule, ce seul et unique Véhicule des Bouddhas. Les Çravakas, les Arhats, les Pratyéka buddhas qui ne comprennent pas cette œuvre des Bouddhas, doivent renoncer à porter ces titres. Quand ils ont entendu un Tathagata, ils ne doivent pas se contenter du Nirvana et renoncer à devenir des Bouddhas. Ils ne peuvent différer cette aspiration que quand il n'y a pas sur la terre de Tathâgata pour les prêcher. Mais alors ce n'est qu'un ajournement ; un Tathâgata viendra qui dissipera leurs doutes au moyen du Véhicule unique, le Véhicule des Bouddhas.

Chapitre III. — La parabole

Les trois Véhicules sont des moyens d'entraînement des hommes dans le bon chemin, proportionnés à leur force et à leur faiblesse ; les récompenses promises sont de natures di-

hommes (non bouddhistes). Dans les Devas on compte : Mahaa Brahma, mais simplement comme le régent du Brahmaloka et Çâkra, (Indra) le déva qui paraît le plus souvent dans les légendes bouddhiques ; il y est représenté plutôt comme le serviteur des fidèles que comme l'objet de leur adoration et de leurs prières. C'est à ce titre également que les Dévas sont honorés et invoqués généralement à Ceylan et en Birmanie ; ce sont des déités bienveillantes, mais d'un faible pouvoir.

verses, inférieure, moyenne et supérieure. La fin est une pour tous et c'est la récompense supérieure.

Un père a des enfants en grand nombre réunis dans une maison incendiée ; il veut les en faire sortir au plus vite. Il promet à chacun en récompense de son obéissance, les jouets qu'il sait les plus désirés de lui, par exemple aux uns des chars traînés par des bœufs, à d'autres des chars attelés de chèvres, enfin aux plus légers de caractère des chars tirés par des Antilopes. Quand ils sont sortis et hors de danger, il donne à tous les mêmes chars, tout ce qu'il y a de plus beau et de plus précieux, traînés par des attelages de bœufs superbes. Tous reçoivent ce que le père a jugé avoir le plus de valeur, bien que cette valeur ne fût pas appréciée par tous lorsqu'ils étaient dans la maison embrasée ; elle le sera sans doute lorsqu'ils en seront sortis.

Les premiers chars promis figurent le Véhicule des Çravakas, les seconds celui des Pratyékas bouddhas, les derniers celui des Bodhisattvas.

Il en est qui, désirant suivre les leçons orales d'un maître afin d'arriver au Nirvana complet pour eux-mêmes, s'appliquent à l'enseignement du Tathagata afin de connaître les quatre vérités des Aryas ; on dit d'eux qu'ils désirent le Véhicule des Çravakas (petit Véhicule).

D'autres ayant le même objectif, désirent la science qui s'acquiert sans maître, la quiétude et l'empire sur eux-mêmes ; ils s'appliquent à l'enseignement du Tathagata afin de comprendre les causes et les effets ; on dit d'eux qu'ils désirent le véhicule des Pratyéka Bouddhas (moyen véhicule), les nidanas.

D'autres enfin, désirent la science de celui qui sait tout, la science du Bouddha existant par lui-même, la science que ne donne pas un maître, pour le bonheur et l'avantage d'un grand nombre d'êtres, par compassion pour le monde ; pour le profit, l'avantage et le bonheur de la grande Réunion des êtres, Devas et hommes, pour faire parvenir au Nirvana complet tous les êtres vivants, ils s'appliquent à l'enseignement du Tathagata. — On dit d'eux qu'ils s'attachent au grand Véhicule ; ils sortent de la réunion des trois mondes ; pour cette raison, ils sont appelés Bodhisattvas Mahasattvas (grands savants).

La Tathagata, quand il voit ces trois sortes d'êtres affranchis par l'enseignement du Tathagata et arrivés au bonheur du Nirvana se dit « ces êtres sont tous mes enfants » et il conduit au

Nirvana complet tous ces êtres à l'aide du Véhicule des Bouddhas au moyen du Nirvana du Tathagata, du grand Nirvana complet. Et à tous ces êtres qui sont délivrés de la réunion des trois mondes, il donne pour jouets agréables les plaisirs suprêmes, les plaisirs des Aryahs qui sont les contemplations, les affranchissements, la méditation, *l'acquisition de l'indifférence*, jouets qui sont tous de la même espèce.

Suivent 143 stances dont voici les plus remarquables :

83. Je mets en usage mon habileté dans l'emploi des moyens et je parle de trois Véhicules à mes enfants qui sont consumés dans la réunion des trois mondes et je leur indique un moyen propre à les en faire sortir.

84. Et à ceux de ces enfants qui sont réfugiés auprès de moi, qui possèdent le grand pouvoir de la triple science, qui sont en ce monde des Pratyéka Bouddhas ou des Bodisattvas, incapables de se détourner de leur but,

85. J'expose en ce moment au moyen d'une excellente parabole, le suprême, l'unique Véhicule du Bouddha : « acceptez-le (leur dis-je) vous deviendrez tous des Djinas.

86. (Je leur expose) aussi la science des Bouddhas, des meilleurs des hommes, cette science que rien ne surpasse dans le monde entier.

87. Ainsi que les forces, les contemplations, les diverses méditations ; c'est là le char excellent avec lequel se divertissent sans cesse les fils du Bouddha.

89. C'est là l'excellent char, le char précieux avec lequel les Bodhishatvas qui se jouent en ce monde et les Çravacas qui écoutent le Sugata parviennent ici bas à la pure essence de l'état de Bodhi.

90. Sache-le donc maintenant, ô Bienheureux : Il n'y a pas, en ce monde un second char ; il n'y a que l'emploi des moyens mis en œuvre par les meilleurs des hommes.

Chapitre IV. — Des inclinations

Ce chapitre est le développement de la même idée. Le Tathagata appelle les êtres à des états de plus en plus élevés à mesure qu'ils montent en perfection.

Il se termine par la Parabole de l'enfant prodigue. C'est celle de l'Evangile avec quelques différences que voici :

Le père ayant recouvré son fils ne se dévoile pas à lui ; il l'emploie pendant de longues années à diverses occupations sordides (enlever des ordures etc.) jusqu'à ce qu'il reconnaisse que, dans ces occupations, il n'a donné aucune marque de fausseté, de méchanceté, d'orgueil, d'égoïsme, d'ingratitude. Puis, sentant sa mort prochaine, il le déclare héritier de tous ses biens. — Cette fin a pour but de faire comprendre pourquoi le Bouddha a commencé par un enseignement d'un ordre inférieur.

Chapitre V. — Les plantes médicinales

Même idée développée par la Parabole d'un aveugle de naissance dont on guérirait par degrés la cécité au moyen de quatre plantes médicinales :

La première possède *toutes les saveurs et toutes les couleurs* ;
La seconde délivre de toutes les maladies ;
La troisième neutralise tous les poisons ;
La quatrième procure le bien être dans quelque situation que l'on soit.

82. Stances dont nous citerons seulement les suivantes :

61. De même que le médecin qui guérit l'aveugle de naissance, habile dans l'emploi des moyens, le précepteur (du monde) expose la bonne loi ; il enseigne l'état suprême de Boddhi à celui qui est entré dans le premier des Véhicules.

62. Il expose une science moyenne à celui qui n'a qu'une moyenne sagesse ; il enseigne un autre état de Bodhi à celui qui est épouvanté par la transmigration [1].

63. Le Çravaka intelligent qui est sorti de l'enceinte des trois mondes [2] se dit alors : « J'ai atteint le Nirvana ».

Ce n'est cependant que par la connaissance de toutes les lois que s'acquiert le Nirvana immortel.

64. Mais c'est alors comme quand les grands Ritchis, dans leur compassion pour l'aveugle, lui disent : « Tu es un insensé, ne crois pas avoir acquis la science.

65. Car quand tu es assis dans ta maison, tu ne peux, à cause de la faiblesse de ton intelligence, connaître ce qui se passe au dehors.

---

[1] On conçoit, d'après cet alinéa, comment les Chinois, bien que rebelles presque tous à l'idée de transmigration, ont pu être convertis au Bouddhisme et y rester attachés jusqu'aujourd'hui.

[2] Les trois mondes des êtres sujets à la transmigration.

71. Si tu désires l'omniscience, mets-toi en possession des connaissances surnaturelles, et, pour les obtenir, médite, retiré dans le désert, sur la loi qui est pure.

78, 79. Celui qui reconnaît que la nature propre de toutes les lois est celle d'un songe, connaît le Nirvana qui n'est ni enchaîné, ni affranchi.

80. Il sait que toutes les lois sont égales, vides, indivisibles, sans essence ; il ne les contemple pas et n'aperçoit même aucune loi.

81. Doué d'une grande sagesse, il voit le corps de la loi d'une manière complète ; il n'existe en aucune façon trois véhicules ; il n'y en a au contraire qu'un seul en ce monde.

82. Toutes les trois sont égales, et, en cette qualité, elles sont perpétuellement uniformes ; celui qui connaît cette vérité connaît l'immortel et fortuné Nirvana.

Chapitre VI. — Les prédictions

Baghavat annonce aux Religieux que Kacyapa, Subhuti, Katyayana, Mahamaugdalyayana deviendront des Bouddhas.

Chapitre VII. — L'ancienne application

Détails presque mythologiques sur les Brahmas, les Bodhisatthwas etc.

Chapitre VIII. — Prédiction relative aux cinq cent religieux

Cinq cents Arhats qui ont entendu le présent Sutra deviendront des Bouddhas.

Chapitre IX. — Prédiction relative a Amanda, a Rahoula et aux 2.000 religieux

Ils deviendront tous des Bouddhas.

Chapitre X. — L'interprète de la loi (un bodhisathva).

Celui qui interprète ce Sutra doit être plus respecté que le Bouddha lui-même.

CHAPITRE XI. — APPARITION MIRACULEUSE D'UN STOUPA DE DIMENSIONS SURNATURELLES RENFERMANT LES RELIQUES DU TATHAGATA

Continuation de la glorification du présent Sutra.

CHAPITRE XII. — L'EFFORT

La tante de Gotama, la mère de Rahaula et 6.000 religieuses de l'Assemblée deviendront des Bouddhas après avoir passé par l'état de Bodhisattvas.

CHAPITRE XIII. — LA POSITION COMMODE

Les Bodhisattvas Mahasattvas qui auront, à la fin des temps dans la dernière période, à donner l'exposition de la loi, ne devront fréquenter ni un roi, ni personne de la cour, ni les hommes d'une autre secte, ni les ascètes, ni les mendiants errants, ni les nus, ni ceux qui sont occupés exclusivement de la lecture de poésies, ni les Lokayatikas qui lisent les Tantras de leur secte [1]. Le Bodhisattva accompli ne recherchera pas les religieux des deux sexes qui sont entrés dans le véhicule des Çravakas. Il considère toutes les lois comme vides etc.

Il ne prononce sur personne des paroles de blâme etc.

Enfin il a toutes les qualités de retenue de sagesse, de bienveillance et de charité.

CHAPITRE XIV. — APPARITION DES BODHISAATTVAS

Tout ce que l'imagination peut se figurer de plus exagéré.

CHAPITRE XV. — DURÉE DE LA VIE DU TATHAGATA

Ce chapitre expose le Nirvana avec un reste, contraire à celui admis dans les Sutras, en s'efforçant d'expliquer que Bouddha n'a pas dû avouer tout d'abord le Nirvana avec un reste. Baghavat dit aux Bodhisattvas Mahasattvas :

Il s'est écoulé un nombre incalculable d'années, depuis l'époque où je suis parvenu à l'état suprême de Bouddha parfaitement accompli. Depuis le moment où j'ai commencé à ensei-

---

[1] Condamnation des poètes brahmaniques et des Tantras. On voit que ces derniers récits n'avaient pas encore pénétré alors dans le Bouddhisme.

gner dans cet univers Saha et dans un nombre incalculable d'univers, beaucoup de Tathagathas vénérables (tels que le Tathagata Dipankara et d'autres dont j'ai parlé depuis cette époque pour faire connaître leur entrée dans le Nirvana complet) ont été miraculeusement introduits par moi dans l'exposition et l'enseignement de la loi par l'effet de l'habileté dans l'emploi des moyens dont je dispose.

Le Tathagata qui est depuis longtemps parvenu à l'état de Buddha parfait a une existence dont la durée est incommensurable. Le Tathagata qui, n'étant pas entré dans le Nirvana complet, subsiste toujours, parle du Nirvana complet, du Tathagata dans une intention de conversion. Il me reste un nombre incommensurable d'années pour atteindre le terme de mon existence, le Nirvana complet. Je n'en ai pas moins annoncé sur la terre que j'allais entrer dans le Nirvana complet quoique je ne doive pas y entrer encore. — Si je restais trop longtemps dans ce monde, les êtres qui sont privés de pureté en voyant sans cesse le Tathagata diraient : « Le Tathagata reste dans le monde » ; ils ne déploieraient pas leur énergie pour sortir de la réunion des trois mondes et ne concevraient pas que la pensée du Tathagata est difficile à rencontrer. — C'est pourquoi je leur dis : c'est une chose difficile à obtenir, ô religieux, que l'apparition des Tathagatas.

Bagavat justifie ensuite cette pieuse fraude par la comparaison suivante.

Un médecin rentrant chez lui trouve ses dix enfants empoisonnés par un même breuvage. Il leur présente à tous le même remède. La moitié le prennent et sont guéris ; l'autre moitié l'écartent avec répugnance et restent malades.

Le médecin les quitte et leur fait annoncer d'un pays lointain qu'il est mort. Les enfants rebelles se voyant sans protecteur et sans espoir de guérison, prennent le remède donné par leur père et sont guéris à leur tour.

Alors le médecin les sachant tous guéris se montre à eux tous.

C'est ainsi que je disparais de la surface de la terre pour me montrer ensuite aux mortels lorsqu'ils seront parvenus à la haute perfection des Bodhisathvas.

CHAPITRE XVI. — PROPORTION DES MÉRITES

Celui qui, après avoir entendu cette exposition de la durée

de la vie du Tathagata laquelle est une exposition de la loi, fera preuve de confiance, ne fût-ce, que par un seul acte de la pensée, ou qui y ajoutera foi, aura une masse de mérites incommensurablement supérieure à celui qui, pendant un nombre incommensurable d'années, aurait rempli les devoirs des cinq perfections c'est-à-dire de l'aumône, de la moralité, de la patience, de l'énergie, de la contemplation, de la sagesse. — Le Bodhisattva qui, après que le Tathagata sera entré dans le Nirvana complet, possédera cette exposition de la loi, et l'enseignera pénétré de l'essence de la Bodhi, deviendra un Boudha parfait.

CHAPITRE XVII. — INDICATION DU MÉRITE DE LA SATISFACTION

Celui qui éprouvera de la satisfaction en entendant même une seule stance du lotus de la bonne loi acquerra des mérites infinis.

CHAPITRE XVIII. — EXPOSITION DE LA PERFECTION DES SENS

Celui qui possédera cette exposition de la loi, ou qui l'enseignera etc. *Que ce soit un fils ou une fille de famille* [1] obtiendra les 800 perfections de la vue, les 1.200 perfections de l'ouïe, les 800 perfections de l'odorat, les 1.200 perfections du goût, les 800 perfections du corps, les 1.200 perfections de l'intellect. Ces perfections sont presque toutes surnaturelles.

Par exemple celui qui aura les perfections de la vue, verra entièrement dans l'ensemble et le détail, les 3 millions de mondes, chacun avec son intérieur et son extérieur, avec ses montagnes, ses forêts épaisses, et ses ermitages, depuis le fonds de l'enfer Avitchi jusqu'aux lieux les plus élevés où commence l'existence. — Il verra aussi tous les êtres qui sont nés dans ce monde. Il connaîtra quel doit être le fruit de leurs œuvres, etc.

CHAPITRE XIX. — LE RELIGIEUX SADAPARIBHUTA

C'est un exemple des pouvoirs surnaturels acquis par la possession et l'enseignement du Lotus de la bonne loi.

---

[1] Ici encore Bouddha met la femme sur le même pied que l'homme au point de vue religieux, comme il l'a fait ailleurs au point de vue social.

Chapitre XX. — Effet de la puissance surnaturelle du Tathagata

Ce sont des effets pour la plupart spirituels, mais qui tous dépassent l'imagination par leur incommensurabilité.

Chapitre XXI. — Les formules magiques

Baghavat donne son assentiment au Bodhisattva Bräichadjyarada qui lui citait des mantrans et des formules magiques destinées à protéger ceux qui croiraient au Lotus de la bonne loi : Bien, bien ; c'est dans l'intérêt des créatures que les paroles des formules magiques ont été prononcées, c'est pour les garder, les protéger et les défendre.

On donne à Baghavat des formules magiques pour protéger les interprètes de la loi contre toutes espèces d'êtres malfaisants, les Yacksas, les Rackhasas etc.

Chapitre XXII. — Ancienne méditation de Braichadjyaradja

Suite de prodiges appelés sur sa propre personne par le Braichadjyaradja pendant des miliers d'années pour honorer le Lotus de la bonne Loi. Ne supporte pas l'analyse et à peine la lecture.

Chapitre XXIII.— Le bodhisattva mahasattva [1] Badgadasvara

Il enseigne le Lotus de la bonne loi en prenant beaucoup de formes différentes, tantôt celle de Brahma, tantôt celle de Rudra, tantôt celle de Çakra ou d'Içvara, ou celle de Senâpati, ou celle de Çiva, ou celle de Vaïcravana (Vichnou), ou celle d'un Tchakravartin, ou celle d'un Radja commandant un fort, ou celle d'un chef de marchands ou d'un maître de maison, ou d'un villageois ou d'un brahmane, ou celle d'un enfant ou celle d'une fille. Sous ces formes il enseigne le Lotus de la bonne loi aux créatures et même aux Yakhas, aux Asuras, aux Garudas, aux Maharadjas ; sous la forme d'une femme, il enseigne le lotus dans les gynécées. Il est le protecteur des créatures qui sont nées dans l'univers Saha et dans l'univers Vaïrôtchanaraçmi-Pratimandita. Par cet enseignement sous des for-

[1] Mahasattva signifie : grand savant.

mes qu'il revêt miraculeusement, il n'y a ni diminution de la puissance surnaturelle du Bodhisattva ni anéantissement de sa sagesse. De même, dans d'autres univers innombrables comme les sables du Ganges, il prend la figure d'un Bodhisattva pour enseigner la loi aux créatures qui doivent être converties par un Bodhisattva, celle d'un Çravaka pour l'enseigner aux créatures qui doivent être converties par un Çravaka, celle d'un Pratyékabouddha pour l'enseigner aux créatures qui doivent être converties par un Pratyéka Buddha, celle d'un Tathagatha, pour celles qui doivent être converties par un Tathagatha. A ceux qui ne peuvent être convertis que par le Nirvana complet, il se fait voir entrant lui-même dans le Nirvana complet. Telle est la force de la science dont il a obtenu la possession et l'application.

Chapitre XXIV. — Le récit parfaitement heureux

Le Bodhisattva Avâlokiteçvara en adressant pendant un nombre infini de centaines de Kalpas la prière à de nombreux milliers de Kotis [1] de Bouddhas, a obtenu des pouvoirs surnaturels sans limites. Un homme ou une créature quelconque qui l'invoque dans le plus grand péril, fût-il même un coupable, est immédiatement tiré de danger. Une femme stérile qui lui demande un fils l'obtient immédiatement, et ainsi de tout le reste.

Sur ce sujet, 33 stances dont les suivantes :

7. Si un homme venait à être précipité du haut du Méru par un ennemi, il n'a qu'à se souvenir d'Avalokiteçwara qui est semblable au soleil, et il se soutiendra, sans tomber, au milieu du ciel.

27. Ce sage, si compatissant pour les créatures, sera dans un temps à venir un Bouddha qui anéantira toutes les douleurs et les peines de l'existence.

29. Debout à la droite ou à la gauche du guide (des hommes) Amitabba qu'il rafraîchit de son éventail, s'étant rendu, à l'aide de la méditation qui est semblable à une apparence magique, dans toutes les terres de Bouddha, il adore les Djinas.

30. A l'Occident là où se trouve Sukhavati, cet univers pur

---

[1] Le Koti. 10 milliards.

qui est une mine de bonheur, est établi le Guide (des hommes) Amithaba qui *dirige les créatures comme un cocher* [1].

31. Là, il ne naît pas de femmes ; là les lois de l'union des sexes sont absolument inconnues ; là les fils du Djina, mis au monde par des transformations surnaturelles, paraissent assis au centre de pur lotus.

32. Et Amitaba le Guide (des hommes) assis sur un thrône formé du centre d'un gracieux lotus, resplendit semblable au héros des Çakas (Voir *au Japon* les sectes de la Terre pure).

Chapitre XXV. — Ancienne méditation du roi çubavyuha.

Récit surnaturel sans intérêt.

Chapitre XXVI. — Satisfaction de samantabahdra

Le Bodhisattva Samantabahdra dit à Baghavat :

Je veillerai à la fin des temps, dans la dernière période, dans les cinq cents dernières années (du Kalpa) sur les religieux qui possèderont ce Sutra ; j'assurerai leur sécurité, je les protégerai contre le bâton et le poison de sorte qu'aucun de ceux qui chercheront l'occasion de surprendre ces interprètes de la loi ne puisse y parvenir, ni Mara le pécheur ni ses fils ni ses serviteurs, ni les fils des Devas ni les Yakchas, ni les Prétahs, ni les Pushanas etc., (merveilleux brahmanique conservé par les Bouddhistes, et tel qu'on le voit dans le Ramayana).

Ceux qui écriront ce Sutra et qui en comprendront le sens renaîtront parmi les Dévas Trayastrincas. A peine seront-ils nés que 80.000 Apsaras s'avanceront à leur rencontre, ornées d'un diadème large comme un grand tambour ; ces fils des Dévas demeureront au milieu de ces Apsaras [2].

Ceux qui injurieront les religieux professeurs du Lotus de la bonne Loi verront, dans ce monde même, leur corps marqué de taches de lèpre. Ceux qui leur parleront avec hauteur auront les dents brisées, des lèvres dégoûtantes, le nez plat, les

[1] D'après les mots *en italique* Amithaba commencerait à prendre le rôle d'une providence.
[2] On voit constamment dans ce Sutra le mélange des Bodhisattvas et du surnaturel bouddhique avec les Déités inférieures du Brahmanisme. Les Devas, d'origine védique, se retrouvent dans tous les pays Bouddhistes.

pieds et les mains de travers. C'est pourquoi il faut en ce monde se lever du plus loin qu'on peut pour aller à la rencontre des religieux possesseurs de cette exposition de la Loi.

Chapitre XXVII. — Le dépot

Cakyamouni dépose le Sutra entre les mains des bodhisattvas en les invitant à le propager et à l'enseigner.

Je remets entre vos mains, *ô fils de famille*, etc.

Je donne la science de la *Bodhi*, celle du *Tathagata, celle de l'Être existant par lui-même*. Je suis le maître de la grande aumône (la science sacrée).

Les êtres qui ont de la foi, comme ceux qui n'en ont pas doivent être également amenés à recevoir cette exposition de la Loi ; c'est ainsi, ô fils de famille, que vous acquitterez votre dette envers le Tathagata (Fin du Lotus de la bonne Loi).[1]

Tous les Sutras développés, depuis le Lotus de la bonne loi, préludent par une mise en scène : le cortège du Bouddha et ses différents miracles, l'arrivée des Bodhisattvas des autres mondes etc.

On trouve aussi dans tous, au milieu et à la fin de l'exposé de chaque point de doctrine, différents épisodes, tels que la description d'un tremblement de terre, l'enthousiasme des auditeurs, la pluie de fleurs, les Bouddhas des autres mondes envoyant leur Bodhisattva à Chakiamouni pour le féliciter, enfin l'exaltation du point de doctrine, objet spécial du Sutra et surtout celle de tout le Pradjna Paramita. Puis vient l'énumération très longue de tous les biens obtenus et à obtenir par l'initiation ou la pratique de la doctrine exposée. Ensuite s'avancent solennellement les auditeurs qui chantent en vers les louanges du Bouddha et entretiennent entre eux un dialogue où se répète encore la doctrine exposée.

Les êtres supérieurs promettent, chacun à son tour, de

---

[1] Les mots *en italique* indiquent que le lotus embrasse dans un vaste éclectisme toute la science sacrée de l'Inde.

On doit remarquer cette appellation de *fils de famille*. Elle prouve que Bouddha, malgré ses dogmes égalitaires, attachait un grand prix à l'élévation sociale des propagateurs de sa doctrine.

garder la doctrine prêchée, de protéger quiconque voudra l'enseigner. Puis les maîtres et docteurs hérétiques viennent se convertir et répètent les termes de la prédication. Les mêmes formules se reproduisent partout, au point qu'il est possible à celui qui est familier avec la phraséologie bouddhique de dire par cœur, sauf quelques pages, un volume entier du Pradjna-Paramita, sans jamais l'avoir lu. Les répétitions des mêmes récits et des mêmes paroles ont un double but : témoigner du respect pour les paroles et leur auteur, comme le faisaient les Hérauts d'Homère ; augmenter l'étendue du Sutra, étendue dont se glorifient les auteurs et les écoles, toujours à cause du goût des Hindous pour les chiffres exorbitants, pour la quantité hyperbolique.

Quelques Paramitas diffèrent des autres jusqu'à un certain point dans leur esprit, il faut admettre qu'ils ont reçu des interpolations qui ont permis aux Yogatchéria de s'appuyer sur eux. Tels sont le Paramita de 8.000 Chokas très commun dans les temples des Lamas et le Paramita Youmé de 100.000 Chokas. On raconte de ce dernier que le texte correct n'en a été retrouvé que fort tard. Sans doute c'est un Soutra ancien que l'on a étendu et auquel on a alors attribué une haute antiquité pour dissimuler les additions faites. C'est sur ce paramita que s'appuient le plus les Bouddhistes Thibétains.

L'idée de la rédemption se développe beaucoup dans le grand Véhicule ; tous les Bouddhas et Bodhisattvas deviennent des rédempteurs encore bien plus que des professeurs et des prédicateurs de la loi.

LIVRE V

Transformation et diffusion des doctrines Indiennes

CHAPITRE I

LE YOGA DE PATANJALI

Nous avons vu, dans l'Exposé des six systèmes philosophiques orthodoxes (1ᵉʳ volume), la naissance de la Sankya théiste. A son origine, elle ne fut que la confirmation du dogme Brahmanique de l'Ame Universelle et de l'Ascétisme tel qu'il est défini par Manou [1]. Après l'avènement du Bouddhisme, Patanjali ou sa secte en fit, sous le nom de Jnânayoga (Union par la connaissance) un système de pratique religieuse qui fut, avec les règles déjà tracées par Manou, le premier catéchisme du mysticisme dans l'Inde. Ce système se répandit dans tous les pays où dominait le Brahmanisme et y eut une grande faveur jusqu'au moment où il fut d'abord doublé et ensuite remplacé pour une part de plus en plus forte par le Karmajoga (l'Union par les mérites) du Baghavat gita qui fut le mysticisme appliqué à la vie courante dans le siècle. Comme la plupart des sectes ou Écoles mystiques ont emprunté

---

[1] Se reporter à ce que nous avons dit au 1ᵉʳ volume, du caractère encyclopédique de la philosophie contenue dans le Yoga Çastra de Patanjali : six livres de Sutras, morale, pratiques religieuses, spéculation transcendante, illuminisme mystique, mortification de la chair, renoncement,

plus ou moins a celles de l'Inde [1], il importe à un point de vue général aussi bien qu'au point de vue particulier de l'histoire religieuse de l'Extrême-Orient, d'exposer d'abord les doctrines mystiques de l'Inde dans l'ordre de leur genèse qui est en même temps l'ordre chronologique.

Rappellons d'abord que le mot Yoga, dans son sens spécial, désigne : « l'état d'union spirituelle ou mentale avec l'Être suprême. »

Son objet et sa conclusion sont, d'après Manou et Patanjali, une absorption, même pendant cette vie, dans l'Être suprême, qui équivaut à la délivrance finale.

Les Soutras du Jnanayoga qui ont pu être recueillis sont rassemblés dans quatre traités intitulés :

I. Définition de la contemplation ou concentration de la pensée. (Samâdhi).

II. Moyens de réaliser la contemplation (Samâdhi Prapti).

III. Pouvoirs surnaturels qu'elle procure (Vibhuti).

IV. L'Extase ou l'Isolement de l'Ame (Kaivalya).

I. — Définition de la contemplation.

On distingue deux états gradués de contemplation :

Dans le premier, Samprajnata ; la raison opère encore, mais tout l'effort du jogui est employé à détruire la conscience de l'existence individuelle et à amener l'esprit à l'oubli absolu de la réalité de toute matière extérieure et à la complète conviction que l'âme est dores et déjà unie et confondue avec l'Un suprême. Les objets de la contemplation sont alors : Soit la nature, c'est-à-dire tout l'univers, soit notre âme propre.

On admet que le Samprajnata comporte quatre degrés :

1. Au premier degré, on efface la distinction entre une chose et le nom qui la désigne [2]. A force de répéter intérieurement le nom, en ayant dans le même temps la

---

[1] Voir notre mémoire sur les origines et tendances des ordres religieux Musulmans de l'Algérie (Annales de l'Extrême-Orient et de l'Afrique) nos 171 à 177, 15 février à 1er mai 1891.

[2] On a déjà vu cela dans le Mimansa ; on le verra aussi au Bouddhisme de la Chine.

chose présente à l'esprit, on finit par confondre les deux dans une identité ; ainsi le Yogui quand il prononce intérieurement le mot Iswara (l'Être suprême) a son image fortement imprimée dans l'esprit.

2. Au second degré, par une application constante dans ce sens, toute distinction de forme, de temps et de lieu disparaît, et, à l'occasion on se croit être soi-même quoique ce soit, et cela dans un temps et en un lieu quelconque.

3. Au troisième degré, en associant ensemble constamment la Nature (prakriti) et l'Esprit (purusha) jusqu'à ce que l'on se figure le dernier comme existant seul dans chaque objet, on perd le sentiment de l'existence de la matière en général et de son propre corps en particulier et on est mentalement *sans corps* (videha).

4. Au quatrième degré, la propre existence (ahankâra), ne semble plus qu'un reflet de notre sens intérieur (manas) et l'être suprême se manifeste seul.

L'Asamprajnata ou second état de contemplation, se définit ainsi :

La raison (faculté de raisonner) a disparu ; elle est comme absente ou totalement éclipsée. Il y a abstention complète d'action et de pensée ; c'est le culmen ou le summum de l'abstraction mentale ; on a perdu même la conscience de l'existence individuelle et mentalement on ne fait plus qu'un avec l'Être suprême.

A la contemplation ainsi décrite Samprajnata et Asamprajnata, il y a une préparation qui consiste :

1° *Dans le renoncement* à tous intérêts mondains, aux espérances, aux désirs, à l'amour, à la haine ; par ce renoncement on surmonte les cinq obstacles au Yoga (l'Union) qui sont ; la douleur, le chagrin, la peur, la perte du souffle et l'expiration.

2° Dans le Pranayama : cet exercice consiste à concentrer le plus possible l'air dans le corps en retenant l'expiration [1] et à fixer dans le même temps la pensée sur un

[1] Les Hindous croient que l'aspiration de l'air aide à concentrer et à abstraire les pensées et à empêcher les impressions extérieures. Le Chandogya Upanischad désigne cinq sortes d'air comme des êtres divins auxquels on doit faire des offrandes. Le Hatha-Dépika dit : « Tant que l'air reste dans le

point particulier des organes des sens, comme le bout du nez, l'extrémité de la langue, le conduit de l'oreille etc., jusqu'à ce qu'on arrive à identifier ce point avec l'Être suprême (à se figurer l'Être suprême sur ce point).

Ou bien encore on fixe la pensée sur quelque objet extérieur comme le soleil, la lune, le feu, etc., ou sur son propre cœur, ou au fond de la gorge ou le sommet du crâne. On suppose alors que le cœur (le manas) est le siège de l'âme et que celle-ci à la mort s'élève par la gorge jusqu'au palais et au crâne, et, sortie de là emprunte un rayon du soleil jusqu'à la lune, en traversant le feu, s'en va au soleil et de là à l'Être suprême. Et concentrant la pensée sur ces lieux ou objets, le Yogui se figure qu'il accomplit présentement ce voyage et il se trouve ainsi mentalement « délivré. »

3º A répéter indéfiniment les noms et les attributs de la divinité ; par là on arrive à les identifier avec l'Être auquel ils se rapportent, de telle sorte qu'il se trouve finalement présent, (ou qu'on finit par être en sa présence.)

Une fois préparé par ce triple exercice, le Yogui doit travailler à acquérir *la connaissance parfaite* en passant par huit stages gradués :

1. Yama gouvernement de soi-même qui consiste : dans l'abstention de toute nuisance à autrui, de toute tromperie,

corps, la vie y reste aussi. La mort est la sortie du souffle. Il faut donc retenir l'air dans le corps ».

Les Hindous croient qu'une fente ou suture appelée le Brahma-randram au sommet du crâne sert d'issue (de soupape) pour l'échappement de l'âme lors de la mort. Quelquefois, on fend le crâne d'un Yogui indien à sa mort en le frappant avec une coquille sacrée. L'idée est de faciliter la sortie de l'âme. L'âme d'un méchant est supposée sortir par une des ouvertures inférieures du corps.

L'emprisonnement de l'air dans le corps est un des exercices les plus appréciés des Ascètes. En réglant la respiration, l'air peut entrer par une narine (l'autre étant bouchée avec le doigt); être retenu dans le poumon et ensuite rejeté par l'autre narine. L'exercice est pratiqué alternativement avec la narine droite et la gauche pour que l'air reste emprisonné aussi longtemps que possible dans le poumon. De là on le pousse par un effort de volonté vers les organes internes du corps ou bien on le force à remonter vers le centre du cerveau.

de toute extortion ; dans le règlement des sens et la fuite du plaisir [1].

2. Niyâma. Répression de soi-même qui comprend : pureté de l'esprit et du corps, gaieté et Stoïcisme à toute épreuve ; austérité religieuse ; répétition des incantations ; rattachement de toutes les cérémonies et actes religieux à l'Être suprême (c'est-à-dire qu'on fait remonter à l'Être suprême tout culte rendu à des dieux ou objets quelconques.)

3. Asana, posture ascétique : mettre le corps dans vingt quatre situations de plus en plus gênées mais dans lesquelles le Yogui arrive par degrés à se trouver à l'aise.

4. Pranayama, comme ci-dessus [2].

5. Pratyâhâra, domination complète des sens et des organes [3].

Méditation exclusive sur l'Être suprême seul ; les sens sont fermés à toute impression par les objets extérieurs, de même que tous les membres de la tortue rentrent sous sa carapace.

III. — *Possession de pouvoirs surnaturels.*

Ces cinq stages sont couronnés par les trois suivants :

6. Dhârana état d'abstraction absolue dont rien ne peut faire sortir.

7. Dhyâna méditation exclusive sur l'être suprême.

8. Samâdhi concentration incessante de la pensée qui ôte le sentiment de tout ce qui est extérieur et même de l'individualité propre, pour fixer l'esprit complètement et irrévocablement sur l'Etre Unique.

---

[1] Le no 1 est la reproduction des cinq préceptes bouddhiques prohibitifs.

[2] Presque tous les exercices du Pranayama font partie de ceux que le Brahme Grahâsta (maître de maison) est tenu encore actuellement d'accomplir tous les jours.
Voir le père Dubois et nos notices sur l'Inde.

[3] On peut voir encore aujourd'hui dans l'Inde les moyens matériels employés dans ce but par certains dévôts. L'abbé Dubois en donne le détail curieux. Le Yoga professait que les adeptes rompus dans la science occulte pouvaient mettre leur corps grossier (on se souvient que la Sankya et le Bouddhisme admettent trois corps) dans un état d'inconscience et par un

Ces trois derniers stages constituent le Sanayama ou la concentration parfaite : le Yogui consommé, dans le Sanayama possède d'innombrables pouvoirs surhumains dont voici les trente-quatre principaux.

1. Connaissance des choses passées, présentes et futures.

En fixant l'esprit sur les objets énoncés à gauche de la page ;

On obtient les résultats énumérés à droite symétriquement à ce qui l'est à gauche.

2. Les mots ou la nomenclature — la possession de toutes les sciences.
3. Les lignes des mains — la connaissance de nos existences antérieures.
4. Le cœur des autres — la connaissance de leurs pensées.
5. Nous-même — le pouvoir de nous rendre invisibles.
6. Nos propres actions — la connaissance de leurs conséquences futures.
7. La compassion et la sympathie — la bienveillance pour tous les êtres (on reconnait ici l'influence du bouddhisme).
8. La force — force parfaite.
9. Le soleil — le pouvoir de tout voir comme lui.
10. La lune — la connaissance des lois de l'astronomie.
11. L'Etoile polaire — la connaissance des constellations.
12. Le cœur et l'estomac — la connaissance de l'anatomie.
13. Le fonds de la gorge — l'apaisement de la faim et de la soif.
14. Le larynx — le maintien de la posture ascétique.

L'Universalité des Manas — la connaissance des êtres ou objets invisibles.

16. Le siège de l'esprit — la connaissance des pensées présentes et futures, les nôtres et celles d'autrui.

effort déterminé de la volonté projeter au dehors à travers les pores de la peau le corps éthéré (subtil) et rendre cette forme de fantôme visible pour des lieux éloignés. Le colonel Olcott et M. Sinnett mentionnent cette faculté comme particulièrement caractéristique de l'occultisme asiatique.

Ce qui sépare l'Occultisme Indien du spiritisme, c'est que, dans le premier, il existe toujours un corps plus ou moins subtil ; pour le second l'Esprit, est l'âme de l'âme.

17. L'état du Yogui émancipé (délié) — la connaissance et la vue de l'esprit séparé de la matière.

Les pouvoirs suivants font aussi partie du titre IV.

IV. — De l'Extase ou Isolement de l'Ame.

Sous ce titre, on décrit l'état de délivrance même pendant la vie (Jivanmukti), l'Union la plus haute avant la réabsorption dans l'Etre suprême. Le corps existe encore, et par suite l'âme en lui ; mais tout lien entre les deux est rompu ; l'âme peut quitter le corps et y revenir à volonté en faisant toute excursion qu'il lui plaît[1]. Dans cet état elle possède les huit derniers pouvoirs ou dons surnaturels.

18. Celui de prendre possession du corps d'un vivant ou d'un mort et de le faire agir comme s'il était son propre corps.

19. Une subtilité ou ténuité extrême, infinie.

20. Un éclat ou rayonnement incomparable.

21. La faculté d'entendre les sons émis à toute distance et même dans les autres mondes.

22. Celle de se transformer dans l'un quelconque ou l'ensemble des cinq éléments.

[1] Les Ascètes Hindous prétendent rester, par l'extase, en anesthésie pendant plus d'un mois. Au Punjab un Yogui fut sur sa demande enterré vivant en présence de Runjitsingh et de sir Claude Vade, les yeux, les oreilles et autres orifices du corps ayant été préalablement bouchés avec des tampons de cire. Le docteur C. Grégor était chargé de suivre l'expérience avec surveillance organisée. Après 40 jours, on exhuma devant les autorités. Le corps était desséché comme des brindilles, et la langue repliée était comme un morceau de corne. On suivit les instructions laissées par le Yogui pour la restauration de l'animation, et celui-ci revenu à l'existence ordinaire déclara qu'il n'avait eu conscience que d'une sorte de béatitude extatique dans la Société d'autres Yoguis ou Saints et qu'il était prêt à se faire enterrer de nouveau.

S'il n'y a pas eu fraude, l'explication scientifique serait que les Yoguis connaissent les procédés d'hivernation de certains animaux.

On cite le colonel Town-Send comme ayant réussi dans un essai semblable.

23. Celle de passer et de pénétrer partout (Le Dharma Nada dit cependant deux fois : Il n'y a pas de chemin à travers l'air).

24. Le pouvoir de changer le cours de la nature.

25. L'obtention de la délivrance finale (la réabsorption dans l'âme Universelle).

On donne encore une autre liste des huit derniers dons ou pouvoirs.

1. Animan, faculté de réduire le corps à la grandeur d'un atome.

2. Mahiman ou Gariman, augmenter à volonté de grandeur et de poids.

3. Laghman, rendre le corps léger à volonté.

4. Atteindre ou toucher un lieu quelconque quelque éloigné qu'il soit.

5. Pràkâmya, exercice illimité de la volonté.

6. Tsitra, obtenir un pouvoir absolu sur soi et les autres.

7. Vasita, assujettir les éléments.

8. Ramavasagita, pouvoir de supprimer tous les désirs.

Résumé.

En résumé le Yogui de Patanjali passe par quatre états principaux.

Dans le premier, il apprend les règles du Yoga.

Dans le second, il acquiert la connaissance parfaite.

Dans le troisième, par la vertu de cette connaissance, il maîtrise l'influence matérielle des éléments primaires.

Dans le quatrième état, il détruit en lui-même toute conscience de personnalité et d'invidualité (ahankara) propres, et alors son âme est affranchie et séparée de la matière.

Sous le nom d'Union spirituelle, le Baghavat Gita admet comme Patanjali le Yoga par la connaissance, en ayant soin de faire consister la connaissance principalement dans la possession et direction de soi-même et la répression des sens, dans une imperturbable égalité d'âme et le stoïcisme, dans la dévotion à l'être suprême et dans l'investigation consciencielle.

L'Ascétisme de Manou et le mysticisme de Patanjali,

impliquent, le premier surtout, l'isolement du monde et l'abstention de l'action[1].

Le Karmajoga du Baghavat Gita est au contraire la Dévotion, l'Union mystique, en restant dans le monde et y exerçant l'activité nécessaire.

« L'action », dit le Bien-Heureux, « vaut mieux que l'inaction, et on ne peut jamais s'en dispenser complètement, ne fût-ce que pour entretenir la vie. »

« Même dans l'intérêt des hommes, tu dois agir, car tu leur dois l'exemple du bien. C'est ainsi que, moi que rien n'oblige à l'action, j'agis sans cesse pour que les Etres m'imitent. »

L'Union mystique consiste à vivre détaché du monde illusoire dans le monde même, les yeux toujours fixés uniquement sur l'être suprême, tout en lui, lui rapportant tout à titre d'adoration et d'accomplissement du sacrifice, n'obéissant jamais à un mobile intéressé, c'est-à-dire étranger à l'adoration elle-même pour elle-même, et ne se préoccupant aucunement du résultat de l'accomplissement de l'œuvre obligée.

Rien d'extrême et de forcé dans cette dévotion.

La dévotion qui triomphe de la triple douleur naît de la modération dans le manger, dans la récréation, dans le sommeil, dans la veille, etc.

« Le dévot qui par des efforts incessants et acharnés s'est purifié de tous ses péchés, et a conquis la perfection après plusieurs renaissances est détaché de tous ses liens avec la matière et arrive au but suprême (l'Esprit Unique). »

« Le solitaire (Sanyassi) qui pratique l'Ascétisme absolu le disciple de Pantajali qui s'applique uniquement à la connaissance et le simple fidèle qui se borne à accomplir les devoirs de la Caste et les cérémonies du culte errent tous trois par exclusivisme et restriction. »

« Le dévot (Yogui du Karma) réunit dans une mesure juste et vraie les conditions et mérites séparés des trois ; la pratique des exercices ascétiques, l'acquisition de l'Union spirituelle et l'accomplissement à titre de sacri-

---

[1] Suivant l'Upanishad la plus importante, c'est en ne pensant à quoi que ce soit, qu'on se délivre des formes de l'existence et qu'on a la vue de Brahma.

fices, des œuvres, de l'aumône et de la mortification. Comme, à tout cela, il ajoute la dévotion (définie ci-dessus), il est supérieur à l'adoration de chacune des trois autres catégories en tant que limitée à ses exercices particuliers [1]. »

« Mais parmi les Dévots eux-mêmes (les Yoghis de l'Union mystiques), le plus excellent à mes yeux est celui qui me cherchant le plus intimement par son esprit (par l'Union la plus étroite) m'adore rempli de foi [2]. »

Ainsi nous pouvons, avec le Baghavat Gita, distinguer déjà dans l'Inde quatre Mysticismes.

Celui des Ascètes et des Sanyassis décrit dans Manou qui remonte plus haut que le Sankya.

Le Yoga de Patanjali par la connaissance ; il ne diffère guère du précédent que par son accessibilité et sa vulgarisation ; c'est à lui que le présent Chapitre est spécialement consacré.

Le Karma Yoga ou Union mystique, ou Dévotion beaucoup plus vulgarisée encore et accessible que le précédent ; le détachement du monde dans le monde même ; il réunit à l'Ascétisme et à la connaissance, les œuvres désintéressées offertes comme un sacrifice. Il va recevoir de nouveaux développements au Chapitre suivant.

Enfin la dévotion par le cœur et par la foi, la Bakti, qui ne fait guère encore que poindre, mais qui bientôt occupera la première place dans l'Hindouïsme.

On peut voir par des passages fort rapprochés, mais appartenant évidemment à des époques très différentes du Livre VII du volume III du Baghavata Pourana, les caractères différents qu'a revêtus l'Ascète ou Yogui Indien suivant les temps et les doctrines auxquels ils correspondent.

Au Chapitre 12, intitulé « des ordres » (les quatre situations des Brahmanes), nous retrouvons exactement

---

[1] Ici et plus loin les mots dévotion et dévôt sont entendus dans un sens tout spécial et qui équivaut à peu près à celui de mysticisme et mystique. Tous les brahmes *investis* (savans) ont cette dévotion par l'emploi obligatoire de leur journée.

[2] On retrouve dans l'ensemble et le détail de ces citations du Baghavat Gita l'Eclectisme qui caractérise l'œuvre elle-même toute entière.

l'Ascète de Manou, que nous avons reproduit dans « l'Inde avant le Bouddha.

Le Chapitre suivant nous montre dans sa première partie, encore l'Ascète de Manou et de Patanjali, mais sans fanatisme, ni extravagance, ni suicide religieux et dont la doctrine porte la trace de l'empreinte qu'a faite le bouddhisme par sa théorie des causes (verset 4, mots en italique).

La dernière partie nous donne l'Ascète ou Yogui moderne. On y sent encore bien plus l'influence du bouddhisme. Nous citerons les 10 premiers versets du chapitre et les sept de la fin.

BAGHAVATA POURANA

Vol. 3, L. VII, Chap. 13. — *Devoirs de l'Ascète.*

1. S'il est encore valide, qu'il adopte la vie errante ; et que, ne gardant rien autre chose que son corps, ne s'arrêtant dans un village qu'une nuit, il parcoure la terre avec une indépendance complète.

2. Qu'il n'aie pour vêtement qu'un lambeau d'étoffe, qu'il ne garde qu'un bâton et les autres insignes de l'ascète.

3. Que devenu mendiant, il aille seul, trouvant son plaisir en lui-même, sans abris, ami de tous les êtres, calme, exclusivement occupé de Narayana.

4. Qu'il voie cet univers tout entier dans son âme identifiée avec l'être immuable, *supérieur à la Cause et aux effets ;* et qu'il se voie lui-même identifié avec le suprême Brahma, dans l'univers *qui se compose de la Cause et des effets.*

5. Saisissant l'esprit de son regard, reconnaissant sa présence dans le sommeil, dans la veille et dans l'état d'Union complète, et croyant que l'asservissement (de l'esprit) et sa délivrance sont une illusion pure et non une réalité.

6. Qu'il ne désire pas l'inévitable mort ; qu'il ne recherche pas davantage la vie qui dure si peu ; mais qu'il attende le moment fixé par le temps, ce pouvoir suprême cause de la naissance et de la fin des êtres.

7. Qu'il ne recherche pas les livres qui traitent de fausses sciences ; qu'il n'embrasse pas une profession pour vivre ; qu'il renonce aux raisonnements qui produisent les disputes ; qu'il ne s'attache obstinément à aucune opinion.

8. Qu'il ne recrute pas d'élèves ; qu'il n'étudie pas de nombreux livres ; qu'il n'emploie pas de gloses et n'entreprenne pas de fonder (des écoles) quelque part que ce soit.

9. La profession d'ascète n'est pas à elle seule une cause de mérite pour l'homme magnanime, calme et d'un esprit égal. Un tel homme peut porter ou rejeter les signes distinctifs de son ordre.

10. Cachant ses insignes et ne laissant voir que son but, qu'il se montre aux hommes comme un insensé et un ignorant, quoiqu'il soit sage, et comme un muet quoiqu'il soit inspiré. »

C'est le portrait de l'ascète Vichouviste après le Bouddha, mais avant l'arrivée des Occidentaux ; il ressemble beaucoup à celui de Manou sauf quelques différences provenant sans doute du Bouddhisme.

On fait dire à un Ascète : (c'est le type actuel de l'Ascète).

36. Inactif, content de ce que me fournit le hasard, s'il ne me vient rien, je reste maître de moi-même, couché pendant plusieurs jours comme le grand reptile.

37. Je mange tantôt beaucoup, tantôt peu, et des aliments les uns bons, les autres mauvais.

38. Quelquefois c'est une nourriture qui m'est offerte avec foi, tantôt elle m'est abandonnée par l'orgueil ; et je la prends même ayant mangé, en quelque lieu que ce soit, le jour, la nuit, à l'aventure.

39. Je porte pour vêtement du lin, de la soie, une peau, des haillons, l'écorce des arbres, ou la première chose que je trouve, jouissant de ce que m'offre le destin et l'esprit toujours satisfait.

40. Je dors quelquefois sur la terre, sur le gazon, sur des feuilles, sur la pierre, ou sur des cendres ; d'autrefois dans un palais, sur un lit ou sur le duvet sans rien désirer autre chose.

41. Quelquefois, sortant du bain, le corps frotté de substances onctueuses, bien vêtu, portant une guirlande et des parures, je me promène en char sur un éléphant où à cheval ; d'autrefois, seigneur, je vais nu comme un démon.

42. Je ne loue pas plus que je ne blâme ceux dont les senti-

ments me sont naturellement contraires ; je leur souhaite le bonheur et l'avantage d'être réunis à l'âme universelle.

43. L'homme doit sacrifier le doute dans le feu de la pensée, celle-ci dans le cœur ou règne le trouble causé par les objets ; après avoir sacrifié le cœur dans la personnalité, il immolera ensuite celle-ci dans l'illusion.

CHAPITRE II

LE CHANT DU BIENHEUREUX

On doit au développement du Vichnouvisme après le Bouddha quelques œuvres poétiques très belles, le Ramayana, le Baghavat Ghita, le Govinda Ghita etc., qui furent suivis des écrits philosophiques de maîtres éminents, Ramanuja Atchéria, Chaïtanaya etc. Au-dessus de tout, il faut mettre le Bagava Ghita, intercalé dans le Mahabarata. Commenté par Çançara, il est le credo le plus élevé du Vichnouvisme et en même temps une coordination éclectique des éléments essentiels au Brahmanisme.

Comme le Swetaswara Upanishad, il s'efforce de greffer sur le Védanta non dualiste les doctrines du Sankya et du Yoga, c'est-à-dire du Sankya théiste (dualiste).

Son objet principal est d'inculquer la doctrine de la Bhakti, (la foi) et, en même temps la, théorie de l'action obligatoire pour remplir les fonctions prédestinées par opposition à la passivité bouddhiste, et même pour obtenir le fruit des austérités et de l'ascétisme.

Les œuvres avec *la Foi* et *l'Union mystique* prennent le pas sur l'Union *spirituelle* fondée sur la connaissance (de l'âme universelle et de l'Illusion des phénomènes).

L'Union mystique est incessante et accompagne les œuvres [1], tandis que, dans Manou et Patanjalis, l'Union spirituelle était seulement l'effet et la récompense du détachement des œuvres.

---

[1] Elle correspond à la pratique de dévotion chrétienne définie : *se tenir constamment en présence de Dieu* : comme étant particulièrement témoin de nos actes et de nos sentiments, lui qui est présent partout.

Nous reproduisons, d'après la traduction de M. Burnouf, en les commentant, les textes essentiels de cette œuvre capitale.

I. — *L'Ame éternelle et universelle.*

Les deux armées sont rangées en bataille ; avant d'engager le combat, Ardjuna fait part de ses scrupules au bienheureux Krischna qui conduit son char ; celui-ci lui dit :

« Les sages ne pleurent ni les vivants ni les morts. L'Ame éternelle habite inattaquable *dans tous les corps vivants ;* elle ne tue pas, elle n'est pas tuée. »

« De même que l'âme passe par l'enfance, l'âge mur et la vieillesse, dans le corps qui change continuellement, de même elle passe à une autre existence dans un nouveau corps.

Quelques développements sur la métaphysique du poème sont nécessaires ici.

Le 13e chapitre (de l'édition sanscrite) énumère les 35 catégories ou modes de la matière qui constituent le corps (comme dans le Sankya). L'âme, tout d'abord déclarée une partie de l'être suprême, est seule douée de sensibilité, la matière seule est active. L'esprit est, par lui-même, inaffectible par les trois qualités (gunas) ; mais uni au corps, il en ressent indirectement l'effet. La nature et l'esprit sont tous deux éternels et c'est l'union (la conjonction) de leurs deux essences (qui forment chacune une partie de l'Être suprême) qui fait émaner toute matière de l'essence matérielle.

L'esprit, à cause de l'intelligence dont il est doué, est seul capable de comprendre la matière. Il est, en parlant d'une manière générale et non particulièrement soit de l'esprit individuel (âme) soit de l'être suprême considéré isolément : éternel, universel, doué de tous les pouvoirs, en dehors de toute influence de la matière ou des qualités (gunas), et pouvant exister à la fois séparé de la matière et en union avec elle. C'est lui qui, par l'intelligence, perçoit, maintient et conserve la matière inintelligente.

Le Baghavat-Gita admet trois esprits différents, tous

trois intimement unis ou pour mieux dire formant les trois aspects d'un esprit unique.

Le premier A est l'être suprême lui-même qui, bien que contenant en lui-même l'essence de toute matière est, dans sa personnalité, conçu comme Esprit.

Le second est l'âme individuelle, (c'est-à-dire les âmes individuelles) qui émane du premier.

Le troisième B est un Esprit universel qu'on suppose pénétrer ou circuler dans toute matière ; ce n'est point l'essence elle-même de l'esprit de laquelle émanent les âmes, mais bien une émanation de cette essence ; et évidemment un Esprit actif, une énergie spirituelle ou mieux *Vitale* (la vie).

L'auteur paraît avoir imaginé celle-ci ou B pour concilier avec le dogme de Kapila sur l'individualité de l'âme, le Védanta qui admet : — Un Esprit universel dont fait partie l'âme de chaque corps (non séparée) — et l'Energie vitale dans toute la matière.

« L'Esprit universel » du Védanta, est remplacé par l'Energie B, elle-même « Esprit universel » d'une autre sorte, sans connexion avec les âmes individuelles, circulant comme principe de vie dans toute matière et même dans l'homme, qui met en mouvement les organes du corps, la conscience et l'intelligence. C'est cette énergie qui prête à chaque objet ses propriétés ou qualités particulières dominantes.

L'âme individuelle est une portion de l'être suprême émanée de lui pour s'unir à un corps matériel et lui être liée intimement et lui donner une personnalité dans ce monde. Elle échappe au vulgaire ; mais le philosophe et le dévot la voient avec les yeux de l'esprit, parce que la faculté matérielle de l'intelligence une fois liée (ou par suite de sa liaison) avec l'âme, a la double faculté de saisir la matière et l'esprit.

Ces deux sortes d'esprit (Purusha), l'Universel B et l'individuel sont appelés l'indivisible (Akshara) (B) et le divisible (Kshara) et sont dits exister dans le monde, c'est-à-dire émaner de l'Être suprême pour être unis à la matière et quand celle-ci est finalement dissoute être réabsorbés en lui — supérieur à ces deux Esprits, comme le tout l'est à la partie, s'élève l'Esprit suprême lui-même qui n'a avec la matière d'autre rapport que d'être son créateur, son conservateur, son régulateur.

Aucune personnalité n'est attribuée à l'Esprit universel B et il doit être considéré comme l'Être suprême lui-même sous son aspect ou dans son développement de force pénétrant et vivifiant la matière plutôt que comme une émanation individuelle de lui.

Quant à la nature de l'Etre suprême comme divinité ou objet d'adoration, philosophiquement elle est considérée comme double en tant que comprenant l'essence de la matière et celle de l'esprit. Naturellement la dernière est supérieure et en conséquence est regardée comme *le mâle*, tandis que l'essence matérielle est la femelle. Le produit de leur conjonction effectuée par la volonté de l'Esprit, est l'univers émanant de la femelle. La volonté de l'Esprit agit comme une semence déposée dans le sein (ou la matrice) de l'essence matérielle et celle-ci sous cette impulsion donne naissance à la matière. Dans ce cas, l'essence matérielle déifiée est appelée Brahma (neutre), nom généralement donné à l'Etre suprême envisagé comme le tout et dans sa personnalité, mais ici ayant un sens restreint à cette partie de cet Etre.

Du grand principe de causalité posé par Kapila, que rien ne se fait de rien, résulte l'éternité de la matière ; et cette éternité oblige les Sankya théistes à faire de la nature une partie de la divinité et à lui refuser la volonté efficace pour la création que Kapila lui avait accordée. (Se reporter à la Sankya vol. de l'*Inde avant le Boudha* [1]).

D'après Patanjali, l'âme individuelle émanant de l'essence de l'esprit et les objets matériels émanant de celle de la matière étaient comme des portions de l'être suprême détachées qui, pour le temps de leur existence individuelle, avaient une personnalité propre et séparée.

Le Baghavat Gita au contraire, pour se mettre d'accord avec le Védanta, mentionne constamment l'âme indivi-

---

[1] La Sankya théiste unit l'essence matérielle de la nature (prakrit) à une essence spirituelle d'où émanaient les âmes individuelles. Cette dernière essence est supérieure à l'essence matérielle ; on lui attribuait la volonté qu'on refusait à la nature et les deux essences réunies formaient un Être Suprême, créateur, conservateur et destructeur (rénovateur) de l'univers.

duelle comme l'Etre suprême lui-même actuellement existant dans le corps de l'homme où il s'est seulement personnifié dans une âme individuelle. Et quant à la nature identifiée avec l'Être suprême, c'est pour lui non seulement l'essence matérielle, mais encore la matière développée généralement comprise dans les grandes catégories de la matière interne et de la matière externe (se reporter au Sankya). Cette dernière étant l'organisme ou mécanisme matériel pour l'intelligence, la conscience et la sensibitité.

De cette sorte l'Universalité de la divinité comprend tout ce qui existe, esprit ou matière, à la fois dans leurs essences et leurs développements individuels.

Mais cette divinité doit encore être considérée sous deux aspects différents.

Nous avons vu qu'entre les deux aspects A et B de l'Esprit, la seule différence est la personnalité de A et l'impersonnalité de B, c'est-à-dire qu'on peut définir A l'Etre suprême *dans son indépendance* et B l'Etre suprême dans sa liaison à la matière.

D'un côté l'Essence matérielle *dans son indépendance*, c'est la nature, la cause matérielle de l'univers, et dans sa liaison avec la matière, c'est seulement l'Energie Vitale, la vie qui circule dans toute la matière. D'un autre côté, l'Essence spirituelle, *dans son indépendance*, étant la cause spirituelle des âmes individuelles, celle dont elles émanent et dans laquelle elles sont finalement absorbées, dans sa relation avec la matière, c'est l'universelle énergie spirituelle qu'on suppose exister intérieurement à toute matière et représenter dans la matière la divinité.

Ainsi cette universelle énergie qui est un aspect de l'Etre suprême consiste : dans l'énergie vitale qui donne la vie et le mouvement à toute la matière ; et aussi dans l'énergie spirituelle qui semble représenter l'Etre suprême dans chaque corps matériel. Cet Esprit Universel existe dans les corps en plus que (en outre de) l'âme individuelle, laquelle est une portion distincte de cet Etre suprême. Par suite dans chaque corps réside une certaine divinité au moyen de laquelle le Polythéisme, la divinisation des héros et même celle des animaux sont justifiés. Puisque chaque corps contient l'Etre suprême, en adorant un corps matériel quelconque, rationnellement et non grossièrement (en aveugle), nous adorons en lui l'Etre suprême.

Mais tout en introduisant, par un compromis avec le Védanta, cette déification universelle à laquelle n'avaient songé ni Kapila ni Patanjali, le Baghavat Gita met l'adoration qui y correspond bien au-dessous de celle de l'Etre suprême *dans son indépendance personnelle.*

Il faut encore distinguer soigneusement cette sorte de culte du simple culte brahmanique des déités ; ce dernier est fétichiste ou personnel, tandis que dans le premier on adore en chaque objet l'être suprême.

D'après ce qui précède les différents aspects ou faces et caractères (attributs caractéristiques) de l'Etre suprême se classent ainsi :

1. Adidaïvata, l'Être suprême dans sa personnalité, considéré comme une divinité et conséquemment l'Etre suprême dans son rapport avec les dieux. Renfermant l'essence de l'esprit et celle de la matière, il est appelé :

2. Adhyata, l'essence de l'esprit; l'origine ou source des âmes. C'est l'Etre suprême par rapport (ou lié) à l'homme, soit à l'âme individuelle ;

Et :

3. Adhibhûta, l'Essence matérielle, où l'Etre suprême par rapport (ou lié) à la nature.

4. *L'Un* invisible (akshara) c'est-à-dire l'universelle énergie B dénommée indivisible par opposition aux âmes individuelles (Ksara ou portions de la divinité.)

Pour affirmer énergiquement l'Universalité de l'Etre suprême, sans annuler son individualité, le Baghavat Gita l'envisage sous deux aspects, substantiellement identiques, mais différents en ce que la personnalité existe dans l'un et n'existe pas dans l'autre.

Les attributs de l'Etre suprême sont ceux qu'on pouvait supposer. Tout-puissant, sans limites dans l'espace et dans le temps créateur, conservateur et soutien ; destructeur et reproducteur de l'univers, omniscient, omniprésent, plus petit qu'un atome, plus grand que toute conception de grandeur, parfait et seul parfait.

Conformément à la philosophie Hindoue, l'Etre suprême n'est ni une providence ni un père. La nature évolue d'après certaines lois. L'homme se développe de lui-même en vertu de ses qualités ou dispositions natives ou originelles. La divinité n'intervient point. On ne lui demande en conséquence ni aide pour le bien, ni force contre le mal. L'adoration consiste dans une sorte de dévotion *qui est* définie plus loin.

II. — *Accomplissement et détachement des œuvres.*

« Si tu ne combats pas, tu manqueras au devoir » « sois attentif à l'accomplissement des œuvres, jamais à leur fruit. En faisant avec abnégation l'œuvre qu'il doit accomplir, l'homme atteint le but suprême. »

Cette maxime serait admirable si le mot devoir y était entendu dans le sens où nous le comprenons, obligation morale consciente. Malheureusement il signifie ici seulement l'accomplissement de la fonction prédestinée, c'est-à-dire l'obéissance aveugle à une sorte de destin ; pour le Kchatrya en particulier, c'est une sorte de fanatisme peu différent de celui du guerrier musulman fataliste. Un des quatre commandements de l'Islam, le principal, est au fond presque identique, comme résultat pratique, au précepte qui vient d'être cité ; il a seulement le mérite d'être fondé sur le sentiment religieux et non *sur la coutume* qui est le fatalisme de l'Inde [1].

III. — *L'union spirituelle, l'Union mystique.*

Le but suprême est poursuivi de deux manières : « Les contemplatifs s'appliquent à la connaissance ; ceux qui pratiquent l'Union s'appliquent aux œuvres. »

« Quand ton âme demeurera inébranlable et ferme dans la contemplation, alors tu attendras par le renoncement l'Union spirituelle. »

Ce renoncement décrit plus loin par le poète est le Jnânajoga l'union par la connaissance de Patanjali. C'est celui des ascètes et Sanyassis de Manou qui, par la fuite du monde, arrivent au détachement et au repos absolu et

---

[1] Voir notre mémoire sur les origines et tendances des ordres religieux Musulmans de l'Algérie.

à la confusion avec *l'âme universelle* dans Manou, à l'Union spirituelle avec Krishna.

Voici maintenant l'Union mystique ou le Karmajoga, l'Union par les œuvres (le Karma) que le poète se propose de substituer autant que possible à l'ancien Ascétisme dont nous avons vu toutes les exagérations et qui faisait ombrage aux Brahmes. Le Karma-joga n'est point la fuite du monde et l'abstention, c'est le détachement du monde dans le sein du monde même.

« Celui qui accomplit les œuvres en vue de Dieu seul n'est pas souillé par le péché ; pensant à lui, partageant son essence, séjournant en lui, tout entier à lui, il opère l'œuvre pour sa propre justification, sans en désirer le fruit et par cette *Union mystique*, il obtient la béatitude. »

« Soit que tu fasses l'aumône, soit que tu offres un sacrifice ou que tu accomplisses quelque autre œuvre, fais le comme pour moi.[1] »

« Constant dans l'Union mystique, accomplis l'œuvre qui est bien inférieure à cette Union, mais qui, par elle, devient sainte. »

« *L'Union spirituelle* acquise par le renoncement et *l'Union mystique* par les œuvres procurent toutes les béatitudes ; cependant *la dernière vaut mieux que la première*. »

Cette préférence est toute une révolution religieuse. A l'ascète qui fuyait le monde et l'action, elle substitue le nouveau Yogui tout à la dévotion, tout en Dieu, mais accomplissant l'œuvre comme offre d'un sacrifice à Dieu.

On retrouve la même pensée dans Tirouvallouver. « Il est plus difficile et plus méritoire, pour le salut, de vivre dans le monde que dans l'état religieux [2]. »

Il est bon de rapprocher de cette déclaration les versets suivants qui la complètent.

« Celui qui, sans relâche, accomplit *sa fonction* (cela concerne les 4 castes) en s'adressant à Krishna, atteint par sa grâce à la demeure éternelle et immuable. »

---

[1] C'est le langage de nos livres de piété ; seulement, le principe de la piété est différent.

[2] C'est une pensée sur laquelle Bacon revient et insiste beaucoup. L'esprit moderne est tout à l'action.

« Les hommes qui, sans pratiquer les vertus, se livrent à de rudes pénitences, torturant dans leur folie les principes de vie qui composent leur corps et Dieu qui réside dans son intimité, raisonnent comme des Assuras » (démons).

Par le développement du Yoguisme de Patanjali, on était arrivé à reconnaître à ceux qui s'infligeaient des mortifications cruelles, des pouvoirs miraculeux, notamment celui de détruire un ennemi par une malédiction. Ces *Saints* avaient même pris sur le vulgaire un ascendant qui luttait contre celui des Brahmes. La politique d'accord avec l'humanité et le bon sens, prescrivait de combattre cette superstition qui est encore commune dans l'Inde.

Le verset précédent est, au fonds, une concession faite aux Soudras qu'on voulait attirer au culte de Krischna. D'après Manou, ils ne peuvent prétendre à la béatitude éternelle immédiatement après leur mort, mais seulement à une meilleure renaissance qui leur permettra d'arriver ensuite à la béatitude.

Le Yogakarma est ouvert à tous sans distinction de caste. Il consiste principalement dans l'humilité et la pureté du cœur, la possession et la direction de soi-même, la répression des sens, aussi dans une constante égalité d'âme et le stoïcisme, enfin dans l'étude, l'observation du for intérieur, dans l'absorption par la pensée de la divinité toujours présente devant les yeux.

Dans ce mysticisme n'entrent ni l'amour de Dien, (tel que nous l'entendons) ni des œuvres en dérivant. C'est là une différence fondamentale. Pour le Yogui, l'Union spirituelle ou mystique est une sorte de fusion ou communion intime avec la divinité pour arriver à l'absorption dans l'Ame Eternelle ; pour le commun des chrétiens, c'est l'assimilation à Dieu par l'imitation des vertus considérées comme divines, la communion par l'amour. Il y a entre les deux dévotions autant de différence qu'entre l'Imitation de Jésus-Christ et l'enseignement, très élevé d'ailleurs, du Baghavat Gita.

IV. — *L'offrande et le sacrifice.*

1. « Lorsque le souverain du monde créa les êtres avec le sacrifice, il leur dit : Nourrissez-en les dieux et que les dieux soutiennent votre vie. »
2. « L'offre pieuse est Dieu ; le beurre clarifié est Dieu ; le feu, l'offrande sont Dieu ; celui-là donc ira vers Dieu qui, dans l'offrande, pense à Dieu. »

« Pour effacer leurs péchés, les uns font des sacrifices brahmaniques ; les autres offrent leurs biens, la prière, le jeûne, la privation de l'aspiration et de l'expiration. Mais il n'est point d'eau lustrale pareille à la science. Celui qui s'est perfectionné par l'Union mystique, avec le temps, trouve la science en lui-même. L'homme de foi l'acquiert quand il est tout à elle et maître de ses sens, et quand il l'a trouvée, il arrive bientôt à la béatitude. »

Le verset 1 définit le sacrifice tel qu'il était conçu par le paganisme et dans toutes les idolâtries. « Les contradictions économiques de Proudhon » renferment quelques pages remarquables sur le sacrifice, considéré comme origine du sacrement Eucharistique. Il faut cependant remarquer ce contraste : Le sacrifice payen monte aux dieux pour les rendre propices et les fléchir, l'Eucharistie descend dans les âmes déjà purifiées pour les fortifier. »

Le premier alinéa du n° 2 est complètement védique ; il est d'ensemble, et sauf les détails, presque chrétien et surtout catholique, au moins en apparence. Les poésies, sinon les croyances Aryennes se donnent la main à travers les siècles. Les Hymnes du Rig Véda pour le sacrifice, le chant du Bienheureux et le « Pange lingua » sont de la même famille.

L'alinéa suivant, d'accord avec Manou, désigne *la connaissance*, comme la purification suprême ; mais il ajoute que l'Union mystique, la foi, donnent la *connaissance*, ce qui est contraire au système Sankya et aux plus anciens Védas.

Remarquons encore qu'ici le sacrifice, l'expiation, le mérite, ne sont nulle part représentés comme pouvant servir à autrui. Chez les catholiques, au contraire, le plus souvent, le sacrifice et l'expiation, le mérite même des œuvres, ne doivent pas profiter à celui qui en est l'auteur, mais bien à ceux à l'intention desquels elles ont été accomplies. C'est là encore un contraste essentiel. Dans le Brahmanisme, il ne peut être question de l'amour du prochain, mais seulement de mérites à acquérir pour soi-même en vue de la délivrance finale, ou d'une bienveillance pour tous les êtres qui n'étreint rien.

V. — *Essence de Krischna.*

1. La terre, l'eau, le feu, l'air, le vent, l'esprit, la raison et le moi, telle est ma nature divisée en huit éléments. C'est l'inférieure. Il y en a une autre qui est ma nature supérieure principe de vie qui soutient le monde.

2. C'est dans mon sein que résident tous les êtres vivants ; la production et la dissolution de l'Univers, c'est moi-même.

3. Je suis dans les eaux la saveur ; la lumière dans la lune et le soleil ; la louange dans les Védas, le son dans l'air, la force masculine dans les hommes. »

Krischna embrasse tous les êtres dans son pouvoir de production et d'extinction, et il est la quintessence de tout ce qu'il y a de meilleur.

4. Quatre classes d'hommes de bien m'adorent ; l'affligé, l'homme désireux de savoir, celui qui veut s'enrichir et le sage. »

Ce sont là de nombreux adorateurs, — sans distinction de classes, ce qui est remarquable. Quant au reste des hommes :

5. Ceux dont l'intelligence est en proie aux désirs se tournent vers d'autres divinités ; quelle que soit celle à laquelle un homme offre son culte, j'affermis sa foi en elle.

6. Tout plein de sa croyance, il s'efforce d'obtenir et il obtient d'elle les biens qu'il désire et dont je suis le distributeur. »

Ainsi Krischna admet le culte de tous les dieux et le pouvoir qu'a chaque dieu d'exausser les vœux de ses clients en leur faisant obtenir les biens qu'ils désirent et dont Krischna est le dispensateur.

Tous les biens résident en lui ; mais, au dessous de lui, il y a des dieux intercesseurs ; c'est une manière de rallier à Krischna toutes les idolâtries et elle s'accorde avec le Panthéïsme Indien.

Platon admet un Dieu suprême avec des dieux secondaires, ses délégués ; il a très probablement emprunté à l'Inde cette idée telle qu'elle est exprimée aux versets 5 et 6 ci-dessus.

VI. — *Figure de Krischna.*

1. A la demande d'Ardjuna, Krischna lui donna un œil céleste pour voir sa figure auguste et suprême.
2. Portant beaucoup d'yeux et de visages, beaucoup d'aspects admirables, beaucoup d'ornements divins — tenant levées beaucoup d'armes divines ; merveilleuse en toutes choses. Dans son corps resplendissant comme mille soleils, l'univers entier et unique dans la multiplicité, — forme universelle et absolument infinie. »

Ardjuna ébloui lui dit :
3. Les armées, les héros vont se précipiter dans ta bouche formidable ; quelques-uns, la tête brisée restent suspendus entre tes dents. Ton gosier embrasé engloutit les générations.

Krischna répond :
4. Je suis le temps destructeur des générations. J'ai ôté la vie à Drona, Bisna, et d'autres guerriers ; tue donc tes ennemis. J'ai assuré leur perte, sois en seulement l'instrument.

Le n° 2 est fort curieux en nous donnant l'image la plus brillante sous laquelle les Hindous se représentent un Dieu. Ce n'est pas l'infini bien qu'ils le prétendent, puisque l'infini est incompatible avec la forme, ni l'unité puisqu'elle ne peut résulter de l'assemblage de mille choses. Ce n'est point, comme chez les Grecs, l'idéal de la forme, ni l'idéal chrétien de la sainteté et de la bonté. Il serait impossible de tirer de ce portrait de Krischna une statue comme celle d'un des dieux de l'Olympe, ou un tableau, tandis que le père Eternel assis dans sa gloire a inspiré les plus grands peintres Il n'y a dans la figure de Krischna, rien de chrétien ni même de payen.

Dans les n° 3 et 4, Krischna nous apparaît dans les attributs du temps (Kala) comme un terrible destructeur, comme impitoyable ; croyants ou incrédules nous nous faisons du Christ une toute autre idée.

VII. — *Métempsycose, incarnations.*

1. J'ai eu bien des naissances et toi-même aussi Ardjuna, je les sais toutes ; mais toi, héros, tu ne les connais pas.

2. Maître de ma propre nature, je renais d'âge en âge, par ma vertu propre, pour la défense des bons, *pour la ruine des méchants*, pour le rétablissement de la justice.

Le n° 1 est le dogme de la métempsykose, commun aux Brahmanistes, aux Bouddhistes et même à quelques ordres religieux de l'Islam. Pierre Leroux, dans son livre de l'humanité, l'a admis, en le restreignant aux âmes des hommes.

Le métempsycose, sorte de péché originel indéfiniment agrandi, a été inventée pour expliquer l'inégale répartition du bien et du mal physique et moral sur la terre. La raison pure se révolte autant contre le péché originel qui donne aussi cette explication et l'éternité des peines, que contre la métempsycose. On peut discuter indéfiniment sur ces deux solutions d'un même problème par les Théologiens, mais on doit reconnaître qu'elles sont radicalement différentes et qu'il y a là un abîme entre la doctrine de Krischna et le Christianisme.

Le n° 2 est la théorie Vichnouviste de l'Incarnation. Krischna s'incarne pour le combat (contre les méchants), Bouddha pour l'enseignement et la prédication, le Christ pour la rédemption. Quelle différence encore entre Krischna et le Christ ! Le but et le rôle de l'incarnation vont en s'élevant et s'épurant comme l'humanité.

La conception de Dieu dans les religions monothéistes est si haute, si inaccessible, que toutes admettent quelque trait-d'union avec l'homme, des prophètes, des anges, un Rédempteur.

VIII. — *Dieu et la matière*.

1. Sans commencement et suprême, ni un *être* (concret) ni *un non être* (une abstraction) doué en tous lieux de mains et de pieds, d'yeux et d'oreilles, de têtes et de visages, Dieu réside dans le monde qu'il embrasse tout entier ; sans modes, il perçoit tous les modes, intérieur et extérieur aux êtres vivants.

2. Sans être partagé entre les êtres, il *est répandu en eux* tous ; soutien des êtres, il les absorbe et les émet tour à tour. L'essence individuelle des êtres réside dans l'unité.

3. La nature (la Prakriti de la Sankya) et le principe masculin sont exempts tous deux de commencement ; les changements et modes tirent leur origine de la nature (comme dans la Sankya.)

4. La cause active contenue dans l'acte corporel, c'est la nature ; le principe masculin est la cause qui perçoit le plaisir et la douleur ; en effet en résidant dans la nature ce principe perçoit les modes naturels, et c'est par sa tendance vers ces modes qu'il s'engendre dans une matrice bonne ou mauvaise.

5. *Spectateur et moniteur*, soutenant et percevant toutes choses, souverain maître, âme universelle qui réside en ce corps, tel est le principe masculin suprême.

6. Quand s'engendre un être quelconque mobile ou immobile, cela se fait par l'Union de la matière et de l'idée (l'esprit).

D'après cela Dieu, la nature ou Prakriti, et le principe masculin sont distincts comme fonctions ; ce sont des aspects différents de l'Être suprême, mais il y a l'identité qu'admet Manou du principe masculin et de l'âme suprême. La distinction entre les deux est expliquée dans le verset suivant :

7. Des corps qui prennent naissance dans toutes les matrices, Brahma est la matrice immense et je suis le père qui fournit la semence.

Brahma est l'essence matérielle déifiée et Krischna, le grand mâle (Purusha) la source universelle de la vie.

(Se reporter aux développements donnés au titre premier du présent chapitre).

Le verset ci-après se lie intimement aux précédents et les complète :

8. « Vérité, instinct, obscurité, sont trois modes qui naissent de la nature (Prakriti) et qui lient au corps l'âme inaltérable (emprunt au système Sankya.)»

Toutes les actions sont continuellement accomplies par l'opération des qualités de la nature, (Prakriti). Trompée par la pensée de l'individualité, l'âme croit vainement que c'est elle-même qui en est l'auteur tandis que, résidant dans l'unité, son essence individuelle tire de là son développement.

9. L'âme unique inaltérable, tout en agissant dans un corps n'y est point souillée [1].

L'action est ainsi rapportée d'une part aux qualités de Prakriti, de l'autre à l'âme unique, universelle, à l'exclusion de l'individualité essentiellement passive. C'est ainsi que l'âme individuelle du système Sankya se trouve, par cette théorie, absorbée dans la non dualité du Védanta. Dès lors, chacun peut accomplir l'œuvre commandée par sa fonction (le devoir de la Caste, par exemple le Kchattrya, le combat) sans se mettre en contradiction avec le dogme Védantiste de l'inactivité réelle de l'âme et de l'état de repos sans passion.

IX. — Conditions originelles.

1. « Il y a trois sortes de foi parmi les hommes, suivant la *nature* de chacun ; les hommes de vérité sacrifient aux dieux, les hommes de passion aux Yakas et aux Raksasas ; les hommes de ténèbres aux revenants et aux spectres. »

Ce verset paraît indiquer trois religions historiquement superposées et qui probablement existaient alors encore dans l'Inde chez ses peuples plus ou moins avancés en civilisation : celle des revenants et des spectres, l'Animisme le plus primitif ; celle des esprits plus épurés et plus relevés quoique, encore souvent malfaisants et qui aurait eu le lingam pour fétiche ; et enfin la religion des Dévas et dieux Védiques.

[1] Le poète déclare que tout en étant omniprésent jusqu'au plus intime du monde, l'Esprit lui est extérieur et en est indépendant.

2. « Il y a trois sortes de sacrifices et d'actes correspondant aux trois qualités, et participant d'elles. »

« A sa mort, l'homme de vérité se rend à la demeure sans tache des clairvoyants [1], le passionné renaît parmi les êtres d'instinct et d'action ; celui qui meurt dans l'obscurité de l'âme, dans la matrice d'une race stupide. »

3. Celui qui est né dans une condition divine possède toutes les vertus, il va à la délivrance ; celui qui est né dans la condition des Assuras (démons) a tous les défauts et tous les vices et va à la servitude ; renaissant dans des matrices de démons, s'égarant de génération en génération sans jamais atteindre Dieu, il entre enfin dans la voie infernale. »

Le n° 2 est la métempsycose et la renaissance dans une des trois qualités, mais toutes deux réduites à une grande simplicité et sans les classifications des êtres si détaillées dans Manou et si outrageuses pour l'homme en général ; on sent que l'influence du Bouddhisme a rendu à l'homme son rang parmi les êtres animés.

Le n° 3 est la prédestination au bien ou au mal résultant de l'origine divine ou démoniaque. On ne trouve point dans Manou cet absolu. Seulement le verset 39, livre I, affirme que les êtres nés avec certains penchants les conserveront dans leurs renaissances. C'était nécessaire pour justifier les fonctions attribuées aux différentes Castes et aussi l'existence des trois qualités.

Dans l'esprit de l'auteur poète et théologien, l'origine divine appartient évidemment aux Brahmes ; l'origine démoniaque à ceux qui ne peuvent, dans aucun cas, arriver à la béatitude, parce qu'aucune fonction ne leur a été assignée, aux Pariahs aux Tchandalas, à tous les impurs en dehors des quatre Castes. Ils auront des renaissances de plus en plus basses jusqu'à ce qu'ils entrent dans l'enfer leur lot définitif et par conséquent

---

[1] Il existe pour les croyants qui n'ont pas atteint à la perfection, mais qui l'ont poursuivie sincèrement trois séjours relativement fortunés d'attente entre des renaissances heureuses. Cela rappelle les séjours ou conditions au-dessus de l'homme que l'on trouve dans la Sankya. C'est là d'où sont venus sans doute aussi leurs analogues dans le Bouddhisme.

éternel. C'est donc le péché originel sans la rédemption et l'éternité des peines par destination inévitable. Quel chemin le Brahmanisme a parcouru et, cette fois dans un sens mauvais, depuis Manou ! Comme il s'est éloigné de plus en plus des croyances communes à l'Iran et à l'Inde sur les purifications et les expiations et sur la fin dernière de tous les êtres qui, d'après Zoroastre, Manou et Bouddha, doit être le salut !

Il n'est pas besoin de faire remarquer que la prédestination au bien ou au mal est tout ce qu'il y a de plus opposé au Christianisme. Sur ce point encore il y a un abîme entre la doctrine de Krischna et celle de Jésus.

Ce qui nous reste à citer est plus satisfaisant.

X. — *Fonctions prédestinées.*

1. Entre les Brahmanes, les Kchattrias, les Vessiahs et les Soudras, les fonctions ont été partagées conformément à leurs qualités naturelles.

2. L'homme satisfait de sa fonction quelle qu'elle soit, parvient à la perfection en honorant par ses œuvres celui de qui sont émanés les êtres l'âme universelle).

3. Il vaut mieux remplir sa fonction, même moins relevée que celle d'autrui supérieure ; car en faisant l'œuvre qui dérive de sa nature, un homme ne commet point de péché. »

Dans ces textes, rien d'exorbitant en faveur des Brahmanes ; rien d'humiliant ou de décourageant pour les Soudras si méprisés, si maltraités par Manou ; on sent à la fois : et l'influence du Bouddhisme qui les avait relevés, même hors de son sein, par le progrès universel des idées ; et le besoin qu'avaient les Brahmes de se les attacher et de les détacher de leurs adversaires.

De même que le Bouddha et les Bouddhistes, Krischna et « ses dévots » s'intéressent vivement au bien de toutes les créatures ; cela ressort de quelques passages déjà cités du poème et mieux encore des passages suivants.

Chapitre V. « Le dévot » dont l'âme « participe » aux âmes de toutes les créatures ; (c'est-à-dire qui sait que toutes les âmes sont une partie de l'Esprit unique et a pour tous des sentiments conformes à cette persuasion), 'est pas souillé même par l'action. »

« Ces Ritchis qui, en pleine possession d'eux-mêmes, e *consacrent au bien des autres* (cela rappelle les Bodhisatvas) obtiennent l'extinction dans l'Esprit suprême. »

« L'Anachorète qui sait que moi, le Seigneur de tous les mondes, je fais ma jouissance de ses sacrifices et mortifications et que je suis *rempli de bienveillance pour toutes les créatures*, obtient le calme absolu.

« Chapitre XVI. Le cœur inaccessible à la crainte, l'esprit toujours calme, la *bienveillance pour tous les êtres*, le pardon des injures, l'exemption de trouble et de préoccupations, telles sont les conditions de celui qui est prédestiné pour le séjour des Dévas. »

L'âme universelle du Védanta de Çankara Atchéria et et l'Être suprême de la Sankya théiste, peuvent se concevoir comme embrassant dans leur unité et leur universalité tous les êtres passés, présents et futurs. C'est là un Panthéïsme spiritualiste, c'est-à-dire tout à-fait différent de la croyance vulgaire de l'Inde qui généralement confond l'âme universelle dans la vie universelle.

Cette conception avec laquelle le Panthéïsme de Spinosa présente de l'analogie, a été transformée par Pierre Leroux dans son livre de l'Humanité en une sorte de Panthéïsme humanitaire. Il admet la transmigration, mais dans l'humanité seulement. D'après lui nos âmes ne sont que des modes d'expansion de l'Ame Divine dans tous les hommes et toutes les générations.

De là une certaine école a conclu, peut-être malgré lui, qu'il est légitime de sacrifier, au besoin, des existences à l'intérêt de l'ensemble des existences actuelles ou futures, puisque toutes les générations résident dans l'âme universelle. Cette idée est exprimée par Louis Blanc dans son histoire de la Révolution française.

L'objection naturelle est qu'aucune secte n'est sûre de posséder la vérité et qu'il n'y a d'absolument certain que les principes éternels de la justice et de la morale. Bacon avait déjà fait cette réponse aux sectaires de son temps.

XI. — Adoration.

1. Aum, Lui, le bien. Telle est la triple désignation de Dieu. Les théologiens n'accomplissent jamais les actes du sacrifice, de la charité et des austérités fixées par la règle, sans prononcer le mot Aum.

2. Pour tout acte, de vérité ou digne d'éloge, pour la persévérance dans la piété, la charité, on emploie ce mot : le Bien.

2. Mais tout sacrifice, tout présent, toute pénitence, toute action accomplie sans la foi n'est rien dans cette vie ni dans l'autre.

Là où est le maître de l'Union mysttque, Krischna là aussi est le bonheur, la victoire, le salut.

Que tous les êtres soient heureux. »

Cet acte d'adoration, avec une conception au fonds impersonnelle de Dieu ou panthéïste, est d'une grande élévation. Dieu confondu avec le Bien jusque dans sa définition est une conception très belle, très saisissable, à l'inverse du Brahma immuable, ou de l'Ame universelle, pures abstractions métaphysiques, complètement stériles pour l'humanité et pour les œuvres. Le Bouddhisme avait prêché le Bien pour lui-même et au nom d'une sorte de destin moral. Le Néo-Brahmanisme le personnifie, et en fait le principe d'action à la fois le plus fécond pour tous et le plus accessible à tous. C'est grâce à cette transformation autant qu'à la ténacité des Brahmes que le Brahmanisme a pris le dessus sur le Bouddhisme, en l'accusant d'Athéisme et qu'il a pu continuer les œuvres grandioses que celui-ci avait inaugurées pour la religion et le bien public avec les ressources que fournissait à la communauté religieuse, par le renoncement Bouddhique, la libéralité des fidèles. Les dons pieux ont cessé d'être uniquement comme autrefois des présents aux Brahmes, et ont concouru au développement de la civilisation Brahmanique.

Malheureusement, tout en préconisant les actes, Krischna met au-dessus de tout la foi, l'Union mystique avec lui ; c'est-à-dire, dans les conditions où se trouvait l'Inde, la superstition presque toujours grossière et qui se passe de la moralité.

De cet exposé critique, on peut conclure que le chant du Bienheureux et son commentateur Çankara Atchéria ont inauguré dans l'Inde une ère religieuse nouvelle où le sentiment et l'action ont une part beaucoup plus grande que dans l'ancien Brahmanisme et où l'intérêt d'un régime social atrocement injuste a cessé d'étouffer chez les Aryens de l'Inde tout autre cri que le : *væ victis*. Il y a eu progrès de ce côté ; mais d'un autre côté il y a eu recul, par le mélange des superstitions indigènes avec les croyances et pratiques Aryennes transmises plus ou moins fidèlement, et par une sorte de consécration de la caste, même dans l'esprit des déshérités. Il résulte aussi de cet exposé qu'il n'y a rien de commun entre la doctrine de Krischna et celle du Christ, de même qu'entre la vie guerrière et galante du Dieu Hindou et celle du Rédempteur. On s'est préoccupé beaucoup trop de ressemblances fortuites et complètement superficielles entre les deux doctrines et les deux vies, par exemple de la naissance de Krischna et de Jésus au milieu des bergers et par une Vierge (beaucoup de dieux dans l'Inde ont été enfantés par une Vierge, et Krischna a été élevé avec des bergers) et l'on a voulu prouver, les uns que le Krischnaïsme provient du Christianisme et les autres la thèse inverse.

M. Jacouliot qui a su se faire beaucoup lire et le savant archevêque Monseigneur Laouénan tiennent chacun la tête des écrivains opposés. Par des rapprochements historiques, ce dernier a établi que tous les livres sacrés de l'Inde, à l'exception peut-être des Védas, sont postérieurs à la naissance du Christ, et a fixé assez approximativement les dates auxquelles ils remontent. Il a fait ainsi œuvre utile pour la science historique, mais non absolument concluante pour celle des religions, parce que les compositions sacrées de l'Inde sont nées à des époques antérieures à leur rédaction écrite et qu'il est très difficile de déterminer, même par approximation.

Selon nous la question de précédence est d'importance secondaire ; les deux religions diffèrent radicalement par les principes ; donc aucune des deux ne peut provenir de l'autre. Quiconque a lu à la fois l'Evangile et les livres sacrés de l'Inde ne peut conserver de doute à cet égard ; à défaut de ce rapprochement, celui, soit des légendes licencieuses du Krischna primitif, soit des pratiques grossières des Krischnaïstes de nos jours, et de la dévotion chrétienne, suffirait amplement.

A l'époque (8e ou 9e siècle) ou Ananda Ghiri écrivait la biographie de son maître Çankara Atcharia, le culte de Krischna, de Rama, de Sita, d'Hanunan n'existait pas encore. Ce ne fut guère qu'au xie siècle que Krischna fut popularisé par le Vishnou-Pourana, le Ghita Govinda et le Sri Bagavatha-Pourana (en Indoustani le Premsagar) c'est au xiie siècle que l'on trouve les premières traces de son culte et du mouvement religieux auquel correspond la construction des principaux sanctuaires qui lui sont spécialement voués.

CHAPITRE III

PÈLERINAGE DE FA-HIEN

Au commencement du ve siècle de notre ère, le pèlerin Chinois Fa-Hien vint dans l'Inde, dans le but de visiter les lieux rendus célèbres par les principales circonstances de la vie du Bouddha (Foe pour les Chinois). Il voulait aussi rapporter en Chine une collection complète de tous les livres considérés dans l'Inde comme canoniques.

Il passa par le sud du Thibet et la petite Tartarie, visita successivement Caboul, Cachemire, Candahar et le Punjab, puis se dirigeant vers le sud-est, il atteignit Mathoura sur la Jumma Inf^{re} traversa le Gange à Canoudj au confluent de la Kali et inclina presque à l'Est à travers l'Oude jusque près de Fizabad. Il suivit ensuite la rive Orientale de la Gogra ; puis il descendit le cours de la Rapti jusqu'au Ganges qu'il traversa à peu près au même point que Bouddha (Patna vie de Bouddha chap. IX) où se trouve maintenant un magnifique pont en fer dont nous avons parlé. Tous ces noms figurent avec honneur dans l'histoire des magnifiques canaux du Gange et de la Jumma. (Voir notre ouvrage sur les irrigations de l'Inde.

Ensuite Fa-Hien traversa successivement le Morhar et le Fulgo et visita toutes les localités du voisinage qui sont si fameuses dans les annales du Bouddhisme. Après avoir passé trois ans dans l'Inde, occupé à l'étude de la langue Pali et collectionnant des copies des ouvrages religieux, il s'embarqua sur le Gange et arriva près de son embouchure. Il avait encore parcouru l'Inde sur la moitié de sa longueur et avait constaté la situation florissante du Bouddhisme dans tous les états, excepté au Punjab où il trouva des ascètes nus qui le scandalisèrent et avec lesquels il refusa d'entrer en relations (probablement le Punjab était resté presque en dehors de la prédication.) Il prit passage sur un navire à destination de Ceylan où il séjourna deux ou trois ans.

Ses écrits montrent que, en dehors de l'Inde, trois races d'hommes avaient reçu le Bouddhisme : Les Gètes, les Tartares ou Scythes et les Chinois.

Ainsi que nous l'avons déjà fait observer, les peuples d'origine Gète paraissent avoir été naturellement portés au Bouddhisme. On cite beaucoup de Gètes, comme des bouddhistes éminents par leur science et leurs travaux. Ces peuples de la H^{te} Asie paraissent avoir aimé la métaphysique, l'ascétisme et la paix, âme du Bouddhisme; ce fut une barrière qui arrêta l'Islamisme dont l'esprit était tout opposé.

Par les livres bouddhistes qui furent les premiers traduits en Chinois, il apparaît que la Chine doit avoir reçu à l'origine le Bouddhisme de deux sources, le Khothan et l'Inde, à une époque où il ne s'était pas encore éloigné sensiblement de l'enseignement de Bouddha, où il prêchait presque exclusivement la paix, la raison, la morale comme les plus anciens sages de la Chine, et où il s'adaptait parfaitement au tempérament de la Chine.

M. Abel Rémusat, qui a traduit le voyage de Fa-Hien résume dans les 8 points suivants le résultat de ses observations :

1° Le Bouddhisme était établi dans la Tartarie Centrale à l'Ouest du grand Désert de Gobi, aux environs du lac de Lob, chez les Ourigours, à Khotan où il était particulièrement florissant et où il était un centre et un foyer d'enseignement et de propagande, dans tous les petits états au Nord des Himmalayas. On y voyait des monastères peuplés de religieux, on y célébrait des cérémonies Indiennes, on y cultivait le sanscrit, et cette langue y était assez connue pour qu'on lui empruntât des noms de localités.

2° Cette religion était encore plus florissante à l'Ouest de l'Indus, dans les états tout Indiens qui occupaient alors les montagnes de l'Afghanistan, Oudyana, Kandahar, Belouchistan, Tchyoutasira etc.

Les Bouddhistes y avaient porté leur culte, et des traditions locales plaçaient dans ces contrées le théâtre de plusieurs événements relatifs à Bouddha, à ses voyages, à la rédaction des textes sacrés.

3º Le pays situé sur les bords du Gange, entre les montagnes du Népaul, les rivières de la Jumma et de Gogra est le véritable berceau du Bouddhisme. Magadha est sur la rive droite du Gange. Le royaume de Kapilawot faisant partie du Magadha était désert ainsi que la ville de Gaya ; les routes étaient infestées par les lions et les éléphants sauvages. On montrait le Banian sous lequel Bouddha avait atteint la Bodhi et qui devait alors avoir 1,000 ans ; tout près il y avait trois monastères dont les religieux étaient abondamment entretenus par le peuple.

Fa-Hien vit les stoupas ou tours monumentales édifiées sans doute par Açoka — une sur le lieu où Bouddha était né — une autre sur le lieu où il avait obtenu la Bodhi. — La 3º au lieu où il commença à tourner la roue de la Loi (à Bénarès) ; la 4º sur l'emplacement où il atteignit le Parinirvana.

A une lieue de Bénarès, il visita le fameux jardin de Dévaton (appelé Parc des Cerfs) où Bouddha avait commencé à faire tourner la roue de la Loi.

A Radzagio il vit une nouvelle capitale qui avait remplacé l'ancienne.

4º Dans ces contrées, le Bouddhisme avait conservé en opposition avec le Brahmanisme une sorte de supériorité politique.

5º Le Bouddhisme avait pénétré jusque dans le Bengale; aux embouchures du Gange, il était florissant, on y comptait 24 monastères.

6º On assurait que cette religion avait pénétré très anciennement dans le Dékan, il existait déjà à cette époque des temples souterrains bouddhistes (temples d'Ellora) que l'on faisait remonter aux temps mythologiques.

7º Le Bouddhisme était dominant à Ceylan et y avait beaucoup d'éclat. On comptait 60.000 religieux. Une magnifique tour ou stoupa de plus de 120 mètres de haut décorée d'or et d'argent s'élevait près d'un monastère où 5.000 religieux étaient entretenus aux frais du roi. On y voyait une statue de Bouddha en jaspe vert de 7 mètres de haut tenant à la main un *diamant*.

8° On cherchait par l'étude des langues sacrées, dans toutes les parties de l'Inde, à compléter la collection et à faciliter l'intelligence des livres religieux. On en avait recueilli un très grand nombre dans l'Oude, à Patna, à Bénarès au Bengale. C'est à Patna et à Kosala que Fa-Hien trouva les livres sacrés qu'il cherchait. Il n'avait pu les trouver au Nord de l'Indus ce qui prouve encore que le Bouddhisme y était en déclin, si toutefois il y avait jamais été florissant.

Il remarqua à Patna une sorte d'hôpital, institution inconnue alors en Chine.

Il fit sur le pays de Mathoura bouddhiste les observations suivantes :

La peine de mort n'y existe que contre les Tchandalas (pariahs). Les crimes sont punis par des amendes. En cas de récidive, on coupe la main au coupable. — Il n'y a point de bouchers ni de marchands de vin. — On ne tue aucun Etre animé.

Revenons aux événements historiques, racontés par Darnata. Nous n'avons que l'histoire partielle du Magada. Sous les dynasties Tchandra (la lune), Pala, et Cena qui se succédèrent sans lacune. La première compte sept rois, les 7 Tchandras, tous attachés au Bouddhisme. L'un d'eux Nématchandra fut détrôné par son ministre Pouchéiamitra.

C'est dans ce temps qu'eut lieu la 1re invasion dans l'Inde d'étrangers qu'on désigna sous le nom de Tirtikas. Ils firent la guerre à Pouchéiamitra, brûlèrent un grand nombre de temples depuis Djalandara dans les environs de Cachemir jusqu'à Magada et tuèrent un grand nombre de religieux; une grande partie des Bickous s'enfuirent dans d'autres pays.

Quelques années auparavant, dit l'historien Darnata avait apparu la doctrine du Mlechta (barbare, étranger) que les bouddhistes attribuent à un Bickou [1].

---

[1] Ce nom peut indiquer Mahomet qui prit conseil des moines Nestoriens. S'il en est ainsi, Darnata a eu en vue la naissance de Mahomet, car l'Hegire date de 623 après J.-C. — Je pense qu'il s'agit d'Iraniens. Les Musulmans n'ont pu parvenir jusqu'à l'Inde qu'après le séjour de Hiouen Tsang. — Il est question de Mlechtas dans Manou. L'auteur indien désigne les Musulmans

Cette invasion que Darmata appelle la première chute du Bouddhisme ne fut sans doute qu'une incursion, puisque les princes Indiens continuèrent à régner dans le centre de l'Inde.

A Cathandra, le dernier des sept Tchandras protecteurs du Bouddhisme, succéda Tchandragupta qui eut un vaste empire et à celui-ci son fils Bindouçara qui d'abord ne régna que sur l'état de Gaoura. Puis Tanaka, l'un de ses vassaux, fit tuer les Nobles et les Rois dans 17 états et se rendit maître de tout le territoire situé entre les deux mers, (le Golfe de Bengale et celui de Bombay). Ce roi gouverna 35 ans et son fils Chritchandra lui succéda.

Mais le fils de ce dernier Dharmatchandra perdit ses états, sauf la partie Orientale de l'Inde Bouddhiste, le Bengale.

Vers la même époque, une dynastie royale de Sudras qui se prétendaient issus des Guptas de Patna, fonda le royaume de Canodje qui dura jusqu'à la fin du VIIe siècle et les Radjapoutes Chalukyas s'établirent dans le Dékan qu'ils dominèrent jusqu'au XIIIe siècle. Ils avaient pour capitale Kalianapour près de Mangatore.

En 474 Yayati Késari expulsa les Yavanas (noirs), Grecs Baktriens de la province d'Orissa et fonda la dynastie des Késari ou Lions qui régna jusqu'en 1575, époque à laquelle le royaume d'Orissa devint feudataire des Empereurs Mongols.

En l'an 608 à 610 une branche cadette des Chalukyas s'établit entre les fleuves du Godavery et de la Krishna et y fonda la dynastie des Chalukyas occidentaux qui prit pour capitale Rajahmundry (où existe aujourd'hui un barrage de dérivation célèbre sur le Godavéry) et s'étendit au Nord et au Sud ; elle s'éteignit vers l'an 1228.

Dans le Guzarat la dynastie Radjpoute des Chauras expulsa les Vallabas et régna à Analwara (aujourd'hui Patan) dans le Radjputana jusqu'à l'an 931 où elle s'éteignit ; son domaine fut réuni à celui des Chalakyas de Kalianapour.

par le nom de Thirtikas qu'on donnait aux jaïns, aux brahmes nus et probablement en général à tous les ennemis du Bouddhisme.

CHAPITRE IV

LES DOCTRINES INDIENNES A ROME ET DANS L'EMPIRE D'ORIENT

Comme plusieurs pays bouddhistes étaient soumis aux grecs depuis Alexandre, il est évident que les Missionnaires Bouddhistes durent pousser jusqu'à Alexandrie, et de là se répandre dans tout le monde grec et romain où ils avaient été précédés déjà par une première expansion des doctrines Indiennes. Il y avait un double courant, celui des ascètes Indiens vers l'Occident et celui en sens inverse des savants Grecs qui allaient étudier l'Inde. Le Bouddhisme fleurissait à Alexandrie d'Egypte au premier siècle de notre ère. Ce fait capital établi par les récits des écrivains bouddhistes de Ceylan donne la clef du mysticisme néo-platonicien d'Alexandrie et en grande partie du Mysticisme dans les autres contrées qui firent partie de l'Empire romain. Les Polémiques entre Païens et Chrétiens au second siècle de notre ère font ressortir l'influence prédominante à Rome parmi les premiers, à cette époque, des idées Indiennes et principalement des doctrines Bouddhistes. C'étaient les théories Indiennes que les adversaires du Christianisme lui opposaient [1].

On trouve dans le premier de ces polémistes, Celse qui, comme tant d'autres à cette époque, avait beaucoup voyagé et étudié les cultes de l'Orient, une philosophie religieuse semblable à celle des Brahmes, moins les Incarnations. Un dieu unique, immobile dans le ciel, a pour ministres des démons ou génies emprunt de Platon aux dévas,

---

[1] Revue des deux Mondes 1er janvier 1879; les Polémiques religieuses au second siècle par M. Gaston Boissier de l'Académie française.

divinités intermédiaires chargées par lui de veiller sur le monde et de distribuer ses bienfaits. Nous devons les adorer, car ils peuvent nous être fort utiles et le Dieu suprême n'en sera pas jaloux.

L'humanité a été faite pour l'univers et non l'univers pour l'homme ; le principe vital est identique chez tous les êtres, il est même supérieur chez les animaux ; l'homme est l'inférieur et non le seigneur de la plupart des créatures. Comme les ascètes brahmaniques, Celse ramène toute la dévotion au grand Dieu « Jamais, en « aucune occasion, il ne faut se détacher de Dieu, ni en « public ni en particulier. Nous devons continuellement « et dans nos paroles et dans nos actions et même quand « nous ne parlons ni n'agissons, avoir notre âme fixée sur « lui. »

Epictète et Marc Aurèle s'expriment de la même manière. Ce sentiment a du être emprunté à une école de mystiques, fille de l'Inde et de Platon, qui s'était formée de bonne heure à Alexandrie.

Héliogabale bâtit sur le mont Palatin un temple au dieu-soleil, le dieu des brahmes. Comme ce dieu paraît avoir été aussi celui des Esséniens, il espérait faire de ce temple, par un éclectisme, le centre du culte des Juifs, des Samaritains et des Chrétiens.

Alexandre Sévère avait dans sa chapelle privée, avec Abraham, Orphée et Jésus-Christ, Apollonius de Thyanes, type idéal de réformateur dont presque tous les traits avaient été empruntés à l'Inde pour le substituer à Jésus.

Apollonius de Thyanes avait réellement existé et fait quelque bruit pendant le premier siècle de l'Empire. C'était un sage pour les uns, pour les autres un magicien. Après sa mort, sa renommée avait grandi et était devenue une légende populaire dont Philostrate fit un roman à la demande de l'Impératrice Julia Domna, femme de Septime Sévère qui était née en Syrie d'une famille vouée au sacerdoce des cultes de l'Orient. Ce roman était la vie d'un Rédempteur tel que le comprenait l'Impératrice par opposition à l'Evangile ; c'est la personnification des théories Indiennes dans un grec.

Apollonius prouve sa mission par des miracles ; mais, avec Bouddha, il condamne la Magie et les enchantements,

Sa science lui vient des dieux. De même que les saints du Brahmanisme et du Bouddhisme, il prédisait l'avenir, voyait ce qui se passait dans des lieux lointains, et changeait quelquefois l'ordre de la nature. Autour de lui tout le monde fait des miracles. Les Brahmanes, pour se rapprocher du soleil, s'élèvent en l'air à la hauteur de deux coudées. Les Gymnosophistes ordonnent à un orme de saluer Apollonius et l'arbre s'incline. Mais c'est Apollonius qui accomplit le plus de prodiges. Il guérit les possédés, confond l'esprit malin, ressuscite une jeune fille etc.

Les traits suivants sont d'un Bouddhiste, moins l'humilité. A un Roi qui étale ses trésors devant lui, il dit : « Tout cela, ô Roi, pour vous ce sont des richesses, mais pour moi, c'est de la paille.

Au percepteur des péages d'un pont sur l'Euphrate qui lui demande ce qu'il apporte avec lui, il répond :

« J'apporte la continence, la justice, la force, la tempérance, la bravoure, la patience. »

Toutefois, il a plutôt la raideur brahmanique que l'humble compassion bouddhiste. Il est touché, il est vrai, des larmes du peuple, mais il n'a point cette profonde sympathie pour les humbles et les déshérités qui éclate dans la Vie du Bouddha. Il n'attire point les coupables par l'attrait du pardon. Il dit durement : « On peut empêcher un homme de se souiller d'un crime, mais le purifier une fois le crime commis, cela n'est possible ni à moi, ni à Dieu *Créateur de l'Univers.* » — Ces trois derniers mots prouvent que Philostrate admettait l'idée de la création comme Pythagore qui l'avait prise aux Egyptiens et aux Sémites.

Le héros du Roman a étudié dans sa jeunesse tous les systèmes philosophiques, mais il s'est senti surtout attiré vers Pythagore et il s'est soumis pendant cinq ans au régime du silence.

Grand admirateur des Brahmes et des Gymnosophistes, il va chercher dans leurs Ecoles ce que la Grèce ne lui a point appris et bien que se rattachant aux anciens philosophes il n'en est point le continuateur.

Comme autrefois le Bouddha, il appelle à lui tous ceux qui veulent y venir, quelle que soit leur origine, il parle à la foule et s'exprime par images et par paraboles.

Il enseigne, *comme un législateur*, il ne discute point. Pour lui, comme pour les Brahmes, la philosophie est une profession, une caste. L'esprit et le cœur ne suffisent pas pour y prétendre. « Il faut être *pur*, c'est-à-dire prouver que ses parents et ses ancêtres jusqu'à la 3e génération ont été exempts de taches et de souillures.

A ses yeux, la profession de philosophe est si importante qu'elle ne laisse plus de place aux occupations les plus nécessaires. Apollonius n'a rempli aucune fonction, ni aucun devoir de famille. Dès sa jeunesse, il s'est voué à la chasteté et au célibat Il pratiquait des abstinences sévères, ne mangeait que des légumes et des fruits et ne buvait pas de vin. Il avait un costume particulier, fait d'étoffes de laine ; il marchait nu-pieds et laissait croître sa chevelure. C'était presque en tout un religieux bouddhiste.

Consulté par Vespasien, pour savoir s'il doit accepter l'Empire, Apollonius lui conseille de garder l'autorité. « Personnellement, dit-il, tous les gouvernements me sont indifférents, car je ne relève que de Dieu, mais je ne veux pas que le troupeau humain périsse faute d'un bon et fidèle pasteur. » Mais il a grand soin d'ajouter : secourez les Indigents et respectez les biens des riches. Craignez et modérez votre pouvoir absolu. Au lieu de couper les épis qui s'élèvent au-dessus des autres, comme le conseille fortement Aristote, travaillez à enlever des cœurs comme de mauvaises herbes l'envie et les haines. — Donnez l'exemple de l'obéissance aux Lois, par là vous serez vous-même un bon législateur. »

« Si un prince, méprisant ces avis, devient un tyran, *surtout s'il persécute les philosophes*, on n'est plus tenu de lui obéir, il faut lui résister et aider un homme de cœur à prendre sa place. »

Si dans les mots soulignés on remplace *les philosophes* par les Brahmes, on se trouve presque en face d'un texte de Manou. C'est plus encore la doctrine de Tseng Tseu.

Apollonius est par dessus tout un dévot à la manière de l'Inde, un prêtre.

« La sagesse, dit-il, consiste dans la science des prières et des sacrifices (la science du Mimansa). »

« J'ai une double mission : 1° Corriger les mœurs publiques (comme le Bouddha) 2° enseigner à pratiquer plus religieusement les initiations et les rites ; cette seconde partie de ma tâche est la plus importante. »

« Mépriser une divinité quelconque est contraire à la sagesse ; il faut honorer toutes les divinités, comme les Athéniens qui ont élevé des autels même aux dieux Inconnus. Le nombre des dieux est infini. Il y a sur la terre, au ciel et dans la mer, une multitude de puissances divines qui font tout marcher sous la direction *du dieu soleil.* »

Cette théologie tout à fait Indienne, était, dit-on, celle des autres sages du temps de Philostrates.

Apollonius prêche dans les temples ; il se donne et se regarde comme un messager des dieux, presque comme un dieu lui-même, et il se laisse rendre des honneurs divins ; autre trait de ressemblance avec les Brahmes.

Dans la réforme religieuse qu'il médite, il veut surtout donner plus d'ardeur à la piété et rendre plus étroit le commerce de l'homme avec Dieu ; c'était alors la tendance du brahmanisme aussi bien que des Mystiques d'Alexandrie. Apollonius n'admet pas la doctrine de la grâce, c'est-à-dire le besoin qu'éprouve l'homme d'être aidé par Dieu pour faire le bien. Ce besoin, on le sait, n'existait ni pour le Brahme orgueilleux ni pour le Bouddhiste athée.

C'était donc bien l'Inde quelque peu platonisée que la polémique payenne, dans le personnage d'Apollonius de Thianes, opposait au Christianisme.

La contagion de l'Inde gagnait jusqu'aux polémistes chrétiens eux-mêmes, Origène plus que tout autre. Ses théories sur la délivrance finale de tous les êtres sont d'un bouddhiste, quelque peu Iraniennes.

Le monde actuel doit périr ; d'autres mondes lui succéderont sièges appropriés à des âmes déjà moins souillées de péchés, et cette rénovation se poursuivra jusqu'à ce que l'expiation universelle soit achevée. Les âmes étant libres toujours après la réparation, une chute nouvelle est possible, mais les âmes s'épurent toujours de plus en plus à cause de l'attrait supérieur du bien et, parvenues à un certain degré de perfection, elles sont dans une bienheureuse impuissance de faillir. La création toute entière a reconquis sa splendeur et sa pureté originelles. Au terme de son odyssée, la liberté retrouve la béatitude dont elle s'était séparée par sa faute. Le diable lui-même rentrera dans la cité céleste (comme chez les Iraniens et les Bouddhistes) ; comme diable il sera détruit ; comme esprit créé par Dieu il retournera au sein de Dieu.

De l'Egypte le Bouddhisme rayonna nécessairement dans l'Arabie et en Afrique, il y déposa des germes que le temps a développés et d'où est né sans doute le soufisme. En étudiant les sectes dissidentes de l'Islam en Algérie et du Maroc, on arrive à la conviction que le Bouddhisme les a pénétrées, ainsi que le Brahmanisme.

L'influence des doctrines Indiennes s'est prolongée fort avant jusque dans le bas Empire et est passée de Rome à Bysance. Elles régnaient, même parmi les Chrétiens, pour ce qui cnncerne la divination et l'acquisition des pouvoirs surnaturels par la sainteté ou la magie. Justinien était cru universellement les posséder tous ; celui de se soutenir en l'air à plusieurs pieds au-dessus du sol, de se transporter par l'effet de la volonté seule d'un lieu dans un autre, de voir et d'entendre à toute distance et malgré les obstacles interposés, enfin de guérir les malades, Tribonien, jurisconsulte éminent, lui-même grand Thaumaturge, lui attribue ces pouvoirs dans un discours officiel parvenu jusqu'à nous comme document authentique. Peut-être l'Empereur y croyait-il lui-même. On cite d'autres thaumaturges fort habiles dont l'art provenait peut-être de l'hypnotisme. Au moment de la conquête Musulmane, les superstitions et les systèmes Indiens imprégnaient tout l'Orient, soit qu'ils vinssent de Rome et de Bysance ou bien de la Perse. Ces doctrines et même quelques pratiques se sont ainsi introduites dans le soufisme. Dans les Ouerds (règles, dogmes) de la plupart des ordres religieux de l'Islam, surtout des ordres mystiques, on trouve reproduits presque textuellement le panthéisme indien, le yoguisme, le salut par la grâce et la foi (la bakti), les divers degrés d'initiation, d'extase et de communication de l'âme avec Dieu, sans parler des révélations qui, dans ces communications, sont faites aux âmes les plus saintes, le plus souvent par l'intermédiaire de l'ange Gabriel. Ces ordres religieux en se propageant jusque dans l'Inde ont fait remonter à son berceau le mysticisme antique faiblement transformé. Ils tendent ainsi la main au Brahmanisme sur un fonds commun. Ils sont animés d'une grande ardeur de prosélytisme et, de son côté, l'Hindouïsme moderne va de plus en plus au monothéisme. Le concours de ces deux tendances est, sans doute, la cause principale, par un travail latent, du progrès actuel du Mahométisme dans l'Inde. Quelques-uns voient dans ce progrès un péril pour la domination Anglaise, en raison du ressentiment non encore éteint des Musulmans vaincus et de leur sympathie pour le Czar. Nous ne partageons pas cette opinion ; d'après l'étude qui en a été faite par le Colonel Rinn en Algérie, les ordres religieux de l'Islam, (à part les Snoussia qui prêchent l'isolement loin des Infidèles mais non la révolte), sont pacifiques et humains et d'un esprit différent de celui du Coran inspirateur du fanatisme Musulman. Dans l'Inde, par la pénétration très puissante du milieu ambiant, ces ordres ne pourront qu'accentuer fortement cet esprit éclectique et transigeant.

Enfin, d'après un grand nombre d'archéologues, la propagande bouddhique aurait agi directement sur les habitants du Mexique et de l'Afrique Centrale pendant les premiers siècles de l'ère chrétienne : on a trouvé parmi les sculptures de Copan et de Palenqué des images mystiques absolument semblables à celles de l'Asie Orientale et notamment le Taïki le symbole le plus vénéré des Chinois qui représente, dit Hamy « la combinaison de la force et de la matière, de l'actif et du passif, du principe mâle et du principe femelle ; à l'appui de cette hypothèse, on cite les faits suivants :

Le courant Noir qui traverse le Pacifique boréal a souvent apporté des épaves Japonnaises ; en 1875, le courant entraîna des bateaux et des naufragés de l'autre monde. En outre, on reconnaît l'influence polynésienne dans les constructions, les costumes et les ornements de l'Amérique Nord Occidentale de l'Alaska à l'Oregon. C'est à l'Asie, c'est-à-dire à l'Occident des continents américains que se rattachent leurs plus anciennes relations transocéaniques.

LIVRE VI

Pèlerinage de Hiouen-Tsang.

CHAPITRE I

LIEUX SAINTS DU BOUDDHISME

Dans le second quart du viie siècle de notre ère, Hiouen-Tsang quitta la Chine sans l'autorisation de l'Empereur, au prix de grandes dépenses et en affrontant beaucoup de dangers. Il trouva le Bouddhisme établi dans le Kaotchang état voisin et tributaire de la Chine, et plus loin, dans le Koutché. Il prêcha la Loi au Khan des Turcs dans la ville de Soutchi (Turaniens du Turkestan sans doute adonnés à l'Animisme et au Démonisme.)

À Samarkande dont le Roi et le peuple étaient adorateurs du feu, il restaura le Bouddhisme qui y avait été autrefois apporté, ainsi que le prouvaient deux couvents alors déserts.

C'est à Balk qu'il commença à trouver la religion florissante avec ses monuments, ses reliques et ses légendes. On y comptait 100 couvents où 3,000 religieux étudiaient le Petit Véhicule.

Au royaume de Kachemir, régnait la plus grande ferveur. La capitale avait 100 couvents peuplés de 5,000 religieux, Hiouen-Tsang vit 4 vieux stoupas édifiés par le roi Açoka, dans chacun desquels on conservait des reliques du Bouddha.

Il visita 20 endroits célèbres par des actes héroïques que Bouddha y avait accomplis dans ses existences diverses.

Arrivé aux états où avait eu lieu la prédication de Bouddha, il vit tous les lieux qui marquent dans sa vie remplis de monuments de tout genre, la plupart en ruines, comme ils l'étaient déjà en partie du temps de Fahien.

Le dévot pèlerin fut profondément ému de la vue des lieux saints ; sa foi robuste ne fut point ébranlée par l'état de désolation dans lequel il les trouva. Kauçambi, Çravasti, Kapilavastou, Ramagrama, Kouçincegra, Vaiçali n'offraient plus que des ruines ; les habitants du pays avaient presque tous fait retour au Brahmanisme, ainsi que ceux de Bénarès.

A Çravasti, il ne restait plus qu'un petit nombre de religieux de l'Ecole des Sammatiyas, dépositaires de la légende des 500 filles de Kchatryas qui eurent les mains et les pieds coupés pour avoir refusé d'entrer au Harem et auxquelles Bouddha envoya un Biskou pour les instruire avant de mourir, ce qui leur valut de renaître au ciel des Toucitas.

Dans le royaume de Kapilawot qui avait environ 4,000 lis[1] de tour, dont le sol était fertile et les habitants de mœurs douces, il y avait 10 villes désertes ; les villages étaient médiocrement peuplés. Il n'y avait point de roi chaque district avait un chef particulier. On voyait les ruines de mille couvents. On ne reconnaissait plus le périmètre ancien de la capitale en ruines. A côté du palais, il y avait un vihara où résidaient une trentaine de religieux de l'Ecole des Sammatiyas. Le palais entièrement construit en briques et qui avait 14 à 15 lis de tour était encore debout quoique inhabité depuis des siècles.

On distinguait, dans l'enceinte du palais, les fondations de l'édifice principal où résidait sans doute Çoudaudana le père du Bouddha ; sur ces fondations on avait élevé un Vihara au centre duquel s'élevait la statue de Çoudaudana.

Tout près on voyait encore les fondations des appartements de la reine Mahamaya (Maïa la mère de Bouddha). Sur ces fondations on avait bâti un Vihara au milieu duquel s'élevait la statue de la princesse.

---

[1] Le li équivaut à 300 mètres environ.

Non loin de là, il y avait un Vihara dans l'endroit où Çakia descendit dans le sein de la mère. Au centre on avait représenté le Bodhisattva au moment où il descend pour s'incarner. Hiouen-Tsang raconte qu'à sa naissance Indra prosterné lui présenta un vêtement tissu d'or et de merveilleuse beauté et que les 4 rois du ciel le reçurent dans leurs bras et, après l'avoir enveloppé de ce vêtement, le déposèrent sur un berceau d'or en faisant mille compliments à sa mère. A côté de la fosse de l'éléphant (tué par Devadatta dans un accès de jalousie contre son cousin, on voyait un Vihara au centre duquel était la statue du prince royal (Bouddha).

A côté, se trouvait un autre Vihara sur l'emplacement qu'occupaient les appartements de Gopa. Au centre on avait placé les statues de Yacodhara et de Raoula.

Dans un vihara situé à côté de ces appartements, sur les fondations de la salle d'étude du prince, on l'avait représenté dans l'attitude d'un disciple qui écoute une leçon.

A l'angle S E de la ville, il y avait un Vihara au centre duquel on avait représenté le Bodhisattva, s'élançant dans les airs sur un éléphant blanc. En dehors de chacune des portes de la ville, il y avait un vihara au centre duquel était une des quatre statues d'un vieillard, d'un malade, d'un mort et d'un religieux.

A 50 lis au sud de la ville, un stoupa marque l'endroit, où Çakiamouni revit son père après avoir acquis la Bodhi. Tout près un autre stoupa renferme des reliques du Tathagatha et, devant, se trouvait une colonne en pierre haute d'une dixaine de mètres, avec un lion au sommet, et, sur les côtés, des inscriptions reproduisant l'histoire du Nirvana de Kraoutchanda.

A 40 lis au Nord de la ville, il y avait un stoupa dans l'endroit où Çakyamouni avait été retrouvé plongé dans la méditation au jardin de l'Agriculture ; à 30 mètres au N E de la ville, un stoupa au lieu où Bouddha convertit son père.

Au N O de la ville on comptait les stoupas par centaines et par milliers ; ils avaient été érigés en mémoire des Çakyas dont la race ou la caste fut immolée dans cet endroit, la légende dit au nombre de 999 millions.

En dehors de la porte orientale, il y avait un stoupa

dans l'endroit où Bouddha se livra à l'étude des arts. En dehors de cette même porte se trouvait le temple d'Iswara Deva où le prince fut présenté après sa naissance. Il renfermait une statue très haute du Dieu.

Enfin, il y avait des stoupas dans tous les lieux où s'était passée une circonstance quelconque de la vie du Bouddha.

A Bénarès, il trouva tout le monde passionné pour l'étude, *très peu de Bouddhistes* — 3.000 religieux du Petit Véhicule — 10.000 ascètes sivaïstes, parmi eux les Paçoupathas qui se frottent de cendres et se livrent à des macérations. Il vit aussi les Nigrantas religieux nus (Djaïnas) — 20 pagodes, des chapelles magnifiques. Une statue de Mahassouara Deva (Siva) de 30 mètres de haut, en laiton d'un aspect grave et majestueux ; enfin au N E de la ville un stoupa de 33 mètres de haut construit par le roi Açoka.

Le couvent du bois des Cerfs (Mrigadava) était habité par 1.500 religieux de l'Ecole des Sammatiyas.

Il était divisé en 8 parties comprises dans un mur d'enceinte. Il y avait des balustrades et des pavillons à double étage d'une admirable construction. Au milieu de l'enceinte s'élevait un vihara dont le sommet à 70 mètres au-dessus du sol était surmonté d'une mangue (fruit du manguier) en or relevé en bosse.

Tout autour du monument régnaient cent lignes de niches en briques, superposées et dont chacune contenait une statue de Bouddha en or relevé en bosse. Au centre du Vihara était une statue en laiton de Bouddha en grandeur naturelle et faisant tourner la roue de la Loi (enseignant).

Dans l'enceinte il y avait une multitude de monuments sacrés. Dans la partie S O, on voyait un stoupa de 33 mètres de haut, bâti par Açoka et, devant une colonne de 23 mètres de haut, en pierre polie comme le Jade et brillante comme un miroir.

A force de prières on pouvait y voir une multitude de choses ; mais, en tout temps, chacun y voyait des images correspondant à ses propres vertus et vices. Ce fut en cet endroit que le Tatagatha commença à faire tourner la roue de la Loi.

Il avait en outre trois étangs dans lesquels Bouddha s'est lavé ou a lavé ses vêtements.

Non loin de là il y avait 5 autres stoupas semblables en des endroits célèbres dans les légendes de la vie du Bouddha.

A Vaiçali il trouva également des stoupas dans tous les lieux marquants dans la vie de Bouddha ; plusieurs centaines de couvents la plupart en ruines. Il en restait 5 contenant un petit nombre de religieux. Les habitants moitié Brahmanistes, moitié bouddhistes étaient studieux et vertueux.

A Magadha sur le Gange, moitié brahmaniste, moitié Bouddhiste, se trouvaient 10,000 religieux appartenant au Grand Véhicule. Il y avait des stoupas à tous les lieux marquants dans la vie du Bouddha, le lieu de la tentation, celui où il se baigna etc.

Au Nord Ouest du mont Pragbodhi, se trouvait l'arbre Boddhi au centre d'une enceinte formée par un mur en briques d'environ 500 pas de tour. Sous l'arbre, était le trône de diamant Bodhi-manda ; autour, des stoupas et des Viharas.

A l'Est de cet emplacement s'élevait un Vihara [1] de 60 mètres de haut, recouvert de tuiles bleues maçonnées, dont les quatre faces étaient ornées de belles statues en argent, le tout surmonté d'un fruit d'Amalaka en cuivre doré. Sur la droite et la gauche de la porte se trouvaient dans des niches les statues de Maitreya et d'Avalokitesvara. Dans l'intérieur, il y avait une statue en or colossale de Bouddha. Un peu au sud de l'arbre se trouvait un stoupa édifié par Açoka ; à l'Est l'endroit (marqué par deux stoupas) où Mara proposa à Gotama de devenir un Monarque Universel. Dans un Vihara au Nord Ouest, on voyait une statue du Kaçyapa Bouddha (célèbre par les pouvoirs miraculeux qu'elle possédait et qu'elle communiquait à ceux qui avaient la foi).

Près de la porte de gauche, en dehors, se trouvait un grand étang de 700 pas de tour, dont l'eau était limpide comme un miroir ; à l'Est on montrait le lac de Muéalinda, le roi des serpents.

---

[1] Ce nom désigne ici non des couvents mais des édifices semblables aux Pagodes actuelles de l'Inde dont un certain nombre proviennent du Bouddhisme.

Sur le bord du fleuve on indiquait l'endroit où Bouddha reçut le lait de la dévote et l'offrande de fleurs et de miel des marchands et aussi celui où quatre rois voulurent lui donner des vases magnifiques qu'il refusa ; on y avait élevé un stoupa. Il y en avait un autre à l'endroit où Bouddha marcha sur l'eau pendant une inondation ; un peu au sud de l'étang de Muéalinda.

Hiouen-Tsang vit aussi le Vihara du bois de Bambou, Vénouvon et la ville de Razagio. Le mur d'enceinte de la place était détruit et on n'en distinguait même pas les traces. Mais quoique les murs intérieurs fussent en ruine, leur base avait encore une certaine élévation et embrassait une superficie de roli.

Hiouen Tsang s'arrêta à Nalanda où vivaient entretenus aux frais des villes voisines et du roi 10.000 religieux et novices attachés soit aux dix-huit écoles anciennes, soit au Grand Véhicule, la doctrine dominante. On y étudiait toutes les sciences de l'époque : les Védas, la Grammaire, l'Arithmétique et jusqu'à l'Astrologie et la Médecine. Il y avait cent chaires différentes et en outre des conférences.

Nalanda était le lieu le plus renommé de l'Inde pour le zèle de ses élèves et le talent de ses maîtres. On y comptait 1.000 religieux qui pouvaient expliquer 20 ouvrages sur les Sutras et les Sastras.

Un mur d'enceinte entourait tous les couvents et les temples où une suite de rois avaient déployé toutes les merveilles de la sculpture et de l'ornementation. Il y avait près de Nalanda : cinq viharas et trois stoupas qui correspondaient à des souvenirs de la vie de Bouddha, une statue de Bouddha en laiton et deux statues de Bodhisattwa Avalokétisouara. Dans d'autres viharas voisins on suivait le Petit Véhicule.

Il est intéressant de connaître l'état actuel des lieux saints du Bouddhisme. Nous allons rapporter les constatations faites par le général Cunningham, puis par Monier Villiam qui a visité ces lieux en 1876 et en 1884.

Buddha Gaya.

Le lieu le plus saint du Bouddhisme est Buddha Gaya ; de tous les monuments bouddhistes existant dans les saints lieux le plus remarquable est le temple en forme de pyramide de Buddha Gaya dont M. Villiam Monier donne deux dessins dans son dernier ouvrage sur le Bouddhisme publié en 1890. Hiouen-Tsang mentionne celui qui avait été élevé par Açoka : aujourd'hui on voit encore des traces de ses ruines. Sur ses fondements on édifia au milieu du IIe siècle celui qu'a décrit Houen-Tsang. Il avait vingt étages et à chaque étage des niches qui alors contenaient chacune une statue d'argent de Bouddha. Lorsque je le visitai en 1863 il présentait, quoique en ruines, un aspect très imposant.

Il n'avait pas été destiné à recevoir des reliques. C'étai uniquement un monument commémoratif.

Derrière le temple, sur la terrasse dont on avait entouré l'ancien, on voyait un banian sacré qu'on croyait l'arbre de la Bodhi, dans un état de décadence. Des Pèlerins Birmans y ayant apporté des paquets de feuilles dorées et ayant doré les pierres qui l'entouraient, l'arbre mourut et de ses racines naquit un nouvel arbre à côté de l'ancien : (on sait que c'est une propriété de Banyan).

En 1884 Villiam Monier trouva l'ancien temple reconstruit, conformément à la description qu'en avait donnée Hiouen Tsang.

Le dernier Gouvernement Birman avait donné une centaine de mille francs pour cette restauration et pour faire une enceinte autour du temple.

Le Gouvernement anglais se chargea de la réalisation de l'œuvre et y consacra près de trois cent mille francs. Le monument a maintenant 176 pieds, (57 mètres) de haut.

Le sanctuaire ou siège de la statue qui reçoit les offrandes est placé sous la tour principale ; c'est une petite chambre voûtée et éclairée seulement par la porte. Tout à fait à l'extrémité du temple, la statue principale du Bouddha dans l'attitude du témoignage, est placée sur un trône en forme d'autel qui a cinq pilastres et figure le

Bodhi-manda (le trône du Bouddha au moment de l'éclairement). Le piédestal de la statue est ornementée de ciselures et des sculptures de deux éléphants et de deux lions.

Le nouveau Banian près du temple est en pleine vigueur. Il y vient des pèlerins aussi bien brahmanistes que bouddhistes. En avant du monument, sur la droite et à une faible distance, sont deux petits temples appelés Taradevi et Vagisvari.

Sir Cuningham a déterré et retrouvé en bon état une partie de la balustrade d'Açoka, avec une inscription, des lotus décoratifs, etc. On a remis le tout en place. La nouvelle balustrade en brique qui entoure le temple a été fidèlement exécutée d'après un ancien modèle et décorée de nombreux bas-reliefs représentant des scènes de la vie du Bouddha.

L'aire rectangulaire pavée encadre bien les monuments. L'aspect du square et du terrain environnant parsemé des ruines des stoupas d'Açoka et d'autres, est une des vues les plus saisissantes de l'Inde.

Bouddha Gaya est vraiment une Jérusalem bouddhiste qui réunit des objets du plus haut intérêt, non seulement pour des Bouddhistes mais pour tous ceux qui y voient le foyer d'où la pensée religieuse a rayonné si loin.

Un autre caractère de ce lieu, c'est qu'il est devenu une sorte de Nécropole bouddhiste remplie des restes des générations conservés dans des reliquaires appelés stoupas dont quelques-uns ont été remis au jour, tandis que d'autres sans nombre restent enterrés.

Autrefois des pèlerins se rendaient en foule à Buddha Gaya et apportaient presque tous un stoupa ou reliquaire, suivant ses moyens, qu'ils déposaient comme une offrande votive dans cette région bénie, soit pour acquérir personnellement des mérites, soit pour améliorer le sort des décédés retenus dans d'autres états d'existence ; généralement c'étaient les restes des parents morts, quelquefois de simples cénotaphes, ou modèles en argile ou en bois de stoupas existant ailleurs. On en a exhumé de grandes quantités à mesure de l'avancement des fouilles. Ils sont de toutes grandeurs depuis trois pouces jusqu'à plusieurs pieds et de toutes matières depuis la terre et l'argile tournée par le potier et cuite, jusqu'à la brique et la pierre finement sculptées ; quelques-uns portent l'image du Bouddha, d'autres une date ou le nom du prince régnant.

Bouddha Gaya fournit beaucoup de preuves de rapports intimes et communs et d'échanges ou emprunts réciproques entre le Vichnouvisme et le Bouddhisme, qui corroborent celles données par M. Sénart.

A droite de l'entrée du temple principal, on remarque sur la plate-forme d'une levée en terre, des idoles ou statues de Vichnou, Siva, Parvati et Ganésa.

On a trouvé à Gaya Buddha, la triade bouddhique un peu endommagée : Au centre, Bouddha dans l'attitude du témoignage ; à droite la Sangha tenant à la main gauche un Lotus épanoui et laissant tomber la jambe droite ; à gauche le Dharma, femme assise avec un Lotus à demi-éclos, la jambe droite abaissée et la main droite dessus, la main gauche levée dans l'attitude de la démonstration.

Sarnath.

A quatre milles de Bénarès moderne, à Sarnath, se trouve l'emplacement du Parc aux Cerfs où Bouddha fit pour la première fois tourner la roue de la Loi. On y voit avec de nombreux restes d'édifices bouddhiques, et la tour octogonale Chaukandi, les ruines de l'immense stoupa en forme de tour.

Le monument principal a maintenant la forme d'une ruche et pour nom Dhamek (de Dharma). Son diamètre à la base est de 30 mètres, sa circonférence de 957 mètres, sa hauteur de 42 mètres. Le bas jusqu'à 14 mètres au-dessus du sol est en pierre, le reste en briques. Il a huit faces avec des niches vides qui, autrefois, contenaient des statues.

On n'y a pas trouvé de reliques. Ce monument était uniquement commémoratif.

Rajagriha.

On y voit les ruines d'un très grand nombre de stoupas et de viharas bouddhiques.

Kesariya.

Dans un gros village à 30 milles de Vaïçali, on remarque une butte massive en briques de 20 mètres de haut, portant un stoupa solide également en briques ; Bouddha avait prêché en ce lieu.

Près du stoupa on a creusé la butte et on a mis au jour la tête et les épaules d'une statue colossale de Bouddha.

Sravasti.

Retraite préférée de Bouddha pendant la saison pluvieuse. On y montre les ruines du célèbre monastère qui fut édifié dans le jardin du prince Jéta (voir la princesse Jéta dans la vie du Bouddha, coïncidence avec le nom des Gètes) ; déjà du temps de Hiouen-Tsang presque toutes les villes et viharas de Sarasvati étaient en ruines.

Vaïçali.

Dans un lieu dit Bakhara se trouve un ancien pilier ou colonne surmontée par un lion (Cuningham).

Rosambi.

Hiouen-Tsang y avait vu un stoupa de 60 mètres de haut érigé par Açoka.

Dans un village situé tout près, Cuningham a trouvé deux piliers ou colonnes ornés de sculptures et un piédestal de statue sur lequel on lisait l'inscription : Dharma.

Nalanda.

Aujourd'hui le village de Baragaon, à six milles au Nord de Rajagriha, à 30 milles au sud Est de la moderne Patna.

Sir Alexandre constate que Baragaon possède des ruines immenses et des sculptures en bien plus grand nombre qu'aucun des lieux qu'il a visités.

Sankasya, lieu où Bouddha monta au ciel des Tucitas.
Fahien dit qu'un stoupa fut érigé à l'endroit ou Boud-

dha mit pied à terre et dans celui duquel une mendiante aperçut la première le Bouddha à sa descente.

La base du pilier d'Açoka a été trouvée par Cuningham en 1876. Déjà auparavant il avait découvert le chapiteau d'un éléphant de l'ancien pilier (Fahien dit que c'était un lion).

CHAPITRE II

ETAT DE LA RELIGION

Après cinq ans de séjour à Nalanda, Hiouen-Tsang reprit ses voyages dans la péninsule, qui comptait 60 états. Partout le Bouddhisme était respecté, sinon en faveur en majorité.

Il était en grand honneur chez les Mahrattes, le peuple le plus belliqueux de l'Inde à cette époque et dans le Malva qui rivalisait avec le Magadha pour l'avancement dans la civilisation et la religion.

Il ne trouva, en dehors des religions Indiennes, que les Parsis adorateurs du feu ou du soleil sur les bords de l'Indus (ce sont probablement les mêmes qui avaient scandalisé Fa Hian). Mais il cite beaucoup de couvents, abandonnés, entre autres un magnifique sur une montagne, il impute la désertion de ce dernier aux esprits de la montagne qui tourmentaient les religieux.

De retour à Nalanda, Hiouen-Tsang prit part à une sorte de tournoi entre le petit Véhicule et ce grand Véhicule et en prêtant son concours à ce dernier, il lui assura la victoire.

Il revint en Chine en traversant de nouveau la chaîne de l'Hindou Kouch, par le Pamir la Kachgarie et enfin le Khotan. Là le bouddhisme était fort en honneur ; les mœurs par leur douceur contrastaient avec celles des états voisins ; les habitants s'adonnaient à l'étude et à la musique ; ils étaient industrieux et leurs étoffes s'exportaient au loin.

Nous donnons ci-après un résumé des constatations les plus intéressantes faites par Hiouen-Tsang ; il montre bien l'état du Bouddhisme dans les divers états de l'Inde et hors de l'Inde et les forces relatives du Brahmanisme et des diverses écoles du Bouddhisme.

1. *Asie Centrale.*

Le Bouddhisme est florissant et suit le petit Véhicule dans les royaumes d'Agni, de Koutcha, de Balouka.

Les Turcs (touraniens) règnent dans onze états voisins, y compris celui de Samarcande, très puissant et très guerrier. L'état de Kaçanna sur l'Oxus, ceux de Kolon et de Chouman, quoique soumis aux Turcs, sont bouddhistes. Les autres états du bassin de l'Oxus y compris Balk le sont également.

Bamian entre l'Oxus et le Caboul est très fervent dans le Bouddhisme.

2. *Inde Septentrionale.*

Nord de l'Inde. — Lampa et Nagarahara bouddhistes du Grand Véhicule, peu de brahmanistes, — Candahar peu de bouddhistes, beaucoup de brahmanistes. Dans ce royaume qui avait été un des centres les plus florissants du Bouddhisme et qui contient le couvent édifié par le roi Kanichka aux portes de Pourouchapouram, les anciens monuments bouddhiques très nombreux étaient en ruine par l'effet des invasions étrangères.

Oudyana, très adonné à la magie, Grand Véhicule — peu de religieux. Les bords de la Serasvati avaient été autrefois couverts de couvents bouddhistes dont Hiouen-Tsang ne trouva que les ruines.

Sinhapouram le long de l'Indus et Ouraci : Bouddhisme en déclin, remplacé par une secte Brahmanique.

Kachemire. — Bouddhistes et Brahmanistes mélangés — peuple studieux et instruit. — Beaucoup de couvents en ruine.

Pounatcha, bouddhistes. Cinq couvents en ruines, un habité.

3. *Inde centrale et Nord Ouest.*

Radjapouram pays guerrier. (Radjapoutana) presque en entier brahmanique ; une dizaine de couvents renfermant un petit nombre de religieux.

Tchéka. — Peu de bouddhistes. On y adore les Devas esprits du ciel.

Tchinapats. Mélange de Bouddhistes et de Brahmanistes 10 Sangharamas, 8 pagodes [1].

Djalandhara presque entièrement bouddhiste, 2.000 religieux Grand et Petit Véhicule ;

Koulouta, bouddhistes et brahmanistes, 1.000 religieux.

Paryatha brahmaniste avec quelques bouddhistes. Roi Veissiah.

Mathoura bouddhistes et brahmanistes, 2.000 religieux du Grand et du Petit Véhicule.

Stanaçvara et Sroughaa voisin du Gange, beaucoup de brahmanistes. — Religieux des deux Véhicules surtout du Petit Véhicule.

Matipouram — roi Soudra — moitié bouddhistes, moitié brahmanistes, tous adonnés à la magie, beaucoup croient aux devas esprits du ciel.

Brahmapouram ville de Brahma, montagnes limitrophes du Khotan, bouddhistes et brahmanistes.

Govigana idem ; habitants studieux et vertueux, 100 religieux du Petit Véhicule.

Ahickchetra, surtout bouddhiste — Petit Véhicule.

Viraçana, principalement brahmanique. Grand Véhicule.

Kapitha principalement bouddhiste, grand couvent de l'Ecole des Sammatyas — peuple studieux et religisux.

Samyakoudja ayant sa capitale sur le Gange, moitié Bouddhiste, moitié Brahmanique — 10.000 religieux — Grand et Petit Véhicule, le Petit Véhicule paraît dominer.

---

[1] Nous donnerons ce nom aux temples des dieux brahmaniques, par opposition aux temples bouddhistes.

Ayodhya presque entièrement bouddhiste, Grand et Petit Véhicule — peuple vertueux et studieux.

Hayamoutcha sur le Gange, comme Ayodhya.

Prayaga au confluent du Gange et de la Jumma, presque entièrement brahmanique. — Petit Véhicule.

Koçambi (vie de Bouddha) — presque entièrement brahmanique, 10 couvents en ruines, 300 religieux du Petit Véhicule.

Vaïsaka — presque entièrement brahmaniste, 3.000 religieux de l'Ecole des Sammatiyas qui appartient au Petit Véhicule.

Yodhapatipoura et Hiranya Parvata sur le Gange. Bouddhistes et Brahmanistes, 10 Viharas et environ 5.000 religieux du P., V. 10 pagodes habitées par des Brahmes.

Thcampa sur le Gange, idem.

Vridji brahmaniste.

Nipala climat glacial. Brahmanistes, et Bouddhistes des deux Véhicules. — Le roi était de la caste des Kchatryas.

Poundravardhana, partie Brahmanistes, partie Bouddhistes des deux Véhicules. — 3.000 religieux, — Beaucoup de Nigrantas (Djainas ou ascètes Vichnouvistes). Il y a un grand couvent où viennent résider beaucoup de religieux savants du Bengale.

Kamaroupa, Brahmanistes croyant aux Dévas esprits du ciel. — Le roi était brahme et prétendait descendre de Vishnou. Le roi et le peuple sont passionnés pour l'étude.

Samalala et Karnasouvarna, partie brahmanistes, partie bouddhistes, tous studieux. — Teint noir. — 2.000 religieux de l'Ecole des Staviras, 2.000 de celle des Sammatiyas.

Tamralapti, littoral, — Brahmanistes avec 50 pagodes. Bouddhistes possédant 10 couvents qui contiennent 1.000 religieux. Ouda presque exclusivement bouddhiste, 10.000 religieux, 50 pagodes.

Kourpodha et Kalinga, la plupart brahmanistes, — 200 pagodes, beaucoup de Nigranthas, — 10 viharas, 500 religieux de l'Ecole des Staviras.

Kosala (voir la vie du Bouddha). Bouddhiste en général. — 100 couvents, 1.000 religieux du Grand Véhicule, — 70 pagodes. Le roi était un Kchattria.

4. *Centre de l'Inde et Sud.*

Andhra, Phanakatchika Dravida, Malakouta, montagnes du centre, Konkapapoura, — partie Brahmanistes, partie Bouddhistes. — La plupart des couvents en ruines, 2.500 religieux dont les 3 quarts des Staviras, beaucoup de pagodes. — Remarquons l'état de Dravida dont les habitants sont noirs, ce sont sans doute des Dravidiens d'origine Thibétaine.

Tchoulya Brahmanistes, — habitants noirs ; Nigrantas, Djaïns ou dévots Krischnaïstes.

Maharachtra (Marahtes), Bagouratchiva, Malva, (studieux comme à Magada), Chatchi Vallabhi, Anandapouram, Souratchtra ; partie brahmanistes, partie bouddhistes, 40.800 religieux, presque tous de l'Ecole des Sammatiyas, une centaine de pagodes dans chaque état.

Atali, adore les esprits du ciel qui ont un millier de pagodes.

Goudjazara, brahmanistes. — Le roi Kchattria est bouddhiste, quelques bouddhistes.

Oudjdjayana (Oudjein), brahmanistes, — roi Brahmane. — A une petite distance de la capitale, il y a un stoupa, dans l'emplacement d'un enfer (lieu de supplices) que le roi Açoka avait fait établir.

Tchikdha et Mahesouarapouram (ville de Siva), brahmanistes, rois Brahmes.

Ouest de l'Inde et pays limitrophes.

Sindh : bouddhistes, plusieurs centaines de couvents, 10.000 religieux livrés généralement à la paresse et à la débauche, les bons se font ermites — appartiennent à l'Ecole des Sammatiyas. Le Roi est un Soudra, bouddhiste fervent.

Moulasambhoubou, généralement brahmanistes, — 10 couvents en ruines. Magnifique temple d'Aditya (le soleil, l'aurore) avec statue d'Aditya en or pur.

Parvata, Brahmanistes et Bouddhistes, 1.000 religieux du Grand et Petit Véhicule.

Adhyavakila sur l'Indus. Bouddhisme, 5.000 religieux des Sammatiyas, — en outre 10 pagodes. Un grand temple de Siva que fréquentent et habitent des Pamcoupatas (qui se frottent de cendres), ascètes Sivaïstes.

Langala, maritime, tributaire de la Perse, Bouddhiste et Sivaïste, 100 couvents, 6.000 religieux.

Etats en dehors de l'Inde du côté de la Perse.

Parsa (la Perse) adorent en général Dinabha (sans doute Orosman) 2 ou 3 couvents, plusieurs centaines de religieux du Petit Véhicule. Une île est habitée exclusivement par des femmes guerrières. — On leur envoie des hommes étalons pour les féconder.

Pitacha, Sivaïstes et Bouddhistes. 3.000 religieux des Sammatiyas.

Avanda, tributaire du Sindh, Bouddhistes, point lettrés[1] 2.000 religieux des Sammatiyas, — 5 pagodes Sivaïstes.

Varança, Sivaïstes et Bouddhistes, 30 à 40 couvents en ruines, 300 religieux. du Grand Véhicule.

Tsaoukouta et Vridjisthana, bouddhistes, 10.000 religieux du Grand Véhicule, le roi bouddhiste de Vridjisthana est turc.

Antarava, Khousta, dépendent des turcs, croient aux esprits, quelques bouddhistes de l'Ecole des Mahasanghikas.

Houo, roi Turc ; bouddhistes, plusieurs centaines de religieux des deux Véhicules.

10 états dans lesquels s'est partagé l'ancien royaume de Toukara, — peuples sauvages et cruels qui de temps immémorial croyaient aux mauvais esprits et qui alors se convertissaient au Bouddhisme.

Çambli, bouddhiste, roi Kchattria et bouddhiste ; contient le plateau et le lac de Pamir dont la décharge verse à l'Oxus.

Khavandha, Oucha, Kasgar et Thakouka, bouddhistes, 12.000 religieux de l'école des Sarvastivadas, Petit Véhi-

---

[1] Remarquons qu'on trouve plutôt l'éclat des lettres chez les Brahmanistes que chez les Bouddhistes. Cela se conçoit, les Brahmes étaient exclusivement de race Arienne et ce n'était pas le cas des Bouddhistes ; en outre le Bouddhisme qui manquait d'action prêtait beaucoup moins à la poésie que le Brahmanisme.

cule, — rois Bouddhistes ; Ecriture Kachgar, imitée du sanscrit.

Khotan, très civilisé, Bouddhiste, 100 couvents, 5.000 religieux du Grand Véhicule.

Résumé.

Les traits principaux de ce tableau ressortent ainsi :

Le Bouddhisme est en déclin partout, excepté dans le centre et dans l'Ouest et les états limitrophes. Il y a presque partout une grande ferveur d'étude et par conséquent de lutte religieuse ; mais cette ferveur est plus grande chez les Brahmanistes que chez les Bouddhistes, puisque ceux-ci ont dû abandonner un très grand nombre de couvents.

Hiouen-Tsang est obligé de soutenir une discussion régulière avec un Brahme sur différents sujets, entre autres sur les philosophies du Sankya et du Vaiceschika. Les Bouddhistes les plus instruits étudient, à la fois, le Grand et le Petit Véhicule, et quelquefois ils passent d'une école à l'autre. Le Grand Véhicule se croit bien supérieur pour procurer le salut. Le Petit Véhicule est très répandu, surtout les écoles de Sammatiyas et des Sarvastivadas. Le Grand Véhicule paraît dominer dans les grands foyers d'instruction comme Nalanda, et dans les états voisins. Un certain nombre d'états ont des rois Brahmes et sont presque exclusivement Brahmaniques. Les rois Kchattrias sont tous bouddhistes. Ceux d'origine Soudra le sont pour le plus souvent. Hiouen-Tsang ne cite que deux rois qui s'efforcent de supprimer le bouddhisme ; les autres protègent tous les docteurs et maîtres éminents (ceux-ci ont des milliers de disciples) au moins en apparence car il est probable qu'au fonds, ils ne se désintéressent nullement dans la guerre religieuse et ils peuvent beaucoup pour le parti qui a leurs préférences. On remarque les sectaires ou ascètes de Siva (qui se frottent de cendres) et les sectaires ou ascètes de Krischna (les Nigrantas) qui paraissent incultes. Les derniers se trouvent surtout dans les populations noires. Quelques Etats sont adonnés au culte des *Esprits du ciel*, c'est ainsi que Hiouen-Tsang préoccupé du culte des esprits en Chine désigne les Dévas. Les Bouddhistes en sont arrivés à considérer ce culte et celui des autres dieux de l'Inde comme grossier et superstitieux ; ils reprochent aux Brahmes que leurs spéculations et même leurs préceptes de vertu ne s'adressent point à la masse tandis que le Bouddha est le modèle d'une vie parfaite proposé à tous.

Dans tous les Viharas et les Viharas Samgaramas (Viharas sortes d'universités) les religieux bouddhistes, d'après Hiouen-Tsang composent des livres avec zèle et talent, ou bien étudient les ouvrages orthodoxes. Partout Hiouen-Tsang trouve quelque docteur qui peut le comprendre ou même l'éclairer. Ces maîtres sont vénérés par les Rois et par les peuples. On se glorifie du nombre de livres qu'on a lus, on s'interroge mutuellement sur les passages obscurs des livres sacrés. Ce ne sont pas seulement les couvents, ce sont des populations entières qui se livrent à ces travaux dans les royaumes que nous avons cités comme particulièrement studieux. Les études religieuses étaient de beaucoup prédominantes, bien qu'on apprît aussi la grammaire, la logique, l'arithmétique, l'Astrologie et même la Magie.

Le Magadha et le Malva avaient conservé leur zèle studieux et religieux, mais le Brahmanisme y dominait.

Le nombre immense de couvents abandonnés depuis Fa-Hien prouve d'abord que, avant sa visite, il y eut une période où la plus grande partie des hommes se faisaient religieux comme cela a encore lieu aujourd'hui dans la Mongolie et au Thibet, et ensuite que cette situation avait complètement changé. On se l'explique par trois causes : Les invasions et incursions ; les famines qui forçaient les religieux à quitter leurs couvents pour aller demander leur nourriture à d'autres districts ou états ; enfin et surtout la diminution de ferveur, résultat des efforts des Brahmes, qui réduisait le nombre des religieux et leurs ressources.

Il est très probable que, à toute époque, la masse de la population était ignorante et indécise entre les deux religions, dans tous les pays qui n'étaient point particulièrement studieux et que même la plupart des Hindous honoraient Bouddha tout en continuant leurs anciennes adorations. Il ne faut attacher aucune signification à ce fait que les couvents bouddhiques n'aient point alors été détruits ; d'abord la plupart n'étaient que des réunions de petites habitations sans valeur ni caractère et les temples ne contenaient rien d'opposé au culte brahmanique, bien au contraire. On en trouve un grand nombre d'abandonnés dans le Sud de l'Inde, mais ils l'ont été à une époque postérieure après avoir été souillés par les Musulmans. Jamais les Hindous Brahmaniques ne font servir au culte des idoles ou des temples profanés, tandis que nos missionnaires laissent les Bouddhistes qu'ils ont convertis, transformer en églises leurs anciens temples.

Leurs deux religions vivaient en bonne intelligence et sur le pied d'égalité chez les Mahrates passionnés pour l'Etude malgré leur humeur guerrière, et qui préludaient déjà alors au grand rôle qu'ils ont joué depuis. Hiouen-Tsang loue la simplicité et l'honnêteté de leurs mœurs, leur force physique et leur courage, la fertilité et le climat tempéré de leur pays.

CHAPITRE III

L'ASSEMBLÉE DE LA DÉLIVRANCE, LE CULTE BOUDDHIQUE

Les Mahrates avaient résisté victorieusement aux armes de Citaditya [1], roi de Kanyakoubdja (le Canodge actuel) dans l'Inde centrale, qui comptait dix-huit rois tributaires.

Il était de la caste des Vaissyas favorable au Bouddhisme dans lequel il était très fervent.

Hiouen Tsang compare sa libéralité envers la religion et les indigents à celle d'Anatha Pindika.

Tous les cinq ans, il convoquait l'Assemblée de la Délivrance (la confession générale) et il y distribuait en aumônes toutes les réserves du trésor royal.

Hiouen-Tsang assista à cette fête qui se célébra à Prayaga au confluent du Gange et de la Jumma, emplacement actuel d'Allahabad que l'on considère aujourd'hui comme la capitale des provinces du Nord Ouest de l'Inde.

A l'Ouest du confluent il y a un plateau très uni de 6 kilomètres de pourtour qu'on avait nommé *la grande plaine des aumônes*, parce que depuis la plus haute antiquité, disait-on, des rois et des grands personnages « doués d'humanité » s'y rendaient afin de répandre des dons et des aumônes.

On avait fait avec des roseaux une enceinte carrée de 300 à 350 mètres de côté. Au centre plusieurs dizaines de

---

[1] Remarquons cette terminaison Adithya ! elle semble indiquer que le roi pouvait être un adorateur d'Adithya en même temps que bouddhiste. Le roi s'appelait encore Harcha-Vardhana ; le célèbre poète Bâna auteur de Ratnâvali fut son protégé et son biographe.

salles couvertes en chaume, renfermaient, en abondance, de l'or et de l'argent en lingots, des perles fines, du verre rouge et des pierres rares de toute espèce, des monceaux de vêtements de soie et de coton, des monnaies d'or et d'argent.

En dehors de l'enceinte s'étendait un immense réfectoire et en face une centaine de barraques allignées, pouvant recevoir sur des gradins chacune un millier de personnes. C'est là que devaient s'asseoir les Ascètes, les Brahmes hérétiques, les pauvres, les orphelins et les hommes sans famille que le roi avait convoqués quelque temps auparavant au nombre de plusieurs centaines de mille par un décret pour qu'ils prissent part aux distributions. C'était la 6e assemblée de ce genre que le roi tenait. Il s'y rendit en grande pompe suivi de ses dix-huit tributaires.

Le premier jour on installa dans un des temples couverts en chaume de la place des aumônes, la statue de Bouddha et l'on distribua les choses précieuses et les vêtements de prix. On servit des mets recherchés, avec profusion de fleurs et de musique. Ce jour eut tout le caractère d'une fête hindoue et bouddhiste.

De cette manière toute la cérémonie était placée sous l'invocation de Çakyamouni et faite en son nom.

Le second jour, on installa, sous un des temples, la statue du dieu soleil (Aditya) *qu'adoraient les idolâtres*.

Seulement les distributions furent ce jour-là moindres de moitié que la veille.

Le 3e jour on plaça la statue d'Issouara (l'être suprême, Siva), et l'on fit les mêmes distributions que le second jour.

Bouddha avait seulement la préséance, toutes les religions que pratiquaient les sujets du roi étaient honorées.

Les distributions générales ne se firent que le dernier et 4e jour et on commença par les religieux bouddhistes. On passa le 6e jour aux Brahmanes en détresse et on leur consacra 20 jours ; puis aux hérétiques (sans doute les ascètes opposés aux bouddhistes) auxquels on donna pendant 10 jours ; on en fit autant pour les mendiants nus venus des pays lointains (les Djains ou les pèlerins Vichnouvistes); enfin un mois tout entier fut employé pour les Indigents, les orphelins et les hommes sans famille. (Pariahs.)

Au terme des 75 jours assignés pour la distribution, toutes les sommes accumulées pendant 5 ans dans le trésor public étaient épuisées et le roi avait donné en plus tout ce qu'il possédait personnellement, ses vêtements, ses joyaux etc. Il demanda à sa sœur un vêtement usé et s'en étant couvert, il s'écria :

« J'avais le souci de perdre toutes les richesses que j'avais amassées. Maintenant que j'ai pu les déposer en lieu sûr dans le champ du bonheur, je désire amasser ainsi dans toutes mes existences futures des richesses pour faire l'aumône aux hommes.

Les 18 rois tributaires, ayant racheté les vêtements et les ornements royaux que le prince avait donnés en aumônes, les lui offrirent. Mais au bout de quelques jours, il s'en était dépouillé pour de nouvelles largesses.

Hiouen-Tsang a vu cette coutume établie dans l'Inde entière. Ainsi était atteint le but que poursuivait Bouddha, le soulagement des misérables sans distinction de caste et de croyance. La libéralité des rois envers les pauvres devait être très efficace, car le trésor royal était fort riche, puisque les sujets étaient seulement locataires des terres, en principe la propriété de l'Etat.

Aujourd'hui le Gouvernement anglais tire de la propriété foncière un tiers du revenu net. Les dépenses publiques devaient être faibles, car le soldat, la principale dépense, coûtait peu pour l'armemement, l'habillement et la nourriture. La générosité et la piété privée suffisaient aux besoins des religieux et des ascètes et leurs rangs pouvaient s'ouvrir à tous excepté à ceux qui avaient quelque maladie ou infirmités ou qui avaient subi des condamnations. C'est sans doute à cette classe d'indigents que s'adressait la distribution des trente jours.

Comme cette cérémonie n'avait lieu que tous les 5 ans, elle ne pouvait, quelque grandes que fussent les largesses royales, porter qu'un remède momentané à des maux sans cesse renaissants. On doit la considérer comme ayant eu pour but principalement de mettre en honneur, par l'exemple du roi, la bienfaisance.

Quant à la tolérance dont il est fait preuve dans cette cérémonie, elle était dans l'essence du Bouddhisme et elle paraît avoir été générale dans l'Inde à cette époque ; personne ne proscrivait personne. D'après Hiouen-Tsang les Bouddhistes n'étaient alors ni persécuteurs, ni persécutés, malgré l'ardeur de la lutte religieuse, sauf peut-être une exception de la part de quelques tribus sauvages Sivaïstes.

Le culte bouddhique est encore et est resté jusqu'à la fin dans l'Inde un simple hommage rendu à la sainteté du sage par excellence, de ses collaborateurs et de ceux qui l'ont imité avec le plus d'éclat et d'effet. Il est plein de douceur, de grâce et accessible aux plus humbles, car il n'exige que des fleurs et des prières. Il n'y a point de corps sacerdotal; ni de ministres pour présenter les offrandes ; chacun le fait pour soi-même. On se borne à honorer les images du Bouddha et ses reliques et les monuments qui les renferment ou qui ont été élevés aux lieux qui marquent dans la vie du Bouddha. On répand des fleurs et l'on brûle de l'encens devant les statues. On visite dévotement les stoupas, on récite des prières que l'on improvise le plus souvent pour la circonstance. Toutefois le chant des hymnes que nous avons signalé a inauguré déjà une ère nouvelle. Le culte perd en partie son caractère privé et passif pour devenir public et actif ; la piété prend cette expansion et cette intensité qu'acquièrent les émotions partagées et les sentiments exprimés à l'unisson par des foules au moyen de chants, de musique ou même de mouvements et de gestes communs.

Les cérémonies n'en sont pas moins restées aussi faciles que peu coûteuses. *Le sacrifice a complètement disparu.*

Les statues extrêmement nombreuses et souvent gigantesques représentent, quand elles sont isolées, Bouddha dans l'attitude de l'enseignement, c'est-à-dire le bras droit et la main étendus. Elles portent parmi les trente-deux signes du grand homme tous ceux qui sont facilement visibles. Celles qui étaient dans les sanctuaires des temples devaient avoir, en général, l'attitude de la méditation, un homme très beau, sans ornements ni costumes[1],

---

[1] Sur celles que j'ai rapportées on ne voit qu'une sorte de gaze terminé au cou et sur le ventre par une frange à peine indiquée. Cette gaze est tellement légère et transparente et si étroitement liée au buste qu'on aperçoit le bouton des seins. Elle porte une ligne un peu plus marquée allant de l'épaule gauche à la hanche droite. Une épaule est nue.

les jambes croisées. J'en ai rapporté en France deux de cette sorte, de la taille attribuée à Bouddha, recueillies aux abords des temples bouddhiques abandonnés aux environs de Pondichéry et de Karikal. Elles font contraste avec les idoles des dieux brahmaniques que j'ai également apportées et qui sont chargées d'ornements, d'emblèmes et d'additions symboliques au corps humain, comme les cinq têtes de Siva ou de Brahma, la trompe de Ganésa, les 6 bras de Vichnou etc.

On attribuait à quelques-unes de ces statues la vertu de guérir.

Le culte des reliques était aussi répandu et aussi fervent que celui des statues, et c'était certainement là une altération de l'esprit du Bouddhisme primitif, et une contradiction au mépris de toutes les choses périssables, ainsi que l'ont fait observer les premiers Bouddhistes.

Au congrès international des sciences en 1889 M. le Docteur Leitney de Lahore a mis sous les yeux des membres, des photographies extrêmement curieuses de statues bouddhiques qui présentent tous les caractères de l'art grec.

Les huit attitudes des statues de Bouddha sont rangées en trois classes : assise, debout, couchée.

La première attitude assise est celle de la méditation ; les deux jambes sont repliées, les deux mains ouvertes vers le haut et croisées ; la seconde est celle du témoignage ; de toutes les attitudes, c'est la plus vénérée peut-être. C'est celle de Gautama atteignant la bodhification à la fin de sa méditation si longtemps prolongée ; il est sur le trône « du Lion » trône dont le dos est magnifiquement orné et au pied duquel sont deux lions.

Les jambes sont repliées à l'Indienne, la plante des pieds tournée en haut ; la main droite pend de la jambe gauche et pointe vers la terre ; la main gauche repose par le dos sur le pied gauche.

Une auréole entoure la tête qui porte au front un signe, peut-être celui des Kchattryas, — Au-dessus de l'auréole,

---

Toutes ces statues sont en granit gris, pierre généralement employée pour la sculpture et l'architecture parce qu'elle est très commune et très résistante.

des feuilles de l'arbre Bodhi et, au-dessus encore, une ombrelle.

C'est, dit-on, la pose qu'avait Bouddha quand il prit la terre à témoin dans sa lutte contre Mâra.

Cette attitude est celle de la seule statue qui reste dans les niches du temple de Bouddha-Gaya.

La troisième pose assise est celle du « serpent formant dais » (elle ressemble à celle de Siva) ; on sait le grand rôle des Nagas dans le Bouddhisme.

La quatrième posture assise s'appelle « de la démonstration, ou de l'Enseignement. » Le pouce et les doigts de la main droite touchent ceux de la gauche et paraissent dirigés vers les points capitaux de la doctrine et les renforcer par des répétitions (suivant la méthode de Bouddha).

Souvent la formule du Dharma est écrite en creux au pied ou sur le côté des images dans cette attitude.

La cinquième attitude peut-être nommée « de la Prédication. » Elle est souvent debout. Le Bouddha a un doigt levé comme pour l'enseignement. C'est aujourd'hui l'attitude des religieux lisant la loi ou prêchant.

La sixième, est généralement debout, quelquefois assise, et se distingue à peine de la précédente. C'est l'attitude de la bénédiction. La main droite est levée. Même aujourd'hui les religieux bénissent dans cette attitude.

Quelquefois la tête porte une coiffure et une couronne ornées ; mais toutes les représentations du Bouddha avec une couronne après qu'il a atteint la bodhification, sont considérées comme modernes et incorrectes. C'est seulement comme prince royal qu'il peut porter une couronne et des ornements.

La septième attitude est celle du Bouddha quêtant. — Debout, tenant une écuelle ronde d'une main et quelquefois un éventail de l'autre. La huitième attitude est couchée, et elle est peut-être aussi vénérée que l'autre. Elle représente Gautama mourant, couché sur le flanc droit, la tête tournée vers le Nord et la joue droite dans la main droite, sur le point de passer au Parinirvana. Dans beaucoup de représentations de cette attitude se trouvent les cinq flammes au sommet de la tête mentionnées ci-dessus.

Le culte des reliques était aussi répandu et aussi fervent que celui des statues et c'était certainement là une altération de l'esprit du Bouddhisme primitif et une contradiction au dogme du *mépris de* toutes les choses périssables, ainsi que l'ont fait observer les premiers Bouddhistes.

C'était aussi, une voie ouverte à la superstition. Les reliques les plus vénérées étaient les dents du Bouddha ; elles avaient des dimensions extraordinaires. Celle que possédait le roi Citadithya avait un pouce et demi de long. On en dit autant de celle envoyée à Ceylan par le roi Açoka. On est fort tenté d'en conclure que tout ce que nous avons rapporté sur la merveilleuse conservation et la remise de ces reliques à Açoka n'a été qu'une pieuse fraude déguisée par des fables que l'on a fait remonter jusqu'à la cérémonie des funérailles du Bouddha et que ces funérailles ont été conformes aux funérailles brahmaniques où l'on ne conserve aucune relique.

On honorait aussi les reliques des premiers disciples de Bouddha. A Mathoura, dans l'Inde Centrale, Hiouen-Tsang vit des stoupas où on avait, disait-on, déposé jadis les reliques de Raoula, d'Ananda, d'Oupali, de Maoudgalyayana, de Çaripoutra, de Pournamaitrayaniputra et de Mandjoucri dont nous avons déjà parlé. Les religieux Bouddhistes se rassemblaient en foule chaque année aux jours de fêtes et faisaient séparément des offrandes à celui des saints auxquels il était, en raison de la nature de ses études favorites, particulièrement dévot. Ainsi les simples Oupsakas honoraient Raoula ; les religieuses, les Biskhounis, Ananda ; ceux qui étudiaient le Vinaïa, la discipline, Oupali ; ceux qui s'occupaient des Soutras (les moralistes, Pournamaitreyaniputra ; ceux qui se livraient à l'extase, Maoudgalyayana ; les Abidarmistes (métaphysiciens), Çaripoutra ; enfin les partisans du grand Véhicule honoraient tous les Bodhisattvas sans distinction.

Les différents couvents n'étaient point soumis, même par groupe ou secte, à une direction commune. Chaque Vihara ou Samgharama avait son administration et sa direction partidulière et obéissait seulement au Vinaïa.

Ainsi que le montrent les Soutras et qu'Hiouen-Tsang le rapporte, les fondations pieuses étaient très nombreuses dans la péninsule et entretenues par la piété publique, mais elles n'avaient aucun lien entre elles et ne formaient point une corporation qui aurait pu être puissante ; le Bouddha n'avait créé le corps religieux que pour le bon exemple et l'enseignement, et non pour la domination.

La foi commune parmi les laïques et les religieux reposait sur les traditions et les livres qui n'étaient contestés par personne. Il n'y avait point de hiérarchie et partant point d'orthodoxie. Il n'y avait d'hétérodoxes que les Brahmanistes auxquels on donnait le nom *d'hérétiques* et non *d'infidèles*. En partant de ce qui avait été arrêté par les conciles, chacun se faisait tous les systèmes qu'il lui convenait. Nous en avons vu et nous en verrons encore une très grande variété. Ce manque de cohésion entre les Bouddhistes fut une cause de faiblesse dans leur lutte contre le Brahmanisme, qui dura jusqu'à leur expulsion définitive de l'Inde.

A l'époque de Hiouen-Tsang les Indo-scythes dominaient dans le Kaboul, le Candahar, le Kachemir et toutes les contrées traversées par l'Indus depuis Attok jusqu'à son embouchure. L'Inde Scythique plus simple d'esprit, plus chaude de cœur, foncièrement pieuse, était plus favorable encore au Bouddhisme que l'Inde Grecque annexée aux rois de Backtriane ; c'était pour Hiouen-Tsang la perle du Bouddhisme.

CHAPITRE IV

DÉCLIN DU BOUDDHISME

Florissant encore dans l'Ouest de l'Inde, le Bouddhisme dans l'Inde Centrale et dans l'Inde Orientale son berceau, se trouvait fortement ébranlé par le Brahmanisme en pleine recrudescence et qui avait su rendre sa cause populaire et nationale.

La haine de l'étranger, dit M. Stanislas Julien, fut pour beaucoup dans les désastres que subit le Bouddhisme dans l'Inde toute entière à partir du VIe siècle de notre ère.

L'élément scythe fut complètement anéanti et on considérait la cause du Bouddhisme comme liée à la sienne. L'Inde orientale fut couverte de ruines ; il y avait des cités bouddhiques écroulées, des empires bouddhistes déchirés par des luttes intestines. »

A l'époque de Hiouen-Tsang la fleur du Bouddhisme associée à la fleur poétique et mythologique de l'Inde, comme nous l'avons vu dans le Lalita-Vistara et même dans l'architecture Bouddhiste, commence à se faner. Les dieux Védiques et les héros divinisés font place aux dieux des vaincus à Siva qui règne à Bénarès, à Krishna son rival qui domine à Matoura. Les Brâhmes mettent dans leurs intérêts les deux sectes en flattant les superstitions et les gouts licencieux de l'une et les tendances ascétiques ou contemplatives de l'autre. Ils animent contre les Bouddhistes les peuplades grossières. Du temps de Hiouen-Tsang, les Sivaïstes se ruent sur les Bouddhistes avec fureur.

Partout où les dieux populaires ne lui faisaient point une guerre déclarée, par l'astuce des Brâhmes, le Bouddhisme s'était efforcé de faire avec eux bon ménage. Il les tolérait tous, y compris les esprits, les Manes, les Larves, les Zemures cortège de Siva, les Psittakas enfants de la nuit, et même le fétichisme des Bouthans.

Mais le Bouddhisme devait périr dans l'Inde du moment que le Brahmanisme lui faisait une guerre acharnée. Il n'avait par lui-même ni sang ni vigueur ; presque partout, il s'est énervé lui-même, sans poésie, sans activité, perdu dans des subtilités métaphysiques ou absorbé dans la contemplation ; il fut inférieur au Brahmanisme, même dans la dialectique.

Il attira dans son sein, et éteignit par le célibat tout ce qui restait de la race Aryenne en dehors des Brahmes. Dix ou douze siècles lui suffirent pour dévorer les deux castes des Kchattryas et des Vessiahs, et les couches supérieures des Soudras. Il ne lui resta plus alors pour se recruter que des éléments non Aryens, c'est-à-dire des éléments inférieurs et impuissants contre les Brahmes.

Le Piétisme Bouddhiste ne pouvait plaire au peuple grossier, passioné pour les représentations imagées de toute sorte. Les Brahmes le captivèrent facilement en le trompant et le corrompant ; et, dans le même temps, par leurs talents comme poètes, administrateurs ou gens d'affaires, ils se rendaient nécessaires aux rois presque tous brahmes ou Soudras.

On a très justement défini les Hindous non Aryens en deux mots : *sensualisme* et *adoration* ou superstition. Le Bouddhisme était précisément l'absence de ces deux choses. En outre il allait directement contre des préjugés invétérés sur les castes et les souillures, préjugés si chers aux Hindous qu'aujourd'hui encore, ils sont l'occasion de luttes sanglantes, telles que celle réprimée avec tant de difficulté à Yanaon en 1874. On sait d'ailleurs qu'à toute époque de l'histoire, les accusations d'Athéisme ont réussi à perdre ceux qui en ont été l'objet.

Un moment devait venir où le corps religieux Bouddhiste ne trouverait ni recrutement ni aliments. Les violences des sectaires brahmaniques et celles des conquérants musulmans ne firent que hâter une dissolution inévitable.

Dans les Puranas les Sivaïstes et les Vichnouvistes ligués anéantissent Tripouram (ville triple), citadelle d'un imposteur qui avait envahi tout et jusqu'aux enfers : Pour M. Stanislas Julien cet imposteur n'est autre que le Bouddha, et cela paraît vraisemblable quand on se reporte au rôle que les Brahmes font jouer à Bouddha dans les Avataras et dans les biographies qu'ils ont fabriquées (voir la citation de l'Abbé Dubois). Cela explique, d'ailleurs la mention que fait l'historien Darmata de longues guerres entre des rois bouddhistes et des princes contraires à la religion, avant que les conquêtes des musulmans, commencées seulement au milieu du VIIe siècle de notre ère, aient pu atteindre l'Inde.

Au plus fort du triomphe du Bouddhisme, le peuple avait gardé ses pagodes brahmaniques sans que les religieux bouddhistes y fissent aucune objection, et les brahmes commençaient l'apprentissage de la dissimulation et de la résignation feinte qui, depuis lors, leur ont été toujours habituelles. Privés des générosités des princes, ils avaient gardé ce qu'ils possédaient, car ils ne furent jamais persécutés. Ils faisaient tous les métiers autorisés par Manou en temps de détresses. Ils firent preuve de la même vitalité que les Juifs avec lesquels ils ont aujourd'hui beaucoup de traits communs. Ils vivaient aussi des superstitions et du culte qu'ils développaient autant que possible.

Ils se livrèrent avec ardeur à l'étude. Par les grandes épopées et par des légendes écrites, ils ennoblirent et popularisèrent les dieux et les héros. Restés seuls héritiers du génie Aryen dans l'Inde et possédant un admirable instrument pour la poésie et la philosophie dans la langue sanscrite, ils renouvelèrent tout, hymnes, poèmes épiques, codes de lois etc. Ce fut une véritable renaissance. Des rois, amis de l'ancienne littérature tinrent à leur cour des académies de poètes aimables et de beaux esprits qu'ils payèrent fort cher. On y improvisait des vers et jusqu'à des madrigaux et des épigrammes. Neuf de ces poètes furent surnommés les neuf joyaux ; Kalidaça était l'un d'eux ; il jouissait d'une réputation incontestée en l'an 585 ou 685 de notre ère.

Commencée à la cour de Vikramaditya roi d'Oudjen un peu avant l'ère chrétienne, cette renaissance continua sous les rois de sa dynastie et s'étendit aux provinces voisines.

Les Bouddhistes eurent aussi une littérature composée de pièces dramatiques, sortes de mystères, bien inférieures aux pièces brahmaniques. On peut s'en faire une idée par le drame de Nagananda, la joie des serpents traduit par Abel Bergaine.

Pour arracher un Naga aux griffes de Garouda, un jeune prince de la race des génies aériens nommés Vidhyadaras, se fait dévorer à sa place, le lendemain d'une alliance ardemment désirée.

Les trois premiers actes fort semblables aux trois premiers actes du drame de Sakountala infiniment supérieur et d'une date plus ancienne, dépeignent les premières inquiétudes d'une inclination naissante, puis les tourments de la jalousie et enfin les joies de l'amour heureux, le tout avec l'abondance et la complaisance de tous les poètes indiens sur ces sujets [1].

On remarque la préciosité de l'expression et l'abus de l'esprit poussé jusqu'au jeu de mots, non seulement dans les scènes légères, mais dans les plus graves, et dans les situations les plus pathétiques.

Il semble que dans tous les genres de composition l'esprit bouddhique se complaisait aux subtilités et aux antithèses. Le Nâgânanda est avec le Ratnâvali la plus ancienne pièce indienne dont la date puisse être fixée à quelques années près.

Le Vichnouvisme prit soin d'adopter tous les traits populaires du Bouddhisme ; l'amour universel, la tolérance, la libéralité, la bienveillance et l'abstention de toute nuisance ; on les retrouve tous dans les Pouranas. Il prêcha l'égalité, la fraternité et, dans certains cas, l'abolition des distinctions de caste. Il donna des avatars semblables à la succession des Bouddhas, en y admettant tous les sages ou héros qui, dans l'Inde, avaient un grand renom, par

[1] Citons quelques vers que l'on trouve presque dans les mêmes termes dans tous les portraits de femmes : (le Héros à l'Héroïne). « Les trésors de la poitrine sont pour toi un fardeau suffisant sans ce collier de perles. Le poids de tes hanches est assez lourd pour ne pas y ajouter celui d'une ceinture. Tes pieds délicats ont peine à porter ton corps, pourquoi leur aire porter encore des anneaux ? Tes membres suffisent à ta parure, pourquoi les charger d'ornements.

exemple : Kapila, Vrisabha premier Tirthamkara des Jaïns, et Bouddha lui-même, sauf à calomnier leurs actes et leurs doctrines. Aussi a-t-on pu dire : « le Bouddhisme a passé de l'Inde, mais son esprit y est resté. »

Le Sivaïsme, de son côté, rivalisa avec le Bouddhisme en encourageant la méditation abstraite. Quoique plus hostile au Bouddhisme que le Vichnouvisme, il s'en rapprochait tellement que, quand le premier disparut de l'Inde, les statues ou images de Bouddha furent converties en représentations de Siva absorbé dans la contemplation.

En dernier lieu l'action réciproque des trois systèmes l'un sur l'autre fut si forte que chacun d'eux fut influencé et modifié par les autres et leur emprunta quelques doctrines et quelques pratiques. C'est ainsi que le Saktisme et même le Tantrisme dans sa pire forme pénétrèrent dans le Bouddhisme.

Les trois religions se mêlaient ou du moins se juxtaposaient dans les pièces de théâtre, dans les temples et dans les fêtes publiques.

La pièce de Mâlati Madhava s'ouvre par une prière à Siva, et cependant une religieuse bouddhiste et sa suivante sont les deux personnages principaux du drame.

A Ellora les salles souterraines bouddhistes, brahmanistes et jaïnistes se touchent ; il en est de même à Bénarès. Nous avons vu à la fête de Prayaga les trois religions sur un pied d'égalité.

Sans doute aussi les concessions que fit le bouddhisme aux cultes existants et l'admission des dieux populaires dans son panthéon favorisèrent le retour à la superstition et à l'idolâtrie.

Par suite de leur association avec le Yoga et le Sivaïsme, et de l'attribution à la sainteté du don des miracles, les Bouddhistes accordaient trop au mysticisme et au surnaturel. Ils croyaient que Bouddha était monté au ciel d'Indra, qu'il avait marché sur l'eau, qu'il se transportait en un instant d'une montagne à une autre et laissait l'empreinte de ses pieds sur des roches dures etc.

Toutes ces superstitions tendaient à confondre les croyances des laïques Bouddhistes avec celles du reste de la population.

A mesure que le Bouddhisme se refroidissait, et que

les religieux bouddhistes perdaient, avec le sang Aryen, l'esprit de travail et l'ardeur du prosélytisme qui a subi chez eux de si nombreuses éclipses et est mort aujourd'hui, les Brahmes regagnaient le terrain perdu dans la faveur des princes et des peuples. Quand ils furent les plus forts, ils persécutèrent par tous les moyens. Dans l'Hindoustan, ce fut surtout par une polémique acharnée et par les accusations d'Athéisme. Exercés à la dialectique sans scrupule et à la controverse soit orale, soit écrite, bien mieux que leurs adversaires, contemplatifs vivant loin des hommes et sachant peu les manier, les Brahmes les plus instruits et les plus habiles provoquaient les religieux bouddhistes à des tournois philosophiques et religieux où tout était à l'avantage des premiers, même les juges qui, le plus souvent leur étaient acquis à l'avance : les rois, les princes, le peuple ou des délégués désignés par ceux-ci.

L'enjeu de la lutte à laquelle il était impossible de se dérober était quelquefois la conversion ou la vie du vaincu ; le plus souvent, la possession d'un temple ou d'un monastère dont le religieux bouddhiste était le champion désigné.

Le Bouddhisme subit de la sorte une véritable guerre qui lui fut très funeste et qui fut sans doute suivie d'une persécution violente. Les Bouddhistes furent ainsi chassés de leurs temples, de leurs couvents et de leurs terres dans une grande partie de l'Inde.

Les biographies de Kumanila Batha (VIIIe siècle) et de Çankara Atchéria (IXe siècle) mentionnent des luttes sanglantes. Un auteur du XIVe siècle attribue à Soudhavan, roi de l'Inde-Centrale, l'ordre de massacrer tous les vieillards et les enfants des Bouddhistes. On peut voir encore sur les murs de quelques pagodes, par exemple à Maduré et à Tirouvattur, des bas-reliefs représentant les supplices que les Brahmanistes firent subir aux religieux Bouddhistes ; les uns sont pendus, les autres taillés en pièces, d'autres broyés entre des tables de pierre ou dans des moulins à l'huile.

On vit les Bouddhistes émigrer d'abord du Sud, puis du Centre de l'Inde vers les provinces limitrophes du Kaboul, du Thibet etc. Les 300 religieux qui furent envoyés de Chine au commencement du Xe siècle, 300 ans après

Hiouen-Tsang trouvèrent la religion mourante dans les lieux qui avaient été son berceau.

Les musulmans achevèrent la destruction du Bouddhisme par l'incendie et l'extermination. Dans la province du Maduré où ils sont arrivés en dernier lieu on trouve beaucoup de temples abandonnés parce qu'ils avaient été profanés par eux. La plupart sont sans doute bouddhistes.

Les Brahmes s'appliquèrent à effacer tous les restes du Bouddhisme, monuments et écrits, et même à en dénaturer le souvenir.

A Magadha régna la dynastie des sept Tchandras (lune) à laquelle succéderont les dynasties Pala et Cana. — L'un des Tchandras fut détrôné par son ministre Pouchéiamitra. C'est alors qu'eut lieu la première invasion dans l'Inde d'étrangers qu'on désigna sous le nom de Tirtikas (hérétiques). Ils firent la guerre à Pouchéïamitra, brûlèrent un grand nombre de temples depuis Djalandara aux environs de Cachemyre jusqu'à Magada et tuèrent les religieux ; un grand nombre des Bickous s'enfuirent dans d'autres pays. Quelques années auparavant, dit l'historien Indien Darnata, avait apparu la doctrine du Mlechta que les Bouddhistes attribuent à un Bickou [1].

Cette invasion que Darnata appelle la première chute du Bouddhisme ne fut sans doute qu'une persécution ou guerre religieuse, puisque des princes Indiens continuèrent à régner dans le Centre de l'Inde.

A Calatchandra le dernier des sept Tchandras protecteurs du Bouddhisme, succéda Tchandragupta qui eut un vaste empire, et à celui ci son fils Bindouçara qui d'abord ne régna que sur l'état du Gaoura. Puis Thamaka l'un de ses vassaux fit tuer les nobles et les rois dans 17 états et se rendit maître de tout le territoire situé entre les deux mers (le golfe du Bengale et celui de Bombay).

---

[1] Ce récit peut avoir en vue la religion de Mahomet qui prit conseil de deux moines Nestoriens. Cependant comme l'Hegyre date de 623 après J.-C., les Musulmans n'ont pu parvenir dans l'Inde qu'après le pèlerinage de Hiouen Tsang.

Très souvent dans les écrits bouddhiques le nom de Thirtikas est donné aux Djaïnistes. Il est donc vraisemblable que l'invasion dont il s'agit a été faite par les Radjpoutes qui étaient Djaïnistes, et qui ont été, ainsi que leur roi, des ennemis acharnés et sanguinaires du Bouddhisme.

Ce roi régna 35 ans et son fils Chritchandra lui succéda. Mais le fils de ce dernier, Darmatchandra, perdit une partie de ses états et fut réduit à la partie Orientale de l'Inde Bouddhiste (le Bengale),

Vers les mêmes temps, une dynastie royale de Sudras qui prétendaient descendre des Guptas de Patna fonda le royaume de Canodje qui dura jusqu'à la fin du VIIe siècle, et les Radjaputes Chalukyas s'établirent dans le Dékan qu'ils dominèrent jusqu'au XIIIe siècle : ils avaient Kalianapour près de Mangalore pour capitale.

En 474 Yayati Késari expulsa les Yavanas (grecs Bactryens) de la province d'Orissa et fonda la dynastie des Kesari ou Lions qui régna jusqu'en 1575, époque à laquelle le royaume d'Orissa devint feudataire des empereurs Mongols.

CHAPITRE V

LES DJAINS [1]

Nous venons de voir apparaître les Djaïns dans l'histoire de l'Inde. Comme le Djaïnisme n'a pas été animé de l'esprit de propagande, son rôle restreint à certaines contrées et aux castes Aryennes est peu connu jusqu'au moment où sous le couvert d'un semblant d'orthodoxie brahmanique, il recueillit dans son sein les Bouddhistes proscrits et leur fournit ainsi le moyen d'échapper à la cruelle persécution dont ils étaient victimes. Si on en juge par les monuments qu'ils ont laissés, les Djaïnas ont eu une brillante civilisation surtout vers le xie siècle de notre ère. D'après Mgr Laouénan, ils sont encore nombreux dans diverses parties de l'Inde, surtout sur la côte Occidentale ou du Malabar. Le recensement de 1881 a donné le chiffre de 1 million deux cent mille. Ils exercent généralement des professions de banquiers, changeurs et Banyas ou marchands de grains [2]. La pureté de leurs mœurs, leur activité et leur probité rigide, leur ont valu partout une situation des plus honorables et, très souvent, de grandes fortunes. Ils admettent nominalement la division des castes et l'attribuent même à leur premier Tirtankara ; mais en fait comme ils ont tous les mêmes occupations, ils se considèrent tous comme des Vessiahs.

---

[1] Ce chapitre est emprunté presque textuellement aux excellentes études de M. de Milloué sur les Djains et sur le Mythe de Vrishaba.
[2] Ils n'ont que des métiers sédentaires comme ailleurs les Juifs ; les Jains « vêtus de blanc » ont beaucoup de rapports pour les occupations et les mœurs avec les Juifs au-dessus de la basse classe.

L'intérêt que nous offre le Djaïnisme réside principalement dans la similitude de ses légendes et de ses dogmes avec leurs correspondants dans le Brahmanisme. Ce parallélisme fait bien ressortir l'état politique, religieux et philosophique de l'Inde à diverses époques, surtout à celle qui a précédé immédiatement la venue du Bouddha Gautama.

Le Djaïnisme est antérieur au Bouddhisme ; on en donne trois preuves :

1° Jacobi est parvenu à démontrer, au moyen des documents mis au jour en dernier lieu, l'identité du Mahavira des Djaïnas et du Nigantha Naltapoutta qui, selon la légende bouddhique méridionale, fut le précepteur du Bouddha Gautama. C'était sans doute un des maîtres renommés dont Bouddha se fit quelque temps le disciple pour étudier leurs systèmes.

2° Les notions sur la création et la cosmogonie sont beaucoup plus simples chez les Djaïnas que chez les Bouddhistes.

3° Les Bouddhistes, dans leurs livres, médisent beaucoup de Tirthikas (Djaïnas), qui, dans leurs écrits, ne mentionnent pas les Bouddhistes. Ainsi nous avons vu dans la vie de Bouddha beaucoup de méfaits reprochés aux brahmes nus. Le Kandjour thibétain, section du Vinaïa, nous montre un Tirthika s'introduisant par surprise dans un Vihara et expulsé par le Bouddha. Devadata paraît avoir adopté la doctrine des Tirthikas. Il y eut donc à l'origine du Bouddhisme hostilité entre lui et le Djaïnisme. Longtemps assoupie, cette hostilité se réveilla chez les Djaïnas Rahjapoutes qui se ruèrent sur les Bouddhistes à l'appel de leur roi.

Le Djaïnisme paraît avoir gardé certaines formes et cérémonies des anciennes croyances de l'Inde antérieures à la suprématie des Brahmes. De l'ensemble de ses dogmes et de son antagonisme avec les Orthodoxes, il paraît résulter qu'il fut une protestation contre les Brahmes, au moment ou, après s'être séparés des Kchattryas, ils prétendirent imposer leur supériorité au reste des Aryens. Suivant Kumarilla (un bouddhiste) les Çakyas et les Djaïns sont des Kshattryas ; les Djaïns du Guzesrath et du Marouer sont des Kshattryas ; dans toutes leurs écritures et traditions, ils affectent d'affirmer la supériorité des Kshattryas sur les Brahmanes.

Cette dissidence fut politique plutôt que religieuse, c'est à-dire un schisme plutôt qu'une hérésie, car la branche détachée garda les légendes courantes et le pessimisme brahmanique ; elle accentua même celui-ci en faisant consister la perfection absolue, non dans le bien, mais dans l'absence du bien et du mal. Aussi les Djaïnas n'ont-ils eu que des religieux ou ascètes travaillant uniquement à leur propre salut. L'altruisme qui a exhalté le Bouddhisme leur a manqué.

Les légendes, les personnages du Djaïnisme, sauf quelques Tirthamkaras sont les mêmes que celles des Pouranas, le fonds de la philosophie religieuse est semblable, quoique les dogmes soient plus simples et tirés de la Sankya. Il en était ainsi avant le Bouddha. Tout cela vient à l'appui des vues de M. Sénart et de ce que nous avons dit dans notre avant-propos de la vie du Bouddha sur l'existence très ancienne dans l'Inde d'un double courant de légendes et de doctrines indépendant des Brahmes et même les minant.

On trouve chez les Djaïnas les mêmes titres d'honneur ou de grade que chez les Bouddhistes : Djaïna « vainqueur », Aratha « vénérable », Çramana « saints », Çravakas « auditeurs, Sévras, Yatis, Saddhous, Tirtikas.

Les livres sacrés des Djaïns forment environ 50 volumes sous le nom d'Angas, d'Oupangas, surtout de Pourvas ; ceux-ci sont leur bible. Ils ont aussi les Karitas qui correspondent aux Pouranas brahmaniques et racontent d'une manière uniforme les vies, toutes semblables des Tirthamkaras. Il y a aussi quelques ouvrages sur la philosophie dont le plus important est la Bhagavati. La plupart des livres sacrés sont écrits en Mâghadi, idiome prâkrit du Magadha ; le prakrit est proche parent du pâli, la langue sacrée des écritures bouddhiques.

Les Djaïnes nient la création du monde en tant qu'œuvre réfléchie et volontaire d'un Dieu personnel ; ils rejettent les Védas et le sacrifice, principalement l'holocauste (comme détruisant une foule d'animalcules) ; pour eux les dieux ne sont que les régents de certaines parties du monde, supérieurs aux hommes mais soumis à la transmigration. Tout fidèle suffisamment méritant peut devenir un dieu et même un Indra, après un temps énorme, il est vrai.

L'Univers incréé, éternel, passe par des alternatives de

développement et de déclin pendant lesquelles certaines de ses parties sont détruites par le feu pour se développer de nouveau, après cette purification. Il se compose de trois mondes :

1º Le monde inférieur qui comprend Adhogati ou le monde le plus inférieur, les sept Naradas ou enfers et les dix Pavana-loka ou purgatoires.

2º Le monde du milieu, c'est-à-dire la Terre qui renferme, le monde de la lumière, celui des démons et celui des demi-dieux.

3º Le monde supérieur composé de seize mondes des dieux, du monde d'Indra et enfin « du monde de la libération » résidence des Tirthamkaras, seigneurs du monde.

Le Temps, Kâla, éternel et indestructible, se divise en deux périodes, d'une durée presque infinie, l'une ascendante Utsarpini, l'autre descendante Avasarpini ; il est figuré par un serpent replié de façon que sa queue touche sa tête. Pendant l'Avasarpini l'Univers roule de la tête à la queue du serpent, pendant l'Utsarpini, il revient de la queue à la tête. L'âge complet formé par la réunion des deux périodes s'appelle un Youga.

La terre est composée de trois continents séparés par deux Océans et groupés autour du mont Mérou ; le premier est habité par des hommes, le second par des hermaphrodites et le 3e par des barbares ou des démons sans nom.

A la fin de chaque Youga, un de ces continents est détruit par le feu en punition des crimes de ses habitants.

Quand une partie du monde a été ravagée par le feu, elle est repeuplée, aussitôt que redevenue habitable, par les populations vertueuses des contrées échappées à la catastrophe. Il subit l'action décroissante de l'Avasarpini et croissante de l'Utsarpini. Les hommes des premiers âges de l'Avasarpini sont des géants d'une taille et d'une longévité prodigieuses ; ceux des premiers âges de l'Ousarpini sont des nains de deux coudées de haut.

Sans lui attribuer une origine divine, les Djaïnas reconnaissent l'éternité de l'âme, parcelle infinitésimale du Djiva, essence de vie universelle qui anime toute la nature. Elle est soumise à des transmigrations déterminées par le Karma. Le péché conduit l'âme dans des corps d'animaux ou dans les enfers ; un mélange de vices et de vertus fait renaître dans la race humaine, et la pure vertu parmi les dieux. L'âme augmente ou diminue de volume suivant la dimension des corps qu'elle occupe. Les stations de l'âme sont toujours temporaires jusqu'à ce qu'elle parvienne au Moksna ou Nirvana, émancipation par l'annihilation du vice et de la vertu.

Le principal, peut-être l'unique caractère du Nirvana, est la cessation de l'obligation de renaître ; celle-ci ne peut être atteinte que par les Tirthamkaras qui, ensuite, du haut de leur demeure bienheureuse, le Maksha-loca, continuent à veiller sur le monde et à protéger la foi Djaïne. Les Djaïnas ont conservé les dieux, mais sans culte et uniquement comme assistants des Tirthamkaras. Indra est le chef des Indras, simples mortels béatifiés, Brahma est celui des Brahmas, inférieurs aux Indras ; Roudra celui des Roudras etc. Mais les grandes divinités Védiques Agni, Varouna, Dyans etc., ont disparu ; Mitra n'est plus que le régent du soleil et Soma de la lune. Enfin dans les livres récents on trouve, à côté des dieux qui viennent d'être nommés, Vichnou et Lakhmi, Çiva et Parvati, Kalis Ganeça, Kanda et surtout Krischna. Cela prouve que les livres précédents sont très anciens et antérieurs aux Pouranas ou du moins à leur rédaction actuelle.

Cette contemporanéité des dieux des deux Panthéons, Djaïna et Hindou, à des époques diverses, prouve qu'il y a toujours eu connexion intime entre les deux religions, au moins pour ce qui concerne les représentations extérieures et populaires.

Au-dessous du Moksha-loca et au-dessus des cieux inférieurs se trouve le Pouthpotpara, siège des quatre-vingt huit « seigneurs Djinas » héros dvinisés. Ce sont les Manous, les Tchkaravartins, les Vaçoudévas et les Baladévas.

Les Manous sont, comme on le sait, des personnages légendaires, des rois divins. Chez les Djaïns, ils passent pour avoir gouverné le monde pendant les trois premiers âges de l'Outsarpini et de l'Asarpini, c'est-à-dire avant l'apparition, dans chacune de ces périodes, du premier Tirthamkara. Il y a eu dans l'Avasarpini 14 Manous, 12 Tchakravartins, 9 Vaçoudévas, 9 Baladevas et autant dans l'Outsarpini.

Les pentes du mont Mérou et les espaces qui entourent la terre sont habités par des demi-dieux, génies ou déités inférieures, bienveillants, et par les Viyantaras et les Saktis.

Les démons ont les mêmes noms, les mêmes demeures, les mêmes rôles dans le Djaïnisme que dans le Brahmanisme. On célèbre en l'honneur des Nagas qui ont une tête d'homme sur un corps de serpent une fête appelée Ananta Chatourdaci où l'on se divertit beaucoup, sans toutefois leur rendre aucun culte ni aucun hommage. Ils ne figurent, ainsi que les autres démons, dans les scènes sculptées sur les murs des temples que comme serviteurs des Tirthamkaras qu'ils adorent dans les postures les plus humbles.

Les Tirthamkaras sont à la fois des saints qui ont conquis la nature divine par les austérités, la science et surtout la méditation, et des législateurs qui ont établi chacun une institution particulière pour le bonheur et la purification de l'humanité et pour le progrès de la religion djaïne dont ils furent les fondateurs et les prophètes[1]. On leur donne aussi les noms de Djina (jina), « vainqueur », Arhat « adorable » etc.

C'est à eux seuls que s'adresse l'adoration et bien qu'ils soient de nature humaine et entrés dans le Nirvana, on leur prête, de leur vivant et après leur mort, tous les pouvoirs divins. C'est par l'adoration des Djinas vivants et des images de ceux qui sont entrés dans le Nirvana que l'on s'élève aux quatre états appelés : « Contemplation de Dieu », « présence de Dieu », « ressemblance avec Dieu », « union avec Dieu », qui correspondent respectivement aux rangs de « maître de maison », « novice », « grand prêtre », « saint. »

L'Avasarpini actuel compte 24 Tirthamkaras dont le premier se manifesta au 4ᵉ âge lorsque la misère et la

---

[1] Quelques auteurs prêtent aux Djaïnas un dieu suprême Amaruga ; très probablement il n'est reconnu comme tel que par une partie d'entre eux et il correspond à l'Adibuddha ou à l'Amithaba des Bouddhistes. Il n'est point sujet à la naissance et à la mort. Sa science, sa sagesse, son intelligence, sa bonté, sa puissance sont infinies ; cependant il n'est ni créateur ni conservateur.

corruption nécessitèrent l'intervention d'un réformateur pour rétablir l'œuvre des 4 Manous des trois premiers âges.

Tous ces Thirtamkaras se ressemblent, sauf que leur taille et leur longévité décroissent depuis le premier (Vrishabha) qui avait 500 toises de hauteur et vécut 8 millions et demi d'années jusqu'à Parsvanatta qu'on considère comme le fondateur historique de la religion et à Mahavira qui eut une stature et une longévité ordinaires. Il fut l'apôtre et le législateur principal du Djadnisme [1].

Chaque Djina possède une épouse Sanasadévi qui personnifie son énergie, comme la Sakti celle des dieux brahmaniques.

Immédiatement au-dessous des Tirthamkaras sont les Arhats, bien supérieurs aux dieux dont ils reçoivent les hommages. Ce sont de saints Ascètes détachés de tous les sentiments humains au point de ne plus accomplir aucun acte bon ou mauvais. Ils sont destinés à devenir à leur tour Tirthamkaras et, en attendant, ils instruisent et dirigent les simples fidèles. Après leur mort, ils vont attendre dans le ciel Poushpottara, l'heure de la dernière incarnation. Avant de devenir Arhat, il a fallu parcourir tout un cycle d'existences et, pendant la dernière au moins, s'élever au rang des Çramanas « saints ». Ceux-ci se divisent en plusieurs classes, ou sont censés parcourir dans plusieurs vies les différents degrés superposés de prêtre, ermite, anachorète, grand prêtre ou saint par excellence. Ces six classes constituent le clergé Djaïna. Ils vivent soit dans les villes et les villages en qualité de prêtres de paroisses, soit dans des ermitages isolés, au milieu des forêts et sur les montagnes, soit enfin dans des couvents sous la direction d'un supérieur nommé au choix par les religieux, ou bien désigné par son prédécesseur mourant. Le supérieur a un pouvoir absolu sur ses religieux. Il impose et il règle tout, aussi bien la doctrine que la conduite.

[1] Mahâvira partage avec Vrishaba et Parçvanâttha presque tout le culte des Djains. Les images le représentent nu, avec un teint jaune, et portant pour emblème un lion. D'après tous les documents recueillis, il semble qu'on peut le tenir pour un personnage historique et qu'il fut bien le précepteur du fondateur du Bouddhisme.

Il y avait autrefois de nombreuses communautés de « Saddhouinis », dirigées par des abbesses, sous la surveillance du grand-prêtre du district. Ce n'étaient donc pas, comme chez les Bouddhistes, des *religieuses mendiantes*. Aujourd'hui ces couvents sont en très petit nombre, si toutefois il en existe encore.

Les religieux, les prêtres et les ascètes ont les cheveux coupés court, mais non entièrement rasés comme les bouddhistes ; selon celle des deux sectes à laquelle ils appartiennent, ils se vêtissent d'une robe blanche ou d'un simple morceau d'étoffe noué autour des reins ; leur trousseau se complète d'une écuelle de bois ou de cuivre pour recevoir et préparer leur nourriture, et d'un balai de laine ou de plumes de paon à l'aide duquel ils évitent d'écraser les animalcules sur le sol.

Les prêtres Yâti et les religieux (Bhikshouka) récitent les prières et chantent les hymnes de chaque jour, rendent aux Tirthamkaras et aux Arhats les hommages qui leur sont dus, parent leurs autels, lavent leurs statues etc., lisent, commentent et copient les livres sacrés, les expliquent à ceux qui viennent leur demander l'instruction religieuse et enfin instruisent le peuple par des lectures et des prédications.

Ils ont une certaine part dans les cérémonies privées ; ainsi ils président celles du Çastrabhasa qui s'accomplit, lorsque l'enfant commence à lire les Çastras, de l'Oupanayana ou initiation et enfin des funérailles. Mais pour les horoscopes de nativité, la prédiction de l'avenir, la divination, l'explication des songes, même la célébration des mariages, ils se font suppléer par des Brahmanes nommés Natgourous « prêtres de la tribu » ces derniers remplissent même les fonctions de desservants dans quelques temples, où les prêtres Djaïns ne se réservent que l'instruction religieuse et la lecture des Ecritures sacrées [1].

Les ascètes vivent dans la méditation et la solitude, occupés exclusivement de leur propre salut ; ce sont les

---

[1] Le Père Dubois nous apprend qu'il y a une classe de brahmes officiants, *Pourohitas* auxquels il faut une science toute spéciale. Comme les sacrificateurs mentionnés par Manou, ils exercent un métier lucratif, mais peu estimé.

Pratyékas ou solitaires du Bouddhisme. Ils ont paru à Théodore Pavie des contemplatifs faibles d'esprit et non des hommes d'étude et de travail.

Tous les fidèles Laïques prennent le nom général de Çravakas à partir du jour où ils ont reçu l'initiation Oupanaïa, vers l'âge de neuf ans. Ils étudient dès lors sous la direction d'un Yati et sont Bramatcharis jusqu'à ce que par le mariage ils deviennent Grahastas.

Les hommes, surtout ceux des hautes Castes, épousent sans scrupule des femmes de condition inférieure pourvu que leur famille soit pure ; mais les femmes ne doivent pas se mésallier. Il est absolument interdit d'épouser une parente même à un degré éloigné. Il est défendu aux veuves de porter des bijoux et des vêtements élégants, de se nourrir de mets délicats et de se remarier, si jeunes qu'elles soient et même lorsque le mariage n'a pas été consommé ; cas qui se présente souvent, car on marie les filles généralement avant la puberté. Quoique autorisée, la Polygamie est assez rare.

Les Religieux et laïques ont pour devoirs communs la pratique des quatre Dharmas, libéralité (ou aumône), douceur, piété, pénitence, et l'abstention des cinq karmas : meurtre, mensonge, vol, adultère, amour des choses du monde. Le respect de la vie des animaux est un précepte tout à fait absolu. Les Djaïnas s'abstiennent même de manger des pépins. Le Dharma de la piété comprend le culte des Tirthamkaras, la vénération pour les prêtres, même des autres sectes, et pour les Gourous, la lecture journalière des livres sacrés pendant plusieurs heures, la méditation sur un sujet religieux, ordinairement sur les mérites et les attributs d'un Tathamkara choisi pour modèle. C'est l'extase, telle que nous l'avons vue dans le Brahmanisme.

Les jeûnes sont nombreux et sévères, surtout pour les religieux.

Il y a chaque jour trois ablutions obligatoires, le matin, à midi et le soir ; aujourd'hui les laïques se bornent à une seule ablution avant le repas méridien.

La confession et l'absolution existent chez les Djains. Régulièrement, ils devraient se confesser au prêtre chaque fois qu'ils ont commis un péché ; mais ils ne le font qu'au commencement de la saison sacrée de Pajjousam.

Les Moines, les Ascètes et les Yatis doivent observer rigoureusement le triple vœu de chasteté, pauvreté et obéissance. Il est interdit à tout religieux de parler sans témoins à une femme quelconque et à plus forte raison à une religieuse. Nul ne peut prendre « le vœu » du vivant de ses parents, ou tout au moins sans leur permission expresse ; et encore Mahâvira n'admet-il pas cette permission qui peut-être donnée ou arrachée à contre-cœur.

Les offrandes d'adoration ne consistent qu'en fleurs, fruits, parfums, lait, beurre clarifié et eau pure. L'acte pieux par excellence est le lavage des images des Tirthamkaras et des Arhats avec du lait et de l'eau parfumée.

Ces cérémonies sont accompagnées de la lecture de passages des Ecritures sacrées, ordinairement relatifs au personnage dont on honore l'image, mais il n'y a pas de prières à proprement parler. On ne demande rien aux Tirthamkaras qui n'ont rien à donner, car ils n'ont aucune action sur les choses matérielles et les choses spirituelles sont réglées inflexiblement par le Karma, mais la piété envers les Tirthamkaras est une des vertus qui assurent le plus efficacement la marche vers la libération finale.

Les offrandes solennelles aux Djinas et le culte rendu à leurs images sont l'occasion de fêtes nombreuses qui commencent par des processions religieuses et finissent par des divertissements populaires. On les célèbre par le jeûne et l'abstention de tout travail.

Les pèlerins Jaïnistes se rendent en foule de tous les points de l'Inde aux lieux consacrés, principalement à Çravana Belligola. Cette pagode se compose de plusieurs chapelles groupées autour de statues colossales sculptées dans le rocher représentant, soit des Tirthamkaras, soit des dieux. Les temples sont ornés de statues de pierre ou de métal et de scènes Mythologiques empruntées aux légendes divines, sculptées en demi et bas-relief, le long des parois des chapelles. D'après les livres des Djains, l'art et l'usage de construire des temples et de sculpter des images est très ancien chez eux. Plusieurs auteurs Européens admettent qu'ils ont été, conjointement avec les Bouddhistes, les initiateurs et même les maîtres de l'art Indou ; de fait, leurs symboles et leurs images figurent dans les plus anciens monuments de l'Inde. Nous pensons néanmoins que les véritables initiateurs de l'art Hindou dans ce qu'il a eu de correct sont les grecs Baktriens fixés dans l'Inde. Cependant la plupart des temples et des monastères des Djainas paraissent avoir été construits entre le VIIIe et le XVIe siècle de notre ère.

Il n'y a point de cérémonies pour les funérailles. On brûle le corps et on jette les cendres dans l'eau. « Quand un homme meurt », disent les Djains, « son âme commence une nouvelle vie, et son corps est anéanti ; il n'y a donc point lieu de rendre des honneurs funèbres ».

Les Djains se divisent en deux classes ; la première se compose de tous ceux dont l'origine est pure ; la seconde de ceux qui ont quelque tache dans leur famille. Il est très rare que des unions se contractent entre les membres de ces deux classes.

Deux sectes rivales se partagent les fidèles : les Digambaras « vêtus de l'air » et les Svétambaras « vêtus de blanc ». Les Digambaras allaient autrefois complètement nus ; aujourd'hui ils portent à l'ordinaire le « langouti » ; mais par respect pour leur vœu, ils s'en dépouillent pour prendre leurs repas. Ils prétendent suivre les doctrines du premier et du dernier Tirthamkara et représenter la croyance Djaine primitive. Les Svétambaras s'habillent de blanc et se réclament des vingt-deux Tirthâmkaras intermédiaires. Très rigides, les Digambaras forment une secte presque uniquement de moines et d'anachorètes, tandis que les Svétambaras transigeants sont en très grande majorité. Les divinités propres aux Digambaras, même les Sanasadévis sont représentées nues et debout et celles des Svétambaras drapées dans un vêtement plus ou moins sommaire, quelquefois assises.

Les femmes stériles vont, dit-on, se frotter aux statues nues. Les statues n'ont point la dignité, la spiritualité ni le type Arien prononcé des Bouddhas.

Les deux sectes Djaines correspondent évidemment aux deux sectes de Vichnou et de Siva. Comme les Sivaïstes, les Digambaras prétendent à l'antériorité et à une plus haute vertu. Cela tendrait à prouver que la distinction entre Sivaïstes et Vichnouvistes était déjà fort accentuée dans l'Inde à l'origine du Djaïnisme, c'est-à-dire avant l'avènement du Bouddhisme.

Les Djains ont laissé de nombreux monuments de leur puissance et de leur habileté dans les arts, partout où ils ont dominé. Ils ont dans le Behar des temples magnifiques, les plus vastes et les plus ornés de sculptures (voir les dessins et descriptions de l'Inde des Rajas par Rousset et ceux de l'Inde Centrale par Elysée Reclus). On leur attribue plusieurs des hypogées les plus vantées. Leur littérature est très étendue et très variée ; ils ont même des ouvrages de Mathématiques, d'Astronomie, de Médecine. Ils ont inventé l'écriture de la langue Canara et ont poussé jusqu'à un haut degré de perfection la culture de cette langue et du Tamoul. Un Djaïn est l'auteur du Chintamani, un des meilleurs poèmes épiques tamouls.

Le Djaïnisme a été constamment miné par les Brahmes ainsi que l'a constaté le père Dubois. De là la diminution progressive du nombre de ses fidèles. J'ai entendu moi-même, dit l'abbé Dubois, des Djaïns se plaindre amèrement de la noirceur des Brahmes qui par haine et jalousie, leurs prêtent des doctrines abominables et vont même jusqu'à composer des livres détestables qu'ils imputent au Djaïnisme et au Bouddhisme.

Aujourd'hui qu'il est mieux connu et qu'il est représenté d'une manière honorable, le Djaïnisme montre une vigueur nouvelle. Une société qui s'intitule « de livres religieux Djaïns » fait de nombreuses publications, d'anciens Sutras avec des commentaires, des revues, des journaux.

LIVRE VII

Les Pouranas

CHAPITRE I

GÉNÉRALITÉS

Ainsi que nous l'avons dit ailleurs, d'après Collebrooke les noms d'Ithiasa et de Pourana sont antiques dans l'Inde et antérieurs à Vyasa le compilateur des Védas ; il existait donc anciennement dans l'Inde, sinon des recueils, du moins des récits destinés à conserver le souvenir des fables cosmogoniques et l'histoire des dieux, des héros et des sages [1]. Les textes où l'on trouve le nom de Pouranas le placent d'ordinaire auprès de celui d'Ithiâsas avec lesquels les Pouranas doivent avoir de nombreuses analogies.

Se rapportant plus ordinairement à des événements humains, les Ithyasas ont donné naissance aux grandes épopées populaires du Mahabarata et du Ramayana ; les Puranas, sortis des Brahmanas, comme le dit Sayana Atcharia et s'occupant davantage de l'origine du monde et de celle des dieux, se sont rassemblés et probablement développés sous une forme presque encyclopédique où domine presque exclusivement la Mythologie.

Dans leur ensemble, les Puranas représentent la physiolatrie des Védas transformée dans le Panthéisme brahmanique et dans la triade, Brahma, Vichnou, Siva, avec la prépondérance de plus en plus dominante de Vichnou.

---

[1] E. Burnouf, préface du Baghavata Pourana.

Les dieux Védiques y figurent, mais seulement comme deités cosmiques et romantiques, plus ou moins secondaires, subordonnées toujours à la Triade suprême et le plus souvent à un seul de ses membres, enfin noyées dans le Panthéisme.

Sayana Atchéria dit : Les femmes et les Soudras, quoiqu'ils aient besoin de la science, n'ont aucun droit sur le Véda ; mais ils obtiennent la connaissance de Brahma par le moyen des Puranas et des autres « livres » de ce genre.

Des Pouranas existaient donc à l'état de livres, du vivant de Sayana Atcharia. En fait, ils étaient la littérature sacrée et formaient la lecture ordinaire de la presque totalité des Brahmes aussi bien que celle des autres castes, (aujourd'hui, ailleurs qu'à Bénarès, les Brahmes ne comprennent plus le Védas).

Les Puranas devaient traiter cinq sujets les mêmes pour tous. Le nombre de ces sujets fut porté à 10 pour les grands Pouranas ou Mahapouranas.

Voici le tableau des cinq et des dix sujets :

Pouranas.

1. Création (d'un univers).
2. Destruction (du idem).
3. Généalogie (des patriarches).
4. Périodes et règnes des Manous.
5. Histoire des familles.
   (*Dynasties solaires et lunaires*).

Mahapouranas.

1. Création.
2. Création définitive.
3. Existence.
4. Conservation.
5. Règnes des Manous.
6. Généalogie.
7. Histoire des familles.
8. Destruction.
9. Cause.
10. Libération finale.

Nous lisons dans le Bagavatha Pourana qui est un Mahapourana : Ecoute, ô Brahmane (dit Sùta à Çaunaka) la définition d'un Pourana (des sujets qu'il traite) :

On entend par Sarga, création, l'origine du principe dit de l'intelligence qui vient du mouvement des qualités qui appartiennent à la nature, et celle de la personnalité qui est triple et qui renferme : celle de l'intelligence, celle des molécules subtiles, celle des éléments grossiers (théorie du Sankya).

2. On entend par Visarga, création distincte, l'association de tous les principes fécondés par Purusha, association qui leur rappelle leur ancienne activité ; il en résulte tout ce qui se meut comme ce qui ne se meut pas, de même qu'un germe sort d'un autre germe.

3. Par Vritti, existence, on entend que les êtres servent à l'existence les uns des autres, ceux qui ne se meuvent pas à celle de ceux qui se meuvent ; mais les moyens qu'a l'homme de soutenir son existence, sont, par une suite de sa nature propre, volontaires ou nécessaires.

4. Le Rakchâ ou conservation de l'univers, c'est l'action d'Atchyuta (Vichnou) qui descend à chaque Yuga, dans des formes d'animaux d'hommes, de Ritchis, de Dévas, pour anéantir les ennemis du triple Véda.

5. Par Marvantara, intervalle de chaque Manu, on entend une époque où se trouvent les 56 espèces d'êtres suivants : Un Manu, des Dévas, des fils de Manu, des chefs de Suras, des incarnations partielles de Hari.

6. Par Vamça, généalogie, on entend la succession des rois nés de Brahma pendant les trois parties de la durée ;

7. Et par Vamçânutcharita, histoire des familles postérieures, on entend la conduite de ceux qui ont perpétué les familles de ces rois.

8. Les Chantres inspirés nomment Sâmsthâ, destruction, la dissolution de cet univers qui est de quatre sortes : Naïmittika, Prakritika, Nitya et Atyantika, et qui résulte de sa nature propre.

9. Par Hêtu, cause de la création et des autres états de l'univers, on entend l'âme individualisée qui accomplit des actes sous l'influence de l'Avidyà (l'Ignorance.) Cette cause, quelques-uns l'appellent le principe (intelligent), qui s'endort (au temps de la destruction de l'univers au sein de l'Etre Suprême), d'autres, le principe matériel non développé.

10. On entend par Apâcraya, délivrance, Brahma auquel il appartient d'être présent et absent tout à la fois, pendant que s'accomplissent les fonctions de la vie, de la

veille, du sommeil et du sommeil profond, fonctions qui sont l'œuvre de Maya.

Le Bagavatha Pourana ajoute :

La destruction Naïmittika, celle qui a pour cause (le sommeil de Brahma) a lieu au terme de chaque Kalpa, c'est-à-dire quand arrive la nuit de Brahma ;

La destruction Pråkritika ou celle des principes produits par la Nature (prakriti) a lieu à l'expiration des deux périodes de la vie de Brahma — (alors ce que, dans le système Sankya, on nomme les principes, savoir : l'intelligence, la personnalité, les sens, les éléments etc., tout cela rentre dans le sein de la Nature.)

La destruction dite Nitya, c'est-à-dire *constante* que le Kaurma Pourana place, avec raison peut-être, la première de son énumération, est celle qui a lieu tous les jours, sous nos yeux ; c'est la succession perpétuelle des changements par lesquels passent tous les êtres, ou, comme l'entend M. Vans Kennedy, l'extinction de la vie, la nuit pendant le sommeil.

La destruction dite Atyantika, c'est-à-dire définitive, est l'identification de l'âme individuelle avec le suprême Brahma à laquelle le Yogui parvient par la science.

Ces définitions seront encore élucidées par les extraits et analyses que nous donnerons de plusieurs pouranas, mais on voit déjà qu'un pourana qui remplirait le programme qu'elles tracent, serait l'exposé complet d'un système religieux comprenant, cosmogonie, mythologie, théosophie et métaphysique et non une simple réunion de vaines suppositions et de légendes puériles, comme on serait tenté de le penser tout d'abord.

Il est vrai qu'aucun Pourana ne répond complètement au programme, mais quelques-uns en approchent et ont une grande élévation de pensée et un vif éclat d'images. On y retrouve souvent les éminentes qualités du génie Aryen.

Afin d'opposer au Bouddhisme l'ardeur religieuse et le fanatisme, les Brahmes avaient favorisé le développement des sectes de Vichnou et de Siva, les deux grandes religions des Soudras. Chacune des sectes prétendait à la suprématie pour elle-même et pour son dieu. Considérés isolément, les Puranas furent écrits et complétés chacun pour exalter le dieu particulier auquel il était consacré et pour l'identifier avec l'Etre Suprême. Plus tard, les Tantras furent composés pour l'adoration des Saktys ou énergies femelles représentées principalement par l'épouse de Siva.

Les Puranas et les Tantras exagérèrent et faussèrent la doctrine de la Bakti ou du salut par la foi que nous avons vue exposée avec tant d'éclat dans le Chant du Bienheureux et que Sandikya a réduite en système dans les Sutras de la Bakti, d'où ils se sont introduits dans le grand Véhicule. Sans parler des miracles, les rapports de l'âme divine à l'âme humaine prirent le langage de l'amour charnel et furent représentés par des allégories et des images érotiques.

Les Brahmes s'étaient aperçus que leur Dieu impersonnel était à des hauteurs inaccessibles au vulgaire, que le Bouddha aimé comme un bienfaiteur infini, homme ou dieu, allait bien plus au cœur des populations que le Brahma abstrait, et qu'il fallait introduire la dévotion dans la religion. De là le développement donné à la Bakti, et aux cultes de Siva, de Vichnou, de Kristhna, et en dernier lieu de Rama qui paraît presque moderne.

Les Puranas et les Tantras sont les principaux représentants de cette religion populaire.

Nous avons déjà ailleurs parlé des Pouranas qui, comme les grandes épopées, existaient dans la mémoire, au moins par fragments, bien avant d'être fixés par une rédaction écrite.

La forme invariable des Pouranas écrits est celle d'un dialogue dans lequel une personne expose les récits ou la doctrine qu'ils contiennent, en réponse aux questions posées par une autre personne. Ce dialogue est entremêlé d'autres dialogues qui sont donnés comme ayant été tenus en d'autres occasions entre différents individus à la suite de questions semblables. Le narrateur est ordinairement Lamakarshana désigné souvent par le titre de Suta (barde panégyriste) le disciple de Vyasa ; il est censé répéter les paroles du maître, le chef de l'Ecole Védanta.

On ne fait remonter qu'au vi[e] siècle de notre ère la rédaction du Vayou Purana réputé le plus ancien de ces écrits qu'il ne faut pas confondre avec les Ithyasas.

Le Baghavata Pouranas est considéré comme un des grands pouranas les plus récents. Les Pouranas que nous possédons ne répondent point exactement pour le nombre des vers et les sujets traités aux tables de matières qu'a donnés pour chacun d'eux le Matsyapurana, preuve qu'ils ne sont que des remaniements d'ouvrages plus anciens.

Les 18 Pouranas sont partagés en 3 groupes égaux, consacrés respectivement à Brahma, à Vichnou et à Siva. Dans le 2ᵉ groupe, nous remarquons les titres : Vichnou, Baghavata, Naradiya, Garouda, Padma, Varaha, dans le 3ᵉ ceux de Siva, Linga, Skanda, Agni (ou Vayou) Mattya, Karma.

Malgré cette division, le dieu réel des Pouranas est Vichnou que l'on retrouve dans tout, avec la doctrine panthéiste qui est le fondement de la théologie hindoue. c'est à-dire le non dualisme, avec des intercallations des diverses théories philosophiques de l'époque, principalement de la théorie de la prakriti du Sankya.

Il y a en outre 18 Upapouranas ou pouranas secondaires subordonnés aux 18 principaux. Parmi eux on remarque les suivants : 4 Siva Dharma, 6 Kapila, 9 Varuna, 10 Kalika, 12 Nandi, 15 Adithya, 16 Maheoswara. Quelques Upapouranas appartiennent au Tantrisme.

Il existe encore beaucoup d'autres Puranas particuliers, appartenant à des Pagodes, à des familles privées.

L'Uuttarakanda du Padma, ou partie du Pourana vichnouviste du Lotus, mentionne une division des Pouranas en trois classes correspondantes chacune à celle de trois qualités (gunas) qui y domine.

La première série (sativika, qualité de bonté) comprend principalement des pouranas vichnouvistes ; la seconde (Tamada qualité d'obscurité) des pouranas sivaïstes ; la troisième (Rajasa qualité de passion) des Pouranas qui bien que, pour la plupart, rattachés par leur titre à Brahma, sont passionnés. C'est ainsi que le Brahma Vaivarta est, presque en entier, consacré à Radha et à d'autres divinités femelles [1].

---

[1] Radha n'est nommée ni dans les Pouranas d'Agni, de Vichnou et du Baghavata ni dans le Mahabarata, mais seulement dans les Pouranas de Padma et des Brahmas ; d'où Burnouf conclut que sa légende est plus récente que celle des Goupies.

On rattache une partie de cette dernière série, non au Tantrisme, mais à l'adoration des divinités femelles, soit comme épouses des grands dieux, soit comme leurs énergies ou saktys, à cause de la nature des légendes qu'ils renferment. Tel est, dans le Markandéya Pourana l'épisode de Dourga Mahatmya, légende célèbre sur laquelle repose le culte de Dourga ou Kali.

Mais, d'après le Padma Pourana, cette série appartient proprement au culte de Krichna envisagé, non sous l'aspect qu'il présente dans le Vichnou-Pourana et le Baghavata-Pourana où les incidents de son adolescence ne forment que la plus petite partie de sa biographie, mais sous celui de l'enfant Krishna, le berger, le Bala Gopala, le charmeur de Vrindavan, le compagnon des goupies, le jeune maître de l'univers Jaganath.

On applique le mot Rajasa (ardeur passionnelle, plaisir charnel) non seulement au jeune dieu, mais aussi à tout ce qui l'adore sous cette forme, les Gosains de Gokul et du Bengale, les disciples et les successeurs de Vallaba et de Chatanya, les prêtres de Jagannath et de Srimath-dwar qui mènent une vie de luxe et de plaisir, et prétendent prouver par le raisonnement et la pratique l'excellence de la qualité de passion et l'accord du plaisir avec la religion.

Beaucoup de morceaux des Pouranas bien que glorifiant un dieu particulier reflètent toute une mythologie et sont pleins de poésie et d'éclat ; nous les citerons sous les titres des Pouranas dont ils font partie. D'autres morceaux plus rares appartiennent à la religion et à la philosophie du moyen âge de l'Inde sans distinction de secte ; tels sont l'incarnation de Kapila en Vichnou, la description de l'âge Kali, celle du Maha Purucha etc. Ces derniers s'élèvent à une grande hauteur de métaphysique et de poésie. Le Maha Purucha (Baghavata Pourana) surtout mérite notre admiration. Il nous montre que les Pouranas ne sont pas, comme on pourrait le croire, une abdication du génie Aryen entre les mains des femmes et des Soudras. Nous terminerons ce chapitre de généralités, en le reproduisant.

Rappelons d'abord que Purucha est le mâle suprême le principe de l'action dans le monde, l'Energie (ενεργεια' mise en œuvre, en action), qui fait Prakriti (*la Nature* du

Sankya) se développer, en un mot la plus haute conception du Panthéisme brahmanique ; le Pourana a donc dû en donner la description la plus grandiose qu'il a pu imaginer.

En voici une première définition, plutôt métaphysique et spirituelle, idéal primitif et universel pour les Brahmes de toute secte [1].

1. Il a des milliers de têtes, Purucha, des milliers d'yeux, des milliers de pieds ; en même temps qu'il pénètre entièrement la terre, il occupe (dans le corps de l'homme) une cavité haute de dix doigts qu'il dépasse (encore).

2. Purucha est tout ce qui est, ce qui a été, ce qui sera ; il est aussi le dispensateur de l'Immortalité ; car c'est lui qui, par la nourriture que prennent les créatures, sort (de l'état de cause) pour se développer (dans le monde). (Le principe développé du Sankya).

3. Voilà sa grandeur. Mais Purusha est encore bien au-dessus. La totalité des créatures n'est (que) la quatrième partie de son être ; les trois autres parties sont immortelles dans le ciel.

4. S'élevant en haut avec ces trois parties, Purucha s'est placé en dehors (du monde) ; la 4e partie est restée ici-bas (pour naître et mourir) tour à tour. Puis s'étant multiplié (sous des formes diverses), il a pénétré (ce qui vit) de nourriture, comme (ce qui ne vit) pas de nourriture.

5. De lui naquit Viradj, et de Viradj Ahipurucha ; à peine né, celui-ci augmenta de volume pour (créer) ensuite la terre et puis le corps.

6. Quand les Dévas, faisant de Purucha l'offrande, accomplirent le sacrifice, le printemps fut le beurre clarifié, l'été fut le bois et l'automne fut l'oblation.

7. Ils l'immolèrent sur le tapis d'herbes sacrées, ce Purucha né avant (la création) qu'ils avaient pris pour victime ; c'est avec lui que les Dévas (qui sont les Sadhyas), ainsi que les Richis célébrèrent le sacrifice.

8. De ce sacrifice où celui qui est le monde devint l'offrande, fut produit le lait caillé et le beurre ; il donna

---

[1] Les deux descriptions sont empruntées à la traduction de Burnouf.

naissance aux animaux dont la divinité est Vayu, ainsi ainsi qu'aux bêtes des forêts et des villages.

9. De ce sacrifice où celui qui est le monde devînt l'offrande, naquirent les (hymnes nommés) Ritch, les (chants nommés) Saman ; de là naquirent les Mètres (mesures des vers) ; de là naquit le Yadjus.

10. De là naquirent les chevaux et les animaux qui ont une double rangée de dents ; de là naquirent les vaches, de là naquirent les chèvres et les moutons.

11. Quand ils immolèrent Purucha, en combien de portions le partagèrent-ils ?

12. Sa bouche fut le Brahmane, ses bras la Caste royale, ses cuisses le Vaicya, le Sudra naquit de ses pieds.

13. La lune naquit de son cœur, de ses yeux naquit le soleil. De sa bouche naquirent Indra et le feu ; de sa respiration naquit le vent.

14. De son nombril fut produit l'atmosphère, le ciel sortit de sa tête, la terre de ses pieds, les points de l'espace de ses oreilles ; c'est de cette manière qu'ils formèrent les Mondes.

15. A ce sacrifice, il y eut sept fossés creusés autour de l'autel où était présentée l'offrande ; il y eut vingt et un morceaux de bois, lorsque les dévas, accomplissant le sacrifice, attachèrent Purucha (qui était) l'animal servant de victime.

16. C'est à l'aide du sacrifice que les Dévas sacrifièrent au (Dieu qui est le) sacrifice (même) ; ce furent là les premiers rites (devenus) grands (par cette cérémonie) ; ils s'assurèrent le ciel où résident les anciens Dévas qui sont les (Sadhyas).

Voici maintenant une description d'un autre caractère ; on y sent beaucoup la secte, le vichnouvisme ; elle est par conséquent notablement postérieure à la première, en même temps que plus matérielle et en quelque sorte physiolàtrique. Le Maha Purucha, grand Purucha, y est présenté comme la *forme solide de* Baghavat (le bienheureux Krishna) (Livre II, Chapitre I).

24. Viradj est son corps, ce corps qui est la plus solide des choses les plus solides, où l'on voit exister tout cet univers, embrassant ce qui a été, ce qui est et ce qui sera.

25. Au sein de ce corps, renfermé dans l'œuf (de Brahma)

et entouré de sept enveloppes, réside Purucha devenu Viradj ; c'est là Baghavat sur lequel il faut fixer son cœur.

26. L'enfer Pâtala est la forme de son pied, disent les sages ; Rasâtala en est le talon et le bout ; Mahâtala forme les chevilles de Purucha, le créateur de toutes choses, et Talâtala ses jambes.

27. Les deux genoux de cet être dont l'Univers est la forme sont Sutala ; ses deux cuisses Vitala et Asala ; son bas ventre la Terre ; et l'Atmophère son nombril qui est semblable à un lac.

28. Sa poitrine est la réunion des lumières célestes, son cou le monde Mahas, sa face le Djanaloka (paradis de la connaissance). On dit que le front d'Adipurucha est le monde Tapas et que le monde Satya forme les têtes de celui qui a mille têtes.

29. Ses bras sont Indra et les autres dieux, ses oreilles les points cardinaux, son ouïe le son ; les deux Açvins sont les narines de cet être supérieur ; l'odeur est pour lui le sens de l'odorat ; sa bouche est le feu allumé.

30. L'Atmosphère forme ses yeux ; le soleil est sa vue ; les cils de (cet être qui est) Vichnou sont la nuit et le jour ; l'intervalle qui sépare ses sourcils est la demeure de Brahma ; les eaux forment son palais, le goût est sa langue.

31. On dit que les Védas sont le sommet de la tête de l'Etre infini, que ses défenses sont Yama et ses dents les objets que l'homme aime le mieux ; son sourire est Mâya qui trouble les mortels ; son coup d'œil est la création sans bornes.

32. Sa lèvre supérieure est la modestie ; sa lèvre inférieure est le désir ; son sein est la justice [1] et son dos la voie de l'injustice, Ka (le chef des créatures) est son membre viril, ses testicules sont Mitra et Varouna, son ventre les Océans ; la charpente de ses os forme les montagnes.

33. Les fleuves sont ses veines ; les collines qui s'élèvent à la surface de la terre sont les poils qui croissent sur le corps de celui dont l'univers est le corps ; son souf-

---

[1] On concentre dans Puruscha toutes les forces, aussi bien d'ordre moral que d'ordre physique.

fle est le vent dont la force est infinie ; sa marche est le temps, son action est le cours des qualités.

34. On dit que les nuages sont les cheveux de cet être qui est multiple, que le crépuscule est son vêtement ; que le principe invisible (Prakriti, la Nature) est son cœur et que la lune, trésor de toutes les transformations, est pour lui le siège du sentiment.

35. Les sages pensent que l'énergie de l'intelligence est pour lui le principe nommé Mahat ; que la personnalité de cet être, âme de l'Univers, est Giritra, Civa [1] ; les chevaux, les mulets, les chameaux, les éléphants sont ses ongles, tous les animaux sauvages et domestiques sont ses reins.

36. Les volatiles sont sa création, cette œuvre merveilleuse ; sa pensée est le manû (Svâyambhuva) *sa demeure l'homme* [2] ; les Gandawas, les Vidyadharas. les Tchâranas, les Apsaras sont pour lui les souvenirs des sons, la force de l'armée des Asuras est la sienne [3].

37. Les Bhramanes sont sa bouche ; etc.

Entouré de la foule des dieux aux noms divins, il est la substance même de l'offrande ; son œuvre est le but de la célébration du sacrifice.

38. Tel est l'ensemble des parties dont se compose le corps du souverain seigneur que je viens de te décrire ; c'est sur ce corps le plus solide de tous et au-delà duquel il n'existe rien, qu'il faut fixer et retenir son cœur par la pensée.

39. Cet être unique qui, semblable à l'âme qui voit par (les organes des) êtres qu'elle crée en songe, perçoit tout par l'opération des intelligences de toutes les créatures ; cet être, la vérité même, le trésor de la béatitude, c'est à

---

[1] Sans doute à cause du nom d'être suprême (Issouara) attribué à Civa. Puruscha est tout ; il réunit tous les dieux dans sa conception ; il est, en même temps Vichnou, Brahma et Civa.

[2] Remarquons les mots en italique. Purucha a pris l'homme pour sa demeure. Par suite, dans le système néobrahmanique l'homme a la première place, une place tout à fait dominante, comme dans le Sankya et le Bouddhisme.

[3] Voir au Baghavata Pourana la description du combat des Asuras contre les Dévas.

lui qu'il faut rendre un culte, *c'est à lui qu'il faut s'attacher et non aux autres dieux dont l'âme retombe (pour revenir en ce monde)* [1].

Le morceau ne contient que quelques lignes, celles de la fin, qui soient spécialement consacrées à Vichnou. Il est évidemment destiné à inculquer et vulgariser par des images grandioses et presque infinies, l'idée d'un être, d'un principe, comprenant tout, gouvernant tout et auquel tout se rapporte. Les brahmes ont eu à cœur de vulgariser leur système panthéïste, avec les légendes et traditions anciennes et la cosmogonie qui ont accompagné sa naissance et son développement, bien plus que d'exalter un dieu personnel et quelconque. Si la littérature sacrée est Vichnouviste, c'est parce que le Vichnouvisme se confond presque avec le Panthéisme, tandis que le Sivaïsme, à toute époque, a eu des tendances exclusives et monothéistes. Très élastique d'ailleurs, le Vichnouvisme se prêtait bien à l'illustration des récits mythologiques dont les Indiens ont un fonds si riche et si cher à leur imagination souvent enfantine, mais presque toujours gracieuse et poétique. Beaucoup des récits des Pouranas ont un grand charme de naïveté, d'éclat imagé et d'originalité ; il faut en lire le plus possible et en connaître au moins les plus saillants, si on ne veut pas rester étranger à une partie essentielle de la littérature sacrée et de la poésie de l'Inde et avoir de celle-ci une idée incomplète.

---

[1] C'est admettre que Vichnou préside à l'évolution de l'Univers.

CHAPITRE II

LINGA POURANA ET VICHNOU-POURANA

Les Pouranas ont une très grande importance pour l'intelligence de l'antiquité et du moyen âge hindous. Nous allons essayer de les faire connaître par des commentaires et extraits empruntés aux Indianistes les plus éminents. Nous avons conservé autant que possible la forme indienne que ceux-ci ont fidèlement reproduite.

1. — *Linga Pourana (Vilson).*

Ce Pourana ou Maheswara (Siva), à la fin du sacrifice d'Agni auquel il assistait, a expliqué dans onze mille stances l'objet multiple de la vie : vertu, richesse, plaisir, libération finale, a été appelé par Brahma lui-même le Lingua.

Il commence par un exposé sommaire de la création primaire et secondaire et de l'histoire des familles des patriarches ; il proclame Siva la cause première de toutes choses. Après des récits succints des incarnations de Siva dans différents Kalpas, apparaît, dans l'intervalle entre la dissolution d'un monde et la genèse du monde suivant, le grand, le merveilleux Linga pour séparer deux combattants, Vichnou et Brahma qui se disputaient la suprématie. Surgissant soudain, le Linga les couvre tous deux de honte. En vain ils précipitent avec une vitesse prodigieuse leur course chacun vers une de ses extrémités, l'inférieure et supérieure ; après mille ans, aucun d'eux n'a pu l'atteindre. Sur lui brille le monosyllabe sacré, de lui procèdent les Védas ; illuminés par lui, Brahma et Vichnou reconnaissent et célèbrent la puissance et la gloire supérieures de Siva.

Vichnou et Brahma exaltent Siva dans des hymnes ; ce dernier fait le récit de ses 24 incarnations ; puis, après de nombreux chapitres communs à tous les Pouranas, l'auteur revient à son sujet propre, des récits légendaires, des rites particuliers, des cérémonies et prières spéciales, le tout pour honorer Siva sous différentes formes.

Bien que, dans cette partie, le Linga occupe la plus grande place, le caractère de l'adoration se ressent aussi peu que possible de l'apparence matérielle du type auquel elle s'adresse. Rien ne rappelle les orgies phalliques de l'antiquité payenne, tout est mysticité, spiritualité. Le Linga est double — intérieur et extérieur.

L'ignorant auquel il faut une représentation adore Siva dans ce type (c'est le sens même du mot Linga) de bois ou de pierre ; mais pour le sage, (celui qui sait) l'emblème n'est rien ; il voit et contemple dans son esprit le type invisible, insaisissable qui est Siva lui-même.

Quelle qu'ait été l'origine de cette forme du culte dans l'Inde, on ne trouve dans les Pouranas sivaïstes pas même trace de l'idée impure qu'y attachent nos écrivains d'Europe. Aussi le vénérable père Dubois n'a-t-il pas hésité à donner dans ses « Mœurs et institutions de l'Inde » l'extrait du Linga Pourana que nous abrégeons un peu ici :

Brahma, Vichnou et le saint Vachichta accompagnés d'un cortège de nombreux pèlerins, allèrent un jour au Keilassa, paradis de Siva, pour rendre visite à ce dieu. Ils le surprirent usant avec sa femme Parvati des privilèges du mariage. Sans être déconcerté, Siva qui était échauffé par des liqueurs spiritueuses enivrantes, continua à se livrer à la fougue de ses sens. Les dieux confus se retirèrent en les chargeant de malédictions.

Quand ils furent revenus à la raison, Siva et Parvati moururent dans la posture même dans laquelle ils avaient été surpris.

Siva voulut que cette action qui avait causé sa mort fût célébrée parmi les hommes. C'est pour cela que Siva et Parvati sont le plus souvent adorés sous la forme du Ligam-Yoni, conjonction mystérieuse.

Ma honte, dit Siva, m'a fait mourir, mais aussi elle m'a donné une nouvelle vie et une nouvelle forme. Je suis l'Etre Suprême, mon Lingam l'est aussi ; lui rendre les hommages dus à la divinité est un acte du plus grand mérite.

Ceux qui en feront l'image en terre ou avec de la fiente de vache, et sous cette forme lui rendront le poudja, en seront récompensés ; ceux qui la feront en pierre mériteront sept fois plus et ne verront jamais Yama ; ceux qui la feront en argent etc. »

« Le Lingam, c'est Siva lui-même ; il est de couleur blanche ; il a trois yeux et cinq visages, il est vêtu de peau de tigre. Il existait avant le monde, il est l'origine et le principe de tous les êtres. Il dissipe nos frayeurs et nos craintes, et nous accorde l'objet de tous nos désirs. »

A la suite du Linga Pourana, mentionnons :

Le *Vayu Pourana* attribué au Dieu du Vent, composé de quatre parties ou *Padas*, consacrées à célébrer la gloire et le culte de Siva.

Le *Markandeya Pourana*, sorte de supplément au Mahabaratha ; il raconte longuement l'histoire de la déesse Dourga et décrit son culte tel qu'il est encore actuellement pratiqué au Bengale. Selon Vilson, il date du XVIe au XVIIe siècle.

Et enfin le Skanda Pourana consacré à Siva, aux observances et règles qu'il impose, et à la description détaillée de ses temples à Benarès et dans les environs.

2. — *Vichnou Pourana (Vilson).*

Nous avons déjà donné dans « l'Inde avant le Bouddha » quelques renseignements sur le Vichnou Pourana ; nous les complétons ici par quelques textes que M. de Milloué a traduits pour établir l'identité du Risabha des Pouranas (incarnation) avec Vrisabha, le premier Thirtamkara des Jaïns, et ensuite par un abrégé du Livre VI. C'est le livre qui fait le mieux ressortir les traits principaux du moyen âge Vichnouviste : dénigrement du Jaïnisme et surtout du Bouddhisme poussé jusqu'à l'insinuation calomnieuse ; emprunt à ce dernier de ses promesses de béatitude finale universelle ; le salut rendu facile et prompt pour tous par la dévotion à Narayana ; les exercices du Yogha de Vichnou plutôt physiques que spirituels. C'est dans cet ordre que nous donnerons ce qui se rapporte à chacun de ces traits dans le Livre VI.

Risabha.

« Arrière petit-fils de Piavrata, Rishaba ayant gouverné avec justice et sagesse et célébré de nombreux rites sacrificatoires (les Jaïns repoussent le sacrifice) résigna la souveraineté de la terre au héros Bharata, et s'étant retiré dans l'ermitage de Pulastya, adopta la vie d'un anachorète, pratiquant la pénitence religieuse et accomplissant toutes les formalités prescrites, jusqu'à ce que, émacié par les austérités, au point de n'être plus qu'un ensemble de peau et de fibres, il mît un caillou dans sa bouche et, nu, prît la voie de toute chair « Livre II, Chap. 4 ». Selon M. de Milloué il n'est guère possible de douter que les récits des Puranas, jaïns et brahmanistes s'appliquent à un seul et même personnage ; et quant au rôle qu'il a joué de fondateur d'une religion antagoniste de la leur, les brâhmanes le reconnaissent eux-mêmes implicitement par le soin qu'ils prennent d'expliquer d'un côté, que ses doctrines furent mal comprises, de l'autre, qu'en les émettant Vrisabha-Vishnu avait pour but de perdre les Daityas. Voici ce curieux passage : (Livre III, 18). Les dieux affolés par les progrès des Daityas supplient Vichnou de leur venir en aide. « Prenant garde de ne pas transgresser les préceptes des Védas, ils se sont emparés « des trois mondes » et se sont approprié les offrandes qui nous appartiennent. Bien que nous soyons comme eux des portions de Toi, nous voyons cependant le monde imbu de l'ignorance de l'unité et de la croyance à son existence propre. Parce qu'ils observent les devoirs de leurs ordres respectifs, suivent les chemins prescrits par l'écriture sainte et pratiquent aussi la pénitence religieuse, il nous est impossible de les détruire. Apprends-nous un moyen d'exterminer les ennemis des devas [1] !

Le puissant Vichnou fit sortir de son corps une forme « d'illusion » (Maya) et la donna aux Dieux en leur disant: Cette forme décevante entraînera les Daityas en dehors de

---

[1] Si les Daityas figurent ici les jaïns ou les bouddhistes, cette légende montre la propension qu'avaient les brahmanistes à exterminer les ennemis de leur foi et leur en donne un exemple à suivre.

la voie du Védas et alors ils pourront être mis à mort, car tous ceux qui repoussent l'autorité du Véda périront par ma puissance exercée pour la préservation du monde.

La grande déception étant descendue sur la terre aperçut les Daityas accomplissant des pénitences religieuses sur les bords de la rivière Narmadâ et s'approchant d'eux sous l'apparence d'un « mendiant nu, la tête rasée, et portant un faisceau de plumes de paon » (caractères spéciaux aux Jaïns), elle leur parla ainsi avec douceur : O Seigneur de la race Daityas ! pourquoi pratiquez-vous ces actes de pénitence ? Est-ce dans le but d'obtenir une récompense en ce monde ou dans un autre ? Les Daytias répondirent : nous accomplissons ces dévotions pour une récompense future. Si vous aspirez à l'émancipation, reprit le faux ascète, écoutez mes paroles ; par la doctrine que je vous enseignerai vous obtiendrez le ciel ou l'exemption de l'existence future. — Il leur enseigna qu'une même chose peut être vertu ou vice, être et ne pas être, peut ou ne peut pas contribuer à la libération, peut être l'objet suprême et ne pas être l'objet suprême, peut être effet et pas effet, peut être manifeste et pas manifeste, peut être le devoir de ceux qui vont nus et de ceux qui se couvrent d'ornements (allusion évidente au possibilisme des Jaïns [1].

En soutenant ainsi l'égale vérité des dogmes contradictoires, il écarta les Daityas de leurs lois et ils furent appelés Arhatas de l'expression qu'il avait employée. — Vous êtes dignes (Arhata) de cette grande doctrine. Les ennemis des dieux, ayant été ainsi amenés à apostasier la religion du Véda, devinrent à leur tour les propagateurs des mêmes hérésies et bientôt le Véda fut renié par toute la race Daitya.

Alors le même imposteur s'habillant de rouge [2], prenant un aspect bienveillant et un langage doux et séduisant,

---

[1] Ces allusions pourraient tout aussi bien s'adresser à beaucoup d'écoles bouddhistes ; d'où il faut conclure que les doctrines Jaïnistes que ce texte vise ressemblent fort aux doctrines bouddhiques.

[2] Le rouge brun a été primitivement la couleur des bouddhistes. D'après ce passage on pourrait présumer que la tradition Hindoue plaçait le Djaïnisme avant le Bouddhisme, car ce qui suit est une allusion évidente au Bouddha.

s'adressa à d'autres personnes de la même famille et leur dit : Puissants démons, si vous nourissez le désir du ciel ou du repos final, cessez d'immoler des animaux (dans le sacrifice) et apprenez de moi ce que vous devez faire. Sachez que tout ce qui existe est composé de science discernante. Ce monde subsiste sans rien qui le protège (c'est-à-dire sans dieu conservateur) et entraîné dans la poursuite de l'erreur qu'il prend faussement pour la science, aussi bien que corrompu par la passion et le reste, tourne sans fin dans le cercle de l'existence. De cette manière, lui leur criant : — Sachez (budhiadvan) — et eux répondant : « c'est » (budhyate) — ces Daityas furent entraînés par l'archi-trompeur à se détourner de leurs devoirs religieux. Quand ils eurent renié leur foi, ils persuadèrent à d'autres de faire de même, et l'hérésie se répandit et beaucoup désertèrent les pratiques commandées par le Véda et par les lois.

L'âge Kali. **Livre VI.** (Vilson).

Chapitre premier. Dissolution du monde, 4 âges, la décadence universelle, la dégénérescence de l'humanité dans l'âge Kali.

Tout ordre, tout usage, toute loi, toute caste sont abolis. Les Sudras vivent d'aumônes qu'ils mendient comme religieux en suivant des doctrines impies et hérétiques [1] [2].

Les lois naturelles elles-mêmes sont renversées. Les hommes se marient à huit, neuf ou dix ans ; les femmes enfantent à l'âge de six ou sept ans. On est vieux à treize ans, on meurt au plus tard à 30 ans. On ne reconnaît plus (qu'on a) un père et une mère, chacun doit sa naissance à ses actes (antérieurs).

Doués de peu de sens et sujets à toutes les infirmités de l'esprit de la parole et du corps, les hommes commettront constamment le péché ; tous les maux qui peuvent affliger des êtres vicieux, impurs et méchants seront accumulés dans l'âge Kali, alors quelques pays auront une religion à part, sans étude sainte, ni sacrifice au feu, ni invocation aux dieux [3].

---

[1] et [2] Allusions aux bouddhistes.

[3] Cette conception indienne de la dégénérescence finale, apocalyptique à sa manière, est tout l'opposé de l'idée moderne de

Dans l'Age Kali un homme pourra, par le plus petit effort, acquérir une vertu aussi éminente que dans l'âge Krita ou de pureté par de rudes pénitences [1].

Chapitre 2. Avantages de l'Age Kali pour la rémission des péchés ; dans cet âge, la dévotion à Vichnou suffira pour le salut de toute personne quelle que soit sa caste.

Le fruit de la pénitence, de la continence, de la prière solitaire qui ne peut être recueilli dans l'âge Krita qu'après 10 ans et dans l'âge Trita qu'après un an se recueillera dans l'âge Kali en un jour et une nuit. La récompense finale qui est le prix de la méditation abstraite dans l'âge Krita, du sacrifice dans l'âge Trèta, de l'adoration dans l'âge de Dvapara, s'obtiendra dans l'Age Kali par la seule récitation du nom de Késava (Krischna). En conséquence les pieux et les sages aiment l'âge Kali.

Auparavant, dans tous les détails de leur vie, les deux fois nés étaient assujettis à des règles et ils n'atteignaient leurs sphères respectives (séjours après la mort) qu'avec une peine excessive. Dans l'âge Kali, le Soudra atteindra la demeure qui lui est assignée, rien qu'en servant les deux fois nés et en préparant leur nourriture pour laquelle il n'y aura point de règles ; la femme pourra obtenir le même séjour que son mari, en se bornant à l'honorer en actes, pensée et parole, et cela avec le moindre effort.

Dans l'âge Kali on s'acquitte très facilement de ses devoirs et les péchés sont lavés par l'eau des mérites individuels [2].

Chapitre 3. Trois sortes de dissolutions du monde,

la perfectibilité humaine et des progrès indéfinis. Elle est réfutée dans une mesure déjà suffisante par les constatations de la science sur l'accroissement de la longévité et sur les effets de la sélection dans les familles et dans les races.

[1] Un commentateur indien interprète ainsi ce passage : la dévotion à Vichnou et à Krichna et la simple répétition de son nom seront dans l'Age Kali aussi efficaces que les sacrifices et les pénitences l'étaient dans les âges précédents. Il en conclut que l'Age Kali est, par cela seul, le meilleur de tous à cause de cet avantage, malgré ses défauts et ses vices. Il y a là un optimisme succédant à un pessimisme. Sans doute dans le but d'exalter la doctrine de la foi et de la Bakti ; on sera vicieux impunément ; il suffira d'être dévôt à Krichna.

[2] Autre allusion malveillante au Bouddhisme.

durée d'un Parardda. — La dissolution à la fin d'un jour de Brahma.

Il y a trois sortes de dissolutions d'un monde existant : l'occasionnelle, l'élémentaire, l'absolue.

La première est celle qui a lieu à la fin d'un Kalpa, dans l'intervalle entre deux jours de Brahma ; pendant cette nuit, les créatures sont détruites, mais non la substance du monde [1] ; (cette destruction ne s'opère jamais par un déluge, idée qui paraît étrangère à l'Inde).

La seconde dissolution a lieu après deux Paraddas [2]. C'est le retour des éléments à leur source première Prakriti à la fin d'une vie de Brahma.

La dissolution finale ou absolue est l'annihilation de l'existence individuelle. Il n'y aura plus que l'âme Universelle.

Les chapitres 3 et 4 décrivent les deux premières dissolutions, et le cinquième, la troisième dissolution ou la libération entière de la mort. Ce dernier dépeint les souffrances de l'existence humaine sur terre, en enfer et même au ciel où l'on est encore tourmenté par la perspective de la renaissance ; la conséquence est qu'il faut tendre vers Dieu.

Ce même chapitre rappelle que, l'Atharva-Véda distingue deux sortes de connaissance ; la science des Védas et la connaissance suprême par laquelle on atteint Dieu, l'éternel, l'impénétrable, et tel est l'objectif de quiconque aspire à la délivrance ; c'est le Brahma, la condition infiniment subtile et suprême de Vichnou. On l'adore sous le nom de Baghava, lui qui est individuel, tout puissant, la cause des causes de toutes choses, le régisseur, le moteur, le créateur du monde.

Le nom Vasadéva (Vichnou), signifie que tous les Êtres habitent en lui et qu'il habite en eux et en dehors d'eux et qu'il remplit les Vides du monde.

Passons le chapitre 6 dénué d'intérêt, au chapitre 7, Khesidavasa (Krischna), décrit la nature de l'ignorance et les profits du Yoga, ou de la vie contemplative viennent ensuite le noviciat et la préparation au Yoga.

[1] Le jour ou la nuit de Brahma dure 4,320,000,000 vies humaines.
[2] Le Paradda est l'unité suivie de 17 zéros.

Le premier stage est l'avancement dans la répression de soi-même et dans l'accomplissement des devoirs moraux, le second est une attitude, assise particulière ; le 3ᵉ est le Pranayana ou la manière d'aspirer et de respirer ; le 4º est le Pratyahâra ou la concentration de la pensée ; la 5ᵉ est l'absorption du souffle ou de l'air (appréhension du souffle) ; le 6ᵉ est le refoulement, l'abstention de l'idée, la méditation sur les formes individuelle et universelle de Vichnou, la possession complète de la connaissance (l'omni-science) et la libération finale.

APPENDICE AU CHAPITRE II

Il est extrêmement curieux et intéressant de rapprocher des cosmogonies indiennes, brahmanique et bouddhique qui sont tout un, ou à peu près, la cosmogonie que nous présentent aujourd'hui les occultistes, ce qu'ils appellent la conception ésotérique du monde. Elle est de même famille et dérive évidemment des premières ; c'est un vieux fonds rajeuni. Elle a la hardiesse d'imagination de l'Inde et le vol transcendant de sa métaphysique. C'est comme la conclusion d'un Pourana moderne.

La vague de vie dans un monde.

L'esoterisme admet le transformisme, avec la *chaîne planétaire* pour base.

La *chaîne planétaire* est le système des planètes d'un monde, système qui est considéré comme constant.

La vague de vie se propage dans un monde d'une planète à une autre. A l'origine de chaque monde, il y a trois courants de force :

La force minérale qui créera toutes les espèces de minéraux existant sur les planètes de ce monde ;

La force végétale qui créera toutes les espèces de végétaux ;

La force animale qui créera toutes les espèces d'animaux.

La force minérale passe successivement sur les diverses planètes d'un monde ; pendant qu'elle se propage, accomplissant son œuvre, la force végétale la suit et agit à son tour successivement sur chaque planète à mesure que la force végétale a terminé son action. Vient ensuite le tour de la force animale.

De cette sorte, à un moment ou âge donné, il existe dans un monde donné des planètes qui ont seulement le règne minéral, d'autres ce règne et le règne végétal ; d'autres enfin les trois règnes. Lorsque les trois forces ont opéré partout le monde est à l'état de repos, *pralaya.*

Pendant ce repos, les trois forces se transforment : le germe qui a développé toutes les espèces minérales devient l'origine du germe qui développera toutes les espèces végétales ; celui qui a développé les espèces animales devient le germe de ce qui donnera naissance à toutes les races humaines. L'évolution se fait dans *ce qui fabriquera la forme des corps* et non dans les corps eux-mêmes.

C'est là un caractère qui distingue l'enseignement de la science occulte de celui de l'école du Transformisme.

La force repasse donc plusieurs fois sur la même planète, mais chaque fois qu'elle y passe, elle a monté d'un grand degré, car le nouveau passage s'effectue après un repos général du système.

La vague de vie dans une planète.

Chaque continent d'une planète développe, comme dans le monde chaque planète, ses minéraux, ses végétaux et ses animaux, le tout couronné par une race humaine particulière ; son évolution comprend ainsi quatre grandes périodes dont la dernière est le développement et le perfectionnement d'une race humaine. Chaque race humaine comprend trois ou sept sous races (suivant les écoles) qui ont chacune leur évolution propre.

Les traditions de presque tous les peuples affirment que, dans une époque très éloignée, une masse énorme de la Terre s'est effondrée dans les eaux, alors que naissaient d'autre part des continents nouveaux.

A la naissance presque de la planète, à l'ère de l'humanité, surgit un continent situé là où se trouve l'Océan Pacifique ; *la L'émurie,* dont les Océaniens actuels sont les restes. Lors de la destruction cyclique de ce continent, un autre naquit entre l'Amérique et l'Europe actuelle, *l'Atlantide* dont les peaux rouges actuels sont les restes.

Lorsque le *déluge* engloutit en un jour l'Atlantide et toute la haute Civilisation des Rouges qu'elle contenait, l'Afrique, berceau des Noirs, se peuplait déjà. Ce fut le troisième continent dont les Nègres actuels sont les restes.

L'Europe-Asie forma le 4ᵉ continent (Races blanche et jaune) [1].

De même qu'une planète entre au repos et s'obscurcit depuis le moment ou la *Vague de Vie* la quitte, jusqu'au retour de l'évolution, de même au moment où la civilisation meurt de pléthore dans un continent, une race humaine solide paraît dans le suivant. Quand celui-ci est assez évolué, le premier continent est anéanti par un cataclysme cosmique, le second hérite des rudiments de civilisation qu'il a pu s'assimiler.

Chaque continent génère une flore et une faune spéciales couronnées par une race humaine.

Les prétendus Sauvages (Océaniens, nègres, peaux rouges, etc.,) sont d'anciens civilisés *régressés*.

L'engloutissement d'un continent aurait lieu tous les 432,000 ans.

La loi de vitalisation successive des différents segments d'un même tout s'applique aux différents peuples constituant une race.

Quand le germe des races humaines est développé, elles évoluent peu les divers éléments des perfections futures. Ainsi d'après certaines traditions de l'occultisme, le développement du corps physique et de ses sens demande plusieurs générations ; puis d'autres races sont encore nécessaires pour donner naissance aux divers principes de plus en plus spirituels qui constituent chaque homme. Cela suppose que le courant de force génératrice d'humanité revient plusieurs fois sur la planète, progressant d'un degré chaque fois, c'est-à-dire que le principe immortel de l'homme est susceptible de subir *diverses réincarnations* dont chacune représente la rentrée au travail après un repos suivant un travail antérieur.

A l'aide des calculs et des rapprochements les plus laborieux, le capitaine Young a découvert avec étonnement que la civilisation évoluait d'Orient en Occident, passant d'un peuple à l'autre dans une période fixe qu'on peut estimer à 520 ans environ. Toute civilisation a son enfance, sa jeunesse, son âge mûr et sa vieillesse.

---

[1] Tout cela paraît emprunté à la Géologie et à l'Ethnologie, principalement à M. de Quatrefarges.

Le jour où la civilisation atteindra son apogée en Europe, la décadence commencera pour elle en même temps que la Suprématie générale passera au Nouveau Monde. Puis la civilisation occidentale reviendra régénérer son point d'origine, l'Asie, de toutes ses découvertes analytiques. C'est alors qu'aura lieu la fusion de la tradition d'Orient avec la Science d'Occident. Ce sera le premier tour du grand Cycle de la race blanche. Une civilisation qui fait suite à une autre ne se produit qu'en détruisant impitoyablement son initiatrice.

La race blanche a détruit sur toute la terre la puissance de la race noire qui l'avait initiée à ses découvertes.

L'Asie initia l'Egypte et la Grèce et fut écrasée par la Grèce.

Rome paya de même la civilisation apportée de l'Orient par les prêtres Etrusques, elle a été écrasée à son tour par l'Europe qu'elle avait civilisée.

Une puissance subsiste encore comme une sorte de témoin survivant des civilisations stratifiées la papauté.

Sa destruction fatale marquera le moment où commencera la décadence glorieuse du Nouveau-Monde, en attendant que celui-ci vienne à son tour faire subir à son initiatrice la loi terrible et inexorable inscrite au début de toute étude ésotérique :

L'Initié tuera l'Initiateur.

Avis aux apôtres passés, présents et futurs ! (les apôtres passés sont mentionnés parce qu'ils peuvent être évoqués.) Aussi bien que le Pourana brahmanique, le Pourana occultiste finit en mélodrame.

CHAPITRE III

LE BAGHAVATA POURANA

§ 1. *Analyse ; (Vilson, Burnouf, Théodore Pavie).*

« Le Pourana qui décrit minutieusement les règles du devoir, qui s'ouvre par la Gaiatry et raconte ce qui est arrivé aux Mortels et aux Immortels dans le cours du Kalpa Saraswata est le célèbre Baghavata qui comprend 18,000 slokas formant trois cent trente-deux chapitres réunis en douze livres. »

Le « Suta » communique, suivant l'usage, le Baghavata aux Rishis ; mais il se borne à répéter le récit que Vyasa a fait à Prariskshit roi d'Hastinapura, petit-fils d'Ardjuna.

Condamné par l'imprécation d'un Ermite à mourir dans sept jours de la morsure d'un serpent venimeux, le roi se prépare à sa fin en se rendant sur les bords du Gange où les dieux et les sages viennent assister à sa mort. Le roi pose cette question : que doit faire un homme qui va mourir ?

En réponse Suta récite le Baghavata qu'il tient de Vyasa, « car rien n'assure la béatitude finale, comme de mourir la pensée pleine de Vichnou. »

Il y a dans ce Pourana des particularités doctrinales qui lui sont tout à fait propres. La suivante est très caractéristique :

Originairement le Baghavata fut communiqué à Narada par Brahma lui-même, afin que « *tous les hommes quels qu'ils soient, Hindous de toute Caste et même les Mlechtas, les barbares hors caste, puissent apprendre la foi en Vichnou.* »

Le récit s'ouvre par une cosmologie à beaucoup d'égards semblable à celle des autres Pouranas, mais cependant bien plus mélangée d'allégories et empreinte de mysticisme, s'inspirant du Vedanta plutôt que de la Sankya. La création par l'Être suprême identifié avec Vichnou est affirmée plus nettement et avec la théorie absolue que tous les effets apparents (phénomènes) sont le produit de la Maya (illusion). La description du Mahaparusha, le principe suprême est admirable de poésie et de grandiose.

Au IIIe livre, Maitreya prend la place de Suka et répète à Vidura, beau-frère des Kourous un récit que Sesha a communiqué aux Nagas.

Il décrit la création de Brahma, la division du temps, l'incarnation de Vichnou en Vahara, l'origine des Pradjapatis et de Manou Swayambuva dont la fille Devahuti a épousé le Rishi Karddama, enfin l'incarnation de Vishnou en Kapita.

Il faut remarquer au chapitre XVI de ce livre le verset XVII :

« Sans doute, Seigneur, les Brahmanes auxquels tu es dévoué sont la divinité suprême ; mais toi qui es l'Esprit tu es l'âme et la divinité des Brahmanes qui sont des dieux pour les Dévas (Djaya et Vidjana sont exclus du ciel pour avoir offensé les Brahmes). »

Au commencement du IVe livre, on reprend l'histoire de la descendance de Manou Swambuya et on lui consacre 12 chapitres dont la légende de Druva occupe les cinq derniers. Le plus beau de ceux ci est le IIe qui sous la forme d'un discours de Manou expose toute la doctrine du Vichnouvisme. En récompense de sa dévotion, Druna prend au ciel la place de l'Etoile Polaire [1]. Ses successeurs sont ensuite passés rapidement en revue, jusqu'à Véna et à Prithu, le premier qui sut forcer la terre à donner ses biens aux hommes. La légende qui s'étend du chapitre XIII au XVIII symbolise cet événement par « la Terre prenant la figure d'une vache que viennent traire le roi et, après lui, tous les êtres qui ont besoin de son lait. »

[5] Nous empruntons à Burnouf la légende de Druva à cause du discours de Manou qui est considéré comme un des plus beaux morceaux du Baghavata Pourana.

Puis vient l'histoire des descendants de Prithu ; la terre est partagée entre ses petits-fils et, de l'un d'eux, naissent les Prachetas qui, après de grandes dévotions à Vichnou, obtiennent une femme de Baghavat. Au chapitre 24 Narada leur fait une instruction philosophique grâce à laquelle ils obtiennent la béatitude suprême.

Au premier chapitre du livre V apparaît, avec ses fils, Pryavarta qui divise la terre en cinq continents concentriques.

Le chapitre II du Ve livre décrit la rencontre du roi Agni-dhra[1] un de ses fils avec une nymphe céleste : c'est un morceau très gracieux. Agnidra eut neuf fils qui épousèrent les neuf filles du mont Mérou. L'aîné Nabhi eut de sa femme Mérudévi un fils dont le corps réunissait toutes les qualités et qu'il nomma Risâbha dont nous avons parlé au précédent chapitre. Nous reproduisons à la fin de cette analyse les textes du Baghavata que M. de Milloué cite à l'appui de son opinion. Barata, fils aîné de Risâbha, succéda à son père qui se retira dans la forêt pour se livrer à la pénitence ; lui-même à son tour se retira du monde pour se donner tout entier au culte de Baghavat.

Au chapitre VII, culte de Baghavat, se trouve l'invocation :

« Nous adorons la lumière bienfaisante et supérieure au Ciel du divin soleil qui a créé de sa pensée l'univers et qui, l'ayant pénétré de son énergie, contemple l'âme individuelle en proie au désir et donne le mouvement à l'intelligence. »

Du XVIe au XXVIe chapitre sont exposées la Cosmogonie poétique des Puranistes, y compris la marche du soleil, la description de la sphère céleste représentée sous la forme d'une immense tortue, celle des régions de l'Abîme et des enfers [2]. Les chapitres les plus remarquables sont le XIXe qui décrit le Djambudjva, ce que les Indiens croyaient le monde de l'âge actuel et le XXe qui définit les mers et les terres, et que nous reproduisons un peu plus loin.

---

[1] Ce nom indique qu'Agni était toujours un dieu favori.

[2] Nous ne reproduirons aucune de ces théories si brillantes quelles qu'elles soient, parce qu'elles ne peuvent que ressembler à ce qui a été dit sur les mêmes sujets, soit dans les religions de l'Inde, soit dans les autres.

Le VI⁰ livre s'ouvre par la légende d'Adjamita, brahmane perverti qui fut sauvé de l'enfer pour avoir, par hazard et sans aucune intention religieuse, prononcé au moment de sa mort le nom de Narayâna. Le reste du livre est occupé par les généalogies et l'histoire fabuleuse des grandes familles patriarchales, entremêlée de légendes toutes destinées à exalter Narayâna ; les unes ayant un cachet d'antiquité, les autres d'une date évidemment beaucoup plus récente.

Le livre VII ne renferme que des récits mythologiques se rapportant presque tous à la légende de Prahmada. Il n'a d'intéressants que les chapitres : 11, 14, 15. Exposé des bonnes pratiques — 12. Devoirs des ordres. — 13. Devoirs de l'ascète. Nous avons reproduit le treizième chap. Les autres quoique remarquables diffèrent très peu de ce que nous avons vu dans Manou ou ailleurs.

Le livre VIII continue les Mavantaras (règnes des familles patriarchales) et reproduit diverses légendes très répandues comme le combat entre le roi des éléphans et un alligator, le barattement de l'Océan et les avatars de Vichnou en nain et en poisson.

L'épisode du roi des éléphants au chapitre XXI est gracieux comme genre descriptif.

Le chapitre VII, Extraction de l'Ambroisie, est très beau comme description et philosophie ; le barattement de l'Océan est un des sujets les plus communs des dessins et des bas-reliefs. Nous en reproduisons le récit ici.

Les chapitre XXIII et XXIV nous donnent les incarnations de Vichnou, d'abord en Nain, puis en Poisson. Ce Poisson, en grossissant indéfiniment en quelques instants, occasionne un déluge. Ce n'est là qu'un jeu accidentel de l'imagination indienne et non une théorie religieuse ou scientifique. Notre conception du déluge est étrangère à l'Inde qui a celle des âges successifs du monde. Brahmanisme et Bouddhisme admettent que l'Univers, aussi bien que les êtres individuels qui en forment l'ensemble, naît, se développe et périt, pour renaître encore par une succession de créations et de destructions. A cette idée les Indiens ajoutent, comme nous l'avons vu, celle de la dégénérescence graduelle du genre humain depuis qu'il a paru sur la terre (Age Kali).

Le livre IX raconte les dynasties des Mavantara Vairasvatu, ou princes solaires et lunaires jusqu'à Krischna.

Le livre X est la légende bien connue de Krischna ; nous en donnons un seul et court extrait, comme exemple d'un genre, pour faire connaître le caractère à la fois religieux et érotique des cinq chapitres qui décrivent les jeux de Krischna avec les bergères, et de l'épisode d'une bossue. Ce sont à peu près les seuls consacrés à des descriptions amoureuses ; sous ce rapport, le Xe livre du Baghavata Pourana est bien au-dessous, ou si l'on préfère, au-dessus de sa réputation (d'érotisme).

Théodore Pavie a donné de son équivalent le Premsagar à peu près le résumé suivant :

Vie de Krischna.

Krischna était fils de Vasoudéva et de Dévaki sœur du roi Kansa qui régnait à Matoura ; il était parent des Pandous. Kansa, averti par une voix d'en haut que Krischna doit le tuer, fait périr tous les enfants de sa sœur Dévaki. Mais Vichnou transporte le héros divin à Gokoul avant sa naissance et le dépose dans le sein de Jaçoda épouse de Nanda chef de bergers sur les bords de la Yamouna. Les Assouras et autres démons malfaisants qui reconnaissent Kansa pour un de leurs chefs et qui savent que Krischna doit détruire leur race conspirent contre lui [1] avec Kansa.

La première tentative contre lui est celle de Putana, démon femelle qui vient allaiter Krischna pour l'empoisonner, mais Krischna suce sa vie avec son lait ; puis arrivent une corneille et un héron, oiseaux familiers aux hindous, deux démons dont le dieu triomphe facilement.

Il grandit au milieu des bergers, adoré de sa mère (apparente) Jaçoda, excitant déjà l'amour des Gopies (bergères). Cependant il est turbulent et espiègle, et joue mille tours enfantins aux voisines. Celles-ci se plaignent à Jaçoda qui ne les écoute guère, sentant que Krischna n'est pas un enfant ordinaire ; cependant elle l'attache un jour à un mortier et à cette occasion Krischna laisse voir sa vraie nature qu'il cache le plus souvent.

---

[1] On voit par là clairement que la vie de Krischna a été une lutte contre l'Animisme ; il représente la période religieuse de la victoire du Théisme sur la religion des Esprits, démons ou génies. L'opposition du Krishnaïsme et du Sivaïsme qui, sous un de ses aspects, était démoniaque, confirme cette vue.

Brahma, par jalousie, cache les troupeaux et les bergers de Krischna. Celui-ci par sa seule volonté en crée de nouveaux. Alors Brahma, le reconnaît pour l'âme universelle.

En délivrant les bergers sur le point d'être consumés par un incendie, Krischna se montre supérieur à Agni et le détrône de sa toute-puissance.

Il empêche les bergers de sacrifier à Indra ; puis comme ce dieu voulait les noyer sous une pluie d'orage, il les abrite en tenant, avec un seul doigt, suspendu au dessus de leur tête le mont Gobardana qu'il a déraciné dans cette vue.

Il arrache Nanda à Varouna qui l'avait enlevé dans son sommeil sur la rive de la Yamouna.

C'est ainsi qu'il fait reconnaître sa suprématie sur tous les grands Dieux Védiques.

Puis il triomphe d'une foule d'Asuras parmi lesquels se trouvent presque tous les animaux de la création ; enfin il charme par les accents de sa flûte les êtres « mobiles et immobiles et surtout les Goupies de Bradje dont les jeux et les amours avec Krischna ont été souvent chantés.

Dans un but perfide, Kansa convoque à Matoura, pour la fête de Siva, tous les bergers de Bradje, Nanda en tête, ainsi que Krischna et son frère Balarama. Krischna s'arrache des bras des bergères qui toutes veulent le retenir et monte dans le char doré de l'envoyé de Kansa, Akrôura qui l'emmène à Matoura. Il campe sous les murs de cette ville, il disperse et pille des gens du service de Kansa apportant des vêtements précieux. Averti par eux Kansa jure de se venger et va à la rencontre de Krischna, précédé d'un éléphant terrible et de lutteurs invincibles qu'il lance contre son ennemi. Krischna les tue et triomphe ensuite de Kansa par la force et par la ruse.

Avant cet exploit il avait redressé, rajeuni et embelli une pauvre vieille bossue qui s'était prise d'amour pour lui. C'est un des mille exemples de la manière dont Krischna attire les femmes à lui. L'amour qu'il excite en elle, prétend-on, se substitue à l'amour profane et le purifie.

Krischna rétablit sur le trône de Matoura le père de Kansa, son aïeul maternel et délivre Vasoudéva et Devaki des fers dont Kansa les avait chargés.

Le père de la première des femmes de Kansa, Jurasindha roi de Magadha, arrive avec une armée de démons pour venger la mort de son gendre. Dix-huit fois de suite ses troupes sont vaincues par Krischna qui le laisse s'échapper vivant du champ de bataille ; enfin il s'adresse à Siva qui lui donne pour auxiliaire Kalyavana. Obligé de fuir devant des forces supérieures, Krischna se retire à Dvâraka, ville bâtie au sein des eaux par Viçvakarma le divin architecte (le Krischna historique a donc été défait) ; Délivré de Kalyavana il défait de nouveau Jurasindhu, sans le tuer encore. C'est alors qu'il reçoit à Dvâraka un message de Roukmini fille de Bhichmadéva roi de Kondavira dans le Béhar ; elle aimait Krischna, mais son frère Roukma voulait la forcer d'épouser le roi Ciçoupala. Krischna arrive au milieu de la cérémonie nuptiale, il enlève Roukmini et dans sa fuite vers Dvâraka il triomphe de Roukma, qui s'était mis à sa poursuite. A la prière de Roukmini, il le lâche après lui avoir rasé les cheveux et les moustaches.

Devenu roi de Dvâraka, Krischna a deux épouses : Roukmini et Djâmavanta fille du roi des ours (du Ramayana), ayant titre de reines et seize mille cent femmes qu'il a délivrées de la captivité où les tenait le démon de l'enfer Varakasoura. Par l'effet de la vraie nature de Vichnou-Hari, autant de femmes, autant de palais, autant de Krischnas distincts se manifestant sous les dehors d'un époux empressé. Le dieu est inépuisable dans son amour ; tout cœur dévoué le possède à lui seul.

Chacune des femmes de Krischna mit aux jours dix fils et une fille, innombrable famille, dans laquelle on cite Pradyoumna, le dieu de l'amour ressuscité et son fils Anirouddha. Les amours du premier de ces deux princes avec Prabhavati et du second avec Ouchâ sont des légendes érotiques et héroïques souvent racontées par les poètes des temps modernes. Siva vient au secours du père d'Oucha et Krischna au secours de son petit-fils. De là entre les deux grands dieux une lutte terrible où Krischna a l'avantage ; elle symbolise sans doute la lutte entre le Sivaïsme et le Vichnouvisme.

Le reste de la vie et la fin de Krischna sont racontés dans le Mahabarata.

Le livre XI du Baghavata Pourana, décrit la destruction

des Yadavas (la tribu de Yadu). Avant de mourir Krischna enseigne à Madhava l'histoire prophétique des dynasties de l'âge Kali et dépeint comme le Vishnou Pourana, la dégénérescene universelle et le déclin final au XIIe Livre.

§ 2. *Baghavata Pourana. Livre IV (Burnouf) Légende de Druva.*

Chapitre VIII. — 2. Aricha (la fausseté) fille de Brahma, fut la femme d'Adharma ; elle mit au monde un fils et une fille Dambha (la Fraude) et Maya la tromperie qui fut adoptée par Nirrite (le malheur) qui n'avait pas d'enfant.

3. De ce couple naquit Lôbha (la Cupidité) et Nichkriti (la Méchanceté) ; de ces derniers, Krôdha (la Colère) et Hinsa (le Meurtre) qui donnèrent le jour à Kali et à Durukti (l'Injure) sa sœur.

4. Kali (la Querelle) eut de Durukti Bhaya, (la Terreur) et Mirtin (la mort) et, de ce couple en naquit un autre Yâtana (la Douleur) et Mirayana (l'enfer).

Telle est la fin de la création secondaire, voici maintenant le commencement de l'histoire de la famille de Manu Svâyâmbhuva dont la gloire est pure, de ce Manu qui est une portion du Dieu, qui est une portion de Hari (Vichnou).

Le roi Uttanapada eut de sa seconde femme Suniti un fils Druva qui par les prodiges d'une pénitence inouie obtint de Baghava (le bienheureux) la promesse d'occuper dans le ciel un lieu où est placé le cercle des lumières célestes, des planètes, des constellations, des Etoiles qui tournent tout autour, comme les bœufs (qui foulent le grain) autour de leur poteau et qui subsiste immobile même après que les habitants d'un Kalpa ont disparu.

Autour de ce lieu tournent avec les astres, en le laissant à leur droite, Dharma [1], Agni, Kaçapa, Çakra et les solitaires qui vivent dans la forêt.

Appadana ayant vu la grandeur merveilleuse de son fils Drouva et le sachant aimé et vénéré de ses sujets, l'établit maître de la terre.

---

[1] Remarquons ici que Darma est en tête de tous les dieux ; c'est le Bouddhisme qui a conquis à Darma cette première place qu'elle occupe aussi dans le Mahabarata et le Ramayana, évidemment par une introduction rétrospective dans les légendes anciennes.

Chapitre IX. Druva épousa Brami (la Révolution céleste), fille de Çiçamarà (la sphère des étoiles) chef des créatures ; il en eut deux fils, Kalya (la période de la durée du monde) et Vatsara l'année. De sa seconde femme Ilâ (la Terre) fille de Vâya, il eut un fils nommé Utkala et une fille qui fut la perle des femmes.

Chapitre X. — Ayant appris le meurtre de son frère Uttama par un Yokcha dans la montagne (de l'Himmalaya), Dhruva transporté de douleur et de colère monta sur son char de guerre et se rendit à la demeure des Yakchas, et en triompha par les armes. Mais ceux-ci recoururent aux apparitions magiques.

23. Soudain le ciel se couvrit entièrement d'une masse épaisse de nuages ; l'éclair s'élança de tous les points de l'horizon et le tonnerre fit entendre sa voix redoutable.

24. Une pluie de sang, de phlegme, de pus, d'excréments, d'urine, de moelle, inonda (la terre), des cadavres sans tête tombèrent du ciel devant le roi.

25. Dans les airs apparut une montagne ; de tous les côtés tombèrent des massues, des pieux ferrés, des cimeterres, des armes en forme de pilon, accompagnées d'une pluie de pierres.

26. Des serpents, sifflant comme l'orage et vomissant le feu de leurs yeux irrités, s'élancèrent contre le roi, avec des éléphants furieux et des troupes de lions et de tigres.

27. L'Océan, couvrant de ses vagues redoutables la terre qu'il submergeait de toutes parts, s'avança avec grand fracas, terrible comme à la fin d'un Kalpa.

29. Mais les solitaires ayant appris les artifices redoutables que les Assuras employaient contre Dhruva, vinrent le trouver.

30. Puisse Baghavat, lui dirent-ils, le Dieu à l'arc de corne, détruire tes adversaires, lui qui dissipe la douleur de ceux qui s'inclinent devant lui, lui dont le monde n'a qu'à prononcer ou entendre le nom pour échapper aussitôt à la mort.

Chapitre XI. — 1-2. Alors Druva ajusta sur son arc une flèche qui avait été faite par Nârâyana. Aussitôt les apparitions magiques s'évanouirent, comme les passions à la vue de la science.

3. Des flèches aux plumes d'or, munies d'ailes comme celles du Kalahâmsa, se répandant de toutes parts, péné-

trèrent dans l'armée ennemie, semblables à des paons qui entrent dans une forêt, en poussant des cris d'effroi.

4. Assaillis par les pointes aiguës de ces flèches, les Yaksas furieux se précipitèrent contre le Roi, comme des serpents qui, le cou gonflé, s'élancent contre Suparna.

5. Mais le Roi les frappant de ses flèches, au moment où ils accouraient au combats, leur coupa les bras, les cuisses, le cou et le ventre et les envoya dans le monde où se rendent, « après avoir traversé le disque du soleil les pénitents qui ont été chassés »[1].

6. A la vue de ce carnage, le Manu grand-père du Roi, vint le trouver avec les Ritchis et lui parla ainsi :

8. Tu as cédé, ô mon fils, à une colère coupable et faite pour plonger dans les ténèbres, en mettant à mort ces dieux inférieurs qui n'ont commis aucune faute, pour punir le crime.

12. Toi à qui Vichnou pense en son cœur, toi que ses serviteurs même louent, comment peux-tu connaître une action aussi coupable, quand tu connais la conduite des gens de bien.

13. Par la patience, par la compassion, par la bienveillance et par l'égalité d'âme à l'égard de tous les êtres, on obtient la faveur de Baghavat, l'âme de toutes les créatures.

14. L'homme qui a une fois obtenu sa bienveillance, affranchi dès lors des qualités de la nature et débarrassé des conditions de la vie, parvient à être absorbé au sein de Brahma.

15. C'est à l'action des cinq éléments réunis que l'homme et la femme doivent leur existence ; puis c'est l'union des deux sexes qui donne en ce monde la vie à de nouveaux couples.

16. Ainsi se déroulent la création, la conservation et la destruction de l'Univers, par l'effet du changement successif des qualités que produit la Maya dont dispose l'esprit suprême.

17. Le souverain Seigneur qui n'a pas lui-même de qualités n'a agi dans ces phénomènes que comme cause première ; sous l'action de cette cause, l'univers visible et

---

[1] Réminiscence des Védas.

invisible tout entier, fait sa révolution, comme le fer (attiré par l'aimant).

18. C'est Bhagavat qui dirigeant son énergie vers des fins diverses, selon le développement des qualités qu'amène l'action du temps, créé cet univers, quoiqu'il soit inactif, et le détruit, quoiqu'il ne soit pas destructeur ; mais l'énergie de celui dont la puissance est si grande est incompréhensible.

19. Il est le temps infini et qui met à tout un terme, qui est sans commencement et qui donne le commencement à tout, qui est inaltérable, qui engendre le fils par le père, et qui détruit par la mort le dieu qui détruit toutes choses.

20. Il n'a pas plus d'amis que d'ennemis cet être supérieur qui, (sous la forme de) la mort s'empare également de toutes créatures ; il court, et à sa suite se précipite, entraînée malgré elle, la foule des êtres, de même que la poussière suit le souffle du vent.

21-22. Le Seigneur souverainement parfait envoie à l'homme misérable soit une fin prématurée, soit une longue existence. Quelques-uns l'appellent l'action ; quelques autres la disposition naturelle ; ceux-ci le Temps ; ceux-là le Destin ; d'autres enfin le Désir de l'Esprit suprême.

23. Personne ne connaît ni l'origine, ni les desseins de cet être insaisissable aux sens, sources d'énergies variées.

24. Les meurtriers de ton frère ne sont pas les Yaktas, serviteurs du Dieu des richesses, mais bien le Destin, cette énergie de l'Esprit suprême qui cause la naissance et la mort.

26. Créateur, souverain et âme de tous les êtres, le Seigneur s'unit à Maya, son énergie, pour créer, conserver et détruire les créatures.

27. Donc, réfugie-toi de toute ton âme auprès de celui dont dépend le monde, de celui qui est ta destinée, à la fois l'Immortalité et la mort, de celui auquel les créateurs de l'univers apportent leur offrande, attachés (à lui) comme les vaches qui sont enchaînées par les nazeaux.

29. Porte au dedans de toi ton regard, et cherche en ton âme affranchie de sa propre forme, l'Etre qui y réside, cet être exempt de qualités, unique, impérissable, qui est l'Esprit, qui est complètement libre, et au sein duquel on

voit l'univers qui paraît distinct (de lui)[1], mais qui n'existe réellement pas.

30. Vouant alors une dévotion exclusive à Baghavat, qui est l'esprit ramené sur lui-même, la béatitude même, et qui produit toutes les énergies, tu trancheras peu à peu le lien de l'ignorance, qui naît du sentiment du moi et du mien.

31. Dompte, et puisse le bonheur être avec toi, cette colère qui est le plus grand obstacle à ton salut ; dompte-la au moyen de mes conseils, comme on guérit une maladie avec un médicament.

33-34. Tu as manqué de respect envers le dieu des Richesses (Kuvéra) en tuant les Yakchas ; hâte toi de le calmer par des paroles de respect et de soumission, de peur que la splendeur de ces êtres puissants ne triomphe de notre race.

35. Après avoir donné ces conseils à son petit-fils Dhruva, le Manu Svâyâmbhuva salué par lui avec respect se retira dans sa propre ville accompagné des Richis.

12e Chapitre. — Ascension de Dhruva.

18. Vouant au Bienheureux Hari une dévotion constante, délivré des conditions de l'existence, Dhrouva s'oublia lui-même jusqu'à ne plus pouvoir dire : Me voici.

19. Il vit alors un beau char qui descendait du ciel, en éclairant les dix points de l'espace, comme la pleine lune à son lever.

29. Après avoir tourné autour de ce siège excellent et l'avoir salué, après s'être incliné devant les deux Devas serviteurs de Vichnou qui le dirigeaient, Druva qui resplendissait de l'éclat de l'or désira s'y placer.

31. Au moment où il allait monter au ciel, Dhruva se souvenant de Suniti, sa mère : J'irai donc, dit-il, dans ce séjour qu'il est si dificile d'atteindre, en abandonnant une infortunée.

32. Devinant sa pensée, les chefs des Suras lui firent voir la Reine qui s'avançait devant lui sur un char.

34. Ayant franchi sur son char divin les trois mondes et même (la place) des (sept) solitaires, le sage dont la marche est ferme, atteignit, bien au-delà (de ces sphères) le séjour de Vichnou.

§ 3. — *Baghavata Pourana*. V. iv *Risâbha* (*Krisabha des Jains* (*Burnouf*).

Le sage Risâbha, indifférent et plongé dans l'apathie du Yoga, se livra aux pratiques religieuses que les Rois regardent comme l'état de la contemplation la plus haute, maître de lui, ayant calmé ses sens et affranchi de tout contact.

Ensuite le Bienheureux (cette épithète indique déjà une incarnation de Vichnou) regardant son royaume comme le champ de l'action, après avoir donné l'exemple d'habiter chez son Gourou, prit congé de ses maîtres auxquels il avait fait des présents, et, enseignant les devoirs du chef de famille, il se livra aux deux espèces d'actes que recommande l'écriture et eut de Jayanti la victorieuse qu'il avait reçue d'Indra, cent fils qui lui ressemblaient. L'aîné fut Bharata, le grand Yogui aux vertus excellentes, qui a donné son nom à cette division de la terre appelée Bharata.

Risabha qui, sous ce nom était Baghavat, l'être indépendant qui est, par lui même, toujours affranchi des apparences vaines et qui n'a d'autre sentiment que celui de la béatitude, se livrait aux œuvres comme s'il n'eût pas été le Seigneur, enseignant par son exemple aux ignorants la loi dont le temps a effacé le souvenir, toujours égal, calme, plein de bonté et de compassion, il attachait les hommes à la condition en les retenant par les liens du devoir, de l'intérêt, du plaisir, de la renommée, des enfants.

Voulant ensuite enseigner aux grands solitaires dont la vertu était la quiétude et qui avaient renoncé aux œuvres, les lois de l'ascétisme le plus élevé qui caractérisent la dévotion, la science et le détachement, il sacra roi de la terre l'aîné de ses fils, Bharata, ce serviteur accompli de Baghavat et l'ami des hommes dévoués à ce dieu. Puis ne gardant de ce tout ce qui lui avait appartenu dans son palais que son corps, nu, les cheveux en désordre, semblable à un insensé, ayant bu les cendres du feu consacré, il sortit du Brahmavarta avec le vêtement, le langage et les actions d'un mendiant; il enseigna aux Yoguis la doctrine de l'avenir ; on se demande si cette doctrine ne fut pas celle de la vie future) et, le regard fixé sur l'esprit qu'il saisissait immédiatement dans son âme avec la conviction que rien autre chose n'a de réalité, il cessa de servir ce corps qu'il voulait abandonner et s'abstint de toute action. C'est ainsi que le bienheureux Risabha s'était affranchi de l'enveloppe matérielle de l'âme ; et cependant son corps sous l'influence de la mystérieuse Maya, continuait d'errer sur la terre avec une apparence de personnalité. Il parcourut ainsi à l'aventure les pays des Kogkas, des Vegkas, des Kutakas, des Karnatakas méridionaux [1] et se retira dans la forêt du mont Kutaka, ayant la bouche pleine de pierres, nu, les cheveux en désordre et semblable à un insensé. Là, un violent incendie, allumé par le frottement des bambous que le vent agitait, embrasa la forêt toute entière et consuma le corps de l'ascète. *C'est Kisabha dont les préceptes égareront fatalement Arhat [2] roi des Kogkas, des Vegkas et des Kutakas, qui apprendra son histoire, lorsque l'injustice dominant dans l'âge Kali, ce prince, après avoir abandonné la voie sûre, prêtera le secours de son intelligence trompée à la mauvaise doctrine et aux fausses croyances. C'est par ses efforts que dans l'âge Kali, égarés par la divine Máyá les derniers des hommes, méconnaissant les devoirs de leur loi et les règles de la pureté, adopteront suivant leur caprice ces pratiques injurieuses pour les Devas, comme celles de négliger les bains, les ablutions, les purifications ou de s'arracher les cheveux* [3] *; et que troublé par*

[1] Pays où le jaïnisme a régné ou règne encore.

[2] Arhat est le nom du saint jain, aussi bien que celui du saint bouddhiste, c'est-à-dire du bouddhiste parvenu à l'éclairement. M. de Milhoué se demande si ce n'est pas Açoka qui est désigné sous le nom d'Arhat ? Cette hypothèse lui est suggérée par l'écrit d'Edouard Thomas : Jaïnism the early faith of Açoka (Açoka commença par être Jaïn). Pour qu'elle soit vraie, il faut que le Pourana se plaçant dans la haute antiquité qu'il s'attribue lui-même et prenant le rôle prophétique, présente (après coup comme tant d'autres prophètes et poètes) le Jaïnisme et le Bouddhisme comme devant appartenir à notre âge, à la dégénérescence fin d'Age Kali. Sinon on doit regarder ce passage comme une attaque par allusion contre Açoka et les deux religions qu'il a professées successivement.

[3] Il n'est pas douteux que les Jaïns soient désignés ici, car on sait que leurs ascètes doivent s'arracher les cheveux au lieu

l'injustice toujours croissante de cet âge, ils outrageront le Véda, les Brahmanes, le sacrifice est le monde de Purusa.

§ 4. *Livre V. Chap. 10. Description du Djambudjiva*
(*E. Burnouf*).

1. Dans le Kimpurucha Varcha, le bienheureux Adipurucha habite sous la figure de l'époux chéri de Sitâs ; là, passionné pour le contact de ses pieds, Hanumat, le premier des serviteurs de Baghava Rama, le sert ainsi que les Kimpuruchas avec une dévotion non interrompue, (Baghavat ou Vichnou sous une forme ou une autre.

2. Il écoute l'histoire si fortunée de Baghavat son maître[1] qu'Arctichima chante avec les Gandharwas, et il chante lui-même ainsi :

3. Om adoration à Rhagavat etc.

7. Ce n'est ni la noblesse de la naissance, ni la fortune, ni l'éloquence, ni l'esprit, ni la beauté qui plaisent à Rama puisqu'il nous a donné son amitié, à nous, habitants des bois, qui n'avions aucun de ces avantages.

8. Peu importe qu'il soit sura ou assura, homme ou singe, celui qui sert de toute son âme Rama, le meilleur des êtres, qui est Hari sous une forme humaine.

9. Dans le Bharata Varcha, Raghavat dont la voie est invisible, prenant le nom de Narayana, accomplit par bienveillance et par compassion pour ceux qui le possèdent, une suite de mortifications au moyen desquelles il obtint la connaissance de l'Esprit qu'il doit à ses mérites accumulés pendant toute la durée d'un Kalpa.

10. Là, suivi des habitants du Bharata y compris toutes les classes et tous les ordres, voulant enseigner à Savarni le Sankya Yoga, il aborde Baghavat et récite cette prose :

11. Om ! adoration à Baghavat dont la vertu et la quié-

de les raser comme les Bouddhistes (M. de Milloué, le Mythe de Vrisabha).

[3] Ce Ramayana était le poème recueillant déjà les récits populaires très répandus dans toute l'Inde. C'était le vichnouvisme général.

Il est probable que les récits de l'enfance et de l'adolescence de Krishna étaient très localisés et qu'ils n'ont pas, avant le Bouddha fait partie d'un courant général.

tude, devant qui disparaît ce qui n'est pas l'âme ! adoration à celui qui est le bien des pauvres, à Narayana le héros des solitaires, au précepteur suprême des ascètes, aux chefs de ceux qui trouvent leur joie en eux-mêmes ! adoration ! adoration ! « Et il chante ainsi: »

12. Adoration à l'Etre détaché, isolé et témoin qui, agent dans la création et dans les autres états de l'univers n'y est pas enchaîné, qui quoique uni au corps, n'est pas atteint par les modifications corporelles et qui voit sans que sa vue soit blessée par les qualités.

15. Donne-nous donc, ô puissant Adhôkchadja, donne-nous le Yoga capable de produire l'union de notre nature avec la tienne, pour que nous puissions briser promptement le lien si dificile à rompre, du sentiment du moi et du mien qu'à placé le Màya dans ce pauvre corps.

16. Il y a aussi dans le Bhârata Varcha un grand nombre de fleuves et de montagnes ; ces montagnes sont etc... (les montagnes de l'Inde) et d'autres encore dont on compte des centaines et des milliers des flancs desquels coulent des fleuves et des rivières innombrables.

17. Les habitants de Bhârata vont se baigner dans les eaux de ces rivières dont le nom seul purifie déjà. Ce sont: « On nomme ici les fleuves de l'Inde [1]. »

19, 20. Les êtres qui naissent dans ce Varcha parcourent successivement, car c'est le sort commun de tous, les nombreuses voies de l'existence parmi les dieux, les hommes ou dans les enfers, et ils peuvent même, chacun en suivant les règles de leur caste, arriver à la délivrance réservée à celui qui, brisant la chaîne de l'ignorance, cause des nombreuses voies de l'existence, s'attache aux serviteurs de Mahâpurucha. décrit plus haut [1].

21. Les dieux, en effet chantent les stances suivantes ;

22. A quoi bon ces sacrifices et ces pénitences si difficiles et ces aumônes, et la conquête du ciel qui est si peu de chose, si dans le monde où nous sommes, notre mémoire que ravit le mouvement passionné des sens n'est pas pleine du lotus des pieds de Nârâyana ?

23. La possession de la terre de Bhârata l'univers actuel avec un instant d'existence, vaut mieux que l'avantage de

---

[3] On retrouve tous ces noms dans notre ouvrage sur les Irrigations de l'Inde.

renaître dans le rang élevé des êtres dont la vie dure un Kalpa (les grands dieux), car les sages qui se détachent de l'action qu'ils ont faite, pendant un seul instant d'une vie humaine, parviennent au séjour de Hari où cesse toute crainte.

24. Non, le monde du roi des Dieux lui-même (Brahma) n'est pas digne qu'on le recherche, si les fleuves des histoires de Vâikunta, (Vichnou) semblables à l'ambroisie, n'y coulent pas ; si les sacrifices du chef de l'offrande ne s'y célèbrent pas avec leurs grandes fêtes.

25. Mais les êtres qui, après avoir obtenu sur cette terre la condition humaine, ne font pas tous leurs efforts pour ne plus mourir, retombent comme les oiseaux dans les mêmes filets.

26. L'oblation que les hommes du Bharata sacrifient avec foi, c'est ce Dieu unique, invoqué sous tant de noms divers, ce Dieu dispensateur de tous les biens et accompli en lui même, qui s'en empare avec joie.

27. Il donne, il est vrai. aux hommes ce qu'ils lui demandent. Ce n'est pas toutefois le bien suprême, puisqu'on le sollicite encore après avoir obtenu ses dons ; mais il accorde de lui-même à ses adorateurs qui ne désirent rien [1], la possession de ses pieds qui fait cesser tous les désirs.

28. Puisse, s'il nous reste quelque temps à jouir du bonheur du ciel comme récompense de nos sacrifices bien accomplis, de nos hymnes et de nos bonnes œuvres, puisse ce temps s'échanger contre une existence consacrée au souvenir de Hari, dans le Varcha d'Adjanâtoha, où ce Dieu accorde la félicité à ceux qui le servent [2].

Chapitre 20. Description des mers et des terres.

2. Djambudvipa, (dvîpa continent) entouré complètement par la mer d'eau salée, comme le Mérou l'est par le fleuve Djambû.

La mer salée elle même est entourée par le Plakcha

---

[1] C'est-à-dire aucun bien terrestre.
[2] Ce chapitre est d'une grande élévation et presque lyrique ; il montre bien ce que nous avons signalé, que l'idée qu'à l'Hindou du dieu de sa secte et sa dévotion pour lui diffèrent très peu de ce qu'elles seraient s'il croyait simplement à un seul dieu personnel.

Dvîpa qui a deux fois son étendue, comme un fossé l'est par un bois situé sur son bord extérieur. Le figuier Plakcha qui donne son nom à ce Dvîpa a la hauteur du Djambû et est entièrement d'or, c'est là que se trouve Agni aux sept langues de feu.

Le Djambûdvipa est divisé en sept Varchas et contient 7 montagnes et 7 fleuves.

Les 4 classes d'habitants de ces Varchas, purifiées par les eaux de ces fleuves, de la Passion et des Ténèbres, vivant mille années, ayant un extérieur et des enfants semblables aux Immortels, sacrifient, avec le triple Véda, au divin Soleil qui est formé lui-même par les Védas, qui est l'Esprit et la porte du ciel (en disant) :

5. Nous implorons le soleil, cette forme de l'antique Vichnou, du vrai, du juste, du Véda, de l'immortalité et de la mort, qui est l'esprit.

6. Dans le Plakcha et dans les cinq autres Dvîpas, les hommes ont les dons de la vie des sens, de la vigueur, de l'énergie, de la force, de l'intelligence, de l'héroïsme, et tous en jouissent indistinctement et par le fait seul de leur naissance.

7. Le Plakcha est, dans toute son étendue, entouré par la mer de jus de canne à sucre, qu'entoure également le Dvîpa Çalmala qui a le double de largeur de cette mer et qui est lui-même entouré par l'Océan de liqueurs enivrantes.

8. Là est le cotonnier Çalmali qui a l'étendue du Plakcha et que l'on dit être la demeure du divin roi des oiseaux qui chante les hymnes du Véda; cet arbre donne son nom à ce Dvîpa.

Il est divisé également en sept Varchas et compte aussi sept montagnes et sept rivières ; ses habitants sacrifient avec le Véda au divin Sôma qui est formé par les Védas et qui est l'Esprit [en disant]

12. Que le roi Sôma, qui, sous sa forme noire et blanche, distribue la nourriture aux Pitris et aux Dévas, ainsi qu'à tous les êtres, se montre à nous avec ses rayons !

13. En dehors de la mer de liqueur enivrante est le Kuça Dvîpa qui a le double de largeur et qui est lui-même entouré par la mer de beurre clarifié [1]. C'est là

---

[1] Le beure clarifié est l'offrande la plus agréable aux dieux, et la nourriture préférée des Brahmes.

qu'est la tige de Kuça, œuvre des dieux, qui, semblable à un autre Dieu du feu, illumine tout l'horizon de l'éclat de ses épis.

Les habitants de ce Dvîpa sacrifient par la perfection de leur vertu à Baghavat manifesté sous la figure de Djâtavedas, (le feu ?) [en disant]

17. « Tu es certainement, ô Djatavédas, celui qui porte l'offrande au suprême Brahma : sacrifie donc par le sacrifice des dévas à Puruscha dont les Dévas sont les membres. »

18. Au delà est le Krâuntcha Dvîpa, qui a le double de largeur, et qui est dans toute son étendue environné par la mer de lait ; c'est là qu'est le Krâuntcha, ce roi des montagnes, qui donne son nom au continent.

19. Quoique les flancs et les bocages de cette montagne fussent ébranlés par le glaive de Guha, elle fut préservée et raffermie par le bienheureux Varuna qui l'aspergea de quelques gouttes prises dans la mer de lait.

24. Au delà de la mer de lait est le Çaka Dvîpa qui l'entoure et qui a trente-deux mille Lakchas de Yodjanas d'étendue. Il est lui-même environné par la mer de crême. C'est là qu'est l'arbre Çaka dont l'odeur excellente parfume tout ce continent.

28. Les habitants sacrifient, au moyen d'une méditation profonde, à Bhagavat qui est le vent (le souffle, l'air ramassé) (en disant)

29. « Que celui qui étant entré au sein de tous les êtres les soutient par ses mouvements divers, que ce modérateur externe qui est le Seigneur même, nous protège ; nous qui sommes manifestement sous sa dépendance ! »

30. Au delà de la mer de crême est le Puchkara Dvîpa, qui a en largeur le double de cette mer et qui est lui-même entouré à l'extérieur par la mer d'eau douce, là est le grand Lotus qui a des millions de pétales d'or, aussi purs que les flammes du feu et qui sert de siège à Baghavat paraissant sous la forme de (Brahma). Au milieu de ce Dvîpa s'élève un mont, le Mâna-Sôttara, d'un pourtour et d'une hauteur immenses sur lequel sont placées aux quatre points cardinaux les quatre villes des gardiens du monde, Indra et les autres, au-dessus desquelles le cercle de l'année tracé par le char du soleil tournant autour du

Méru, accomplit sa révolution en distribuant aux dieux le jour et la nuit.

32. Les habitants de ce Dvîpa honorent Baghavat sous la forme de Brahma au moyen du sacrifice qui les associe à sa personne et ils prononcent les paroles suivantes :

33. «Adoration à ce Bhagavat dont l'homme doit vénérer le signe qui est la cérémonie qui les constitue, le signe de Brahma dont le terme est le dieu unique et qui est lui-même un et calme ! »

34. Au delà de la mer d'eau douce est la montagne Lôkalôka qui s'étend en cercle entre les régions éclairées par le soleil et celles qui ne le sont pas.

35. Là est une autre terre toute d'or qui resemble à la surface d'un miroir et dont l'étendue égale celle de l'espace compris entre le Mérou et le Manâsottara. Tout objet quelconque qu'on y dépose ne se revoit plus ; aussi n'a-t-elle jamais eu aucun habitant.

37. La chaîne du Lokaloka a été posée par le Seigneur sur la limite des trois mondes qu'elle entoure, pour que les rayons de la troupe des astres que précède le soleil et que termine Dhruva, en éclairant les trois mondes placés en dedans de cette enceinte, ne puissent jamais se porter au delà, tant en est grande la hauteur et la largeur.

Au delà, de cette chaîne, aux quatre points de l'horizon, le Dieu né de lui-même, le précepteur de tous les hommes, a placé les 4 rois des éléphants qui soutiennent tout l'Univers.

41. Baghavat réside sur la première des montagne pour la félicité de tous les mondes.

43. Placé au centre de l'œuf du monde, le soleil occupe la partie de l'espace qui s'étend entre le ciel et la terre.

45. C'est le soleil qui sert à distinguer les uns des autres les points de l'espace, les lieux assignés aux jouissances célestes où à la délivrance, les enfers et les demeures de l'Abîme.

46. Le soleil est l'âme, l'œil et le souverain de tous les êtres doués de vie, dieux, animaux, hommes, reptiles et végétaux.

§ 5. — *Extraction de l'ambroisie. Livre VIII. (Burnouf)*
Barattement de l'Océan.

Les Dévas et les Daityas (déités secondaires) faisant amitié ensemble déracinèrent le mont Mérou et avec leurs bras vigoureux, le transportèrent en chantant vers l'Océan.

34. Mais Çakra (Indra) et Vairotchana, incapables de soutenir assez longtemps un tel fardeau, le laissèrent échapper en chemin.

35. La montagne d'or, en tombant, écrasa sous sa masse énorme un grand nombre d'immortels et de Danavas.

37-38. Le dieu (Vichnou) les ressuscita d'un seul de ses regards en faisant disparaître leurs blessures et cesser leur épuisement.

38. Puis, soulevant la montagne d'une seule main, comme en se jouant, il la plaça sur Garuda qu'il monta lui-même et se dirigea vers l'Océan suivi des troupes des Suras et des Assuras.

39. Lâché par Hari, Garuda le premier des Oiseaux, plongea au fond de l'eau et faisant glisser la montagne de dessus ses épaules, il la déposa.

Chapitre VIII. — 1. Ayant invité Vàsuki le roi des serpents en lui promettant sa part de l'ambroisie, les dieux s'en servant comme d'une corde pour entourer la montagne.

2. Commencèrent à remuer l'Océan de toutes leurs forces ; Hari s'empara le premier du côté de la tête, et les Dévas se placèrent derrière lui.

3. Mais les chefs des Daityas s'écrièrent : Nous ne prendrons pas la queue du serpent ; cette partie du corps est déshonorée ; et nous possédons la science et le Véda, et nous sommes illustres par notre naissance ainsi que par nos actions.

4. Le meilleur des hommes (Vichnou, Mahapurucha), les regardant avec un sourire, abandonna la tête du serpent et saisit la queue, suivi des Immortels.

5. S'étant ainsi partagé les places, les fils de Kaciapa se mirent à barater l'Océan de toutes leurs forces pour en tirer l'ambroisie.

6. Mais pendant que la mer était ainsi agitée, la montagne qui ne reposait sur rien s'enfonça par son propre

poids au fond des eaux, quoique les dieux puissants cherchassent à la retenir.

7-8. Reconnaissant que l'obstacle venait de Vighnaça (Ganésa le dieu des obstacles), le Seigneur dont la force est infinie et dont les projets ne sont pas vains (Vichnou), revêtant la forme d'une tortue merveilleuse, gigantesque, plongea dans l'eau et soutint la montagne (c'est l'incarnation de Vichnou en tortue).

9-10. Les Suras et les Assuras, voyant la montagne redressée, se relevèrent pour la mettre en mouvement; immense comme un nouveau Dvîpa (monde), la tortue la supporta sur son dos qui avait cent mille yodanas de largeur, n'éprouvant de son mouvement que l'impression d'un léger frottement.

11. Franchissant comme un autre roi des monts, en s'appuyant sur sa main, la première des montagnes, le dieu aux cent bras se tint debout au milieu du ciel pendant que les dieux précédés de Brahma, de Bhava et d'Indra, le louaient et le couvraient d'une pluie de fleurs.

13. Animés par le Dieu suprême qui, au dessus et au dessous d'eux, pénétrait toutes les choses et eux-mêmes, la montagne et la corde (le serpent), les dieux transportés d'ivresse, barattèrent avec rapidité l'Océan au sein duquel le mouvement de la grande montagne troublait les monstres marins.

14. Privés de leur éclat par le feu et la fumée que le serpent terrible lançait de ses mille yeux, de ses mille gueules et de ses mille souffles, les Asuras ressemblaient à des pins consumés dans l'incendie d'une forêt.

15. Les flammes poussées par le souffle du reptile ternissaient la splendeur des dieux et noircissaient leurs vêtements, leurs belles guirlandes, leurs armures et leurs visages, mais des nuages obéissant à la volonté de Baghavat les rafraîchirent de leur pluie; des vents cachés sous les vagues de l'Océan soufflèrent pour eux.

16. Cependant le nectar ne paraissait pas encore; alors Adjita lui-même se mit à le baratter.

17. Noir comme le nuage, entouré d'une ceinture d'or, les oreilles ornées d'anneaux étincelants, agitant la brillante chevelure qui couvrait sa tête, paré de sa guirlande, le dieu aux yeux rouges, ayant saisi le serpent entre ses bras vainqueurs qui donnent la sécurité au monde

et soutenant la montagne qu'il agitait, paraissait lui-même comme une seconde montagne.

Ici se place l'Episode de Siva avalant un poison sorti de la mer par l'effet du barattement et faisant périr toutes les créatures. Dans cet épisode Siva est représenté comme exerçant envers tous les êtres la compassion et la bienveillance. On voit par là que le Sivaïsme avait recueilli l'héritage du Bouddhisme ; vie austère, bienveillance et dévouement pour l'universalité des êtres, ascétisme.

Les dieux reçoivent l'ambroisie.

31. Pendant que les Suras et les Assuras barattaient l'Océan pour en extraire l'ambroisie, il en sortit une merveilleuse forme humaine.

32. C'était un homme qui avait les bras longs et rebondis, le col marqué de raies comme une coquille et les yeux bruns ; il était noir, jeune et paré d'une guirlande et de toutes sortes d'ornements.

34. C'était une partie détachée d'une partie de la substance du Bienheureux Vichnou ; ses bras, ornés de bracelets, soutenaient un vase plein d'ambroisie.

35-36. Les Assuras s'emparèrent en toute hâte de ce vase et l'emportèrent. Les dévas découragés cherchèrent un refuge anprès de Hari.

38. Alors Vichnou revêtit une forme de femme merveilleuse et au-dessus de toute description.

Chapitre IX. — 1. Au moment où les Assuras se disputaient l'ambroisie, ils virent cette femme qui s'approchait.

11. Encouragés par ses agaceries, ils perdirent leur sang-froid et lui abandonnèrent le vase.

20. Ayant formé deux groupes distincts des Suras et des Asuras, le souverain de l'Univers (sous la forme de cette femme merveilleuse) tint ces deux groupes écartés l'un de l'autre.

21. Pendant que, le vase en main, il égarait les Asuras par de trompeuses avances, il fit boire aux dieux qui étaient éloignés le nectar qui enlève la mort.

28. C'est ainsi que les Dévas reçurent l'ambroisie pour salaire, parce qu'ils avaient cherché un refuge sous la poussière des pieds du Dieu ; mais les Assuras ne reçurent pas l'ambroisie.

29. Tout ce que l'homme fait pour lui-même et pour ses enfants à l'aide de sa vie, de sa fortune, de son activité, de son cœur et de ses paroles est sans résultat, parce que tout cela est fait en vue de la distinction (du moi et de dieu) ; mais les mêmes choses sont utiles, accomplies dans cette vue que Dieu est en toutes choses ; c'est comme l'arrosement qui donné à la racine, profite à l'arbre.

§ 6. *Baghavata Pourana. Livre X, Chapitre* xv, *chants des bergères (Hauvette Besnault).*

6. En entendant les sons de la flûte de Krichna qui ravissent le cœur de tous les êtres, toutes les femmes du Parc s'entretenaient de lui et l'embrassaient en elles-mêmes ; les bergères disaient :

9. Quel acte méritoire a donc accompli ce roseau, pour jouir ainsi, à sa guise, de l'ambroisie des lèvres de Damodâra, du bien propre des bergères, et n'en laisser que le parfum ?

10. Vrindavana vaut à la terre une gloire sans égale : en y imprimant le Lotus de ses pieds, le fils de Dévaki lui communique sa splendeur, et, sur les plateaux de ses montagnes, à la vue des paons qui dansent ivres de joie, aux sons de la flûte de Govinda, tous les autres êtres demeurent immobiles.

11. Bienheureuses ces gazelles ! toutes troublées qu'elles étaient, elles présentaient au fils de Nanda, avec leurs noirs époux, l'offrande de leurs regards affectueux.

12. A la vue de Krichna, de sa beauté et de sa noblesse qui font la joie des femmes, et aux accords merveilleux de sa flûte, du haut de leurs chars célestes, les déesses en qui l'amour ébranlait la vertu, laissaient, dans leur effarement, tomber les fleurs et les nattes de leurs cheveux et glisser le voile de leurs seins.

13. Les vaches dressant l'oreille, pour y boire comme à une coupe l'ambroisie qui coulait des lèvres de Krichna avec les sons de sa flûte, et leurs petits gardant dans la bouche une gorgée qui coulait des lèvres maternelles, caressaient du regard, immobiles et la larme à l'œil « *Govinda qui est en eux-mêmes.* »

14. Sûrement, ô ma mère, ce sont de pieux solitaires, ces oiseaux de la forêt qui, perchés sur les branches des

arbres aux jeunes pousses brillantes, pour jouir de la vue de Krichna, écoutent, en fermant les yeux, les accords mélodieux de sa flûte, sans souci d'aucun autre son.

15. A ses accents, les rivières dont l'agitation trahit les sentiments amoureux, suspendent leur cours impétueux, enveloppent de leurs vagues, comme avec des bras, les deux pieds de Mûrari, les couvrent de baisers et y déposent une offrande de Lotus.

16. En le voyant, sous le ciel en feu, conduire à la pâture les troupeaux du Parc, tout en jouant de la flûte, le nuage redoublant d'affection pour son ami, apparaissait, et lui faisant une ombrelle de son propre corps, le couvrait d'une pluie de fleurs.

20. Au récit que les bergères faisaient entre elles des jeux où Baghavat se complaisait en parcourant la forêt Vrindavana, leurs âmes s'unissaient à la sienne.

§ 7. *Autres Pouranas Vichuouvistes*.

Terminons ce chapitre relatif au Baghavata Pourana en consacrant quelques lignes aux autres Pouranas Vichnouvistes qui présentent de l'intérêt.

Le Brahma-Pourana, ainsi nommé parce qu'il est supposé avoir été révélé par Brahma à Daksha, contient l'histoire et la généalogie des dynasties solaire et lunaire jusqu'au temps de Krishna. Après avoir décrit et glorifié les temples et les bosquets sacrés de la province d'Orissa, il raconte la vie de Krishna; puis il expose sommairement le Yoga. Il semble avoir principalement pour objet de promouvoir le culte de Krishna, sous le nom de Djaganada, il a été composé au XIIe ou XIIIe siècle, à l'époque où le temple de Djaganada à Puri fut consacré à Krishna.

Le Padma (lotus) Purâna se compose de 6 parties :

1° le Shristiti Kanda, création ; 2° le Bhûmi Kanda, destruction de la terre ; 3° le Swarga Kanda, le ciel ; 4° le Pantala Kanda, les enfers ; 5° le Uttara Kanda, principalement culte de Vichnou, fort sectaire et intolérant ; 6° le Kriya Yoga la dévotion, l'union Vichnou.

Ces différentes parties, dit Vilson, sont très probablement autant d'ouvrages différents dont aucun ne satisfait à la définition d'un Pourana. Elles mentionnent les Djaïns par leur nom propre et indiquent quelques-unes de leurs pratiques ; elles parlent des Mlechchas ou barbares (les mahométans) puissants dans l'Inde à cette époque ; elles recommandent l'usage des marques et signes dédiés à Vichnou. Le Pâtâla Khanda s'étend longuement sur le Bhagavata Pourana et par conséquent lui est postérieur. Aucune partie du Padma Pourana n'est plus ancienne que le xiie siècle.

Le Narada Purana a pour objet spécial d'exalter la Backti, la foi ou dévotion à Vichnou. Il contient un grand nombre d'hymnes ou de prières adressées à l'une où à l'autre des formes que ce dieu a revêtues, les observances du culte et des légendes Vichnouvistes. D'après Vilson il date du xvie au xviie siècle.

LIVRE VIII

Dernières sectes et écoles de l'Inde.

CHAPITRE PREMIER

LE SIVAISME PRIMITIF, — SIVA ET VICHNOU

1. *Le Sivaisme primitif.*

Le Sivaïsme. — Dans la description qu'Hiouen-Tsang a donnée de la fête de la délivrance à Prayaga, nous avons vu figurer avec les Bouddhistes et faisant bon ménage avec eux, la secte ou plutôt la religion de Vichnou-Soleil d'origine védique et celle d'Issouara ou de l'Etre suprême (siva) de provenance plutôt indigène pour le culte, très probablement sans système théologique, ce qui avait porté les Brahmes à s'y attacher de préférence en y adaptant leur théologie ou en conservant celle-ci par devers eux comme doctrine supérieure et savante.

Les grandes épopées, bien que Vichnouvistes, admettent une prépondérance antérieure de la religion de Siva; les légendes du Yagur Véda supposent un état très avancé de cette religion. Si haut qu'on remonte dans le Sivaïsme on y trouve le lingam qui fut évidemment dans l'origine le fétiche informe d'une partie de l'Inde adorant le principe créateur dans la nature et qui, même aujourd'hui, ne présente aux yeux aucune image ni à l'esprit d'autre idée que celle convenue de la rénovation universelle attribut de Siva.

Le lingam est étranger à la religion Védique. Stéphenson et Lassen trouvent son origine dans les races Dravidiennes et leur opinion est confirmée par les travaux les plus récents des savants hindous. D'après ceux-ci le Sivaïsme est la plus ancienne religion de l'Inde.

Plusieurs passages du Mahabarata ont trait au culte de Siva et du lingam (épisode du montagnard etc.) Les Cambodgiens y sont cités dans le dénombrement des ennemis de Krischna et, par conséquent comme Sivaïstes d'abord et ensuite Bouddhistes. Les lingam sont répandus à profusion au Cambodge et, bien que le pays soit bouddhiste, tous les ans au renouveau, on promène dans les rues, en procession, un immense linga creux dans lequel se tient un jeune garçon qui en forme la tête épanouie. On vote un linga à Siva comme ailleurs un cierge à un autel. Le journal Asiatique (1882 page 86) donne la dédicace toute ascétique d'un linga. En voici la conclusion :

« Pour lui (le Yoghi auteur de l'ex-voto), abattus par des haches telles que celle de Maïtri et précipités dans cet océan qu'on appelle la qualité de bonté (elle embrassait tout ce qui était excellent et saint), les arbres qu'on appelle les six ennemis, (les six sens) ne porteront plus aucun fruit — sorti d'une race pure, il a accompli les œuvres viriles qu'il avait à accomplir. Et maintenant, son âme purifiée a en partage la béatitude suprême (même avant sa mort, dans sa retraite).

Insensé celui qui, tourmenté par les six ennemis (les sens), ne recherche point son refuge au milieu des forêts, séjour de la méditation ! »

C'est bien là de l'austérité. Le culte de Priape paraît avoir eu en Grèce, originairement le même caractère, à peu près. C'était une divinité champêtre dont le délicieux roman de Daphnis et Cloé nous donne une idée douce, respectable et nullement licencieuse.

Dans les Pouranas, Siva déclare que le lingam et lui ne font qu'un.

Le temple d'Issouarah à Bénarès paraît avoir été très ancien ; il était dans toute sa splendeur lors de la visite du pèlerin chinois Fa Hien. Aujourd'hui le Sivaïsme domine encore à Bénarès, la ville sainte et savante par excellence, avant et depuis le Bouddha.

Les premières représentations d'un caractère essentiellement religieux qui se rencontrent sur les monnaies (rois Indo-Scythes vers le début de l'ère chrétienne) sont des emblèmes Sivaïstes alternant avec des symboles bouddhiques.

Le Sivaïsme est resté lougtemps la religion professionnelle des Brahmes et des lettrés. Encore aujourd'hui la proportion des Brahmanes est très forte parmi les Sivaïstes ; presque tous les Sivaïstes d'Orissa et du Bengale appartiennent à la caste Brahmanique. Cependant ils n'ont point de littérature proprement dite. Cela peut s'expliquer par la préférence que les Brahmes donnaient à la théologie représentée par le Sankya théiste et par quelques chefs d'école, principalement par Çankara Atchéria.

De son temps, la plupart des Brahmes étaient Sivaïstes et Monothéistes ; alors le Sivaïsme était une religion spiritualiste pour les Brahmes et naturaliste pour l'ensemble de la secte, mais d'un naturalisme plutôt théorique que grossier.

Le lingam-Yoni lui-même, assemblage d'un cylindre vertical sur une sorte de pied formé d'une pierre horizontale tabulaire considérée comme représentant l'Yoni par quelques raies creuses concentriques, n'a rien d'érotique ; il faut être prévenu pour y voir ce qu'il figure, l'union des sexes. Le lingam-Yoni que nous avions rapporté de l'Inde avec plusieurs statues d'idoles hindoues a figuré avec elles à l'Exposition Universelle de 1867 à Paris et personne ne l'a remarqué.

Ce ne fut que plus tard, par le développement général dans toutes les sectes Hindoues, d'une dévotion sensuelle et par le Tantrisme, que la moitié des sectes Sivaïstes se corrompirent.

La haute antiquité du culte du lingam dans l'Inde et la certitude aujourd'hui acquise d'une expansion de l'Hindouïsme vers l'Occident antérieure aux sept sages de la Grèce rendent très probable l'opinion que le culte du Phallus est venu de l'Inde. Il fut associé à celui de l'Aphrodite phénicienne et sémitique auquel l'île de Chypre était consacrée toute entière. Ce double culte constitua la religion naturaliste de l'adoration du pouvoir créateur du monde matériel par voie de génération continue. Cette conception qui se trouve en Egypte, en Chaldée, en Assyrie, en Phénicie et en Syrie comme dans l'Inde, remonte sans doute jusqu'au temps des Kuschites qui, ainsi que nous l'avons vu, peuplèrent ou envahirent l'Inde.

A l'entrée de tous les temples naturalistes de la Phénicie, de Chypre etc., se dressaient des colonnes de formes diverses, symboles de l'organe mâle. Il y avait toujours deux de ces symboles, aiguilles obéliscales ou colonnes, devant les temples construits par les Phéniciens y compris celui de Jérusalem. Quelques érudits attribuent cette origine aux tours ou flèches jumelles de nos cathédrales gothiques. L'auteur du génie du Christianisme ne s'en doutait guère !

De Chypre, le culte naturaliste passa dans l'Asie Mineure, s'idéalisant de plus en plus au contact de l'art grec, et ensuite en Grèce et en Italie.

Rien de surprenant que l'art grec ait transformé le lingam d'abord fétiche, en une image que les idées des anciens sur les nudités, absolument différentes des nôtres, ne faisaient point considérer comme obscène et que la sculpture s'efforçait de rendre aussi belle que celle de toute autre partie du corps humain, témoin la Corne d'abondance de l'Hercule Phallophore. On mit sans doute beaucoup de lingams dans les champs et les jardins ; de là l'origine du dieu Priape.

2. Siva.

Siva fut d'abord le dieu de plusieurs tribus montagnardes adopté comme nous l'avons vu par les Brahmes et greffé sur le type Aryen de Rudra. Les caractères si disparates réunis dans sa personnalité et dans celle de ses épouses démontrent qu'elle est un composé de conceptions d'origines diverses, aborigènes et aryennes. Les Puranas lui donnent mille huit noms que le professeur Monier Villiam a classés en cinq catégories. La première correspond à son pouvoir destructeur qui s'exerce sur tous les êtres même les dieux et les esprits. D'un regard de feu de son troisième œil placé au milieu du front, il les réduit en cendres dont il se frotte ensuite le corps. Il porte pour ornements des crânes, il se plaît au milieu des ossements et des esprits démoniaques ; cette conception est sans doute de provenance animiste.

La 2e catégorie correspond à son rôle de régénérateur, figuré par le linga.

Dans la 3e catégorie, il est le type des ascètes, des pénitents et des contemplatifs. Le corps nu et barbouillé de cendres, les cheveux en désordre, il est assis sous un arbre, immobile, dans une méditation profonde.

Dans la 4e, c'est un sage, un brahme savant qui connaît parfaitement les Védas et les règles de la poésie et de la grammaire ; dans la cinquième c'est un montagnard sauvage et jovial qui aime passionnément la chasse, le vin, la danse et les femmes.

Sa femme Parvati est la déesse des arts.

Comme conception Aryenne, on leur donne pour fils Ganésa, le dieu Indien de la sagesse, de la prudence et de l'éloquence. Il est désigné encore sous le nom de Vignesvara, le seigneur (le vainqueur) des obstacles. A ce titre, on l'invoque dans toutes les circonstances importantes afin qu'il écarte toutes les difficultés qui peuvent surgir et accorde aux entreprises une heureuse issue ; son image se rencontre à chaque pas, aux carrefours des routes, à l'entrée des villes et des villages. Il est représenté de petite taille avec une tête d'éléphant ; un gros ventre, deux, quatre et même huit bras, assis sur un rat percale. La tête d'éléphant figure la sagacité ; le gros ventre, l'opulence résultat de l'industrie.

On confond Ganésa avec le Pouléar, le dieu Lare par excellence, le dieu du foyer, dont le rôle était tout aussi important que l'était celui des dieux Lares dans l'antiquité et à l'origine de toutes les sociétés (voir la cité antique de Foustel de Coulanges).

Le second fils de Siva est Kartikéya, dans le sud de l'Inde Subramanyar, dieu de la guerre et époux officiel des bayadères, les seules femmes de l'Inde auxquelles il soit permis d'être aimables et indépendantes, (voir les chants des Bayadères) dans nos « Chants populaires du Sud de l'Inde. »

3. *Vichnou.*

Ce dieu nous est déjà assez connu pour qu'il ne nous reste à dire que quelques mots sur *ses avatars* (incarnations ou mieux descentes.)

Mgr Laouénan remarque que l'incarnation hindoue est

différente de l'idée chrétienne. « Selon celle-ci, l'incarnation de la seconde personne est l'union hypostatique, personnelle, de la nature divine avec la nature humaine, de telle sorte que chaque nature demeure distincte dans une seule et même personne ; dans le Brahmanisme au contraire, c'est le changement, la métamorphose de l'une dans l'autre, la descente, l'infusion de la première dans la seconde, et en beaucoup de cas une sorte de génération dans laquelle les natures se confondent.

Les Puranas admettent tous les dix incarnations suivantes de Vichnou. 1° en poisson ; 2° en tortue ; 3° en sanglier ; 4° en lion ; 5° en nain ; 6° en Parassou Rama ou Rama à la hache ; 7° en Rama *Tchandra* (lune) 8° en Krischna ; 9° en Bouddha ; 10° en homme-cheval.

Mais beaucoup de pouranas admettent d'autres incarnations, par exemple celle de Vichnou en Kapila. Dans ces derniers temps on a beaucoup fait ressortir la coïncidence de 24 avatars, de 24 Tirthamkaras djaïns et de 24 Bouddhas terrestres.

Inutile de rapporter ici les légendes puériles et banales des cinq premières incarnations : nous nous sommes suffisamment expliqué ailleurs sur celles des deux Rama, de Krichna et du Bouddha. Quant à la dernière c'est la légende de la fin du monde *actuel* opérée par un homme-cheval.

Vichnou et son épouse Lakshumi, déesse de la richesse et de la fécondité, n'ont eu qu'un fils, Kama le Cupidon Indien. Les descriptions et représentations qu'on donne de ce dieu donnent à penser qu'il n'est qu'un emprunt fait aux grecs. Cependant dans un hymne du Rig-Véda Kama est honoré comme un dieu supérieur aux autres ; et dans un autre hymne il est représenté comme le dieu de l'amour charnel : « Puisse Kama, de sa flèche qui a la douleur pour ailes, l'attente pour barbe et le désir pour dard, te percer le cœur. » C'est dans ce sens seulement qu'il est question de ce Dieu dans les Puranas. Le mot Kama signifie *désir charnel*. D'après les dernières recherches des savants, le mot et le dieu auraient une origine très anciens nés dans l'Inde et pourraient remonter jusqu'aux Kuschites.

Mais le véritable dieu de l'amour dans l'Inde, le dieu de la concupiscence (voir le Lalita-Vistara) est Krischna qui a pour épouse *Radha* la Volupté, Marah était le tentateur, l'inspirateur du désir.

CHAPITRE II

LE SAKTISME ET LES TANTRAS

1. *Les Saktis.*

Bien que la doctrine des Tantras commence à poindre dans les Pouranas par l'exaltation du culte de Dourga et de Prakriti. le Tantrisme ou Saktisme ne fut qu'une conséquence extrême quoique naturelle des Pouranas, la conclusion dernière de la religion Brahmanique.

La divinité dominante est Siva avec les formes innombrables de sa Sakty.

La Sakty est sans doute une transformation dégénérée de la Maya (principe féminin) des Védas.

La Sakty est la moitié femelle et active de l'essence de chaque Dieu Hindou. On sait que chaque dieu Indien avait sa Sakty.

Dans le Kamatapaniyâ Upanischad, Sita est la Sakty de Rama ; elle forme avec lui un couple inséparable. un seul être en quelque sorte à double face et l'union de Krischna et de Radha est parfois conçue de la même manière. La Sakty a ses racines lointaines dans la conception aussi vieille que l'Inde d'un dualisme sexuel placé à l'origine des choses. Le Sama-Véda dit : l'Eternel s'ennuyant d'être seul, devint deux par son désir, mari et femme, et produisit tous les êtres.

Les Indiens n'ont jamais conçu la création que par voie de génération. Lorsque le dieu abstrait, impersonnel, des Brahmes veut produire des êtres extérieurs à lui, il sort de son abstraction et devient nécessairement soit Androgyne, comme Pradjapati dans un Brahmana du Yajur

Véda, soit pourvu d'une femme personnification du développement de son énergie productrice ou Sakty.

Les Brahmes admettaient aussi une matrice commune des êtres qui était en même temps leur commun tombeau. Cette idée fut ou l'origine ou la conséquence de la Prakriti du Sankya. Le Saktisme ou la prédominance de la divinité femelle procède directement de celle-ci, de la nature éternellement féconde d'où sortent et les formes sensibles et les facultés intellectuelles et en face de laquelle l'esprit Pouruscha, l'élément mâle, n'a qu'un rôle effacé et stérile (se reporter à la traduction du Sankya par Collebrooke et à notre exposé de la Sankya). Dans l'hymne à Parvati que nous donnons ci-après en abrégé, la déesse n'est encore que la personnification de l'énergie productrice du dieu ; sa divinité n'est pas encore prépondérante (voir la traduction de Trohler.)

HYMNE A PARVATI

L'Onde de la béatitude.

1. Siva peut tout produire quand il est réuni à Çakti ; sinon ce dieu ne saurait rien mouvoir convenablement [1]. Comment donc un homme qui n'est pas sanctifié, sera-t-il en état de t'offrir son adoration et sa louange à toi, Parvati, qui dois être vénérée par Hari (Vichnou), Hara (Çiva) et Virintchi (Brahma) et les autres dieux.

3. Toi qui es : pour les ignorants, le soleil qui illumine les ténèbres ; pour les stupides, le vase de la sainte doctrine qui contient le nectar du bouquet divin ; pour les indigents, le collier des joyaux du désir ; toi qui nous offres, à nous qui sommes plongés dans l'océan de l'existence, les défenses du sanglier au moyen desquelles Vichnou souleva l'univers !

9. Ceux qui sont heureux te vénèrent comme l'Onde de la béatitude intellectuelle, toi qui occupes, comme ta demeure, la couche de Çiva sous le dais orné des symboles de ce dieu, dans le palais de Brahma, au milieu de l'Océan de l'ambroisie, sur l'île des joyaux qui est envi-

---

[1] C'est la formule rigoureuse du Sacktisme.

ronnée d'une enceinte d'arbres divins, comme d'un jardin de Kadimbas.

13. Le vieillard, accablé par l'âge, aux yeux desséchés et mort aux plaisirs, est poursuivi à la course, quand un de tes regards de côté tombe sur lui, par cent jeunes femmes, dont l'empressement confus est tel que les bandeaux de leurs cheveux tombent, le voile de leurs seins élevés s'envole et leur ceinture de toile fine se détache en glissant.

17. Celui qui te contemple avec tes huit compagnes, les Veçinyâdyas, mères du discours, devient l'auteur de grands poèmes qui plaisent par des mots pleins d'esprit, et sont doux comme la bouche de la déesse de l'éloquence.

31. Le seigneur attaché à répandre la perfection, ayant réconcilié toute la terre au moyen de soixante quatre tantras, les établit alors ; et puis pour les fixer (par un commentaire) et pour réunir dans un (code) tous les devoirs de l'homme, il porta son tantra qui est ton tantra à travers le monde entier [1].

34. O adorable, ton corps est celui de Çambha ; la lune et le soleil sont tes seins, ton être même est un avec celui de Çiva ; l'un et l'autre sont sans défaut ; tous les deux sont comme la cause et l'effet et par une communauté permanente, (ils sont) mis dans l'état de félicité suprême et continuelle.

35. L'intelligence, c'est toi ; le ciel c'est toi ; tu es le vent, tu es son conducteur (le feu) ; tu es l'eau, tu es la terre ; rien n'existe hors de toi en qui est le complément « du tout »; ô épouse de Çiva ! pour réjouir ton propre être au moyen du corps de l'univers, tu embellis par ton pouvoir la forme de la pensée et de la béatitude.

41. J'adore Siva qui dans ton Mulâdahra (pars corporis inter senum et crura) danse la grande danse des neuf passions (sensuelles) avec toi sa compagne qui le seconde avec amour.

---

[1] Le tantra doit sans doute ici être considéré comme un formulaire à la fois de règles et d'incantations. L'hymne formerait alors le passage du Saktisme au Tantrisme ; l'adoration s'adresse à la fois à Siva et à Parvati ensemble et séparément, mais non exclusivement à Parvati, comme dans le culte de certaines Sakties, telle que Durga.

42. O Epouse de Çiva, ta chevelure riche et fine exhale naturellement les parfums les plus délicats, comme si elle était la demeure des fleurs des arbres. Qu'elle dissipe nos ténèbres !

43. Ton front pur resplendit comme un ciel où le croissant de ton diadème est une portion de celui de Siva.

50. Tes deux oreilles sont principalement réjouies du miel des fleurs réunies en guirlandes par les poètes !

47. Tes sourcils légèrement recourbés soutiennent la corde de tes yeux qui luisent semblables à deux abeilles.

48. Ton œil droit, par sa nature de soleil, crée le jour ; ton œil gauche, par sa qualité de lune produit la nuit ; ton troisième œil, comme un lotus d'or à peine épanoui, fait naître le crépuscule qui marche entre le jour et la nuit.

60. Il rougit de dédain en voyant tes deux autres yeux, semblables aux jeunes abeilles, jetant des regards de côté, captivés et mobiles par le goût des neuf passions.

(Car) ces yeux ont des flèches que tu prends plaisir à décocher comme le dieu de l'amour.

Tes regards jetés de côté des coins radieux de tes yeux qui semblent vouloir passer les oreilles, ne sont ils pas des traits pour subjuguer les sages ?

63. Le bec des Tchacoras[1] qui boivent l'abondance de la lumière dont rayonne ton visage souriant et semblable à la lune, se raidit d'ivresse.

62. O toi qui as les dents si belles ! combien la liane de corail est terne comparée à l'écarlate de tes lèvres brillantes comme le rouge fruit du Bimba.

Ta langue triomphe resplendissante comme la rose de Chine. Bâni (la déesse de l'éloquence), aussitôt que tu commences à parler, cache son luth humilié. Dans ta gorge, excellent les trois notes qui tiennent lieu du nombre et de la propre valeur des cordes.

Ton père, le mont de neige, caresse avec tendresse, du bout de son doigt, ton menton incomparable ; en baisant ta lèvre, ton époux le soulève comme le manche du miroir de ton bienheureux visage.

---

[1] Tchakoras sorte d'oiseaux-mouches fabuleux se nourissant des rayons de la lune.

6. Ton cou est la tige qui porte le lotus de ton visage ; entouré à sa base de la liane d'un collier, il se balance comme un nénuphar qui, naturellement blanc, aurait été souillé par une bourbe portant le sombre aloës [1].

Brahma célèbre la beauté de tes quatre bras. Comment décrire celle de tes mains qui par la splendeur de leurs ongles se moquent du lotus nouveau.

Ton sein, ô bannière du seigneur des monts ! porte deux vases d'or pleins de nectar, heurtant tes aisselles et ceints de la liane sans tache d'un collier de pierres précieuses et de perles produites dans les élévations frontales d'un éléphant.

Ton nombril, ô fille du mont, n'est il pas la demeure de plaisance de Râti, la volupté ? n'est-il pas un foyer pour le dieu d'amour ? ou plutôt sa cavité n'est-elle pas le lac profond où sauta Kama quand il fut brûlé par Siva ; une fumée onduleuse qui s'en éleva produisit la trace velue qui remonte jusqu'aux boutons de tes seins ; de même qu'une rivière est enfermée par les plantes qui croissent sur ses bords, cette ligne velue partage doucement la fine taille que le dieu d'amour, craignant de la voir se briser, a serrée d'un triple lien formant un triple pli à ton ventre.

Le seigneur des monts t'a donné comme présent de noces, des flancs dont l'élévation et la solidité conduisent facilement le monde entier. La rotondité et la blancheur de tes cuisses surpassent celles des trompes des éléphants choisis pour les dieux.

Adoration à tes pieds d'un rouge de laque, qui frappent au front ton époux quand il a été infidèle. Ils rient par leurs ongles qui sont comme autant de petites lunes placées entre les lotus des mains des femmes du ciel ou des arbres célestes.

92. O toi dont le sourire répand la béatitude, toi dont les cheveux sont onduleux, dont le corps est gracieusement élancé comme l'arbre de Ciricha ; toi dont les seins ont la fermeté d'un marbre ; combien la finesse de ta taille contraste avec l'amplitude de tes flancs ! Oui, elle

---

[1] Comme Sakti de Siva, Parvati devait avoir à la gorge la même tache bleue que lui.

triomphe la forme femelle de Çiva, pleine de pitié pour sauver le monde et égale au soleil.

100. O trésor de Kuvéra ! toi qui douée d'un sourire éternel et de qualités sans bornes, maîtrises les lois de la morale, qui es la véritable connaissance, la seule demeure de ceux qui sont versés dans les exercices religieux ; toi qui es indépendante du destin et éternelle, toi le thème essentiel des louanges de tous les écrits sacrés, écoute cet hymne que je t'offre !

101. Mère de l'éloquence, comme la lustration s'accomplit en l'honneur du soleil au moyen de la flamme des lampes et comme l'Océan se réjouit de ses flots, c'est ainsi que cet hymne s'est composé des paroles que tu m'as inspirées.

102 Adoration à ton pied qui resplendit d'ornements ; adoration au milieu de ton corps qui est orné d'une ligne velue ; adoration à ton sein embelli par un collier précieux, à ton grand œil de lotus, à la boucle de ta chevelure noire ; adoration à toi qui es nommée la fille du mont de neige, et qui es la véritable forme de l'intelligence resplendissante de la lampe d'Içwara (Siva). *Fin.*

Les Backti (doctrine de la foi) se divisèrent en : *main droite* qui s'en tient aux Pouranas et à la dévotion pour leurs dieux et déesses mythologiques ; et sectes de la *main gauche* qui suivent le Kaulupanischad et font de cet Upanishad et des Tantras leur Véda particulier « Agama », adressant leur culte et dévotion de préférence aux énergies ou divinités femelles, à Radha et à Sita plutot qu'à Krichna et à Rama et principalement à Dourga, non point à cause de son titre de femme de Siva, mais comme présidant à deux opérations distinctes : l'union des sexes et l'acquisition des pouvoirs magiques.

Ce culte ne saurait être confondu avec les hommages ordinaires rendus par toutes les sectes aux épouses des dieux. Il forme une religion à part, celle des Saktas qui se divisent en plusieurs branches ayant leurs doctrines et leurs initiations particulières et une mythologie toute spéciale. Au sommet et à la source des êtres est Mahadévi, l'épouse de Siva aux mille bras et aux mille formes, en qui se fondent les conceptions des Maya vedique et brahmanique et de la Prakriti. Au-dessous : ses émanations, les Saktys de Vichnou, de Brahma, de Skanda, ou bien pour les Vichnouvistes Lakshmi ou Rada, et diverses classes dont les dernières presque toutes malfaisantes, n'accordent leur faveur qu'au prix des plus *répugnantes pratiques* (voir le 5ᵉ acte du Màlati Madhaya).

Mahadevi ou Mahamaya, (la grande Illusion) est adorée sous mille noms et une infinité de formes dont chacune a ses dévots.

De là deux séries de divinités suprêmes ; les unes présidant plus spécialement aux énergies créatives de la vie et les autres aux énergies destructrices.

C'est dans le Civaïsme que la Sakty a joué le plus grand rôle. La moitié des religions Sivaïstes est caractérisée par le culte de la divinité Androgyne ou de la divinité femelle. Cela tient peut-être à ce que les Brahmes Sivaïstes avaient, pour la plupart. comme nous l'avons vu, adopté le Sankya théiste où la Prakriti joue le rôle essentiel.

Les diverses sectes Sivaïstes distinguaient plus ou moins nettement entre Siva et les divers modes de son énergie, de sa Sakty par laquelle il produit, *conserve* et détruit le monde (Vichnou n'est rien pour les Sivaïstes). Elle est la cause instrumentale, comme Prakriti est la cause matérielle et Siva lui-même la cause efficiente ; elle se personnifie dans Mahadévi, (l'épouse ou énergie de Siva).

Selon le Vayou Pourana, non seulement Siva avait une double nature mâle et femelle, mais sa nature femelle elle-même se divise en deux moitiés, l'une blanche Sita, l'autre noire Asita. A la nature blanche (qualité de bonté), on rattacha Uma. Gaury, Laksmi, Sarasvaty, toutes les déesses ou Saktys bienfaisantes (Aryennes) ; à la noire, (qualité d'obscurité) Durga, Kali, Candi, Camunda toutes les Saktys ou déesses redoutées (déesses noires, divinités aborigènes). La Sakty de Siva se développa dans un nombre incalculable de manifestations ou de personnifications divinisées de toutes les forces physiques, physiologiques, morales et intellectuelles.

On les groupa en plusieurs classes :

Les huit Matris ou mères divines, les Brahmi provenant du corps de Brahma etc., les Yoginis déesses possédant des pouvoirs magiques etc., échelonnées d'après leurs degrés de participation à la divinité de Siva, le dernier degré comprenant les femmes mortelles depuis les Brahmines considérées comme les formes de la mère divine sur la terre. Ainsi Radha, dans les Tantras Vichnouvistes, représente la manifestation complète de la Sakty de Krischna et les Goupis les manifestations partielles. Dix manifestations de l'énergie femelle de Siva correspondent aux incarnations de Vichnou.

On adresse des prières aux matris en différentes occasions, spécialement dans les Cavachas ou incantations défensives En voici deux exemples extraits du Marchandéya Pourana :

1º Puissent : Brahmani qui procure toute béatitude, me défendre du côté de l'Est ; Narayani au sud-est réaliser tous mes désirs. Maheswari au sud me rendre toutes choses propices. Chamunda au Sud-est, défaire tous les ennemis ; à l'Ouest Caumani les percer de sa lance. Qu'Aparasita la belle déesse de la victoire me garde au Nord Est; Varahi qui comble les vœux au Nord Ouest ; au Nord Narasinhi qui bannit les terreurs. Puissent ces mères, divinités et énergies actives me défendre !

2º Le second exemple est une incantation qui invoque ces huit divinités comme gardiennes des huit points cardinaux. Elles paraissent en effet avoir le même rôle que les huit dieux gardiens.

Le Dévi Mâhâtmya nous décrit les Mâtris se réunissant sur un véhicule unique pour aller combattre les Démons. L'énergie de chaque dieu est exactement pareille à lui pour la forme, les ornements, les attributs et la monture, suit le combat ; la terrible armée des Matris extermine les Démons.

Chamunda, Charchica et Chandika sont trois formes de Parvati ; la première jaillit d'un froncement de sourcils pour exterminer les démons Candā et Munda. Suivant une autre légende, Parvati sépara la partie violente d'elle-même et celle-ci devint Kâli la noire déesse.

L'Anna Purna Dévi la déesse de l'abondance, forme bienveillante de Bhavani est décrite et son culte est enseigné dans des Trantras et dans un seul Purana, le Siva Pourana. Elle a à Bénarès un temple tout près de celui d'Issouara.

Dans la plupart des fêtes, notamment dans celles de la Dourga, on consacre par des prières une jare remplie d'eau pour y appeler la divinité ou les divinités objets de la fête ; on ajoute à ces prières des invocations à la Ganga (le Gange) et aux autres rivières sacrées. A la fin de la cérémonie, les prêtres versent l'eau contenue dans la jare sur la personne qui a fait les frais de la fête.

Des Yantras (signes ou figures mystiques) particuliers sont attribués à chaque divinité et à ses différents noms et titres.

2. *Les Tantras.*

Les Tantras sont une catégorie d'ouvrages sanscrits qui ont pour objet spécial d'exalter le culte des Saktis, épouses ou énergies des dieux, et de l'enseigner ainsi que les cérémonies et Mantrans par lesquels on peut obtenir un pouvoir magique et surhumain.

Le côté le plus curieux des Tantras, c'est la Magie.

Dans les Tantras les Mantrans perdent leur caractère originel d'une prière, hommage pieux adressé à une divinité. C'est un texte tiré généralement de l'Atharva Véda qui n'est pas une invocation, mais bien un charme et dont la récitation faite et répétée suivant certaines règles possède un pouvoir mystique pour le bien ou pour le mal. Sans doute les Brahmes ont attribué cette vertu aux Mantrans aussitôt après la période Védique, car ils sont l'arme dont se servent le plus les héros du Ramayana. On connait cet adage : « Les dieux obéissent aux Mantrans, les Mantrans aux Brahmes, donc les brahmes sont nos dieux. » Les tantristes se servent des Vijas, des Nyasas et des Yantras, comme de Mantrans.

Les Vijas sont des lettres mystiques ou des syllabes employées pour représenter par abréviation la partie essentielle d'un Mantran, par exemple le nom de la divinité à laquelle il s'adresse, ou la partie du corps à laquelle cette divinité préside. Ainsi, Am remplace Siva, U Vishnou, Hrim le soleil, Dham à la fois la déesse Bhuvanesvart et la langue etc.

On appelle Nyasa l'application des différentes lettres de l'alphabet aux diverses parties du corps comme symboles des Saktys qui président à ces parties. Cette application est fondée sur l'aphorisme du Mimansa, s'abdo honitvad Brahma, le son est éternel et coexiste avec la divinité. Les lettres de l'alphabet étant la représentation des sons, on leur prête des pouvoirs surnaturels et une vertu intrinsèque mystique et mystérieuse. On suppose qu'elles représentent les Saktys ou forces par lesquelles fonctionnent les organes du corps et la vie. Celui qui sait prononcer et appliquer convenablement les Mantrans et leurs Vijas ou lettres radicales peut opérer tous les miracles qu'il lui plaît.

Les Yantras sont des diagrammes mystiques, généralement des combinaisons de triangles, auxquels on attribue des pouvoirs occultes. Chaque Sackty a son Yantra spécial. Ces Yantras sont quelquefois placés au centre du lotus, tandis que le Vija de la déesse est écrit un certain nombre de fois sur chaque pétale de la fleur.

On voit par là que les Tantras ne sont généralement que des manuels de mysticisme, de magie, c'est-à-dire de la pire superstition. Toutefois, ce n'est pas là la conception théorique des Tantras et, par exception très rare, quelques-uns répondent à cette conception. Il y a environ 64 Tantras originaux et un grand nombre d'ouvrages tantriques, généralement écrits dans la forme d'un dialogue entre le dieu Siva et sa femme Parvati.

Un Tantra doit, comme un Purana, traiter cinq sujets : 1. La création 2. La destruction du monde. 3. L'adoration des dieux. 4. L'obtention de tous les objets que l'on poursuit, spécialement des huits pouvoirs surhumains (Siddhi), 5. Les 4 modes d'union avec l'Esprit suprême ; ce sont des degrés de rapprochements successifs dont le dernier est l'identification ou absorption.

Bien peu de Tantras remplissent, même partiellement ce programme. Tous les Tantras n'enseignent que l'art d'employer des mots, sons vides de sens, pour acquérir par la magie la supériorité sur ses amis et la ruine de ses ennemis ou de ses rivaux. Quelques-uns sont des recueils de sortilèges. D'autres enseignent les manières les plus efficaces d'adorer les Saktys de tout degré, Mahavidyass Màtris, Goginis, Varukas et autres manifestations innombrables de Siva et de sa femme. D'autres se bornent à décrire les Yantras, les Vijas et les Moudras (entrelacements des doigts) relatifs à chaque manifestation, les emplacements qui conviennent pour l'adoration de chaque Sakty, les noms des arbres et des plantes qui leur sont consacrés ou qu'elles préfèrent, et les jours de l'année assignés à chacune d'elles. Quelques uns, en petit nombre, effleurent à peu près tous les objets de la connaissance humaine et contiennent çà et là quelque page intéressante.

Selon Cosma de Coros, quelques Tantras bouddhistes sont, par exception des œuvres remarquables. Tous les Tantras s'appuient sur le Koulupanischad. Il est avéré, cependant, que la plupart, de même que les Puranas, ont été composés avec d'autres écrits qui les ont précédés. Le plus ancien de ceux qui existent actuellement remonte au plus au VIIe ou au VIe siècle de notre ère.

Il y a des écrits qu'on appelle Tantras Vichnouvistes ; mais c'est encore Siva qui parle et sa femme qui écoute. En outre leur enseignement, tout en substituant pour l'adoration Radha à Dourga, a le même caractère érotique.

Comme curieux spécimen, nous empruntons à un traité sur le Dourga Pudja au Bengale, le commencement de l'instruction pour l'accomplissement du Rite Butha Ludi pour chasser les mauvais Esprits qui pourraient faire obstacle à la cérémonie :

« Tenant une fleur parfumée, frottée de Sandal, sur la tempe gauche, répéter : Om au gourou, Om à Ganésa, Om à Dourga Puis prononçant *Omphat*, frottez les paumes des deux mains avec des fleurs ; battez trois fois des mains au-dessus de la tête, et, en faisant craquer les doigts dans dix directions différentes, éloignez les mauvais esprits. Ensuite, récitez le mantram Ram, répandez de l'eau tout autour et figurez-vous cette eau comme un cercle de feu. Que le prêtre s'identifie avec l'esprit animal qui réside dans la poitrine de l'homme, sous la forme de la flamme pointue d'une lampe, et le conduise au moyen du Nerf de Susuhmna à travers les six sphères à l'Esprit divin, etc., etc. »

Malgré la condamnation prononcée par le Bouddha et le premier concile contre la Magie, nous avons vu qu'elle avait toujours été admise par une partie des Bouddhistes, que le Lotus de la Bonne Loi donne à ces derniers une certaine satisfaction, mais en limitant l'emploi de la magie à des buts bienfaisants, tels que, guérisons, expulsion ou défaite des mauvais esprits, et que, du temps de Hyouen-Tsang, il y avait un enseignement spécial de la Magie. La croyance aux Mantrans et à la Magie finit par envahir le Bouddhisme, d'abord sous le nom de Mysticisme, et enfin, après le développement du mysticisme Sivaïste, sous le nom de Tantrisme. Les écoles du Mysticisme et du Tantrisme, inconnues au Bouddhisme du Sud ne se sont conservées qu'en Chine et au Thibet, le Népaul étant devenu presque en entier Sivaïste. Nous reporterons l'exposé du Mysticisme et du Tantrisme bouddhiques à l'histoire du Bouddhisme Thibétain.

Chose remarquable, tandis que le Bouddhisme s'efforçait de confondre les castes par l'esprit, le Krischnaïsme et le Saktisme les confondaient par la chair. Les rites ou plutôt les orgies de la main gauche unissaient les sexes en supprimant toute inégalité et toute distinction de caste. L'usage de la viande et l'ivresse sont habituels dans les réunions de nuit plus ou moins secrètes où la Sakty est adorée dans la personne d'une femme nue et qui se terminent par l'accouplement charnel des initiés, chaque couple représentant Çiva et Mahadévi, et devenant ainsi momentanément identique avec eux. C'est le Sri Çakra (le saint Cercle, ou le Purnabischika (la pleine consécration), le rite suprême

Il n'y a pas que du libertinage dans ces pratiques. Les livres qui les prescrivent, sont remplis d'horreur du péché et d'ascétisme ; c'est absorbé dans la prière que le fidèle doit participer à ces mystères et ce serait les profaner que d'y chercher la satisfaction des sens.

Il faut toutefois remarquer que les sectes et les livres les plus licencieux de l'Inde font toujours les mêmes déclarations ; de même que chez nous, les écrits pornographiques prennent une apparence scientifique.

De fait, un Sakta de la main gauche est *presque toujours* un hypocrite et superstitieux débauché, mais on ne saurait douter que les auteurs de ces traités n'aient cru pour la plupart enseigner des actes de sainteté. Les Vamaçarins (main gauche) passent pour être nombreux ; beaucoup d'entre eux n'avouent pas leur initiation. Ils forment de petites confréries qui admettent *des gens de toute condition*, mais qui, notamment au Bengale, se recrutent dit-on dans une forte proportion parmi les brahmanes et les classes riches. Toutefois ceux qui avouent leur initiation nient que leur secte doive être jugée d'après ses livres qui sont fort anciens.

Quant aux Saktas de la main droite, ils sont répandus en grand nombre dans toutes les contrées de l'Inde. Dans l'Hindoustan (la H^{te}-Inde), ils forment la grosse masse des Sivaïstes et, au Bengale, la population entière prend part à la grande fête de leur déesse. la Durgapuja, bien que les Hindous rigides réprouvent les indécences publiques qui se commettent, comme appartenant aux pratiques de la main gauche [1]. Dans le Nord le Sivaïsme n'a pas donné naissance à de grandes religions populaires comme dans le Sud les lingaïstes de Basava.

Actuellement Siva est probablement le dieu qui compte le plus de sanctuaires. D'un bout à l'autre de l'Inde on rencontre à chaque pas ses temples, ses chapelles, parfois de simples niches ou des tertres où on l'adore sous le forme du lingam. On trouve le lingam à tous les carrefours, sur toutes les places publiques.

Il y a des sectes qui ont des espèces de couvents.

---

[1] Comme toutes les doctrines Indiennes celle de la Sakty a pénétré jusque chez les Musulmans).

Dans son voyage en Orient, Gérard de Nerval raconte qu'une secte qu'il appelle des *Ansariens*. dans la montagne du pays de Tripoli a des pratique semblables à celles de la Sakti.

Les Ansariens ont des prêtresses qu'ils appellent Akkats (noires). On les fait monter sur la (sainte) table toutes nues pour représenter la Kadra (l'auteur traduit la vierge) et le prêtre fait la prière en disant qu'il faut adorer l'image de la maternité. Il y a sur l'autel un grand vase de vin dont il boit et qu'il fait passer ensuite à tous les assistants.

Certains jours les maris amènent leurs femmes ; personne, pas même le *mokadem* ne peut se soustraire à cette obligation. Les femmes entrent une à une pendant les prières et se mêlent aux hommes au hasard.

Au moment du sacrifice on éteint les lumières, etc.

D'après le même auteur il existe à Constantinople un ordre religieux qui professe la métempsykose au moins pour la transmigration des âmes dans d'autres corps humains.

CHAPITRE III

LA BACTI ET L'ÉROTISME

Reprenons le récit de Daranata.

Après la mort du roi Gambirapakha, Chikarcha, du Marou, réunit sous son sceptre tous les états de l'Ouest (Punjab etc.)

Dans l'Est (Bengale etc.,) régnaient les descendants de Vrikchatchandra. Vigamatchandra et son fils Kamatchandra peu favorables au Bouddhisme et attachés aux Nigranta (Nus-Vichnouvistes ou Djaïnas).

Chrikharka abolit la doctrine des Mechtas en les massacrant à Moultan[1] et jeta les fondements d'un grand temple Bouddhique dans chacun des royaumes de Marou, de Malava, de Mevara, de Pitouva et de Tchidavara qui lui étaient soumis.

Puis la dynastie des Tchandra devint vassale du roi Chinka et de son fils Barcha. Le fils de ce dernier, le 5e de la dynastie, régna depuis le Thibet jusqu'à Trilinga au sud, et depuis Bénarès jusqu'à la côte Orientale. Son plus jeune frère était roi de Magadha. Dans le sud, aux environs des Monts Vindhya, on cite dans ce même temps plusieurs rois qui se succédèrent et qui protégèrent ou du moins tolérèrent le Bouddhisme, tandis qu'il était combattu dans l'Ouest par le roi Vichnouradja qui mit à mort 500 religieux.

Le Bengale et Magada obéissaient à Praditeya, fils du roi Praçanna et le Nord à son allié Chakeiamakhabala.

---

[1] Probablement des Musulmans qui, dès les premiers temps après l'Hégyre, avaient pénétré dans l'Inde.

Vimalatchandra, fils de Balatatchandra [1], régna sur le Bengale et autres lieux et protégea Amaraciuka.

La Bakti.

La doctrine du salut par la Piété, amour ou foi, a sa racine dans les Védas (les âmes des Pieux vont au soleil). Elle apparaît aussi dans les Upanishads ; on lit dans l'Upanishad Chandogya : Celui qui se tient dans Brahma possède l'immortalité. Mais pour venir en Dieu et pour y résider, il faut le servir avec un culte d'amour. « Sois à moi de cœur, sers-moi avec amour, dit le dieu à son interlocuteur et tu pénétreras en moi. »

Cela valait certainement mieux que l'annihilation de l'Ascète et était accessible à tous les états de la vie.

Au VIIIe siècle la Bakti avait été un effort des maîtres éminents du Brahmanisme pour effacer la caste dans le culte, obéissant ainsi à la fois au progrès dans les idées qu'avait imprimé le bouddhisme et au désir de ne pas laisser à leurs adversaires cet avantage sur eux auprès du populaire. A la tête de ces maîtres se place Çankara, auteur d'un grand nombre de traités et de commentaires sur le Védanta. C'est lui qui donna à la doctrine du *nom dualisme* sa plus complète et sa dernière expression et on a appelé son œuvre et son époque la Résurrection ou la Rénovation du Brahmanisme. Il était indépendant et éclectique plutôt que sectaire. Il fut à la fois le commentateur du chant de Bien Heureux et le fondateur d'une secte Sivaïste. Il promena sa vie Nomade dans l'Inde en combattant partout les Bouddhistes par la plume et par la parole. Il en était la terreur et les anéantit, pour ainsi dire, au Bengale pendant que son disciple Bakatchéria les ruinait à Orissa.

Le chant du Bien Heureux commenté et peut être revu par lui avait fondu toute la religion ancienne avec la doctrine de la Bakti. Le sacrifice et les œuvres prescrits par les Védas et la science spirituelle, Souveraine pour es Upanishads, ne pouvaient rien sans la foi, mais la foi

---

[1] Pour qu'il n'y ait pas contradiction dans le récit de Daranata, il faut admettre qu'il y eut plusieurs dynasties de Tchandras ou que des rois d'autres familles prirent ce nom ou ce titre.

ne pouvait rien sans les œuvres ; elle ne pouvait que remplacer l'étude par l'intuition pour acquérir la science religieuse.

Après le x⁰ siècle, les sectes modernes Vichnouvistes et Sivaïstes, tout en poursuivant un but unique, le salut, se séparèrent de l'ancienne théosophie et de l'orthodoxie moderne formulée par Çankara, en subordonnant la science religieuse à la « bhakti » la foi, ou l'amour d'un dieu, l'absolue dévotion. La backti illumine l'âme et dispense de la contemplation et de l'ascétisme ; car, à celui qui la possède, tout le reste est donné par surcroît. Elle s'adresse non au dieu des savants et des philosophes, mais à la manifestation de Dieu la plus accessible, la plus rapprochée de l'homme ; chez les Vichnouvistes par exemple, non à Vichnou ni au Paramathma, mais à Krischna, au dieu fait homme qui par sa grâce, permet au plus humble de l'aimer et de se donner avant de le connaître. (C'est la dévotion, la superstition la plus aveugle). Toute l'antiquité dans l'Inde aussi bien qu'ailleurs, avait ramené en définitive la religion à un fait de connaissance soit rationnelle, soit intuitive ou révélée. Les sectes la ramenèrent à un fait de sentiment qui, en raison de la nature sensuelle des Hindous, se transforma bien vite en un fait de passion. Le Bagavata Mahatmya n'hésite pas à déclarer inutiles et de nul effet à l'égard du salut, les mortifications, les Védas, la science et les œuvres ; c'est la dévotion qui fait acquérir Hari ainsi que le prouve l'histoire des goupies.

En resserrant sa foi et dévotion sur une divinité très précise, la backti a poussé à l'idolâtrie ; elle a confondu d'abord le dieu avec son image et en est venue ensuite à distinguer entre les diverses images d'une seule divinité. Dans les chants populaires, on a souvent soin, en ajoutant le nom du sanctuaire de préciser, de quel Hari ou de quel Hara, on se reconnaît le backta (le fidèle) (Cf. Kittel ap. India Antiqua II 307) ; et il est difficile dire si c'est le dieu ou bien l'image qui est l'objet de la dévotion.

On distingue cinq degrés dans la Backty ou dévotion : — Le Ganti, la quiétude ; — Le Desatva, l'état d'esclave du dieu ; — Le Sakkya, l'amitié ; — La Vatshatya, l'affection filiale ; — et le Madhurya, la tendresse extatique (H. H. Vilson, Selectworks. t. I. page 163)[1].

Ces nuances, plutôt propres aux Vichnouvistes, apparaissent aussi chez quelques sectes Sivaïstes spiritualistes, telles que les Sitars tamouls dont l'un dit :

« Les méchants pensent que Dieu et l'amour sont différents et nul ne voit qu'ils sont un. Si tous les hommes savaient que Dieu et l'amour sont un, ils vivraient en paix entre eux, considérant l'amour comme Dieu même (R. Cadwell). »

Dans son sens le plus élevé, la Backty est synonyme de Yoga, l'union mystique où l'âme sent que « elle est en dieu et que dieu est en elle » « celui qui a la foi obtient la science » (Bagava Gita). Elle est donc, à l'origine du moins, ou un acte de la volonté ou un don de Dieu.

Les sectes furent ainsi amenées à travailler la doctrine de la grâce. Au fond tous les Vichnouvistes attribuent à Dieu l'initiative de la grâce ; mais ils se partagent sur la question des grâces intérieures. Les uns n'y reconnaissent que l'action irrésistible et gratuite de Dieu, les autres admettent la coopération de l'homme à l'œuvre du salut. D'un côté, on tenait pour l'argument *du Chat*. Dieu saisit l'âme et la sauve, comme le chat emporte ses petits loin du danger. De l'autre bord, on opposait l'argument *du Singe* : l'âme saisit Dieu et se fait sauver par lui, comme le petit du singe échappe au péril en s'attachant au flanc de sa mère. On discuta les questions suivantes qui se retrouvent en Occident : Comment Dieu, s'il est juste et bon, peut-il se résoudre à choisir ? Comment, s'il est tout puissant, peut-il y avoir une action en dehors de la sienne ? La foi et la grâce une fois obtenues sont-elles amissibles ?

On poussa la doctrine de la foi jusqu'aux dernières limites pour exalter la dévotion et la confiance dans le dieu qui en était l'objet. Dans les Pouranas, il suffit parfois de prononcer au moment de la mort, par hasard, des syllabes formant le nom de Vichnou ou de Siva pour

---

[1] On retrouve des degrés semblables dans certains ordres religieux de l'Islam, voir notre mémoire sur les origines et tendances diverses des ordres religieux Musulmans de l'Algérie.

être sauvé fût-on le dernier criminel. Citons pour exemple l'épisode d'Adjamita auquel le Baghavat Pourana consacre les trois premiers chapitres de son sixième Livre (Burnouf).

Episode d'Adjamita.

Un Brahme nommé Adjamita avait épousé une esclave, puis dégradé par cette alliance, il s'était livré au jeu, au vol. etc.

Le moment de la mort survint pour lui ; à la vue des trois gardiens de Yama qui venaient pour l'emmener, il appela d'une voix forte son plus jeune fils qui se nommait Narayana.

Les serviteurs de Vichnou arrivèrent et arrachèrent le Brahme des mains qui l'avaient saisi, en disant :

7. Cet homme a expié les péchés, même de dix millions d'existences, puisqu'il a prononcé, au moment de mourir, le nom salutaire de Hari.

9. L'assassin d'un Brahmane, celui qui viole la couche de son gourou celui qui tue une femme, un roi, son père ou une vache et les autres grands criminels [1].

10. Tous les pécheurs en un mot, n'ont pas de meilleur moyen d'expier leur crime que de prononcer le nom de Vichnou, parceque ce nom dirige leur pensée sur ce dieu.

14. L'action de répéter le nom de Vichnou soit avec une application particulière (à un autre personne), soit en plaisantant, soit dans une intention d'insulte ou de mépris, est, on le sait, capable d'effacer toutes les fautes.

15. L'homme qui prononce, sans le vouloir, le nom de Hari, au moment où il fait une chûte ou un faux pas, où il se brise un membre, où il est mordu ou brûlé, où il reçoit un coup, échappe par là aux supplices de l'enfer.

---

[1] Il est très remarquable que celui qui tue une femme soit mis au rang des plus grands criminels. L'idée des Brahmes est-elle respect de la faiblesse ou bien conservation de la femme dans l'intérêt de l'accroissement de la population ? Je crois qu'ils ont eu cette double idée et qu'elle a dicté également l'adage indien « ne frappez pas une femme même coupable, même avec une fleur ». Le respect de la faiblesse se trouve déjà dans la défense d'attaquer un ennemi qui ne peut se défendre, et quant à l'accroissement de la population, on sait que tout y tendait dans l'Inde.

17. Les austérités, la récitation des prières, sont entre autres des moyens d'effacer les diverses espèces de fautes, mais ces moyens ne peuvent purifier un cœur esclave de l'injustice ; le culte rendu aux pieds du Seigneur a seul ce pouvoir.

18. Le nom du Dieu dont la gloire est excellente prononcé soit sciemment, soit sans le savoir, consume la faute d'un homme de même que le feu dévore le bois

Le Brahme ayant entendu la grandeur de Krichna se repentit de ses fautes. Il fut immédiatement délivré pour avoir seulement prononcé le nom de Baghavat. »

Dans le Nârada Pancarâtra, un des livres qui professent la doctrine de la Bakti avec le plus d'exaltation, un Brahmane de peu de foi, après avoir mangé « sans s'en douter » d'un reste de nourriture consacrée et en avoir donné à sa femme, est mangé lui-même par un tigre ; la femme se brûle sur le bûcher de son mari, et purifiés par cette communion inconsciente, les trois participants, le brahmane, la brahmani et le tigre vont droit au goloka « monde des Vaches » ciel suprême de Krishna.

Les sectaires de la bakti renonçaient à la distinction de Vichnouvistes et de Sivaïstes pour s'appeler Bhaktis. Les chants, la musique, la danse aux flambeaux, et des prières en langue vulgaire remplaçaient pour eux les mantrans. Toute distinction de caste disparaissait dans la pratique de la bakti.

Erotisme.

Les légendes sur la vie de Krischna et leurs représentations figurées avaient été dès l'origine très licencieuses et son culte opposé à celui de Siva qui était austère. Nous avons vu le Lalita Vistara confondre Krischna avec Marah dieu de la concupiscence et Rada avec la volupté. Les Brahmes opposèrent au Bouddhisme la religion de Krischna qui était populaire, en la spiritualisant pour les dévots délicats ; pour ceux-ci c'était l'amour de l'âme pour Dieu qui est exalté dans des poèmes vantés d'un lyrisme très sensuel. Cette interprétation peut être sincère de la part de quelques mystiques; mais ce n'est point le cas de la plupart des Krischnaïstes. Les Gospaïs ou ascètes de Krishna se font remarquer par leur abrutissement et leur cynisme. L'un d'eux ne crut avoir rien de mieux à montrer à M. Théodore Pavie que des objets outrageusement obscènes. De nos jours le culte de Krischna est trop souvent une grossière et frénétique débauche dans des fêtes de nuit où l'exaltation sauvage de l'érotisme et la promiscuité n'ont pas de limites.

C'est principalement sous l'influence de la bhakti que le Vichnouvisme fit parler de plus en plus à l'amour divin le langage de la passion humaine et qu'il finit par devenir une religion érotique. La tendance est visible dans plusieurs Pouranas ; elle fut exprimée avec un incomparable éclat dans le Baghavata qui traduit dans tous les dialectes de l'Inde, la répandit partout, et elle éclate avec plus d'intensité encore dans les remaniements populaires de cet ouvrage, tels que le Prémsagar hindi « l'Océan d'amour » (édité plusieurs fois, entre autres par Le Eastwick 1851). Les descriptions des amours de Krischna avec les Gopis et avec Radha qui n'avaient jamais été bien chastes, devinrent lascives (Hauvettes Besnault) Pan tchadyaghi ou les 5 chapitres sur les amours de Krischna avec les Gopies, extrait du Baghavata Puranalivre. Traduit par Hippolyte Fauche en 1850, le drame lyrique de Gita Govinda, le chant du Patre (Krishna) qu'on a souvent comparé au Cantique des cantiques rappelle aussi certaines productions du soufisme ; il a été traduit en latin par Lassen.

Ce mysticisme érotique a infecté, à peu d'exceptions près, toutes les branches du Vichnouvisme, les religions de Rama dans le Sud aussi bien que celles de Krishna, dans le Nord-Ouest.

Erotologie.

Les Brahmes achevèrent de se concilier la faveur des princes et des grands en ayant pour leur usage et pour ce qu'on appellerait aujourd'hui la haute société ou la bonne compagnie, une morale facile en ce qui concerne les plaisirs charnels. Leurs casuistes admettaient presque tous que les plaisirs sont pour chacun une affaire de goût et que les règles à tracer avaient pour objet unique le maximum des jouissances et des raffinements. De là, un assez grand nombre de traités d'Erotologie en vers dont quelques-uns sont assez répandus pour qu'on puisse se les procurer facilement dans l'Inde. Nous citerons les suivants qui datent de la Renaissance du Brahmanisme : le Kama-Sastra de Vatsyayana, règles ou casuistique de l'amour considéré comme le code sur la matière, traduit en anglais et en français ;

Le Ratira hasya, secrets de l'amour par le poète Koka, 800 vers ; il donne la définition des quatre types auxquels on rapporte les femmes et indique les heures et les jours où chacun de ces types est plus particulièrement porté à l'amour, traduit dans tous les dialectes de l'Inde.

Les cinq flèches de l'amour (les flèches sont des fleurs) par le grand poète Djyotiricha, 600 vers ; la guirlande de l'amour, par Divyadèva ; la poussée de l'amour par Thamocedatta ; enfin l'Amounga Rounga, le navire sur l'Océan de l'amour. Il donne 130 recettes sur 33 sujets différents ; en voici quelques-unes : pour hâter le spasme de la femme, pour retarder celui de l'homme — pour raidir et grossir le linga pénis) — pour rétrécir et parfumer le yoni (pudendum muliebre) — pour faire grossir, affermir et relever les seins — pour provoquer, charmer, fasciner, subjuguer les femmes et les hommes — pour triompher de ses rivaux.

Le livre de Vatsyayana se distingue de tous ces écrits par son caractère et sa forme purement didactiques. Chacune de ses parties forme un catéchisme :

1. Catéchisme des rapports sexuels sous toutes les formes et du flirtage des deux sexes ; 2. catéchisme des épouses et du harem ; 3. De la séduction et du courtage d'amour ; et enfin, 4. Catéchisme des courtisanes.

C'est un document historique très curieux, car il nous fait connaître dans leurs détails les plus intimes les mœurs de la haute société hindoue de l'époque, (il y a 2000 ans) et les conseils de plaisir et de duplicité que lui donnaient les Brahmes et dans lesquels figuraient toujours les dons à leur faire ; les courtisanes, elles-mêmes, étaient invitées à leur abandonner leurs plus gros profits, bien que Manou défende aux Brahmes de rien recevoir d'une courtisane. Beaucoups de traits propres à cette sorte de femmes les caractérisaient alors comme aujourd'hui. Un certain nombre d'observations psychologiques sur les femmes faites par l'auteur sont reconnues vraies actuellement et ont donné chez nous naissance à quelques romans très connus.

1. La première partie décrit avec toute la minutie imaginable : Les caresses et mignardises qui précèdent ou qui accompagnent l'union sexuelle, y compris les morsures, les égratignures à faire et à rendre, les petits cris à pousser, et les querelles feintes etc.

Les différentes manières de se tenir et d'agir dans l'union sexuelle, avec une classification des hommes et des femmes d'après les dimensions de leurs organes sexuels, l'intensité de leur passion et la durée de l'acte sexuel ; les amours lesbiennes et autres ;

Dans l'éducation érotique qu'elles recevaient, les femmes devaient acquérir 64 talents pour la volupté. Mais en réglant tout ainsi, on supprimait la passion, et on n'avait plus qu'un exercice convenu.

Ce nombre de 64 cher aux Brahmes, est aussi celui des talents ordinaires que comprenait l'éducation libérale de la femme, celle que recevaient les princesses et les courtisanes de renom ; on conçoit qu'aucune ne pouvait les posséder réellement.

Vient enfin la séduction d'une jeune fille en vue du mariage et la manière dont une jeune fille doit se conquérir un époux. — L'auteur admet que, pour atteindre le but, tous les moyens sont légitimes, même le mensonge et toutes les démarches faites à l'insu et contrairement aux intentions des parents de la personne convoitée. Le mariage couvrait tout.

2. La 2e partie trace les devoirs d'une épouse dans toutes les situations, soit envers son seigneur, soit envers ses autres épouses ; c'est le sacrifice absolu de sa personnalité pour lui complaire ; l'épouse doit s'effacer complètement quand elle est délaissée et même aider son mari à réussir dans d'autres amours et caprices, jusques en dehors de sa maison.

Le harem royal renferme plusieurs classes de femmes : les premières pour la beauté ou la naissance, les concubines et les bayadères. Le roi est obligé par la coutume à un minimum de galanterie envers chaque classe. Elles ont des places réservées dans les fêtes et spectacles publics. L'auteur indique les mille moyens qu'employaient les femmes des Harems de l'Inde pour satisfaire leur passion inassouvie, soit entre elles, soit avec des hommes qu'elles recevaient sous un prétexte, ou introduisaient par ruse.

C'est avec des Brahmes qu'elles avaient le plus de rapports. Les rois Hindous n'étaient point jaloux comme les Musulmans et les intrigues de leurs femmes étaient continuelles.

3. Dans la 3° partie, l'auteur indique d'abord les femmes mariées avec lesquelles on ne doit point chercher à avoir de rapports, ce sont seulement celles avec qui l'on a un degré quelconque de parenté ou d'amitié d'enfance et de famille. Aucune considération, sauf celle d'un refus certain ou signifié, ne force à s'éloigner des autres.

Cependant il arrive souvent que l'homme épris réprime sa passion pour des motifs de situation ou de moralité ; mais la femme n'obéit qu'au sentiment qu'elle éprouve. L'auteur indique la manière de nouer une intrigue, de la poursuivre, de reconnaître les progrès faits, etc. ; puis il désigne les hommes qui plaisent généralement aux femmes et les diverses catégories de femmes qui cèdent facilement. Alors comme aujourd'hui, celles-ci embrassent presque tout le beau sexe de l'Inde.

Viennent ensuite la description du courtage d'amour, l'énumération des diverses sortes d'intermédiaires et des qualités qu'ils doivent posséder, le rôle de l'entremetteuse. Ce courtage était une industrie fort répandue.

4. *Le catéchisme des Courtisanes* rédigé à la demande de celles de Bénarès, commence par définir les diverses sortes de courtisanes. Il rattache à cette classe : la femme impudique ou débauchée, la servante ou soubrette ; l'ouvrière, la paysanne, la femme qui a quitté sa famille, la femme qui, bien que libre, tire parti de sa beauté. Il paraît qu'à cette époque toutes ces femmes c'est-à-dire près des 4/5 de la population féminine, se donnaient couramment pour l'argent ou le plaisir. Venait enfin celle qui exerçait régulièrement le métier, ou, si elle était de premier ordre, la profession de courtisane Vatsyâyana fait de cette dernière un portrait assez agréable. Il décide, contrairement à l'autorité de quelques casuistes, que les seuls mobiles d'une courtisane doivent être : l'amour, le désir d'échapper à la misère et celui d'acquérir la richesse.

Une courtisane ne doit point sacrifier à l'amour l'argent qui est son objectif essentiel ; mais en cas de crainte ou d'autres difficultés, elle peut prendre en considération la force ou d'autres qualités propres à la sortir de péril ou d'embarras.

Elle peut, par amour ou par amour-propre, avoir des rapports désintéressés avec des hommes de haute naissance, des savants, des poètes, des hommes pieux, des hommes aimables, etc.

L'auteur s'efforce de prévoir les différents cas où une courtisane peut se trouver et lui indique la conduite à tenir chaque fois dans l'intérêt de sa fortune ; il conclut par deux aphorismes et par un commandement :

« En considérant ses gains présents et futurs, une courtisane évitera les hommes qui ont gagné péniblement leur fortune et ceux que la faveur des rois a rendus égoïstes et durs de cœur.

« Elle s'unira avec les fortunés et les bienfaisants et avec ceux qu'il est dangereux de repousser et de blesser en quoi que ce soit.

Commandement.

« Les courtisanes les plus riches et de premier ordre doivent employer leurs gains :

A bâtir des temples, et faire exécuter des étangs et des jardins publics, *à donner mille vaches aux Brahmes* et à accomplir des actes de piété. »

(On voit que les Brahmes s'étaient inspirés du Bouddha qui avait tant reçu de la courtisane Apalika.)

Les autres courtisanes doivent avec les ressources qu'elles ont pu se créer :

« Avoir chaque jour des vêtements blancs et différents de ceux de la veille ; boire et manger suivant leur besoin ; consommer chaque jour un Tamboula parfumé (mélange de noix et de feuilles de béthel) et porter des ornements dorés. »

L'auteur traite ensuite de la courtisane qui vit avec un homme comme si elle était son épouse. Elle doit tout mettre en œuvre pour le captiver, le charmer et lui faire croire à son amour et à son dévouement, tout en tirant de lui tout l'or possible par différents artifices qui sont exposés. Si elle le croit disposé à la quitter, elle doit le dépouiller de son mieux jusqu'au moment de la séparation. S'il est encore riche à ce moment, elle lui témoignera toujours des égards ; mais s'il est pauvre, elle le repoussera comme un inconnu. En un mot une courtisane doit exprimer de son amant tout ce qu'il est susceptible de donner et ensuite le congédier.

Toutefois, comme un homme qui meurt d'un chagrin d'amour va au monde des Mânes, ainsi que tous ceux qui emportent d'ici bas un désir non satisfait, une courtisane peut éprouver un scrupule religieux à congédier un amoureux qu'elle a ruiné, ou à repousser soit un Brahme savant, soit un étudiant en religion, soit un ascète épris d'elle au point d'en mourir.

Quand la fille d'une courtisane atteint l'âge de puberté, sa mère fait connaître aux jeunes gens qui peuvent la désirer, les présents qu'elle exige pour la céder. Celui qui l'obtient à ce prix est son mari pendant un an au bout duquel elle devient libre. Mais, si dans la suite, quand elle est engagée avec d'autres hommes, ce premier mari a quelquefois la fantaisie de passer une nuit avec elle, elle doit se rendre à son invitation, lors même que cela lui serait désavantageux.

Le même usage existe pour les filles des bayadères et un usage presque semblable pour celles des Pariahs dans quelques villes du littoral.

Les filles des femmes de la domesticité d'une maison doivent être mariées par les soins du maître de la maison.

CHAPITRE IV

LES YOGATCHÉRIA

Pendant que Darmatchandra était, comme nous l'avons vu, réduit au Bengale, Tourouchka régnait sur le Cachemire et Kouminanta à Lahore et à Mouktan. Ce dernier fit la guerre à Dharmatchandra, s'empara de Magadha et détruisit les monuments Bouddhiques. Les religieux durent fuir et ce fut la seconde chute du Bouddhisme qui subit un grand désastre par l'incendie des Etablissements de Nalanda, y compris la Bibliothèque où se trouvaient un nombre immense de livres Bouddhistes, pour la plupart appartenant au grand Véhicule.

Dharmatchandra mourut à la suite de ces revers et eut pour successeur son neveu Kanakatchandra qui fut un tributaire de Tourouchka.

Alors Bouddhapacka, cousin germain de Darmatchandra, s'étant allié avec l'Empereur de la Chine, réunit les rois et les princes de l'Ouest de l'Inde dans une ligue contre Kounimanta, le défit, le tua et rétablit la religion de Bouddha. Ce fut sous lui qu'eut lieu l'incendie de Nahlanda.

Gampirapakcha, fils de Bouddhapacka, établit sa capitale à Pantchala et y régna 40 ans. A la même époque régnait le fils de Tourouchka, Makhaçamatta qui conquit le Cachemire, le Turkestan, Gasna etc.; il était Bouddhiste.

Karmatchandra eut pour successeur son fils Vrickchatandra qui perdit une partie de ses états, alors le roi d'Oriça Djalerouka posséda une grande partie du Bengale.

En l'an 608 à 610 une branche cadette des Chalukyas s'établit entre les fleuves du Godavéry et de la Kisthna et y fonda la dynastie des Chalukyas occidentaux qui prit pour capitale Rajahmundri (ou existe aujourd'hui un barrage célèbre sur le Godavéry) et s'étendit au Nord et au Sud ; elle s'éteignit vers l'an 1228.

Dans le Guzarat, la dynastie Radjpute des Chaüras expulsa les Vallabas et régna à Ainalwara, (aujourd'hui Patan), dans le Radjputana jusqu'à l'an 931 où elle s'éteignit ; son domaine fut réuni à celui des Chalukyas de Kalianapur.

Makachamata qui avait succédé au Kachemir à son père Tourouchka [1] et qui, comme lui, était un fervent Bouddhiste, s'empara du reste du Cachemire, du Turkestan, de Gasna etc. Le Bouddhisme reconquit ainsi tout le terrain qu'il avait perdu.

Gambirapakcha fils et successeur du Bouddapackcha prit pour capitale Pantchala. Il protégea Areiaçanga qui était le personnage principal du Bouddhisme à cette époque.

Il réunit sous la présidence de ce maître fameux une assemblée de religieux et de docteurs dans le temple Ouchinapouram à Çahara ville de l'état de Yavana dans l'Ouest de l'Inde. Cette assemblée fut sans doute le commencement de l'Ecole des Yogatcheria ou Grand Véhicule contemplatif.

Nous avons vu Bouddha condamner les pénitents nus et devenir presque la victime de leurs attentats, ainsi que ses principaux disciples. Les fanatiques Civaïstes ont dû, dans le Sud, contribuer beaucoup à l'extermination du Bouddhisme, mais les deux religions ont vécu côte à côte, dans le N. O. de l'Inde, dans le Dékan, le Punjab, le Kaboul et le royaume d'Aschagini, ainsi que le montrent les récits de Hiouen-Tsang. Là, sous les Guptas et particulièrement sous les rois Indo Scythes, paraît s'être élaboré un mélange de la doctrine du Bouddha et des doctrines et pratiques du Civaïsme, en commençant par le Yoguisme.

---

[1] Ce nom ou un nom approchant qui revient souvent, ressemble beaucoup à celui de Tartares ou Turks, nom des anciens Mongols.

Le principe suprême du Yoga brahmanique est l'Ahankara, absolu, le Grand moi. La tendance des Yoguis est l'abstraction, l'effort pour établir le Moi *absolu* en supprimant le monde extérieur et l'individualité humaine. Ce moi absolu, c'est le *Dieu absolu*, le moi *unique* dont les individus ne sont que des modes d'apparition. Rien n'est plus opposé au Bouddhisme primitif que cette théorie et les pratiques du Yogui pour atteindre à la perfection.

Le fondateur scholastique de la fusion du Yoguisme avec la doctrine du Grand Véhicule est le grand docteur Arayasangha soit le Bodhisattva Asanga de Peschawer dans le Kandahar. L'historien indien Dataka le loue beaucoup de l'habileté avec laquelle il a su réunir dans un éclectisme les Sivaïstes alors dominants dans ces contrées et les Bouddhistes par son fameux ouvrage le Yogatschéria Bhumi-Castra qui parut vers le vi^e siècle de notre ère, c'est à-dire entre le voyage de Fa-Hian et celui de Hiouen-Tsang. Ce dernier rapporte qu'il a vu en ruines le couvent où avait résidé Ariaçanga vers l'an 1.000 de l'ère Bouddhiste.

Ne pouvant faire remonter sa doctrine à Bouddha, Aryaçangha raconta qu'il avait été envoyé vers Maitréya dans le ciel Touchita pour apprendre de lui l'Abiçamaia, c'est-à dire, ce qui est contenu dans les vers des cinq courts résumés connus au Thibet sous le nom de livres de Maitreya.

Il prétend que Bouddha a fait tourner trois roues, c'est-à-dire que sa prédication personnelle a eu trois périodes, celle du P. V. du G. V. et du Yogatchéria.

On lit dans le Sutra de l'application de la volonté chapitre v : « Quand Bouddha, dans le jardin des cerfs, tourna la roue de la doctrine sur les quatre vérités, cela était incompréhensible, quoique cela fût merveilleux (fort étonnant) »

« Une autre fois, il tourna la roue de la doctrine sur les signes secrets et mystérieux, se fondant sur ce que tous les sujets n'ont pas l'existence en eux mêmes (doctrine du pradjana paramita) ce fut tout aussi incompréhensible. Maintenant la troisième fois, il tourne la Roue de la loi véritable sur les signes particuliers clairs et compréhensibles et cela est le vrai intelligible. »

On y trouve aussi le passage suivant qui paraît avoir été introduit par les partisans des Paramita :

« L'idée absolue (et ce qui existe dans l'idée absolue) est au-dessus de chaque représentation subjective et de chaque notion sur l'unité et la diversité de l'être. Tout a une marque commune. » (Doctrine sur l'Atman ou l'Alaia, sur les 3 signes caractéristiques).

Tandis que les Madéiamika, l'école la plus avancée du Mahaiana avant les Yogatchéria, rapportent tout à Bouddha et à son enseignement, les Yogatchéria empruntent complètement leur doctrine au Védantisme le plus avancé, ils admettent l'Alaïa qui n'a pas eu de commencement et l'aveuglement immémorial de l'âme.

En continuant à développer l'idée du Vide, comme une entité immatérielle, lieu et substance des choses et des êtres, on est arrivé à la conception de l'âme, entité immatérielle de l'être vivant ; de là il n'y avait qu'un pas à la réunion de tous les Vides où à l'idée de l'espace absolu, Ame universelle, qui n'est autre que la doctrine du Védanta dans son dernier développement.

Les Yogatchéria interprètent ainsi : le pradjana-paramita.

Au moyen de la *pénétration*, c'est-à-dire en sachant bien distinguer ce qui n'est qu'un nom de ce qui est réel, et ne regardant l'existence que comme dénominative et dépendante, nous arrivons à ne trouver rien de plus qu'une idée qui elle-même disparaît dans l'idée absolue. De là les Yogatchéria concluent la non existence des objets extérieurs, car, disent ils :

« Le vert ne se distingue pas de la notion du vert, mais cette notion se présente en même temps que lui. »

Pour nier l'existence des objets des notions extérieures, ils s'appuient sur le texte suivant du Ahankavatara :

« Regarde les renaissances du Poudjala, les Schandas, les Ingrédiens et les Monades, le principal et l'Iswara, comme des productions de la pensée ; ce ne sont que des manifestations de la pensée elle même. « La notion des objets extérieurs est une illusion d'optique. Si on analyse convenablement, on trouve que la notion d'un objet et cet objet sont identiques. Tout ce qui se manifeste à nous est semblable à une apparition magique ; ce qui existe et n'apparaît pas est pur et illimité comme le ciel.

Un autre sutra dit :

Tous les objets sont. le cœur (le produit) de la supposition ; créés par la pensée, ils ne sont pas substances ils n'ont pas d'essence, ils sont semblables à une vision magique.

De ce principe les Yogatchéria déduisent que ni les atômes représentants de la matière, ni le Pudjala, ni le Pudjale, le représentant de l'esprit, n'ont rien en dehors de l'idée, de la conception que l'on s'en fait.

Tout ce qui est formé est séparé de l'unité et de la quantité ; Ariaçanga l'exprime ainsi :

« Quelles que soient les sublances que l'on examine, dans aucune il n'y a unité et où il n'y a point unité [1], il n'y a point de quantité. »

« Donc les objets extérieurs sont un songe, un écho, une ombre. »

Les Yog atchéria discutent et commentent les 13 sujets suivants qui forment une mine inépuisable de spéculations : 1º La doctrine sur le vide du Poudjala ; 2º sur le Non-moi du Poudjala ; 3º et 4º sur le vide et sur le non moi des objets ; 5º et 6º sur le préjugé et l'imposture ; 7º et 8º sur l'Abiçamaia ou la claire compréhension ; 9º sur la transformation en Bodhi dans laquelle l'âme n'est sujette ni à l'illusion ni à la souffrance ; 10º sur la représentation des deux Non moi ; 11º sur la rotation particulière au second *non moi* ; 12º sur le vide transcendental et 13º sur la force du vide.

Nous nous bornons à cette énumération suffisante pour donner une idée d'une école qui ne peut plus être qu'un objet de curiosité.

---

[1] C'est-à-dire qu'on ne peut les diviser en éléments homogènes non divisibles. C'est le raisonnement de Pascal sur les infiniment petits : Mais là Pascal parle comme mathématicien et non comme physicien. Si les mathématiciens conçoivent les infiniment petits, les chimistes ont la théorie atomique.

L'erreur d'Ariahçanga est dans la confusion des abstractions mathématiques avec les réalités physiques, ou bien de l'atomisme et du dynamisme, systèmes qui tous deux considèrent la substance cosmique comme une collection d'unités irreductibles, mais se distinguent en ce que : pour l'atomisme ces unités sont infiniment petites, les atomes de la chimie, et pour le dynamisme, ce sont seulement des points mathématiques, centres de force, monades de Leibnitz.

Ils discutent aussi sur les monades.

En général tous les systèmes bouddhiques admettent que la monade, la 2401ᵉ partie de la pointe d'un cheveu ou la 7ᵉ partie d'un atôme, ne se fend ni ne se partage et qu'il n'existe rien de plus petit ; mais ils se divisent sur cette question : La monade est-elle ou non formée de parties ? les uns disent que la monade a huit côtés, d'autres prétendent que la réalité de la monade est une erreur brahmanique empruntée au Lokaiata [1]. — Boumicena dit : « quoique la monade ait des parties, elle n'est pas composée. »

Enfin les Yogatchéria ont leur doctrine sur le réel et le nominal. Parmi ce que les Vaibachistes ont appelé les 46 manifestations ou apparitions de l'âme, Bouddhadéva, dont il sera question plus loin, n'admet comme réelles que la sensation, la représentation (sans doute l'image ou le souvenir) la pensée et le toucher ; il regarde tout le reste comme une partie ou modification de l'âme se confondant avec elle. Le maître Cheilala ne désigne comme réels que le roupa (la forme) et la connaissance, la matière et l'esprit. Tout le reste selon lui est nominal ; mais le nominal n'est pas pour lui nécessairement l'erreur ou l'illusion. Ainsi le passé et le futur sont comptés dans le nominal et non dans le réel, parce qu'ils ne tombent pas sous l'action actuelle de nos sens et n'ont pas une existence actuelle ; de même des abstractions mathématiques, des classifications etc.

Les Soutras, les Abidarma et le Mahaiana sont des déductions théoriques nées du développement métaphysique. Quand il fut admis que la méditation était autant et plus que la moralité (les œuvres) l'instrument de la délivrance, on s'enfonça de plus en plus dans les abstractions. De là la contemplation, d'abord accident de la méditation, puis élevée à son niveau puis l'absorbant, puis devenant, comme dans le Brahmanisme, un exercice physique ; enfin, dans les Tantras, donnant la supériorité à des artifices (une sorte d'art magique) sur la raison.

---

[1] Les Lokaiata étaient une école de l'Inde sceptique et épicurienne, n'admettant que la sensation, rejetant tout ce que croyaient les autres écoles sur la moralité et se moquant des crédules.

Tandis que le renoncement se borne, chez les Çravakas à la suppression du désir, chez les Bodisattvas au rejet de toute notion ou perception, la doctrine contemplative professe que, dans l'état de contemplation, notre esprit acquiert de nouvelles facultés et des forces qui lui permettent de s'élever par divers degrés jusqu'à la limite de l'expiation. Notre esprit atteint sa plus haute puissance quand il est concentré *dans une seule fin*, dans une pensée ou aspiration unique et le degré de concentration est proportionnel à la sainteté de celui qui contemple ; s'absorber dans cette concentration s'appelle le Çamadi, l'immersion dans le Çamadi.

Le Bouddha ou le Bodhisattva plongé dans le Çamadi, a des pouvoirs sans limites, grâce à la puissance de l'esprit concentré.

Dans les Soutras nous lisons que les Bodhisattvas doivent se former et se consacrer à tel ou tel Çamadi et s'y livrer. Cette situation qui nécessite un exercice spécial préliminaire est le clou le plus élevé. Cependant les plus simples mortels peuvent y arriver par des exercices gradués qui servent en même temps de moyens accessoires pour l'appropriation des idées théoriques.

Ces exercices étaient déjà en honneur dans le Petit Véhicule. Pour se dégoûter du monde, on s'efforce de se persuader que rien ne mérite qu'on s'y attache, on s'exerce à se figurer telle partie du corps, ou tout le corps ou tous les objets, sous une forme repoussante, par exemple sous celle d'un abcès, d'une tumeur, d'os décharnés etc. Par là on arrive à éprouver de la répulsion pour tout, même pour les aliments et particulièrement à calmer les sens, ce qui est utile aux religieux. Les Agama recommandent ces procédés et même l'exercice brahmanique de compter les aspirations et les expirations. Nous avons vu que la méditation des 4 vérités procurait aux Arhats le pouvoir de lire les pensées, de voir les secrets etc., ce qui s'appelait l'introduction au chemin de la prévoyance (seconde vue). Elle élevait successivement l'esprit aux *patiences*, retours en arrière, et aux *cimes*, l'état culminant qui délivre des renaissances, *la patience qui ne doit pas renaître*, suivant le langage bouddhique.

Par les exercices gradués des Diana ou immersions Çamapati, un homme peut raffiner sa nature jusqu'au point d'entrer dans le Nirvana. C'est la théorie brahmanique, moins l'absorption dans la divinité.

Dans toutes les Diana, il y a un état de satisfaction qui favorise soit l'examen analytique, soit la concentration de l'esprit sur un seul point. Dans le Çanapati tous les phénomènes sont effacés ; il n'y a plus qu'une notion unique sans formes et sans limites dans lesquelle se fondent le passé, le présent et l'avenir, l'indéfini, l'étendue et la durée ; c'est la négation des deux absolus opposés, l'existenc et la non existence dont nous avons déjà parlé.

Le Çamadi révèle à tous les êtres animés les différentes formes partielles qui sont au fond des quatre sensations illimitées telles que l'amour, la miséricorde, la joie et l'éloignement de la haine.

Cette puissance attribuée à la contemplation a conduit à la théorie des Bouddhas de la contemplation, ou Dyani-Bouddhas. Chaque Bouddha, qui apparaît dans ce monde pour se plonger dans le Nirvana existe en même temps avec un nom et une forme dans le monde de la contemplation et des formes, et aussi sans forme et sans couleur dans un monde sans formes et sans couleur par-delà les limites de l'existence et de la pensée. L'image du Bouddha terrestre, mortel, se montre éclatante de lumière et de clartés dans la sphère de la contemplation, ou, pour mieux dire le Bouddha terrestre est seulement une apparence, un mirage de l'original qui habite dans le pur éther du royaume des idées et des paradis, région des vraies formes où la durée de la vie est infiniment plus grande qu'ici-bas, et où déjà il porte un autre nom que sur la terre.

Bien que le nombre des Bouddhas soit infini, on ne cite généralement que les cinq noms des Bouddhas de notre Univers actuel Krakutchandra, Kanakamunt, Kaçiapa, Çakia Mani et enfin Maitréya. On cite aussi les noms des Dyani Bouddhas qui sont les sosies de ces Bouddhas humains ; enfin on donne encore les noms des cinq Boddhisattvas fils de ces Bouddhas par voie d'émanation et qui d'après la doctrine Bouddhiste sont leurs représentants et les chefs effectifs de la religion.

Le Sosie de Çakiamouni est Amithaba (lumière infinie) qui trône dans le ciel d'Occident Sukhavati, le royaume de la joie, où il n'y a ni souffrance, ni vieillesse, ni mort, un Paradis dans lequel les dieux jouissent d'une béatitude complète, dont les délices sont d'une nature toute spirituelle, qui toutefois resplendit de mille couleurs, et est richement orné d'or, d'argent, de pierreries, et de claires fontaines avec de ravissantes harmonies [1].

Amithaba occupe naturellement la place dominante avec le fils émané de lui Avakiteswara, au Thibet et en Chine Padmapani, le régent ou guide de la période de délivrance actuelle. Hiouen-Tsang cite une de ses statues comme très remarquable par sa hauteur et son ornementation.

Nous voyons aussi régner la théorie théistique de l'Adibudha, ou du Bouddha éternel, infini, être suprême, Urbuddha, Bouddha primordial.

Remarquons la ressemblance de nom avec Adithya dont l'Adibuddha est peut-être une transformation ; ce serait du moins conforme à la légende du Bouddha telle que M. Senard l'a conçue et résumée.

Aujourd'hui au Nepaul, la seule partie de la Péninsule où les Bouddhistes comptent encore, il y a quatre grandes écoles philosophiques :

1º Les Nabhavikas, les plus anciens bouddhistes dont nous avons exposé les théories au livre IV chap. 3 définition de la Nivriti et Praviti.

2º Les Aïçvarikas ou théistes ; ils admettent un dieu essence intelligente qui, sous le nom d'Adibuddha, est pour les uns la divinité unique, pour les autres le premier terme d'une dualité dont le second terme est le principe matériel qui coexiste de toute éternité avec lui, (comme la Sankya théiste.)

Ils nient la providence et l'Empire d'Adibuddha sur le monde et, quoiqu'ils fassent consister la délivrance dans la confusion avec l'essence divine et qu'ils regardent l'union de la vertu et du bonheur tant qu'on demeure dans l'état de Praviti comme indépendante de dieu, ils s'adressent vaguement à Dieu comme à celui qui donne les biens de la Praviti.

Ils croient que l'homme ne peut arriver à la délivrance que par ses efforts personnels à l'aide des austérités et de la méditation et qu'il peut aussi par ces efforts devenir un Bouddha sur la terre et ensuite participer dans le ciel aux attributs du suprême Adibuddha.

---

[1] Voir à notre Japon « le Sukhavati Viuna ».

C'est le dualisme du Mimansa avec la substitution d'Adibuddha à Brahma et avec l'addition des Buddhas messies, dont l'un est le Bouddha historique.

Les deux dernières écoles bouddhistes, beaucoup plus modernes, sont :

3º Les Karnikas ou sectateurs de l'action des œuvres activité morale consciente ; ils développent le sens moral.

4º Les Yatnikas, partisans de l'effort spirituel, activité consciente de l'esprit. Ils cultivent l'esprit.

Mais ni les uns ni les autres n'ont conçu l'idée de la providence divine ni celle du libre arbitre.

La croyance à l'Adibuddha, l'Être suprême, est aussi fort répandue au Thibet, et bien qu'elle ne soit nulle part canonique, elle est au fond celle de presque tous les Bouddhistes pieux et éclairés.

Pour les savants, c'est à peu près l'Être absolu des Ecoles Indiennes ; mais pour le commun des laïques, c'est évidemment un Dieu de bonté et de miséricorde, puisqu'ils associent toujours ces qualités au nom de Bouddha.

On a fait remarquer que les émanations des Bouddhas et des Bodhisatuas ressemblaient beaucoup aux émanations de l'Église gnostique, le Christianisme de la Perse. Lassen pense que le Paradis éclatant de lumière d'Adibuddha a été imaginé sous l'influence des idées Zoroastriennes et du Mazdéisme qui dominaient à cette époque. C'est aussi l'opinion d'Eitel qui a développé cette idée dans son livre : « Buddhism an historial event ».

CHAPITRE V

EXTINCTION DU BOUDDHISME, ÉCOLES BRAHMANIQUES MODERNES

Nous avons vu que Çankara avait anéanti, pour ainsi dire, au Bengale le Bouddhisme déjà fort ébranlé vers le milieu du viiie siècle par son maître Kumarila Bhatta ; son histoire écrite par son disciple Ananda Ghiri nous apprend qu'au ixe siècle Brahma avait encore de nombreux adorateurs, tandis qu'aujourd'hui il n'a plus que deux sanctuaires. Agni avait encore un culte suivi. Nombreux étaient les adorateurs du soleil auquel on offrait des hommages le matin et le soir comme à deux manifestations différentes de sa divinité. Ganésa comptait 6 classes d'adorateurs, ainsi qu'Indra, Kuvera, Yama, Garuda, Çakra, Soma, aujourd'hui négligés. Parvati avait déjà de nombreux dévots, en tant qu'énergie femelle de Siva. Dans les renseignements concernant les Vichnouvistes, ni Rama, ni Sita, ni Hanuman, ni même Krishna ne sont mentionnés comme étant l'objet d'un culte spécial ; probablement ce culte n'existait pas encore, au moins pour les trois premiers.

D'après Darnata, dans le Magada et même dans le Décan, depuis les monts Vindhya jusqu'à la pointe Sud de la presqu'île, le Bouddhisme succomba bien moins sous les coups des Musulmans que sous les attaques de dialectique d'Atcharéia, antagoniste plus terrible encore que Çankara.

Si on met à part l'Inde transgangétique (le Bengale etc.) où le Bouddhisme a trouvé refuge après son bannissement du Magadha, il est loin d'avoir régné seul et sans éclipses dans l'Ouest depuis Magadha jusqu'à Cachemir. L'absence de légendes bouddhiques sur ces localités démontre que, sur beaucoup de points, le Bouddisme n'a apparu qu'au moment de la ferveur extraordinaire qui envahit toute l'Inde et que, dans certaines contrées, les monastères et la foi bouddhique ne formèrent que des îlôts qui furent abandonnés même avant l'apparition d'Atcharéia Boddhisattva (on voit que le terme Boddhisattva était alors synonyme de celui de docteur) qui lui porta le dernier coup dans l'Inde Centrale.

Au contraire, dans le Nord et l'Est de l'Inde, le Bouddhisme expira sous les coups des Musulmans qui eurent à faire exclusivement à lui. Les restes des monuments religieux hindous dans ces provinces sont exclusivement bouddhistes. Le Mahométisme fit partout au Bouddhisme une guerre acharnée et le poursuivit jusque dans Gasna où avaient été réunis tous les livres mystiques et où on étudiait beaucoup la magie qui était aussi fort répandue dans le Cachemire. Tout fut livré aux flammes.

Les Musulmans poursuivirent le Bouddhisme sans trêve ni merci pendant une longue suite de siècles, depuis l'Oxus jusqu'aux frontières occidentales de la Chine. Ils furent beaucoup plus sanguinaires et dévastateurs que les Brahmanes. Ils détruisirent tous les temples et tous les livres; les religieux bouddhistes qui ne purent s'enfuir furent massacrés.

Mais nous avons anticipé sur les événements historiques. Après Vimalatchandra, il y eut une anarchie; puis Gopala régna au Bengale et à Masada. Il éleva le temple Nalandara non loin d'Otantapoura et régna 45 ans.

Son fils et successeur Devapala s'agrandit, releva le Bouddhisme et régna 48 ans; ce fut lui qui édifia le temple Comapoura.

Il y eut ensuite pendant une période de plusieurs siècles une série de rois auxquels obéirent les régions de l'Ouest et de l'Est tantôt divisées, tantôt réunies sous un même sceptre. Après eux, sous Yakhacena, Tchandra [1], roi des Touroucka (Turcs) de l'Etat d'Antarisbita qui se trouve entre le Gange et la Jumma, se réunit à plusieurs

---

[1] Selon toute probabilité, ce nom est celui que les Hindous donnèrent à un prince mahométan que nous allons retrouver dans l'histoire puisée à des sources plus modernes.

rois Musulmans du Bengale et autres états, conquit tout le royaume de Magada, extermina les religieux bouddhistes et détruisit les célèbres monastères Otantapoura et Vicramachi. La dynastie des Cena du Magadha devint vassale des rois Musulmans. Toutefois elle conserva la foi bouddhique jusqu'à son extinction qui eut lieu par la mort de Praticena. Cent ans après lui régna au Bengale le puissant Tchagaralaradja dont la domination s'étendit jusqu'à Tili. Converti au Bouddhisme par sa femme, il releva les monastères vers le xve siècle de notre ère.

Là s'arrête le récit de Daranata que nous avons reproduit malgré ses obscurités et ses lacunes, parce qu'il est la seule œuvre historique que l'Inde ait produite. Depuis la mort de Tchagalaradja jusqu'à l'année 1608 dans laquelle il a publié son livre, il s'est écoulé 160 ans. Son histoire s'étend donc jusqu'à l'année 1448 de notre ère. C'est celle du Bouddhisme Indien qui finit à peu près avec elle. Nous compléterons l'histoire religieuse et philosophique de l'Inde en achevant d'exposer les systèmes des Ecoles et sectes brahmaniques pendant cette période et jusqu'à nos jours. On y reconnaîtra facilement l'influence du Bouddhisme.

ECOLES SIVAISTES

1° *Les Dandis, école de Çankara* viiie *siècle.*

Çankara donna au Védantisme sa forme définitive et le popularisa. Les Brahmes de sa secte s'appellent Brahmes Smartas (de la tradition). Ils enseignent qu'il n'y a qu'un seul Dieu, un seul Être réel, Brahma Para — Brahm distinct des membres de la Triade hindoue, Esprit unique et universel. L'existence séparée de l'âme humaine n'est qu'un effet de Maya (Illusion). Celle-ci qui existe de toute éternité est la seule cause substantielle du monde extérieur ; elle crée éternellement, mais seulement en union avec l'Esprit unique. On honore ce dernier non par des sacrifices, mais par la méditation et la contemplation. Toutefois le Vulgaire peut adorer tel Dieu qu'il lui plaît, mais surtout Siva, le Dieu suprême, existant par lui-même. Les Dandys qui forment la secte sont des religieux [1] mendiants, tous Brahmes en réalité, mais théoriquement pouvant appartenir à toute caste. La plupart sont des solitaires ; quelques-uns vivent en communauté dans des monastères ; tous se consacrent soit à la méditation, soit à l'étude de la philosophie Védanta.

2º *Les Lingaites, école de Bassava*, xie siècle.

La doctrine de Bassava, est le Monothéïsme ayant pour objet Siva, l'unique seigneur, Ekameswara, représenté par le Linga.

Les membres de la secte portent l'image du Linga dans une petite cassette au bras ou sur la poitrine.

Selon Bassava les hommes sont égaux et purs suivant qu'ils sont plus ou moins les temples de la divinité. Les femmes possèdent comme les hommes des âmes immortelles et devant s'identifier avec la divinité dont elles sont des images si elles conservent la pureté.

Bassava prétendait revenir à la foi primitive, vénérer les Védas et suivre l'enseignement de Çankara.

Il rejetait la suprématie des Brahmes et le Vichnouvisme représenté par le Bagavata Purana et le Ramayana.

Quoique Brahme lui-même, il abolit les Castes, les Pélerinages, les pénitences extérieures et les autres observances brahmaniques. Pour la morale et les Institutions, c'était évidemment un Bouddhiste.

Sa secte est aujourd'hui très répandue dans le Carnatique et le Maïssour.

3º *Senathi Radja.*

Il y a maintenant dans le sud une école spiritualiste qui prétend être revenue au Çivaïsme primitif. Elle a eu pour interprète Senathi Radja dans son livre intitulé : Le Sivaïsme dans l'Inde méridionale.

Le Sivaïsme, dit l'auteur, paraît être la plus ancienne des religions ; la plus ancienne littérature dravidienne est entièrement Sivaïste. D'après lui Agastya serait le premier sage qui a enseigné le monothéisme Çivaïste, bien avant

---

[1] Voir l'Atma Bodda, connaissance de l'âme, Sutra ou abrégé de Çankara Atcharia, traduit par Collebrooke dans son essai sur la philosophie de l'Inde, traduit aussi en français.

les six systèmes de philosophie Hindoue en le fondant d'une part sur les Védas, et d'autre part sur les Ayamas qui n'ont jamais été traduits dans aucune langue Européenne.

La doctrine de la secte toute récente peut se résumer ainsi :

Tout est compris dans les trois termes : Dieu, l'âme, la matière.

Issouara ou Siva ou Dieu est la cause efficiente de l'univers, son créateur et sa providence.

Il est immuable, omnipotent, omniscient et miséricordieux. Il remplit l'univers et pourtant il en diffère. Il est en union intime avec l'âme humaine immortelle, mais il se distingue de celle-ci qui lui est inférieure d'un degré. Son union avec l'âme devient manifeste quand elle s'affranchit du joug des sens, mais elle ne peut le faire sans la grâce.

La matière est éternelle et passive, c'est Siva qui la meut ; il est l'époux de la nature entière qu'il féconde par son action universelle (vieille théorie brahmanique).

Il n'y a qu'un dieu ; sa révélation est une, *ceux qui disent qu'il y a plusieurs dieux sont voués au feu infernal* (les mots *en italique* forment un texte du Coran). La voie morale pour l'humanité toute entière est une, la récompense finale est une.

Cette doctrine fort bien liée est un éclectisme évident du Brahmanisme, et du Monothéisme sémitique. Assurément, elle n'est point, comme le croit l'auteur de l'exposé, entée sur les Védas. Si le Çivaïsme primitif est, comme il le proclame, la plus ancienne des religions, il faut admettre que les Dravidiens qui étaient originairement *animistes* ont emprunté la foi monothéiste aux Kushites qui les avaient précédés dans l'Inde. Il y a beaucoup de points communs entre le culte de Siva et celui que les Kuschites rendaient à leur dieu ou à leurs dieux.

Écoles Vichnouvistes.

Les sectes Vichnouvistes ont pour lien commun la croyance que Vichnou est le dieu suprême.

En général, elles rejettent la doctrine de l'identité de l'âme suprême et de l'âme humaine ; mais elles diffèrent entre elles sur la distinction de ces deux substances. Toutes admettent la doctrine de la foi ou Backti, soit de l'amour filial dû à la divinité. L'une des moindres, celle des Nimbarkas, adore conjointement Krishna et Radha, et leur principal livre sacré est le Bhâgavata Purana ; c'est la plus ancienne ; on la fait remonter au moins au XIIe siècle. Parmi les autres, nous citerons seulement les principales qui sont les suivantes :

1° *Les Ramanujas, secte de Ramanujas Atcharia* XIIe *siècle.*

Le fondateur, afin de perpétuer sa doctrine, établit un grand nombre de collèges pour la plupart disparus et quatre-vingt neuf Madas ou monastères dont il ne reste plus que cinq.

Il reconnaît trois principes ayant une existence distincte l'une de l'autre ; — L'être suprême (Iswara) qui est Vichnou ; — l'âme humaine ou les esprits individuels ; — et le non-être, le monde sensible.

Toutefois l'Univers a dieu pour cause substantielle ; et l'âme humaine est de même essence que l'âme divine et doit tendre à l'union complète, mais intelligente avec Vichnou« le nœud du cœur humain a été coupé lorsqu'il a obtenu la vision de l'être suprême. »

En raison de cette dépendance, le système de Ramanuja n'est point considéré comme un dualisme absolu et est appelé Visishta Adwaïta, c'est-à-dire *ni tout à fait un ni tout à fait deux.*

Aux grandes dissolutions de l'Univers, les âmes divines (Brahma, Siva et autres dieux), et humaines et le monde sensible, sont réabsorbés en Dieu, mais sans perdre leur propre identité.

Dieu est présent à ses adorateurs de cinq manières : 1° par des images ou représentations ; 2° par des incarnations en des hommes comme en Rama ; 3° par de complètes manifestations comme en Krischna ; 4° par son esprit subtil qui pénètre tout ; 5° par son esprit intérieur qui vient animer et diriger l'âme humaine. Au 1er degré on adore Vichnou dans les images et ses idoles ; au 5e dans son propre cœur et l'âme admise dans le Vaïkanta paradis de Vichnou jouit pour toujours en pleine conscience, de son absorption en lui.

Aujourd'hui les Ramanajas se divisent en deux sectes, celle du nord (sanscrit), celle du sud, Tamoule. La différence doctrinale essentielle est dans la théorie de la grâce. Les tamouls admettent *celle du chat*, la secte du nord *celle du singe*, désignations que nous avons expliquées plus haut.

2° Les Brahma Sampradavis, secte de Mahadava Atcharia, fin du XIIe siècle.

Le système de Mahdava Atchéria ne diffère du précédent qu'en ce que le dualisme y est formulé nettement et fortement. Il y a deux principes séparés et éternels dont l'un cependant dépend de l'autre, comme un sujet dépend de son roi. « Le Seigneur suprême diffère des âmes individuelles, parce qu'il est l'objet de leur obéissance. Dans leur désir excessif d'être un avec l'Etre suprême, les disciples de Çankara prétendent partager son excellence ; c'est une pure illusion. »

On honore la divinité : — d'abord par la véracité, la droiture et la bienveillance dans les paroles et par la récitation des Védas ; — puis par l'aumône et la protection des faibles ; — enfin par un cœur rempli de bienveillance, d'amour et de foi.

Au XVIIe siècle Ramananda institua une nouvelle secte qui ne diffère de celle de Madhava qu'en un seul point essentiel : Les Vaïraghis religieux ou ascètes de cette secte rejettent toute distinction de caste et vivent et mangent ensemble ; ils forment les sept douzièmes des ascètes de l'Hindoustan (nord de l'Inde).

Citons encore l'école de Kabir qui enseigna le monothéisme et l'abandon de l'idolâtrie, et comme morale la véracité et l'humanité.

3° Les Vallabhas, fin du XVe siècle.

Vallabah condamna l'ascétisme et exalta le sensualisme[1] ; ses sectateurs très nombreux dans la province de

---

[1] Cependant il a laissé plusieurs traités dans le sens idéaliste. Mais ses sectateurs n'ont guère retenu que son commentaire sur le Baghavata Pourana dont le 10e chant constitue avec le Premsagar à peu près toute leur littérature d'édification.

Bombay sont appelés les Épicuriens de l'Inde. Ce sont les dévots d'un sensualisme grossier, bien qu'ils prétendent que les jeux et amours de Krischna avec les Goupis n'étaient que le symbole de l'âme humaine s'unissant avec la divinité.

Pour plaire à ce dieu, ils portent de longues chevelures et des habits de femmes. Ils entourent les images de Krischna représenté comme un enfant, un mignon, d'un culte minutieux tant public que privé, et de soins corporels auxquels les femmes se livrent avec un empressemnnt passionné, Les Rasmandalis ou fêtes de nuit qu'ils célèbrent en imitation des jeux de Krischna et des goupis sont d'une licence extrême.

Leurs chefs actuels, successeurs de Vallabha, empruntent l'extérieur des Goupis quand ils dirigent les fonctions du culte. Ils sont adorés comme des représentations et même des incarnations de Krischna ; beaucoup de femmes de la secte croient gagner la faveur du dieu en se prêtant à leurs désirs sensuels.

C'est à cette secte qu'est dû le Premsengar, l'Océan d'amour, poème érotique que nous avons déjà mentionné.

4° *Castes des Baisnabs et Satanis, secte de Chaïtanya,* XVI° *siècle.*

Le premier principe de Chaïtanya est que tous les adorateurs de Krischna sont égaux entre eux. « La bonté du Dieu ne tient compte ni de la tribu, ni de la famille. Krischna ne dédaigna point de manger dans la maison de Vidura un vil Soudra. » « Le Tchandala purifié par le feu de la foi est mon ami et doit être honoré et non l'incrédule qui explique les Védas. »

En réalité cependant les disciples de Krischna n'observent ce précepte que pendant les cérémonies religieuses.

Chaïtanya condamnait les doctrines des Saktas comme licencieuses et surtout comme Sivaïstes. Il enseignait cependant que la dévotion de l'âme envers Vichnou doit être représentée par le symbole de l'amour humain.

Il met la foi au-dessus de tout : « Tout ce que peuvent accomplir les actions, les pénitences, la connaissance de la divinité, l'extinction des passions, les méditations abstraités, la charité, la vertu et toutes les choses excellentes, est accompli par la seule foi en moi ; » telles sont les propres paroles de Krischna. »

L'amour envers Krischna a cinq phases que nous avons déjà rapportées.

Il existe dans la secte un ordre religieux de femmes qui gardent le célibat, vivent en communauté, chantent et dansent en l'honneur de Vichnou.

Instruites, elles se sont, dans quelques localités, adonnées à l'éducation des jeunes filles. Des femmes d'autres sectes Vichnouvistes ont suivi leur exemple fort encouragé par les Anglais.

D'après Chaïtanya, le comble de la perfection est d'éprouver pour Krischna un sentiment tendre comme celui d'une jeune fille pour son amant ; le but de tout adorateur du dieu doit être de perdre toute conscience de son individualité dans une union extatique avec lui. Pour y arriver, il enseignait plusieurs moyens, comme de répéter indéfiniment le nom du Dieu, de chanter, de danser et d'imprimer au corps des mouvements divers.

On retrouve ces mêmes pratiques dans les ordres religieux mystiques de l'Islam ; ceux-ci les ont, sans aucun doute, empruntées à l'Inde.

En raison peut-être de son mysticisme tendre, Chaïtanya occupe, dans l'Inde, le premier rang parmi les chefs d'Ecole ou de secte.

Sa secte forme deux castes : les Baïnabs au Bengale et les Satanis dans la présidence de Madras. Les Baïsnabs n'ont ni cérémonies ni deuils pour les décédés. Ils permettent aux veuves de se remarier au Bengale, ils se recrutent et vivent d'une manière assez infime ; beaucoup de prostituées font partie de la secte qui, pour ce motif, est dédaignée. Il est surprenant qu'elle n'ait pas versé dans des pratiques absolument corrompues. Ses membres célèbrent en commun la glorification de Krischna par des chants érotiques mêlés de danses lascives. Ces chants ou padas en hindi ou en vieux bengali dont plusieurs datent d'une époque antérieure à Caïtanya et qui, avec quelques biographies du fondateur constituent leur véritable littérature, sont presque tous lascifs[1].

[1] M. J. Beames a donné des spécimens de cette littérature, apud India antiqua I 215-322, III, 137.

5° *Les Svâmi Narayanas, école de Sahajananda au commencement du* XIXe *siècle.*

Sahajananda, brahme vichnouviste de haute origine, d'une intelligence supérieure et d'une vie sainte dans le célibat, entreprit de combattre les vices des Vallahabas, Son mot d'ordre était : Dévotion à Krischna, observance du devoir et vie pure.

Ses disciples, aujourd'hui au nombre de 200.000, se divisent en deux classes : les Sadhus, religieux ; et les Grahastas maîtres de maison.

Les Sadhus observent le célibat et les autres pratiques des ordres religieux ; ils vont visiter leurs coreligionnaires et prêcher les infidèles.

Les doctrines du maître ont été réunies dans un recueil dont nous extrayons les préceptes suivants :

Interdiction des sacrifices sanglants : le premier devoir est de ne faire du mal à aucun être.

Défense de se suicider aux lieux de pèlerinage, soit par religion, soit par passion.

Le vol n'est jamais permis, même pour concourir à une œuvre pie.

L'adultère est absolument et également interdit aux deux sexes.

On n'est pas tenu à dire une vérité qui peut causer du tort à soi-même ou à d'autres.

On ne doit pas recevoir de présents intéressés.

Pour toute faute commise avec ou sans intention, faire une pénitence convenable.

Adorer Vichnou, Siva, Parvati, Ganésa et le soleil. Considérer Natayana (vichnou) et Siva comme les parties d'un seul et même dieu suprême, puisque le Véda a déclaré « que l'un et l'autre sont des formes de Brahm. »

On sait qu'il existe dans l'Annam beaucoup de restes d'un ancien culte de Siva-Vichnou.

On reconnaît dans les préceptes de Sahajananda le pro-

Dans les provinces supérieures (N.-O.) de Madras la secte, mieux composée jouit de plus d'estime et compte des membres influents et lettrés. Les classes inférieures de la caste des satanis sont infimes. Leurs chants forment, dit-on, une partie importante de la littérature indigène.

grès des temps. Tout en conservant la Haute Théodicée Brahmanique, il proscrit tout ce qui, dans la religion ou dans la loi, était contraire à la morale universelle. On sent qu'il s'est imprégné des milieux (Mahométisme et Christianisme) dans lesquels il vivait.

Swâmy-Narayana est adoré comme un dieu et une incarnation de Vishnaû, ainsi que le sont les fondateurs de presque toutes les sectes Vichnouvistes. Sa statue est placée dans un sanctuaire avec celles de Krishna et de Râdha.

La prédominance dans le Vichnouvisme de sa secte trop peu nombreuse, serait pour l'Inde une réforme heureuse, méritant à tous égards d'être encouragée, surtout par ceux des Aryens de l'Inde qui tiennent à conserver leurs attaches à un passé dont ils s'enorgueillissent.

LIVRE IX

Derniers événements historiques.

CHAPITRE PREMIER

LES MUSULMANS DANS L'INDE

Reprenons l'histoire de l'Inde en remontant à la conquête musulmane.

Les Arabes tentèrent des conquêtes dans l'Inde dès les premiers Kalifes (632 mort de Mahomet à 712), mais ils ne purent s'y établir qu'au XII° siècle, l'an 587 de l'hégire. Dans cet intervalle, ce ne furent que guerres et persécutions causées par l'ambition et le fanatisme des musulmans.

Ils avaient subjugué et converti les Afghans. En 966 Subuktaji, un serviteur de la dynastie persane des Sassanides fut nommé gouverneur du Kandahar à la limite de l'Inde et de l'Afghanistan. Il s'y rendit puissant, défit en 997 le roi de Lahore, s'établit à Peschaver et laissa à sa mort le gouvernement à son fils Mahmoud. Celui-ci renversa le trône des Sassanides, fit des conquêtes dans les pays méridionaux et devint le fondateur de la dynastie des Gaznévides. C'est à lui que commence l'histoire de l'Inde Mahométane.

Vers l'an 1.000, « Mahmoud tourna sa face du côté de l'Inde », dit l'historien Persan Feristha ; il soumit quelques petits princes des états révoltés, défit Gepal roi de Lahore et fut rappelé dans ses états par une invasion de Tartares. Onze ans après il attaqua Delhy qu'il pilla et s'en retourna chargé d'un riche butin. Plus tard, il subjugua Canodge, Mavin, Mutra et enfin tout le Punjab. En dehors de ces régions extrêmes, ses expéditions ne furent que des incursions dans le but déclaré de détruire les idoles et les temples ; on sait que les temples bouddhistes renfermaient beaucoup de statues ou de représentations qui pouvaient paraître idolâtriques, des demi-divinités indiennes, des boddhisattvas canonisés, etc ; ce fut une des causes de la guerre que leur firent les musulmans. Dans une de ces courses, il prit d'assaut la pagode fortifiée de Sommath dans le Guzerat, et d'un coup de fer, il ouvrit le ventre à une gigantesque idole Hindoue dont la large blessure laissa aussitôt ruisseler un torrent de diamants, de perles et de rubis. Il mourut en 1028. C'est à la cour de ce prince, célébré comme un des plus grands de l'Orient, que vécut Ferdouzy, l'auteur du Shah Namédi, poème épique qui contient toutes les traditions héroïques de la Perse.

En 1158, l'Empire de Mahmoud fut divisé entre ses descendants qui furent chassés par les Afghans. La partie Hindoue passa sous la domination de Koutoub, chef de la dynastie Afghane qui régna la première sur l'Hindoustan proprement dit, et sous laquelle eurent lieu les premières invasions des Mongols. On a donné son nom à l'édifice le plus remarquable du merveilleux parc de Delhys, qui est en même temps la plus belle tour triomphale qui existe.

Ses successeurs envahirent les états du Nord à diverses reprises et s'établirent dans le Punjab. Ainsi pressés les Afghans se portèrent à l'Est et au Midi.

En 1210 Firouz Shah conçut le projet de s'emparer du Dékan, c'est-à-dire du Sud de l'Inde qui avait été dès le VIIIe siècle envahi par des essaims d'Arabes. Les successeurs de Firouz Shah assujettirent ce pays mais sans s'y établir.

En 1310 les armées régulières des Musulmans pénétrèrent dans le Dékan, lorsque Kafour alla combattre l'Etat du Carnatique. En 1380 tout ce pays était sous la puissance des princes venus de la Perse.

Vers la fin du XIVe siècle apparut Tamerlan né à Kech en Mongolie vers l'an 1355. Après avoir conquis la Perse, il entra dans l'Hindoustan en 1398, s'empara du Thoulta, du Moultan, de Lahore, battit complètement Mahmoud Shah à Paniput et se fit proclamer empereur à Delhi, après avoir fait passer au fil de l'épée tous les habitants au-dessus de 15 ans au nombre de 100,000. Quelques difficultés s'étant élevées dans les états envahis pour le paiement des contributions de guerre, le sang coula de nouveau par torrents. Après un séjour de 15 jours à Delhi, Timours se remit en route pour Samarkande emportant avec lui le nom terrible de prince de la destruction. Il emmenait avec lui 100,000 captifs portant chacun au cou un sac de terre prise à Delhi et destinée à former avec son sang le mortier d'une tour commémorative.

Khyer Khan, Afghan à qui Tamerlan avait donné le Gouvernement de Lahore, fut le chef d'une seconde dynastie Afghane qui régna jusqu'à 1451. Une 3ᵉ dynastie, celle des Lodis, régna de 1451 à 1525, année de la défaite de son dernier roi par le fameux Baber fondateur de la dynastie Mongole.

Le Bouddhisme, religion de paix et de continence, était de sa nature antipatique aux Musulmans. Partout où ceux-ci pénétraient, ils brûlaient les monastères et les bibliothèques et chassaient ou égorgeaient les religieux, dont ils ne pouvaient tirer aucun parti utile même comme esclaves. Ceux qui échappaient au glaive mouraient de faim s'ils ne renonçaient pas à l'état religieux, car les Musulmans qui sont partout de véritables sangsues, réduisaient à la dernière misère leurs sujets, même dans les temps prospères, à fortiori aux époques troublées. Le Bouddhisme aurait pu se maintenir dans le Nord de l'Inde et dans les états limitrophes dont le climat tempéré permettait une vie d'études et de méditation. Il ne le pouvait dans le Dékan d'un climat et d'un tempérament tout opposé, passionné pour le bruit et l'éclat des fêtes que les Brahmes lui servaient à souhait. Les Musulmans ne firent qu'y abréger son agonie déjà commencée. Il ne survécut qu'à Ceylan sous un climat et dans des conditions particulièrement favorables[1].

A l'inverse des religieux Boudhistes, les Brahmes savaient vivre dans les temps de détresse ; ils savaient se rendre utiles soit qu'on les réduisît en esclavage ou qu'on les laissât en liberté. Ils se rendirent même indispensables aux conquérants pour tous les travaux d'administration et de comptabilité dans lesquels ils excellent et aux-

---

[1] Les religieux Bouddhistes s'éclipsaient facilement n'étant point liés par des vœux perpétuels.

quels ceux-ci sont essentiellement étrangers[1] partout ils ont eu dans l'Inde auprès d'eux ce rôle que les Juifs ont eu partout ailleurs ; les Musulmans ont traité les uns et les autres avec le même mépris et la même cruauté. Ils les laissaient s'enrichir sans s'inquiéter des moyens ; puis ils leur arrachaient par des tortures les trésors qu'ils avaient amassés. Les Brahmes dévoraient leurs griefs et ce, qui leur était plus difficile, les blessures faites à leur immense orgueil ; ils avaient quelque influence sur les vainqueurs en raison du besoin qu'on avait d'eux et ils conservaient sur leurs compatriotes, même sur ceux convertis à l'Islam tout le prestige que leur donne leur naissance supposée divine ; et ils s'en servaient pour maintenir leur religion et le culte qui leur rapportait honneurs et profits. Grâce à leur persistance, les préjugés sur les souillures que les Musulmans foulaient aux pieds en confondant toutes les Castes, furent le principal obstacle à la conversion des Hindous à l'Islam. Des centaines de milliers d'Hindous se firent massacrer ou se tuèrent plutôt que de subir certaines souillures. Les Musulmans n'étaient venus dans l'Inde qu'une poignée d'hommes qui avaient vaincu des armées infiniment supérieures parce qu'ils firent usage de l'artillerie inconnue aux Hindous. Au bout de deux siècles, ils comptaient par dizaines de millions grâce aux biens qu'ils avaient pris et à la liberté illimitée qu'ils avaient et qu'ils ont encore dans les états qui leur obéissent, de prendre leur femmes à leur volonté parmi les filles des Hindous ; et on sait que tout bon Musulman doit avoir autant de femmes qu'il peut en nourrir.

Les Hindous ne pardonnent point cette conduite aux Musulmans et les Brahmes leur pardonnent moins encore leurs extortions et les humiliations dont ils les ont abreuvés. Mais partout où les Musulmans furent prépondérants, l'abolition de la Caste pour les Hindous convertis à l'Islam leur rattacha les classes infimes et tous les Pariahs non assujettis à la Glèbe. On ne trouve presque pas de Pariahs dans l'Hindoustan, il n'en reste que dans le Deckan.

---

[1] Ils ont joué le même rôle sous les Anglais qui les employaient pour la perception de l'impôt. La population leur a donné à cause de cela le nom de dog-hunters, chiens de chasse.

Une flotte portugaise ayant découvert et doublé le Cap de Bonne-Espérance aborda le 21 mai 1498 à Calicut sous la conduite de Vasco de Gama, qui y reçut bon accueil. En 1500 une nouvelle flotte Portugaise fut envoyée dans l'Inde sous les ordres de Cabrol qui fonda des factoreries et construisit des Eglises chrétiennes à Calicut et à Cochin.

Dans la première moitié du xvie siècle, en 1526, Ackbar petit-fils de Baber fonda l'Empire d'Agra en se donnant le titre de Grand Mogol. Ayant pris à sa solde les Radjapoutes, il s'empara du Cachemire, du Caboul, du Guzerate et entreprit la conquête du Dékan qui fut achevée par ses successeurs Ackbar et Aureng Zeb.

Son règne qui dura 50 ans eut un éclat extraordinaire plus encore par les Institutions politiques et le développement du commerce que par ses conquêtes. Il était magnanime et en même temps fort tolérant en matière de religion. Il dut sans doute à son origine Mongole et à la tradition de Gengiskan ces qualités qui ne se voient jamais dans un prince Musulman. Il s'efforçait de concilier les doctrines des religions en vigueur dans ses états et de les fondre dans une religion éclectique qui, sous le nom de : « divin Monothéisme » et tout en conservant certaines formes de l'Islamisme, empruntait des pratiques aux Hindous, aux Guèbres et aux chrétiens. Il favorisa la prédication de l'Evangile par les Jésuites Portugais. Sachant bien qu'ils ne parviendraient jamais à ébranler la foi des Mahométans, il les voyait sans peine convertir les Idolâtres.

Les Sicks reçurent la religion qu'Ackbao avait conçue.

Malgré quelques revers, l'Empire Mongol eut longtemps une splendeur extraordinaire et a laissé des monuments impérissables.

Il faut remarquer l'accroissement prodigieusement rapide du nombre des Musulmans dans l'Inde. Ils en firent la conquête avec une poignée d'hommes, moins de cent mille, et aujourd'hui ils comptent plus de 50 millions d'âmes. Ce résultat réalisé presque en entier avant l'occupation anglaise, doit être attribué pour une part à la propagande religieuse qui fut efficace dans les basses Castes parce que les Musulmans n'admettent point la division en Castes, et pour une partie beaucoup plus forte à la polygamie. Comme tout bon Musulman doit avoir autant de femmes qu'il peut en nourrir et comme les conquérants étaient très riches des dépouilles des vaincus ou des impôts qu'ils prélevaient, ils purent avoir des familles très nombreuses. Ils prenaient aux indigènes toutes celles de leurs filles qui leur plaisaient pour en faire leurs femmes, les plaintes des parents contre ce genre d'expropriation n'étaient jamais écoutées. Aujourd'hui les choses se passent encore ainsi dans les états qui appartiennent dans l'Inde à des princes Musulmans.

Un autre effet de la conquête Musulmane fut d'abattre l'essor que l'Hindouisme avait pris après sa renaissance. Dépouillés par elle de leurs biens et de leurs loisirs les Brahmes durent pour vivre se faire les instruments méprisés des nouveaux maîtres.

Proie de toutes les extortions et victimes de tous les fléaux, les populations furent hors d'état de faire, comme par le passé aux Brahmes des dons soit personnels, soit pour des œuvres de bienfaisance et d'utilité publiques. La civilisation et la culture intellectuelle, qui dans le sein du Vichnouvisme et du Sivaïsme renouvelés, avaient enfin reçu un développement considérable, furent soudain arrêtées [1]. Les besoins et les misères rejettèrent dans l'oubli les principes de spiritualité et d'amour répandus dans la poésie et la philosophie religieuse et ne laissèrent subsister que le terre à terre du culte et des pratiques superstitieuses ; l'Inde retomba aussi bas qu'elle avait été avant le Bouddhisme. C'est ainsi du moins que nous la montre le père Dubois au commencement du siècle et que

[1] Cette époque a reçu du Bouddhisme ou créé elle-même un nombre immense d'œuvres pieuses ou utiles : Ponts, barrages d'irrigation, étangs pour bains et pour irrigations si nombreux et si étendus qu'on a dû en combler quelques-uns, pagodes si nombreuses et si vastes qu'on pourrait dire dans notre langage que chaque canton avait sa cathédrale, Bungalows (caravansérails) rapprochés et parfaitement pourvus de tout sur toutes les routes, enfin chauderies vastes et nombreuses. Les chauderies sont de grands établissements pourvus d'étangs pour bains et de nombreux bâtiments affectés chacun à une classe particulière de voyageurs et de pèlerins avec la séparation des castes. On y donne une large hospitalité et tous les soins nécessaires.

nous l'avons vue nous même vers son milieu. Il est permis de penser qu'il en eût été autrement, si elle avait continué de s'appartenir à elle-même. Peut être, malgré leur égoïsme, les Brahmes auraient-ils achevé l'œuvre qu'ils avaient inaugurée et maintenu l'état moral et matériel à la hauteur du génie Aryen, dont ils avaient hérité. Au lieu d'échouer au Naturalisme, ils auraient spiritualisé à un plus haut degré les croyances et le culte en donnant aux dogmes supérieurs des livres sacrés toute l'expansion qu'ils comportent et laissant dans l'ombre les doctrines infimes et les légendes puériles.

Les Musulmans furent pour la poésie, même érotique, et pour la philosophie religieuse, infiniment au-dessous de l'Hindouisme, au moins si nous en jugeons par les traductions de M. Garcin de Tassy qui certes, n'a pu manquer de faire un choix ; ils n'ont produit que bien peu d'écrits qui aient quelque mérite. Mais ils ont brillé au plus haut point par l'architecture, et ont même eu sous ce rapport une influence heureuse sur l'Hindouisme lui-même. Car, c'est un caractère propre à l'Inde que les civilisations qui y ont fleuri, hindoues, musulmane et chrétienne, y vivent aujourd'hui côte à côte, se tolérant réciproquement et s'entrepénétrant profondément.

Le petit nombre de pagodes ou temples hindous construits depuis que l'Inde ne s'appartient plus, empruntent toutes un cachet à l'architecture religieuse ambiante ; par exemple, près des villes musulmanes, aux mosquées et aux marabouts. J'ai vu en construction dans une grande et ancienne pagode un temple dont la nef était recouverte d'une voûte en berceau comme celles des églises catholiques voisines (style de la Renaissance).

CHAPITRE II

L'INDE AU XVIIIe SIÈCLE. LES SICKS

Au commencement du xviiie siècle, l'Inde se trouvait partagée entre les Mongols, les Sicks, les Mahrates et un certain nombre de petits royaumes du sud, le Maissour, le Tandjore, le Madourè. En 1730, les Portugais, les Hollandais, les Français et surtout les Anglais y avaient des établissements en assez grand nombre et dont les principaux étaient Goa, Pondichéry, Madras et Bombay.

En 1761 une grande bataille se livra dans la plaine de Paniput près de Delhi entre les Musulmans (Mogols et Afghans) commandés par Ahmed Schah, Abdali de Caboul, et le Radjah des Marates Sédaciva Rhow; c'était la continuation de la lutte entre les étrangers Musulmans et les Hindous Brahmaniques représentés par les populations guerrières des Montagnes. Il y avait de chaque côté 100,000 combattants avec des canons et un nombre infini de non-combattants. Les Mahrates furent défaits ; on évalue à 500,000 le nombre de ceux qui perdirent la vie soit dans la bataille, soit un peu après.

Pendant tout le reste du xviiie siècle, le Deckán fut le théâtre de guerres acharnées entre les Anglais et les Français ; ces luttes auxquelles prirent part successivement le Grand Mogol, Hyder Ali et Tipo-Saïd sultan d'Hyderabad (Golconde) et enfin les Mahrates, finirent, on le sait, par le triomphe des Anglais. Au commencement du xixe siècle ceux-ci avaient conquis la plus grande partie de l'Inde et n'avaient plus devant eux que le Grand Mogol fort réduit et sous leur tutelle, le Vizam qui fut bientôt soumis à leur protectorat, la confédération féodale des Sicks qui avaient pour capitales Oude et Lahore, et enfin les Mahrates.

On a une idée très exacte des mœurs et de l'État religieux de l'Inde à cette époque par l'ouvrage du père Dubois intitulé les mœurs de l'Inde. Arrivé à Pondichéry dans les premières années de la révolution française, au plus tard en 1793, il remit en 1806 son manuscrit au Gouverneur de la présidence de Madras qui lui en facilita la publication en anglais par une subvention. L'état qu'il décrit est donc celui de l'Inde à la fin du dernier siècle, et comme il a recueilli beaucoup de souvenirs des vieillards, ses informations peuvent être considérées comme s'étendant au xviiie siècle tout entier.

A cette époque en générale il ne restait plus trace du Bouddhisme dans les monuments, les Brahmes avaient même réussi à en altérer le souvenir.

L'incarnation de Vichnou en Bouddha, qui fut très probablement originairement inventée à titre de compromis, avait pris, à mesure que le Bouddhisme déclinait, un caractère calomnieux : « Bouddha était venu établir l'athéisme, le mépris des anciennes coutumes et des règles relatives aux souillures, l'abolition des Castes et *le manque de respect envers les parents*. A sa voix les rois ne se distinguaient plus par leur conduite des Tchandalas. Il abolit les sacrifices sanglants anciennement usités. »

Après la défaite du Bouddhisme, on ajouta : « par l'incarnation en Bouddha, un désordre régna dans toute la nature, la terre perdit sa fertilité, les nuages cessèrent de donner de la pluie et les vaches du lait propre à faire du beurre. »

Les Brahmes allèrent jusqu'à fabriquer des livres qu'ils attribuèrent aux Bouddhistes et où leurs doctrines sont effrontément falsifiées, et ils parvinrent ainsi à en donner l'idée la plus fausse. On peut en juger par ce qu'a écrit, sur leurs renseignements, le père Dubois qui ne connaissait cette doctrine que par eux et par l'idée qu'on en avait à cette époque dans toute la partie de l'Inde au sud du fleuve de la Kristhna. C'est un passage extrêmement curieux de son livre partout ailleurs si véridique. Je cite :

« La secte appelée baouda matta ne compte pas de brahmes dans ses rangs, elle n'est suivie que par les bouddhistes *dont le nombre est à présent peu considérable dans le sud de l'Inde.*

« Suivant cet odieux système, il n'y a pas d'autre dieu que la matière. Elle se divise en une infinité de corps qui sont autant de dieux suivant les uns et qui n'en sont qu'un suivant les autres. Ils enseignent qu'il n'y a ni vices ni vertus pendant la vie, ni paradis ni enfer après la mort, que le vrai sage est celui qui se procure tous les plaisirs des sens, qui ne croit rien que ce qui est sensible et qui se moque de tout le reste. »

Il est probable que quelque Brahme, pour tromper l'auteur, aura attribué à Bouddha le système des Lokateria matérialistes et sceptiques.

Dans le même but qu'on lui a communiqué un livre, prétendu bouddhiste suivant lequel « la vraie religion est de se procurer tous les plaisirs des sens, de se venger de ses ennemis même en les tuant, de renoncer à tous les sentiments d'humanité et de ne vivre que pour soi. La piété filiale, la bonté, la douceur, la commisération sont des péchés. »

Avec de pareils principes, conclut l'abbé Dubois, il n'est pas étonnant que le Bouddhisme ait été « *exterminé* » dans l'Inde. Cependant il ajoute : « Je soupçonne que le livre communiqué est l'œuvre des Brahmes eux-mêmes. Ils prêtent aux Djaïns calomnieusement la même doctrine. »

Puisque les Brahmes ont usé de pareilles armes contre leurs adversaires, on ne peut douter qu'ils n'aient excité contre eux une persécution sanglante dès qu'ils l'ont pu.

Disons quelques mots des Sicks, aujourd'hui les auxiliaires les plus précieux des Anglais dans l'Inde.

Né en 1469 près de Lahore dans le Punjab, Nanak a fondé une religion, éclectisme du Vichnouvisme et du Mahométisme.

Il donne du Dieu suprême (Hari, Vishnou) la définition brahmanique, mais il le considère comme unique et il condamne l'idolâtrie ainsi que le font les Musulmans. Comme les Vichnouvistes et aussi comme beaucoup d'ordres religieux Musulmans, il enseigne que la connaissance et la répétition du nom de Hari sont plus efficaces pour le salut final que les œuvres de charité et de dévotion. Mais cette connaissance ne peut s'acquérir qu'à l'école du Gourou chef de la religion et de la nation des Sicks.

Un des Gourous ses successeurs, Ram Das, fonda dans

le lac Amrita Sara (lac du Nectar) le temple fameux du même nom autour duquel s'est élevée la métropole religieuse et politique de la confédération des Sicks.

Son fils Arjun qui lui succéda composa le Granth (le Livre, comme le Koran), livre sacré des Sicks. Le dixième Gourou, Govind fonda leur nationalité, en ajoutant au Grandth une partie belliqueuse qu'on appela le livre du 10ᵉ Gourou et en supprimant les Castes.

Après la défaite et la mise à mort du 11ᵉ Gourou par le grand Mogol Farok-Shér, la charge de Gourou suprême fut abolie, et le Granth devint l'unique chef religieux des Sicks et comme le Dieu de la Secte ; on lui rend des honneurs personnels[1].

Le Grandth professe à peu près complètement le Monothéisme musulman : Hari et le Gourou, comme Dieu et le Prophète.

« Au commencement est l'Être unique et vrai et il sera toujours; Soit qu'on l'adore comme les Mahométans ou comme les Indiens, il est le même et unique seigneur. Par lui seul, la création a été produite et disparaîtra. O Hari, tu es seul au-dedans et au dehors ; tu connais les secrets des cœurs. Prononce le nom de Hari, Hari — ô mon cœur ; ce nom donne la force, dissipe tous les péchés et tous les vices, fait cesser la pauvreté et la souffrance. Tu es moi, je suis toi ; de quelle espèce est la différence, c'est comme l'or et le bracelet, comme l'eau et la vague. Si quelqu'un apporte Hari et l'unit à moi, ma vie est restaurée, etc. » C'est l'union Mystique du chant du bienheureux. Voici maintenant qui touche au Panthéisme, lequel amène la Métempsykose.

« En dehors de toi, il n'y a personne autre, ô Seigneur,
« tout ce qui existe est ton jeu, l'arène ou tu t'exerces. »
« Sois uni au Seigneur de l'Univers En quelques nais-

---

[1] Tous les matins, on revêt le Granth d'un habillement de brocard et on le place sur un trône surmonté d'un riche dais, durant tout le jour on l'évente ; le soir il est transféré en pompe dans un autre appartement et déposé sur un lit d'or pour y passer la nuit.

C'est quelque chose comme les honneurs que les Juifs rendaient à l'arche d'alliance, car les Sicks se glorifient de ne pas adorer des idoles.

« sances tu as été fait rocher ou montagne ; en quelques
« autres, tu as été produit comme une plante potagère ;
« dans les quatre-vingt-quatre centaines de mille autres
« naissances, tu as pris d'autres formes. Après un temps
« très long le corps humain fut obtenu [1]. »

C'est presque du Darwinisme amplifié et rayonnant jusqu'au présent et à l'avenir.

Vient ensuite le Gourou qui entrait dans le système guerrier des Sicks comme le Prophète dans celui des Musulmans :

« Je suis un sacrifice continuel à mon Gourou. »

« Protégé par le Gourou, on peut être admis dans la
« véritable demeure de Hari ; on est exempt de la mort.
« Il est distinct du Véda, du Coran et de tout l'Univers[2]. »

En 1848, après une vaillante résistance, les Sicks furent réduits par les Anglais qui réussirent à se les attacher ensuite. C'est à leur concours que le Gouvernement de l'Inde doit son triomphe sur la révolte de 1856. Comme la religion et les souvenirs historiques les éloignent également des Musulmans et des Hindous, ils sont des auxiliaires sûrs et précieux pour l'Armée Anglaise.

---

[1] Les Sicks croient qu'il y a 8.400.000 formes d'existence à travers lesquelles l'âme qui est une flamme issue de la source ignée de la vie, peut être condamnée à passer avant d'y retourner. Ces formes se divisent en 2.300.000 formes de quadrupèdes, 900.000 d'êtres aquatiques, 100.000 de volatiles, 1.100.000 de reptiles, 1.700.000 êtres immobiles, et 1.400.000 formes humaines. C'est dans cette dernière catégorie seule que peut s'accomplir l'émancipation finale.

[2] On donne le nom de Satnâmis à une branche ou fille de la secte des Sicks fondée en 1750 dans la province d'Aoud sur ces principes.

CHAPITRE III

POLITIQUE DES ANGLAIS DANS L'INDE

Comme les Hindous n'ont aucun lien national, aucun sentiment patriotique, les Anglais ont obtenu leur soumission volontaire, en ménageant d'une manière absolue leurs préjugés et leurs coutumes et en donnant aux Brahmes tous les emplois qu'ils pouvaient occuper. Ils ont longtemps tout toléré, même les usages les plus contraires à la morale et à l'humanité. Ce n'est que dans ces dernières années qu'ils ont absolument interdit les Sutties, sur les instances des missionnaires, et c'est seulement en 1880 qu'ils ont réussi, *par la persuasion*, à faire cesser les sacrifices humains chez les Kondes, peuplade sauvage des Montagnes du Malabar.

Vis-à-vis des princes du pays ils ont continué, pendant ce siècle, la politique qui leur avait si bien réussi jusque-là et dont ils avaient empruntée à Dupleix, presque tout ce qu'elle avait d'avouable : Intervenir en toute occasion et sous tous les prétextes dans les affaires des états restés indépendants; se rendre indispensables, et faire rechercher au besoin imposer leur protectorat. En cas de refus d'un prince d'y recourir ou de le subir, le faire déposer en lui suscitant un compétiteur qu'ils assistent et font régner à des conditions ruineuses ; imposer à titre d'indemnités ou de frais d'occupation militaire aux princes protégés des charges au-dessus des ressources du pays et les amener peu à peu, sous prétexte d'embarras financiers, à abandonner aux Anglais l'administration et définitivement à renoncer à leurs couronnes moyennant une allocation pécuniaire ou foncière. (Nous avons vu une ancienne reine du Tandjore qui se trouvait dans cette situation) ; enfin donner aux fils des princes ainsi dépossédés une éducation qui les rende impropres à gouverner et impuissants à rien tenter contre la domination Anglaise.

En 1855 les Musulmans se sont révoltés, mais dans une seule des trois présidences, celle du Bengale où ils étaient prédominants ; ils ont réussi à entraîner avec eux les Hindous Brahmaniques, parce que, ceux-ci étaient partisans de quelques princes dépossédés par exemple de la famille royale d'Oude ; mais cette union ne saurait se renouveler, aujourd'hui que les Hindous connaissent à la fois leur faiblesse et leurs véritables intérêts. La suppression de l'ancienne Compagnie et la proclamation de l'Empire de l'Inde ont beaucoup rehaussé la politique et le prestige de l'Angleterre.

Le gouvernement Anglais s'efforce de constituer avec les descendants des princes dépossédés, ou sur le point de l'être, et avec les chefs influents, une aristocratie terrienne dont elle s'assure le dévouement par les grands avantages matériels et honorifiques qu'elle leur confère. Peut-être réussira-t-elle ainsi à lier à sa cause par les intérêts une sorte de classe dirigeante qui pourra l'aider efficacement en tout temps et prendre part à une lutte contre un ennemi extérieur.

Aujourd'hui l'Angleterre peut compter absolument sur la soumission de tous les peuples de l'Inde. Comme les cipayes restent soldats toute leur vie, les populations, même celles qui sont Musulmanes, ne possèdent aucun élément militaire, ni même aucunes armes ; les troupes Indigènes sont dévouées par intérêt, car leur solde est plus élevée que le salaire des ouvriers Indigènes. Le pays est couvert d'un réseau aujourd'hui très complet de chemins de fer et de canaux de navigation et d'irrigation. Sa richesse et sa population ont au moins doublé depuis un demi-siècle[1]. Une nation étrangère pour-

---

[1] L'Angleterre a fait énormément pour l'Inde avec les revenus du pays. Celle-ci ne lui adresse qu'un reproche : celui d'avoir étouffé des industries locales dans l'intérêt des manufactures anglaises. C'est ainsi que les cotons de l'Inde sont transportés à Manchester pour y être transformés en tissus dont une grande partie retourne ensuite dans l'Inde pour son usage. C'est là un énorme impôt indirect que l'Angleterre prélève. Sans parler de l'impôt foncier qui est le tiers du revenu et qui forme le budget de l'Inde.

rait seule déposséder l'Angleterre ; ce serait exclusivement une question militaire, car l'Inde isolée par l'esprit de caste, de tout contact, de tout mélange, avec les étrangers qu'elle considère comme impurs, acceptera sans regret et sans murmure la loi du plus fort quel qu'il soit.

Quelques auteurs affirment même que les Musulmans au nombre de 50 millions, nombre qui augmente par le prosélytisme, pourraient aider une invasion Russe. Ce danger, s'il existe, va en diminuant à mesure que s'efface de l'esprit des Mahométans de l'Inde le souvenir de leur ancienne domination sur les Indigènes ; en outre, l'administration russe est fort redoutée, tandis que celle des Anglais est honnête et libérale; et le prosélytisme chrétien fait au prosélytisme musulman une concurrence qui sert les intérêts de l'Angleterre.

L'Inde n'a point de colons ; elle n'est donc point une colonie ; c'est seulement lorsqu'elle le sera que sa destinée sera irrévocablement fixée. Elle peut le devenir dans les régions froides des montagnes qui forment les pentes ou les contreforts des Himmalayas ou de la chaîne de Pamir, ou qui s'y rattachent, le Cachemir, le haut Punjab, le Népaul, le Boutan, qui sont presque à la latitude de l'Algérie et les pays limitrophe, l'Assam, l'Afghanistan et même le Thibet que l'industrie Anglaise et l'exploitation pastorale pourraient envahir et transformer.

L'Angleterre sera irrévocablement maîtresse de l'Inde, lorsque ces contrées auront quelques millions de colons d'origine Européenne et elles peuvent les recevoir, même sans le Thibet, ainsi qu'Elysée Reclus l'a fait voir.

L'illustre Hogson, qui a rendu de si éminents services à la science de l'Inde, et qui notamment a si bien décrit les races Himmalayennes, alors qu'il était résident au Népaul a proposé vers le milieu du siècle la colonisation des Himmalayas par l'Angleterre : nul n'était plus que lui, en situation d'avoir sur cette question des idées justes et pratiques et ses écrits à ce sujet sont fort remarquables.

Il a été souvent question de mettre de vastes districts à la disposition de colons Européens ; on a été arrêté par cette considération que le prix moyen de la main-d'œuvre est si faible dans l'Inde et le travail d'un Anglais si largement rémunéré en proportion, que les Colons ne pourraient supporter la concurrence des Natifs. On a craint aussi que la vue d'Anglais s'occupant de travaux manuels ne compromît le prestige de la race maîtresse.

Ces craintes ne nous paraissent point fondées. Les districts où l'on installerait des colons Européens seraient séparés de la masse des populations hindoues et les procédés de culture avec l'aide de machines et d'outils perfectionnés et le concours partiel des Indigènes diffèrent trop du travail Indien pour que ces avantages, joints à l'exemption de tous impôts et charges quelconques ne procurassent le bien-être aux Colons et ne fissent, aux yeux des Hindous, de ces cultivateurs étrangers privilégiés, une caste noble *sui generis*, comme l'étaient les Vaissyas et le sont encore les Vellajas dans la présidence de Madras.

Sans doute ce travail agricole ne serait point autant rémunéré que l'est aujourd'hui celui d'un Anglais. Mais les Anglais de l'Inde, au nombre de soixante mille à peine, ne sont point des ouvriers ; ce sont des propriétaires ou directeurs de plantations, des Industriels, des entrepreneurs, ou bien des contre-maîtres appartenant à cette classe qui, en Angleterre, sert d'intermédiaire entre les chefs de maison ou d'exploitation et les ouvriers, classe déjà aisée dans la Métropole et presque riche dans l'Inde. On ne peut leur comparer des cultivateurs qui viendraient s'installer par centaines de milliers. On a fait au début de notre établissement en Algérie, la même objection du bas prix de la main d'œuvre et de la culture indigènes. L'expérience a dissipé ces appréhensions.

Le Gouvernement Anglais peut certainement offrir aux émigrans des terres plus fertiles et un climat meilleur que le Brésil et les états de l'Amérique du Sud.

Des essais dans ce sens devraient au moins être tentés avec des émigrans Européens, et avec les soldats anglais pensionnés à l'âge de 40 ans qui presque tous restent dans l'Inde et s'y marient avec des femmes de sang mêlé élevées à l'Européenne.

Que cet essai réussisse ou non, on devrait, en tout cas, coloniser avec des Eurasiens (Eur-Asia, metis asiatiques).

Cette classe qui compte au moins un demi-million de personnes, comprend les descendants métisés des portugais, et les Anglo-Hindous qui sont beaucoup plus nombreux, plus grands, plus beaux et plus forts, mais beaucoup moins disposés au travail manuel que les familles d'origine portugaise acclimatées déjà depuis plus de deux siècles, et aussi bruns que les Indigènes. Ceux-ci seraient certainement de bons colons. Il faudrait quelque persévérance pour y amener les Anglo-Hindous que les Anglais ont beaucoup trop négligés et dédaignés, ayant contre eux le préjugé de la couleur, tandis que les Hindous les méprisent comme hors-caste et les détestent comme intermédiaires entre eux et les maîtres pour tous les emplois ou offices répugnants ou désagréables. Cependant ils sont très dévoués à l'Angleterre à la fois par éducation et par intérêt, et ils lui ont prêté un concours sérieux lors de l'insurrection de 1856. Au lieu de les laisser s'abaisser et s'avilir, il conviendrait de les relever le plus possible en les employant honorablement dans les villes de santé, les grands campements, les exploitations, les grades inférieurs de l'administration et surtout de la police armée qui forme une troupe nombreuse, et enfin dans des colonies agricoles. On trouverait dans cette classe les éléments d'une milice qui, au bout de quelques années, pourrait, en cas de guerre extérieure, remplacer dans les cantonnements actuels, sortes de grandes villes militaires qui surveillent l'intérieur, l'armée de l'Inde appelée aux frontières. Ils pourraient tout au moins faire, dans les places, un service d'ordre qui rendrait disponibles pour les cantonnements les régiments de police qui sont de véritables troupes, employées aujourd'hui en Birmanie comme les régiments de cipayes.

Un instant, on avait compris le parti qu'on pouvait tirer des Eurasiens. Il fut même question de tout préparer pour les mettre à même d'être un jour substitués aux Anglais de manière à constituer dans l'Inde un Self-governement. Mais ces idées, extrêmes, il faut en convenir, — ont été complètement écartées, bien avant même qu'on proclamat une Impératrice des Indes. On a même songé à transporter à Calcuta le siège de l'Empire Britannique.

Les Eurasiens ne peuvent former dans l'Inde une classe relativement considérable par le nombre et la situation sociale, comme celle des mulâtres aux Antilles et aux Iles Mareignes. Cela tient à que, dans l'Inde, les Européens n'ont de rapports avec des femmes Indigènes que dans les pires conditions. Les seules qui se prêtent à ces rapports appartiennent aux classes infimes, éthniquement, physiquement et moralement inférieures depuis des siècles au reste de la population Hindoue. Les enfants qui proviennent de ces unions, presque toujours très éphémères, partagent à un certain dégré l'infériorité maternelle. Dans les grandes villes les filles sont, pour la plupart, recueillies et élevées par des maisons religieuses où des Eurasiens et des prolétaires Européens, surtout des soldats anglais retraités, viennent les prendre pour femmes. C'est par ces unions avec des Européens que la classe métissée se relève.

L'exemple de l'Inde soumise à des conditions exceptionnelles, ne saurait être invoqué d'une manière rationnelle contre les classes de métis qui existent ailleurs : Les Antropologistes reconnaissent que presque partout elles ont une valeur supérieure à la moyenne de celle des deux races dont elles proviennent et qu'elles remontent graduellement avec le temps vers la race supérieure qui s'allie à la fois et à la race inférieure et aux métis. Cela résulte de ce que, dans le produit d'une union, l'influence du père est généralement prépondérante. Or, il est reconnu que la femme se donne difficilement à un homme inférieur, tandis que chez l'homme la fougue du tempérament fait taire les répugnances. Le métissage doit donc augmenter la valeur moyenne d'une population mélangée de plusieurs races. C'est ce que l'on voit dans les innombrables populations mixtes de l'Afrique et de l'Océanie où les métis tendent à devenir la majorité, les Européens ne pouvant jamais y être qu'en très faible minorité à cause du climat. Toutefois comme l'influence du climat tend toujours à ramener les métis au type indigène, il faut que cette tendance soit constamment combattue et neutralisée par une infusion renouvelée sans cesse du sang de la race supérieure. Cela a lieu dans beaucoup de colonies.

CHAPITRE IV

LE CHRISTIANISME DANS L'INDE

En 1500, une flotte portugaise, sous les ordres de Cabral apporta dans l'Inde de nombreux missionnaires. Des églises chrétiennes furent construites à Calicut et à Cochin, et depuis ce moment la prédication de l'Évangile s'est poursuivie activement à travers beaucoup de vicissitudes et de difficultés.

Les premiers missionnaires firent beaucoup de conversions en prenant soin de respecter les usages des Hindous. Les Jésuites avaient poussé l'adresse jusqu'à prendre tous les usages et même le costume des Brahmes ; ils s'efforçaient d'avoir avec eux d'excellents rapports, afin d'éviter qu'il s'élevât entre la religion ancienne et celle qu'ils apportaient un antagonisme de passion et d'amour-propre qu'ils prévoyaient devoir être le principal obstacle à leurs succès, ainsi que cela eut lieu depuis et a lieu surtout maintenant.

C'étaient surtout les Brahmes qu'ils s'efforçaient de gagner, sachant que les autres Indiens suivraient leur exemple. Aussi, on compte aujourd'hui parmi les chrétiens bon nombre de familles de Brahmes dont la conversion date de cette époque.

Le Jésuite Robert, fondateur de la mission du Maduré, baptisa près de cent mille païens dans cette province ; et dans le même temps, le Jésuite Brido en convertit trente mille dans la province de Marava. Les princes eux-mêmes vénéraient et protégeaient les Jésuites qui étaient des hommes éminent par leurs vertus et leurs talents.

Le nombre des chrétiens Indigènes montait à plus de douze cent mille dans le milieu du dix-huitième siècle.

Ce nombre diminua beaucoup ensuite et en 1825 il était réduit à moitié à cause de l'insuffisance des ressources des missionnaires en personnel et en argent.

Les chrétiens étant la plupart très pauvres et complètement isolés au milieu des païens, il leur fallait pour persister dans la foi beaucoup de secours à la fois temporels et spirituels ; quant aux nouvelles conversions, elles étaient à peu près impossibles ; en devenant chrétien, un Indien perdait tout ; amis, famille, patrimoine, héritages ; il était hors caste, par conséquent hors la loi.

De 1825 à 1860 les catholiques ont regagné le terrain qu'ils avaient perdu ; les missionnaires, étant plus nombreux et mieux subventionnés par la maison centrale, ont construit un grand nombre d'églises et établi beaucoup de maisons d'éducation et de charité. Le nombre des catholiques s'est augmenté notablement par l'accroissement de la population, plus particulièrement rapide chez les chrétiens et aussi par l'adjonction à cette population d'un grand nombre d'enfants indiens recueillis et élevés par les missionnaires. Vers 1866 le nombre des Catholiques augmentait de mille par an dans le Vicariat de Pondichéry qui s'étend dans le Carnatique au Nord, depuis Karikal inclusivement et a augmenté de plus de 7,000 en 1881. Au Sud jusqu'au Cap Comorin, pointe de la Péninsule, est la mission des Jésuites dont l'évêque réside à Negapatam. Dans le centre et le Nord de l'Inde, ce sont les missionnaires de la maison de Milan ; dans l'Ouest, sur la côte du Malabar, les Capucins, et ces religieux sont aidés dans leurs efforts par les prêtres catholiques que le gouvernement Anglais paie pour servir d'aumôniers aux Irlandais qui, entrent au moins pour la moitié dans l'armée de la Reine.

Depuis 1866 le progrès a été beaucoup plus rapide dans le vicariat de Pondichéry, le nombre des catholiques a doublé. Dans la province de Salem qui compte deux millions d'habitants, le nombre des catholiques, de 1868 à 1880 s'est élevé de 112 à 180 mille, soit de 6332 par an. Si les protestants arrivent un jour à un nombre égal de conversions ou si l'accélération du progrès des catholiques se continue, le nombre des chrétiens sera bientôt de 400,000 soit du 5e de la population. Dans un siècle, la majorité des habitants seront chrétiens et, d'après ce que nous savons du caractère des Hindous, la minorité suivra très rapidement leur exemple. Nos missionnaires s'occupent surtout des Pariahs et des autres impurs qu'ils disputent aux tigres et à la mala-aria des jungles. De 1870 à 1880 le nombre des Pariahs catholiques a doublé dans le vicariat de Pondichéry. Treize missions protestantes d'Angleterre, d'Allemagne et surtout d'Amérique rivalisent d'efforts avec les missions catholiques. Chacune d'elles, puissamment soutenue par le zèle évangélique de la secte à laquelle elle appartient, dispose de ressources en argent égales à celles qu'ont ensemble toutes les missions Catholiques dans l'Inde. Ils ont, surtout les anglicans, des temples beaucoup plus beaux que la plupart des églises catholiques, ce qui est d'un grand effet sur les Indiens, aussi bien que les secours pécuniaires et les petits emplois publics et privés qu'ils sont à même de distribuer. Une de ces missions emploie pour évangéliser les Indiens un moyen fort efficace ; elle obtient du gouvernement la concession de territoires de quelque étendue et y bâtit des villages où elle reçoit tous les Indiens qui consentent à se convertir, en leur fournissant tout ce qui est nécessaire pour la culture ou pour exercer une industrie ; elle trouve toujours autant de prosélytes qu'il lui en faut pour peupler ces petites colonies où l'éducation des enfants est l'objet de tous les soins des missionnaires fondateurs.

Ce moyen dispendieux est presque le seul qui puisse réussir aux protestants qui, comme les Musulmans, obligent leurs néophytes à renoncer à la distinction des castes, tandis que les missionnaires catholiques ont cru devoir la tolérer, au moins provisoirement, à cause de l'attachement invincible des Hindous à leurs usages civils. Aussi font-ils plus de conversions que les protestants dont les missionnaires, de l'aveu même des Anglais de l'Inde, ont moins de dévouement personnel et dont le culte, sans images, sans musique et sans cérémonies, est antipathique à la nature des Indiens. La religion catholique elle-même paraît bien terne à ces peuples, comparée à celle de leur pays avec l'éclat bruyant de ses fêtes et la magnificence de ses pagodes ; mais on peut prédire que, du jour où elle aura conquis l'Inde sur le Brahmanisme, elle y aura des églises plus nombreuses, plus riches et plus belles, et des cérémonies plus pompeuses que dans tout autre pays, Rome exceptée ; car l'Hindou essentiellement religieux donne pour le culte tout son superflu et souvent même se dépouille du nécessaire. Si jamais les Russes s'emparent de l'Inde, ils imposeront, sans trop de difficulté, la religion orthodoxe qui a autant de pompe et plus d'images (c'est la religion des icônes) que le catholicisme. Ils ne seront point combattus par les prêtres Catholiques qui admettent que l'on peut être sauvé dans le schisme grec dont le patriarchat remonte jusqu'à saint Pierre par une succession non interrompue d'ordinations régulières et valables aux yeux de l'Église Romaine.

D'après le recensement de 1881 qui comprenait la Birmanie Anglaise, mais non les établissements français où les catholiques sont relativement nombreux, l'Inde comptait :

Brahmanistes	187,937,450.
Musulmans.	50,121,585.
Payens ou sauvages	6,426,511.
Bouddhistes, princip. en Birmanie	3,418,834.
Chrétiens	1,862,634.
Sicks	1,855,425.
Djainas.	1,221,896.

Plus une série, de petites religions dont très peu ont plus de 100,000 adhérents ; nous noterons les Parsis (province de Bombay) et, dans le Centre : les Satnani 898,409 et les Kabirpanthi 347,994. 711,037 chrétiens dans la présidence de Madras, 634,903 dans les pays de Cochin et de Travancor — 500,000 pour le Bengale, le N O, la présidence de Bombay et le reste de l'Inde. Plus de la moitié 963,058 sont catholiques.

D'après le Madras directory de 1888, il y a dans les Indes Anglaises (non compris la Birmanie) et à Ceylan 1,235,631 catholiques et en outre 486,386 sous le patronage portugais. Soit en tout 1,722,017 catholiques — avec les protestants, on doit approcher de 3 millions de chrétiens.

Il y a 1,191,935 catholiques dans la Chine, l'Indo-Chine, le Japon et la Corée.

Ceylan mérite une mention particulière, comme exemple du progrès des chrétiens dans le sud de l'Inde.

En 1856, Ceylan comptait seulement 17,000 catholiques et 10 000 protestants ; aujourd'hui, il y a plus de 200,000 chrétiens sur environ 2 millions d'habitants. Les conversions se font surtout parmi les émigrants transportés de l'Inde comme Coolies. Une fois hors de leur pays, les Hindous n'étant plus retenus par les liens de caste se font volontiers chrétiens. On a même remarqué que ceux d'entre eux qui retournent dans l'Inde, sans être convertis, y rapportent néanmoins des idées toutes nouvelles qui se rapprochent beaucoup des nôtres sur l'unité de dieu, sur les devoirs de charité, sur la Cosmogonie et la Cosmographie. La propagande protestante qui dispose de grandes ressources pécuniaires est fort active ; la propagande catholique des missions étrangères l'est encore plus. Enfin il y a un clergé d'origine portugaise depuis longtemps établi et en possession de grands biens; il affecte une certaine indépendance vis-à-vis de Rome.

Le développement des écoles par les soins du Gouvernement Anglais concourt d'une manière indirecte à éteindre le Brahmanisme, à épurer le Bouddhisme et à propager le christianisme ou du moins les idées et les sentiments de l'Europe. L'enseignement de la cosmographie surtout est efficace contre les superstitions Indiennes.

A chaque ermitage des religieux de Ceylan qui sont au nombre de 25,000 est attachée une école ; les maîtres qui sont les seuls instituteurs dans les campagnes ont beaucoup de douceur. Le gouvernement fait de louables efforts pour amener les filles aux écoles de leur sexe.

Beaucoup de religieux sont occupés à copier des manuscrits qui ont été conservés et transmis par leurs soins. L'île de Ceylan passe pour un trésor de science bouddhique; elle a fourni les documents les plus précieux en langue pali, la langue authentique des écritures sacrées du Bouddhisme où sont consignés les enseignements même du Bouddha. Elle est aussi considérée comme le centre d'étude et de rayonnement du Bouddhisme du Sud.

L'armée du salut a fait sans beaucoup de succès, son apparition à Ceylan et à Bombay. Elle manque de prestige. André Chevrillon décrit et juge ainsi les Salutistes qu'il a vus à Bombay : Au-dessus de la foule indigène s'agitent des étendards rouges portant des Alleluia et des invitations à faire son salut. Au milieu de la foule, les Salutistes anglais forment un petit cercle, tous pieds nus, vêtus à l'Orientale ; les femmes drapées de rouge, leurs blondes têtes entourées de mousseline orange, chantent des hymnes sur des airs de Polka ; les hommes en bédouins et coiffés de turbans accompagnent les hommes sur des accordéons.

La conviction et l'effort de ces évangélistes ont quelque chose de comique et de touchant. Mais il leur manque l'imagination sympathique qui permet de concevoir des formes d'âmes étrangères et de s'y accommoder comme l'ont fait les jésuites dans toutes leurs missions. La multitude Hindoue n'est impressionnée ni par les grands airs Wesleyens avec musique Européenne, ni par le dévouement de ces jeunes femmes qui se mêlent à la populace et vivent de sa vie comme des sœurs pour aimer en Jesus-Christ. Elle pense que ces nouveaux missionnaires sont pauvres, et elle les méprise.

LIVRE X

L'Inde actuelle.

CHAPITRE I

LES HINDOUS ET LEUR MANIÈRE DE VIVRE

Le trait le plus marquant des Hindous qui sont naturellement très doux, et surtout des Brahmes, est la duplicité et la dissimulation, conséquences à la fois d'un caractère très faible et d'une religion presque sans morale. Si on en excepte les meilleurs parmi les chrétiens, on ne peut en général compter sur la probité d'aucun Hindou.

Quoique l'argent soit la préoccupation constante de tous, leur lenteur de conception et de décision et leur ignorance du prix du temps, les rendent généralement incapables des grandes opérations du commerce pour lesquelles les Chinois ont tant d'aptitude, et en laissent le monopole dans l'Inde aux Européens établis parmi eux. Mais ceux-ci sont tributaires des Hindous pour les capitaux qu'ils savent entasser. Ils transforment tout l'or qui vient d'Europe en bijoux qui constituent la plus grande partie de la fortune des particuliers. Beaucoup s'enrichissent par le prêt à gros intérêt, mais la fortune ne se transmet pas longtemps dans les familles, à cause des dépenses excessives auxquelles la vanité ou l'usage les entraînent. Cependant les Djaïnas, pour la plupart riches banquiers, font exception; beaucoup aussi passent pour honnêtes.

Les Brahmes et, en général, tous les Hindous qui appartiennent à une caste légale, fuient et méprisent les étrangers, à leurs yeux des Barbares et des Impurs. C'est uniquement par intérêt ou vanité qu'ils ont des rapports avec eux ; mais ils ne leur demandent qu'une chose, le respect de leurs usages. A cette condition, ils obéissent sans difficulté aux Anglais, mais aussi sans s'attacher à eux, de telle sorte que ceux-ci n'ont point de racines dans le pays.

La caste des Soudras s'est subdivisée à l'infini en sous-castes fermées, c'est-à-dire entre lesquelles il n'y a aucun lien ni aucune union matrimoniale. Chaque division méprise les divisions qu'elle considère comme inférieures à elle.

Dans toutes les classes la politesse est considérée comme une des premières vertus et fait, avec la propreté, presque tout le fonds de l'éducation et de la morale. Ils attachent beaucoup d'amour-propre à être bien jugés sous ce rapport.

Mais le langage du peuple est constamment ordurier à un point qui dépasse l'imagination ; les invectives, de quelques personnes qu'elles viennent, sont toujours sales et ignobles. Quoiqu'ils se courbent sous la main qui les châtie, les Hindous conservent un ressentiment caché qu'ils s'efforcent de satisfaire par la dénonciation et souvent par le mensonge. Le crime le plus ordinaire chez eux est l'empoisonnement. Le suicide est assez fréquent parmi les femmes à cause de leurs chagrins domestiques.

Vêtements et habitations.

Dans le sud de l'Inde, les hommes du bas peuple n'ont pour tout vêtement qu'un langoutis, morceau de mauvaise toile qui couvre seulement les parties naturelles. Tout l'habillement des autres classes se compose de deux pièces de toile sans couture, larges de $0^m,70$ et longues l'une de $1^m,65$ et l'autre de 2 mètres. La première sert à couvrir les épaules ; la seconde entoure plusieurs fois les reins, enveloppe le reste du tronc et couvre une partie des jambes. Beaucoup d'Indiens ont en outre un grand drap pour se couvrir la nuit ou le matin dans la saison fraîche.

Les écrivains et autres employés indiens portent une longue robe de toile fine ou de mousseline. Cette dernière manière de s'habiller de la tête aux pieds est fort commune au Bengale; dans cette province les personnes aisées portent en outre un châle assez beau.

Tous les Indiens ont des pendants d'oreilles; quelques-uns des colliers d'or ou de perles, ou de grandes médailles sur la poitrine; des bracelets, des bagues d'or et des anneaux d'argent aux doigts des pieds.

Les Indiens sont toujours bariolés sur la peau de signes et de raies de plusieurs couleurs; ils paraissent très fiers de cette toilette, la seule qu'ils portent. Se présenter devant quelqu'un sans avoir au moins un signe au front, serait manquer à la civilité. Le signe le plus coquet est le pottou, petit cercle rouge peint entre les deux sourcils. Les enfants des deux sexes vont complètement nus.

Les habitations sont fort simples; dans les campagnes elles ont des murs en terre et sont couvertes en paille; dans les villes elles sont quelquefois bâties en briques et couvertes en terrasse. Elles sont toutes construites sur le même plan qui comprend une cour centrale rectangulaire entourée d'une sorte de petit cloître dans lequel donnent quelques pièces étroites et obscures. Devant la maison, sur la rue, règnent tout le long des façades, des estrades sur lesquelles les hommes se tiennent assis, les jambes croisées, pour recevoir leurs amis et connaissances.

Les villages et la plupart des villes hindoues sont bâtis très irrégulièrement, et les rues sont fort étroites. Le quartier le plus important est toujours le bazar ou marché; cependant les capitales d'anciens royaumes et les grandes villes habitées par les Musulmans, comme Delhi, Agra, Oude, Lahore, renferment des quartiers fort beaux. L'autorité Anglaise ne prescrit rien à l'égard des alignements. Auprès de chaque grande ville Indienne se trouvent les habitations des Anglais qui s'étendent comme autant de villas sur un espace immense.

En général, les villes du sud de l'Inde n'ont d'autres cachet que celui qu'elles empruntent aux pagodes et aux bazars. Dans le Nord, au contraire, les nombreux édifices religieux, pagodes, mosquées et églises, les palais Musulmans et les constructions Européennes donnent aux villes un aspect fort remarquable. J'ai déjà parlé de Benarès. A Delhi, la ville de l'Inde la plus ouverte et dont l'aspect est le plus gai, et dans la campagne tout autour, on n'aperçoit que mosquées, dômes, minarets, colonnes triomphales, palais, jardins. Dans toute l'Inde et surtout au Bengale, l'architecture musulmane a produit un grand nombre de chefs-d'œuvre ; le premier de ceux qui restent encore est le Tage d'Agra, assemblage merveilleux et parfaitement ordonné de jardins délicieux, de superbes portes triomphales et de mosquées admirables ; les anglais de l'Inde le considèrent comme le plus beau monument qu'il y ait au monde. Sainte Sophie de Constantinople et Saint Pierre de Rome peuvent seuls, il faut en convenir, lui disputer le premier rang. La mosquée principale qui forme la tombe, est un modèle achevé de l'art persan avec toutes ses grâces et toutes ses délicatesses qui rivalisent avec celles de l'art grec.

A en juger par l'aspect du terrain et par les ruines, la résidence d'été de l'Empereur mogol de Delhi, était sans égale pour la beauté de ses monuments de tout genre et pour l'étendue et la féerie de ses jardins célèbres dans tout l'Orient. Lors du siège de Delhi pendant l'insurrection de 1856, les Anglais détruisirent ces monuments à cause de l'immense prestige qu'ils exerçaient sur les Musulmans en leur rappelant leur grandeur passée.

Le Kottub tour triomphale en maçonnerie qui y reste encore debout auprès de sa jumelle gisante à terre, laisse bien loin derrière lui les monuments de ce genre les plus vantés ; tel, que les colonnes Trajane et Napoléon. Chacune des anciennes capitales Musulmanes a une enceinte de remparts continue et à l'intérieur une citadelle ; toutes deux ont, comme fortification, un cachet architectural remarquable, des crénaux, des portes monumentales etc. La citadelle renferme ordinairement de très beaux palais, une mosquée, un sérail et de très beaux jardins. L'enceinte de Delhi ressemble beaucoup à l'enceinte fortifiée Mauresresque qui se trouve prêt de Tlemcem. Il y a dans l'Inde centrale un nombre très grand de beaux palais et de magnifiques pagodes, la plupart édifiés par les Djaïnas. (voir l'Inde des Radjas et la Géographie universelle d'Elysée Reclus).

CHAPITRE II

SECTES DE VICHNOU ET DE SIVA ; LES GOUROUS

En général, les Hindous adorent tout ce qui peut leur être utile ou nuisible y compris les animaux, les fleuves et les montagnes.

Parmi les animaux, les Vichnouvistes révèrent principalement : le singe en souvenir du grand singe Anouna ; le Garouda ou Milan Brahme et le serpent Capelle. On trouve des singes en quantités innombrables dans certaines pagodes consacrées à Vichnou. Il y a des lieux où l'on recueille et l'on nourrit les Milans Brahmes ; enfin les dévots rendent un culte et des soins aux serpents Capelle qui se trouvent dans leurs maisons et qui quelquefois les mordent mortellement.

En général, les Hindous honorent également Vichnou et Siva ; cependant beaucoup s'attachent exclusivement au culte d'une seule de ces divinités, principalement les Krichnaïstes qui, au Bengale, forment le plus grand nombre des Vichnouvistes.

On distingue les Vichnouvistes au Nahman, signe composé de trois traits sur le front partant de la racine du nez ; l'un vertical rouge, les deux autres symétriques jaunes ou gris. Le rouge représente le flu menstruel, le janne ou gris le Semen virile.

Les Sivaïstes portent des raies horizontales tracées sur les bras et sur le front.

Le culte de Vichnou domine au Bengale et se partage le sud de l'Inde avec celui de Siva dans des proportions à peu près égales. Il n'y a point de différence dans la tenue et les pratiques entre les Brahmes des deux sectes, mais il y en a une marquée entre le commun des dévots. Ceux de Sivá prétendent à une spiritualité plus haute et affichent une grande sévérité de principes et de tenue ; ils comprennent la partie la plus choisie de la population ; beaucoup sont sans doute des descendants d'anciens Bouddhistes.

Ceux de Vichnou au contraire sont beaucoup plus faciles et grossiers et leur secte se compose généralement des classes les plus basses ; ils admettent même les Pariahs. On passe d'une secte à l'autre sans difficulté. Souvent le mari et la femme appartiennent à des sectes différentes. Cette différence n'est jamais une cause de désunion entre parents et amis.

Tout Vichnouviste, et en général dans l'Inde toute personne revêtue d'un caractère religieux, a le droit ou se fait un devoir de demander l'aumône. Les pèlerins usent et abusent de ce droit et s'imposent surtout quand ils voyagent en grande troupe, quelquefois mille, pour se rendre à un lieu vénéré. Ils sont intempérants, obscènes dans leurs chants et font pour la plupart le sacrifice de la Sakty. Leur costume bariolé et surchargé de chapelets et de coquilles rappelle en laid nos arlequins.

Ainsi que nous l'avons vu, les religieux mendiants de Siva se distinguent par des pratiques qui les rapprochent beaucoup des bouddhistes.

Les Gourous.

Nous avons vu que les Gourous dont le Bouddhisme a propagé l'institution dans tout l'Extrême-Orient ont occupé, dès la plus haute antiquité, une place très importante dans la société hindoue. Comme ils n'étaient point obligatoirement de la caste des brahmes, qu'un grand nombre appartenaient aux deux autres castes, principalement à celle des Kchatrias et que même pour certaines juridictions religieuses, ils pussent plus tard être pris parmi les Soudras, ils formaient déjà du temps de Bouddha une institution qui pouvait permettre de se passer de la caste des Brahmes et lui être substituée avantageusement. Aujourd'hui les Gourous sont la seule véritable autorité religieuse de l'Inde brahmanique.

Bien que leur vertu et leur savoir aient été en déclinant toujours depuis l'expulsion des Bouddhistes et surtout depuis l'invasion Musulmane, et qu'elles soient très faibles aujourd'hui, les Gourous n'en occupent pas moins le premier rang parmi leurs compatriotes.

On les respecte et même on les adore à l'égal des dieux, quelquefois même, on les craint davantage ; ils exercent dans la société hindoue des fonctions très importantes au temporel comme au spirituel. Leur autorité temporelle s'étend à toute la caste dont ils sont les Gourous ; ils en font la police, y maintiennent l'exacte observance des usages généraux et particuliers, en excluent ceux qui violent les coutumes et réhabilitent ceux qui s'en rendent dignes.

Comme guides religieux, ils ont un immense pouvoir. Le Sachtanga fait devant eux, leur bénédiction et même leur seule vue suffit pour remettre tous les péchés. Leur pravassam ou don a une valeur inappréciable. Il consiste à distribuer des choses de peu de valeur, comme de la fiente de vache, des fruits déjà offerts aux idoles, l'eau qui leur a servi pour leurs soins de propreté et qui est conservée ou bue par ceux qui obtiennent d'en être gratifiés, les restes de leur table etc. Tout objet qu'on reçoit de leurs mains purifie l'âme et le corps de leurs souillures. Leur malédiction passe pour avoir des effets très funestes que les dieux eux-mêmes ont éprouvés. Elle était encore au commencement du xixe siècle si redoutée des Indiens, qu'on en a vu vendre leurs femmes et leurs enfants pour satisfaire aux exigences pécuniaires de leurs gourous. Aujourd'hui il s'en faut de beaucoup que les choses soient poussées aussi loin.

Chaque secte et même chaque caste a ses gourous particuliers avec leurs pontifes ou grands gourous qui les régissent, les instituent et les destituent.

Ceux-ci ont des résidences fixes, sortes de sièges Pontificaux. Les gourous mariés transmettent leur dignité à leurs fils. Les grands Gourous sont célibataires et ils se désignent des coadjuteurs qui leur succèdent.

Dans la secte de Siva, tous les Gourous appartiennent à la tribu des Sudras.

Dans la secte de Vichnou, les grands Gourous sont pris généralement parmi les Brahmes de Vichnou qui sont séparés et mal vus des autres Brahmes ; à cause de la grossièreté de leurs adeptes et ils ont tous pour primat commun le grand Gourou de Tiroupaty.

Les Indiens qui adorent à la fois Vichnou et Siva ont pour Gourous des Brahmes ordinaires.

Dans leurs tournées pastorales qui n'ont lieu que tous les cinq ans au plus pour les grands Gourous, ces chefs spirituels perçoivent, outre le produit des amendes pour contravention aux règlements de la caste ou de la secte, un tribut appelé l'offrande aux pieds.

Les Gourous inférieurs perçoivent de plus certaines taxes pour les cérémonies qu'ils célèbrent lors de la naissance, de l'initiation, du mariage et du décès.

La plupart des Gourous sont célibataires ; quand ils ne sont pas en tournée, ils vivent dans la retraite dans des espèces de couvents ou ermitages ; quelques uns demeurent près des grandes pagodes. Ils se livrent à la contemplation et à la lecture des livres sacrés. Les grands Gourous résident habituellement dans de grands agraras (villages de Brahmes) où un grand nombre de dévots viennent pour leur faire leurs adorations, leur dénoncer les contraventions aux usages et recevoir les restes de ce qui a pu servir à leur usage.

Les grands Gourous, lorsqu'ils font la visite de leur circonscription spirituelle, déploient la plus grande pompe, soit en voyage, soit à leur arrivée dans les villes, soit dans les promenades qu'ils y font le soir aux flambeaux. J'ai vu en 1865 une exhibition de ce genre à Pondichéry. Le Grand Gourou, monté sur un superbe éléphant richement caparaçonné, se montrait le haut du corps nu jusqu'à la ceinture avec tous les signes religieux de la secte tracés dans la forme et avec les couleurs prescrites sur la face, la poitrine et les bras ; le reste du corps magnifiquement vêtu. Devant lui marchait suivant l'usage un éléphant plus petit portant les objets qui font la matière ordinaire des sacrifices les bananes, les fleurs, le beurre clarifié etc., et devant les objets du sacrifice les bayadères très belles et très richement parées, dansant devant la foule ; derrière le Brahme un superbe palanquin. Le Gourou était entouré d'un nombreux cortège de gens à pied et à cheval. La marche était ouverte par des gardes à cheval avec des lances et des banderolles annonçant le gourou, par des Indiens porteurs de torches et par des dévots qui chantaient des vers en l'honneur des dieux. Puis venaient des chars richement décorés et très hauts

sur lesquels des bayadères, les plus belles, magnifiquement parées, dans leur demi-nudité habituelle, se tenaient debout, par couples, soutenant des couronnes entrelacées avec une pose gracieuse. Venaient ensuite des bandes de musiciens ; puis le groupe essentiel que nous avons décrit.
— Derrière suivaient des chars plus ou moins richement ornés. Tout le long du parcours suivi, les maisons étaient illuminées, tapissées de feuillages et de draperies et ornées de riches pandals (sortes de marquises) en saillie sur les façades ; les rues (qui à Pondichery ressemblent à nos boulevards) étaient jonchées de feuillages, et tapissées de toiles ou étoffes étendues sur le passage du cortège. Des arcs de triomphe, élégamment décorés avec des fleurs, des guirlandes, des feuillages et des draperies s'élevaient sur de hautes colonnes en bois. L'ensemble fort beau, même pour un spectateur indifférent, faisait la plus vive impression sur la population Indigène. Les missionnaires ont reconnu que cette visite du Gourou avait eu, au point de vue religieux hindou, un effet considérable et fort regrettable pour la propagation de la foi chrétienne.

CHAPITRE III

LES BRAHMES ET LE CULTE PRIVÉ

On reconnaît facilement un Brahme parmi les autres Indiens à son teint semblable à celui des Européens méridionaux, à son air libre et aisé, à ses vêtements blancs, à ses manières où perce sans affectation le sentiment de la supériorité. Dans les familles des Brahmes, règnent la décence, la tenue et toutes les qualités domestiques spécialement prescrites à la caste par Manou.

Ils portent généralement les signes de la secte à laquelle ils appartiennent. Mais les dissidences entre eux sont purement spéculatives et n'excitent entre eux aucune animosité. La science et la doctrine religieuse sont chez eux un héritage de famille. Il y a, au Bengale seulement, dans les villes sacrées, des Brahmes qui connaissent et enseignent le sanscrit. A Bénarès on en voit près des Pagodes qui sont occupés à lire les Védas et autres livres sacrés, mais ce sont des hommes isolés et en assez petit nombre.

Vers 1860 le Vice-Roi a fondé à Calcuta un collège de Brahmes recrutés parmi les plus savants et auxquels on n'impose d'autre condition que de savoir l'Anglais. On ne saurait assez louer lord Tréveillhan de cette création destinée à faire connaître à l'Europe tout ce qu'elle ignore encore sur l'Inde et à faire pénétrer parmi les Hindous la science et les idées de l'Europe. Les résultats obtenus sous ce dernier rapport depuis 1860 sont très remarquables.

Les Brahmes formant à peu près la 10º partie de la population, il y en a dans toutes les positions de fortune et ils sont obligés pour vivre de se livrer à toutes occupa-

-tions qui ne leur sont point interdites par Manou comme faisant contracter des souillures. Les Cipayes qui composent notre petite garnison de Chandernagor sont tous Brahmes. Aujourd'hui à Calcuta des Brahmes portent des chaussures en cuir et tiennent des boucheries.

Quelque bas que soient leurs emplois, ils sont considérés comme bien au-dessus de tous les autres Hindous, en raison de leur origine supposée divine et de la supériorité de leur intelligence et de leur éducation. On sait d'ailleurs que les Indiens n'attachent d'idée d'infériorité à une profession ni à un métier quelconque qui ne fait point contracter de souillure, fût-ce même la domesticité.

Le Précepte de Manou d'après lequel un Brahme doit toujours, et sans jamais se décourager, poursuivre la fortune, est passé dans le caractère et comme dans le sang de la caste. Il a été toujours pratiqué par les Brahmes avec une ténacité des plus remarquables, et une absence absolue de scrupules sur les moyens, la haine des Brahmes contre les Musulmans a fortement contribué à faire accepter les Anglais. Ceux-ci confièrent tout d'abord aux Brahmes tous les emplois qui n'étaient pas réservés à des fonctionnaires Européens. Ils étaient très utiles aux Anglais comme sous-collecteurs des impôts à cause de l'ascendant qu'ils exercent sur la population. Mais ces fonctions dont ils abusaient le plus souvent pour s'enrichir aux dépens de leurs compatriotes, les ont peu à peu dépopularisés.

Les Anglais voyant ce discrédit et n'ayant d'ailleurs qu'une médiocre confiance dans leur probité, les ont peu à peu écartés et remplacés par des Metis Anglo-Hindous (Eurasiens), mais seulement pour des postes subalternes.

Aujourdhui, ils confient souvent des fonctions importantes et élevées à des Brahmes éminents par leur mérite ou leur fortune. Les derniers font partie de l'Aristocratie terrienne que l'Anglelerre s'efforce de constituer dans l'Inde afin de s'appuyer sur elle pour le gouvernement intérieur et la défense extérieure de l'Inde.

Beaucoup de Brahmes vivent des revenus affectés aux Pagodes, des produits du culte, des dons et aumônes. Un certain nombre sont propriétaires ou cultivateurs et forment des villages à part nommés Agraras. Tous ces

Brahmes sont investis du triple cordon et accomplissent tous les jours certaines pratiques pieuses. L'emploi de leurs temps et leurs exercices religieux sont réglés aujourd'hui aussi bien qu'ils l'étaient du temps de Manou quoique d'une manière un peu différente. Ce sont toujours des Mystiques, mais d'un mysticisme matériel.

Les Brahmes Pourachitas ou officiants ne sont qu'une très faible fraction de la caste des Brahmes. Ils ne forment point un corps et ils exercent plutôt un métier qu'un sacerdoce. Les cérémonies [dont ils sont chargés sont si multipliées qu'elles exigent une étude particulière; elles comprennent des mantrans, (formules de prières ou de magie) dont les Pourohitas ont seuls la connaissance qu'ils se transmettent dans leur famille de génération en génération, se gardant bien de la communiquer aux autres Brahmes dont la concurrence diminuerait leurs bénéfices. Avec l'ardeur d'ignorants subalternes, ils aident les Gourous à surveiller et à réprimer les infractions aux usages. Ils sont tous mariés.

Leur attribution la plus importante est la célébration des mariages et des funérailles. On est quelquefois obligé de les faire venir de fort loin et de les payer fort cher pour ces cérémonies, dans lesquelles ils portent leur costume officiel dont la partie la plus voyante est un bonnet cylindrique en étoffe d'un rouge écarlate. Ils règlent l'ordre et tous les détails de la cérémonie. Quand deux Pourohitas y figurent, ils se disputent âprement les profits ainsi que nous en avons été témoin.

Le Pourohita bénit les Etangs et les Puits, consacre les temples, vivifie les Idoles et y fixe la divinité par les mantrans, purifie de leurs souillures les personnes, les maisons particulières et les Pagodes ; détruit par des mantrans l'effet du mauvais regard, de la magie, des maléfices et des malédictions ; opère certaines cures, tire l'horoscope des nouveaux nés, fixe les bons et les mauvais jours pour le commencement d'une entreprise, et cætera.

C'est aux Pourohitas qu'appartient le privilège de calculer et de publier l'Almanach Indien où se trouvent indiqués les éclipses et les phases lunaires, les bonnes et les mauvaises constellations, les jours et les heures propices ou néfastes, les bons et les mauvais augures, les règles et les signes pour prédire l'avenir ; cette divination est un art que tous les Brahmes prétendent posséder et qui leur sert à exploiter la crédulité générale.

Voici les principales cérémonies de la vie privée pour lesquelles les Pourohitas prêtent leur ministère.

Cérémonies de la vie privée.

1° Cérémonies qui suivent la naissance, comme chez nous le baptême.

La première est une purification et la désignation du nom de l'enfant, elle se fait le onzième jour après l'accouchement ;

La seconde a lieu au moment du sevrage, onze mois après la naissance ; la troisième ou tonsure, lorsque l'enfant a l'âge de trois ans.

La cérémonie principale est celle de l'investiture, l'Appanaya.

Les Rajas sont investis du triple cordon par un Pourohita qui ne fait d'autre cérémonie que le sacrifice du feu ou homan. Les Vessiahs et les Pantchalas ne le reçoivent que le jour de leur mariage, les premiers des mains du Brahme qui y préside, les seconds du gourou de leur caste. Les enfants des Brahmes reçoivent l'investiture entre cinq et neuf ans avec tout l'appareil possible de cérémonies :

Le Pourohita offre le homan (sacrifice au feu) et les femmes le Poudja. Après une procession dans le village, le Pourohita fait au petit Brahme dument purifié par lui de tous ses péchés *d'ignorance*, une ceinture avec trois tours d'une tresse d'herbe Darba. Puis il lui passe le triple cordon en récitant le mantran *du cou*. A ce moment, les chants, la musique, les clochettes et les coups frappés sur des plaques de bronze par les assistants, retentissent ensemble de manière à faire le plus grand bruit possible.

Après le repas, on tire un rideau sur le père et le fils réunis sur une estrade, et pendant que l'on fait le même bruit que pour l'investiture, le père dit à son fils les secrets et les mantrans qu'il doit lui apprendre. C'est l'initiation.

Cérémonies du mariage. — Elles sont à peu près les mêmes dans les 3 castes Ariennes.

Après trois jours de cérémonies préparatoires, a lieu la

célébration du mariage qui dure cinq jours. Le premier jour est consacré au mouhourta, la cérémonie essentielle, à laquelle les Européens sont quelquefois invités et que j'ai vu s'accomplir en présence du Gouverneur et de la société de Pondichéry.

Comme actes préparatoires, on évoque et on appelle au mariage les dieux principaux et les ancêtres et on fait l'inauguration du *dieu ami*. — Puis on offre un sacrifice au pouléar (comme dieu du foyer) et les femmes mariées parent splendidement les deux époux.

Ceux-ci s'étant placés sur l'estrade, on relie deux morceaux de safran par un fil double sur lequel on prie tous les dieux de se fixer; puis l'époux fixe un des morceaux de safran au poignet gauche de l'épouse et celle-ci lui attache l'autre morceau au poignet droit.

Vient ensuite le don de la vierge.

Le beau-père lave les pieds au fiancé qu'il se figure être Vichnou et le prie d'agréer en cette qualité le don de sa fille; il met ensuite la main de sa fille dans celle de l'époux, verse dessus un peu d'eau et lui présente du bétel en gage de donation.

A ce don succède le don en vaches et le don en terres; et chez les Brahmes, le don en salagramas.

Puis on procède à l'attache du Tahly, cordon terminé par un petit bijou d'or que les femmes mariées portent au cou comme signe qu'elles sont en puissance de mari. On met le Tahly sur un coco peint en jaune qui repose sur deux poignées de riz placées dans un vase de métal; on lui offre un sacrifice de parfums, on le fait toucher à tous les convives des deux sexes qui tous lui donnent des bénédictions.

On place sur un piédestal de métal quatre grandes lampes de métal et d'autres lampes faites avec de la farine de riz, on les allume ainsi qu'un grand nombre d'autres lampes disposées autour. Alors l'époux récitant un mantran, attache en le nouant de trois nœuds, le Tahly au cou de sa jeune compagne qui a la face tournée vers l'Orient.

C'est le moment solennel, et l'on y fait, comme dans l'investiture au moment de l'attache du triple cordon, le plus de bruit possible avec la musique, le chant des femmes etc.

Les époux assis l'un près de l'autre se présentent le bétal et le Pourohita fait sur un grand réchaud le homan, on pose tout près la pierre de sandal ; c'est une petite pierre enduite de sandal.

Alors l'époux suivi de sa femme qu'il tient par la main et de tout le cortège des invités, tous magnifiquement parés, les femmes couvertes de bijoux, fait trois fois le tour du réchaud et, à chaque tour, il prend de la main droite le pied droit de sa femme et lui fait toucher la pierre de sandal qu'il touche lui-même, prenant ainsi cette pierre et le feu à témoin de ses serments. Ensuite les deux époux touchent ensemble le beurre liquéfié, le riz ; le sel, aliments journaliers.

Puis chacun des mariés se place debout dans une corbeille de bambou près d'une corbeille pleine de riz. Les invités viennent leur verser le riz sur la tête, leur souhaitant ainsi l'abondance des biens temporels.

Ces cérémonies où ne figurent comme dons ou offrandes que du beurre et des produits végétaux sont très gracieuses dans leur ensemble, et elles sont relevées par tout l'éclat de la parure indienne, très remarquable dans les hautes castes, par le costume pittoresque des Pourohitas et par les danses et pantomimes des bayadères. A la cérémonie à laquelle j'ai assisté, il y avait deux Pourohitas qui employèrent tous les intermèdes de leurs fonctions à se disputer la plus grosse part des dons en nature qu'ils recevaient.

En même temps, on fait aux pauvres de larges distributions de riz.

Les deux époux n'assistent point au festin qui suit la cérémonie ; ils prennent ensemble un repas sur la même feuille de bananier. C'est la seule fois que le mari fasse à sa femme l'honneur de manger avec elle.

Après quatre autres jours de cérémonies et de divertissements pleins de grâce et de décence, la fête se termine par une procession aux flambeaux dans les rues. Les mariés, magnifiquement parés, sont assis face à face dans un superbe palanquin couvert, quelquefois porté sur un éléphant.

Quand les parents sont très riches, rien n'égale la splendeur du cortège. J'ai vu à Pondichéry une procession de ce genre réellement féerique, qui a dépassé en magnificence celle du grand Gourou et pour laquelle il a été dépensé plus de trente mille francs. Eléphants, bayadères, cavaliers, musiciens, chars richement ornés, pyramides de feux tournants s'avançant sur des chariots, rues pavoisées et jonchées de verdure, arcs de triomphes, artifices etc., en un mot tout ce qui fait l'éclat des fêtes orientales s'y trouvait réuni.

Les mariages des Sudras se font plus simplement, mais cependant avec tout l'éclat qu'ils peuvent y mettre. Les dépenses que l'usage rend obligatoires pour les mariages sont la cause de la ruine de la plupart des Indiens.

Après ces fêtes, la mariée reste chez ses parents jusqu'à ce qu'elle devienne pubère. Ce moment est l'occasion de fêtes nouvelles semblables à celles du mariage.

Funérailles et cérémonies pour les morts.

Voici celles usitées aujourd'hui pour les brahmes et qui l'étaient sans doute autrefois pour les trois castes Ariennes.

On dépose le mourant par terre sur une toile neuve. On lui ceint les reins d'une autre toile pure et on lui fait la cérémonie de l'expiation totale ; le Pourohita et le chef des funérailles qui est l'héritier et ordinairement le plus proche parent, lui versent un peu de pantcha-garia, et lui font réciter, au moins d'intention, certains mantrans qui effacent tous les péchés.

On fait approcher une vache toute parée. Le malade en tient la queue pendant que le Pourohita récite un mantran afin « qu'elle le conduise dans l'autre monde par un bon chemin. » Le mourant donne ensuite cette bête à un brahme ; s'il ne faisait pas ce don, il ne pourrait passer sur une vache le fleuve de feu qui est à l'entrée du séjour de Yama.

Dès que le malade a rendu le dernier soupir, tous les assistants doivent pleurer ensemble à l'unisson.

Le chef des funérailles offre le homan à l'intention du défunt. Puis on lave le corps dont le barbier rase tout le poil. On le pare de tous ses bijoux et de ses plus beaux vêtements, et on le place sur un lit de parade où il reste exposé, le front saupoudré de sandal, la bouche remplie de bétel et le cou entouré de guirlandes de fleurs.

Les préparatifs des funérailles terminés, on pose sur un

brancard le mort enveloppé d'une grande toile neuve et le visage découvert, *s'il est marié.*

Le chef des funérailles donne le signal du départ et prend la tête du convoi, portant du feu dans un vase de terre ; les parents et amis suivent la tête découverte entourant le brancard qui s'avance couvert de fleurs, de guirlandes de feuillages et de riches étoffes. Les femmes restent à la maison où elles poussent des cris affreux.

Arrivé au lieu où l'on brûle les cadavres, on creuse d'abord une fosse peu profonde, puis on élève une pile de bois sur laquelle on pose le corps ; le chef des funérailles place sur le creux de l'estomac une motte embrasée de fiente de vache et fait le Homan sur cette motte. Puis il met dans la bouche du mort une petite pièce d'or et chaque assistant, à son tour, y dépose quelques grains de riz cru humecté.

On dépouille ensuite le cadavre, on le couvre de menu bois et on apporte une torche enflammée.

Le chef de funérailles se roule par terre pendant que les assistants font des démonstrations de douleur analogues. Il prend enfin la torche et met le feu aux quatre coins du bûcher ; tout le monde se retire et il ne reste que les Brames qui ont porté le cadavre, ils doivent attendre sur les lieux qu'il soit consumé.

Lorsqu'il est brûlé, le chef des funérailles jette une boule de riz et des pois aux corneilles, très nombreuses, comme on le sait, dans l'Inde et qui figurent les génies malfaisants ou les péchés ; on cherche par cette offrande à empêcher qu'ils ne nuisent au défunt.

Cette description ressemble beaucoup à celle que donne le Ramayana des funérailles du roi Darnadata, père de Rama.

Pendant l'année que dure le deuil, on fait beaucoup de cérémonies analogues. Pendant toute la vie, un fils doit célébrer par des cérémonies semblables l'anniversaire de la mort de son père et de sa mère. Nous avons vu que les Bouddhistes ont partout conservé cet usage.

Le cérémonial est analogue, mais plus simple pour les soudras.

Pour en bien connaître tout le détail et *le sens mystique* des cérémonies brahmaniques pour les obsèques, nous engageons le lecteur à se reporter aux *Mœurs et Institu-*

tions de l'Inde du père Dubois. S'il ne peut se procurer cet ouvrage devenu très rare, il pourra recourir aux notices de » nos « *chants populaires du Sud de l'Inde* » où se trouvent plus de détails qu'ici.

Dans quelques contrées de l'Inde, on enterre les morts au lieu de les brûler; dans d'autres, les Hindous apportent leurs parents agonisant sur le bord d'une rivière qu'ils supposent par intention être le Gange. Celui qui meurt dans le Gange est sûr d'obtenir la béatitude céleste ; autrefois des fanatiques s'y noyaient dans ce but.

On m'a raconté à Chandernagor que des moribonds exposés sur les bords du Gange pour être entraînés par la marée montante étaient revenus à la vie et à cause de la distance, avaient dû mettre quelque temps pour retourner dans leur famille où on n'avait plus voulu les reconnaître.

Le Gouvernement anglais a interdit cet usage parce que l'accumulation des cadavres à l'embouchure du Gange était la principale cause du choléra non seulement dans l'Inde, mais dans le Monde.

CHAPITRE IV

MONUMENTS ET CÉRÉMONIES DU CULTE PUBLIC

Les monuments religieux sont extrêmement multipliés dans l'Inde. Chaque village, chaque hameau même a son pagotin ou petit temple avec un étang sacré ; tous les centres de population de quelque importance ont des pagodes remarquables pour la plupart par leurs dimensions et leur architecture.

La plupart des pagodes sont placées dans des lieux dont l'aspect est frappant; on trouve encore une foule de temples grands et petits, dans des endroits isolés sur les grandes routes, au milieu des rivières, sur le bord de la mer et des grands étangs, dans les bois et surtout à la cime et au pied des rochers escarpés, des collines et des montagnes. Ces derniers témoignent évidemment d'un culte spécial sur les hauts lieux sur lesquels les Hébreux venaient aussi de préférence adorer Jéhovah avant Salomon.

En outre, on rencontre à chaque pas des statues de terre cuite et de pierre, surtout de granit représentant des chevaux ou éléphants sacrés, des dieux bornes, des lingams, des pouléars etc. quelques-unes de ces idoles sont dans des niches ; beaucoup sont à découvert, généralement à l'ombre des topes ou groupes d'arbres répandus dans la campagne. Quelques pagodes ont assez d'étendue et leurs enceintes de murs et de fossés sont assez fortes pour que nous ayons pu y soutenir des sièges dans nos guerres contre les Anglais.

Temples. Quels que soient leur étendue et le nombre des constructions principales ou accessoires que renferment les pagodes, il s'y trouve au moins un temple et souvent plusieurs. C'est un édifice de forme rectangulaire qui sert pour les cérémonies ordinaires du culte. Il est tantôt compris entre quatre murs ; tantôt ouvert par devant et sur les deux côtés et fermé seulement au fond où se trouve l'idole.

De nombreuses colonnes en granit supportent un toit également en granit formé de dalles énormes et bordé de corniches fort bien travaillées. Le temple se divise en trois parties : la nef, précédée quelquefois d'une avant-nef qui en est séparée par quelques gradins, le sanctuaire, et enfin au fond dans l'axe, la cellule où trône la divinité. Le brahme officiant a seul le droit de pénétrer dans cette dernière partie. Les Brahmes seuls peuvent entrer dans le sanctuaire pendant la célébration ; les autres Hindous, y compris les bayadères et les musiciens doivent se tenir dans la nef. Le sanctuaire, petit et obscur est, dans les temples de quelque étendue, entouré de plusieurs rangs de colonnes. On en compte soixante dans certains temples dont le nombre total de colonnes est de mille. La plupart des grandes pagodes ont un temple *à mille colonnes*, carrées ou octogonales, couvertes de bossages et de reliefs très accentués, aussi grosses en haut qu'en bas.

Les chapiteaux de ces colonnes sont formées par deux fortes pierres en croix sur lesquelles sont posées des traverses et des longrines en pierres de granit qui supportent tout un plafond de dalles semblables, au dessus duquel est établi une terrasse, quelque temples modernes sont construits en voûte. Les temples à mille colonnes sont généralement fort bas, ce qui nuit à leur effet.

Les idoles doivent être de granit, de cuivre et d'or, jamais d'argent, ni d'autres métaux, ni de bois ; celles en pierre son enduites d'une couche de noir. Quelques-unes ont des yeux, une bouche et des oreilles d'or ; l'aspect de celles qui sont au fond des temples est toujours fort laid. La principale idole est toujours dans une niche ; on la pare magnifiquement dans les grandes fêtes.

Les grandes pagodes ont une ou plusieurs enceintes qui renferment plusieurs temples, des étangs et des cours avec des galeries fort ornées tout autour. Plusieurs contiennent en outre les habitations des Brahmes, des musiciens, des bayadères; c'est ainsi que la Pagode de Seringam qui occupe une île du Cavéry a sept enceintes et plus de quarante mille habitants. A l'intérieur elles sont remplies d'animaux sacrés, bœufs, singes, perroquets, daims etc.; à l'extérieur, tout près, il y a de grandes chauderies où l'on reçoit les voyageurs et les pèlerins.

Dans la partie de l'Inde située au Sud du Godavéry, les grandes pagodes présentent toutes les mêmes dispositions, sauf celle de Tanjore qui, pour l'ensemble aussi bien que pour les détails, l'emporte en mérite architectural sur toutes les autres.

Au dehors, vis-à-vis de la porte d'entrée, et à une faible distance, quelquefois dans une des cours de la pagode, se trouve généralement une colonne de granit monolithe de 10 à 15 mètres de hauteur, octogone ou carrée, sur chacune des faces de laquelle sont sculptées ou des divinités en relief ou des fables de la mythologie hindoue en bas-reliefs. Le piédestal est un massif de pierre de taille avec filets et moulures, mais généralement très simple. La colonne va en se rétrécissant jusqu'au sommet qui est recouvert d'un chapitau ou corniche carrée sur laquelle est quelquefois placé un pouléar.

Ordinairement, on suspend aux quatre angles du chapiteau des clochettes, et on met au-dessus un réchaud où l'on tient de l'encens allumé.

La porte d'entrée traverse la base d'une haute pyramide quadrangulaire, tronquée à son sommet qui se termine de profil par un croissant ou un demi-cylindre. — Elle fait face à l'Est, orientation qui est celle de tous les temples. Elle donne accès dans une grande cour suivie d'une autre cour plus spacieuse encore, dans laquelle on entre par une porte ouverte dans une pyramide semblable à la première, mais plus petite. Il y a généralement encore deux autres pyramides pareilles, en sorte qu'il s'en trouve généralement en tout quatre faisant face aux quatre côtés de l'enceinte, mais non symétriquement. Dans les édifices religieux, les Hindous évitent la symétrie.

Ces pyramides sont divisées, à partir de la base, en étages qui diminuent successivement de hauteur en même temps qui de largeur. Chacune de leurs faces est couverte de figures ou statues assez grossières, rangées par séries horizontales correspondantes à chaque étage et placées les unes au-dessus des autres, comme des Caryatides, par files dont l'axe, s'il était prolongé, aboutirait au sommet géométrique de la pyramide supposée géométriquement complète.

Toute la base de celle-ci est en granit, avec cordons, filets et moulures parfaitement taillés et mêlés de sculptures ou de bas-reliefs; elle se présente comme une sorte de piédestal grandiose d'un ensemble architectural généralement satisfaisant.

La porte ou entrée qui a pour longueur toute l'épaisseur de la pyramide et une hauteur très grande, quelquefois de 8 à 10 mètres, est couverte de sculptures ou de bas-reliefs fort intéressants représentant tous les attributs, faits et gestes du dieu de la pagode, qui sont reproduits également sur les colonnes des temples. Le cadre de la porte est formé de chaque côté d'un monolithe parfaitement sculpté. Il y a tout près du cadre, et de chaque côté, une statue très grande de la déesse Latchoumy, taillée dans un monolithe qui continue le cadre.

Au milieu de la seconde cour, on trouve généralement en face de l'entrée du temple, un grand piédestal quelquefois en plein air, quelquefois recouvert d'un toit en dalles de granit supporté par quatre colonnes. Sur ce piédestal se trouve souvent un pouléar, ou bien un bœuf, si le temple est consacré à Siva; ou bien le singe Hanouna ou le serpent Capelle, s'il est dédié à Vichnou. On doit lui rendre des hommages avant d'entrer dans le temple. Des figures et groupes Mythologiques, des danses de bayadères etc., courent le long des frises des temples, des murs et portiques des divers édifices qui sont compris dans la Pagode. Près du temple, ou bien dans une autre cour, est l'étang sacré, généralement très grand, toujours alimenté par des sources vives de fond et bordé, tout le long des quatre côtés, de magnifiques gradins en granit. On y voit toujours beaucoup d'Hindous des deux sexes et surtout des Brahmes qui viennent s'y baigner sans aucuns vêtements, sans doute pour que leurs ablutions et purifications soient complètes.

Tous les étangs des Pagodes sont des étangs d'eau vive, c'est-à-dire alimentés par des sources de fonds. Auprès de chaque village, si petit qu'il soit, il y a un étang semblable pour le bain et un autre pour l'abreuvage du bétail.

Il a été creusé à titre d'œuvres pies un si grand nombre d'étangs dans toutes les localités importantes, qu'on a dû en combler quelques uns dans certaines villes.

Comme produits d'œuvres pies, mentionnons encore les chauderies construites tout le long des routes. Ce sont de magnifiques et immenses caravansérails où sont reçus et traités gratuitement chacun suivant sa caste, les voyageurs indigènes, surtout les pèlerins, de telle sorte qu'un pèlerin peut se rendre à n'importe qu'elle fête, ou quel lieu saint, sans s'inquiéter des nécessités du voyage.

Quant aux réservoirs pour l'irrigation qui couvrent la présidence de Madras et, en partie, celle de Bombay, ils ont du être construits aux frais des propriétaires intéressés avant l'invasion des Musulmans. L'Inde disposait alors de ses richesses et pouvait les consacrer à de grandes entreprises d'utilité générale ou collective. Le système d'irrigation du sud de l'Inde est le plus vaste qu'il y ait au monde, il a dû coûter des efforts et des dépenses énormes pendant des siècles. Il existait sans doute déjà en partie du temps de Manou ; nous avons vu qu'il punisait de mort tout attentat contre la digue d'un étang et toute perte intentionnelle des eaux.

Au Nord du Godavéry et dans le Bengale où il n'y a que de petites Pagodes, les monuments religieux ont la forme d'une coupole Musulmane renflée vers son milieu, se terminant non en pointes, mais en dômes écrasés, recouverts et surmontés le plus souvent d'ornemens en or.

Il y a fort peu de peintures dans les Pagodes du Sud et beaucoup plus dans celles du Nord. Ces peintures qui représentent des scènes mythologiques et qui tapissent quelquefois les murs extérieurs des pagodes manquent de déssin, de perspective, d'ombre et de lumière, mais non de mouvement.

Les sculptures quoique infiniment supérieures aux peintures pèchent généralement par les proportions et par la correction du dessin : Les colonnes de tous les temples, les murs de la plupart des galeries sont couverts de statues et de sculptures en relief qui représentent quelquefois des groupes compliqués. Quelque faible que soit leur mérite plastique, on ne peut qu'être émerveillé de l'énorme travail qu'ont nécessité toutes ces sculptures qui figurent des dieux, des animaux, des fleurs, des fruits, dont les détails innombrables sont souvent très finis, et dont l'ensemble donne à l'architecture un cachet de grandeur incontestable.

Dans les présidences de Madras et de Bombay on trouve un nombre énorme de pagodes remarquables.

Hypogées, temples et monastères souterrains.

On en rencontre dans toute l'Inde, mais principalement dans les chaînes de montagnes des provinces du Nord-Ouest entre Bombay et les Monts Vindhya.

Ils doivent très probablement leur origine au Bouddhisme. Bouddha avait, comme solitaire, habité une caverne naturelle près de Rajagriha et ses disciples y avaient tenu le premier concile. C'est sans doute par imitation du maître que les Bouddhistes ont eu des hypogées. Les plus anciens de l'Inde leur appartiennent sans conteste. Plus tard les Djaïnas et les Sivaïstes en ont creusé quelques-uns, mais le plus souvent ils se sont emparés de ceux des Bouddhistes et les ont appropriés à leur culte.

On les a classés en cinq catégories : 1º Les Viharas ou Monastères ; 2º les Chaityas ou temples bouddhistes avec leurs dômes et leurs reliquaires ; 3º les temples brahmaniques généralement dédiés à Siva et au Linga ; 4º Rochers taillés extérieurement et creusés intérieurement dans la forme ordinaire des pagodes brahmaniques ; portes monumentales ou sanctuaires. 5º Ceux que des figures colossales et nues font rapporter au Djaïnisme.

Toutefois cette classification n'est point absolue ; on trouve des formes et des symboles très divers dans les mêmes groupes d'excavations et quelquefois dans la même salle ; ce qui prouve que des hypogées commencées pour un culte ont été continuées pour un autre qui avait supplanté le premier.

A cause de cette circonstance, il est difficile de conclure de l'Inspection de certaines hypogées que le Bouddhisme a été le plus polythéiste des cultes de l'Inde, ainsi que l'a fait M. Lebon dans son histoire des civilisations de l'Inde.

Dans l'une des deux montagnes qui forment l'îlot d'Eléphanta situé à l'intérieur de la Rade de Bombay est creusé à mi-hauteur un temple dont l'entrée est formée par un portique à 3 ouvertures. Il a 44 mètres de profondeur et 45 de largeur avec une hauteur de 5 à 7 mètres, vingt-six colonnes supportent le plafond et divisent le temple en 5 nefs. Tous les parois sont couverts de bas-reliefs remarquables.

Le fond de la nef du milieu est occupé par une gigantesque figure du Trimourty sculptée dans la roche; Brahma est au milieu du groupe, Vichnou à droite, Siva à gauche.

Au fond de la 2e nef à droite du Trimourty, se voit une grande figure humaine moitié mâle et moitié femelle. C'est Viradji (Siva et Parvati), le premier Androgyne. A droite et un peu au-dessus de lui se tient Brahma aux quatre visages, assis les bras croisées sur une fleur de lotus ; à gauche est Vichnou sur l'Aigle Garouda. Près de Brahma on voit Indra et Indrani montés sur leur éléphant et au-dessous une femme tenant un disque.

De l'autre côté à gauche du Trimourty, dans un paneau semblable au précédent, se retrouvent Siva et Parvati, mais séparés. Entre leurs têtes apparaît celle d'un serpent Capelle.

Ces deux sculptures des deux côtés du Trimourty peuvent représenter l'histoire de la création de l'homme telle qu'elle est écrite par Manou.

Parmi de nombreuses sculptures dont presque aucune n'est intacte, on reconnaît dans un souterrain latéral une représentation en relief de Bouddha. L'île de Salcette tout près d'Eléphanta renferme un grand nombre de souterrains qui étaient autrefois des temples. Les plus remarquables sont ceux de Kennéri consacrés à Bouddha. Le portique et les murailles des cavernes étagées sont couverts de bas-reliefs que dont la plupart renferment Bouddha dans l'attitude de la méditation ou de l'enseignement.

L'excavation principale a servi d'église au moines portugais ; aux extrémités du péristyle qui est très imposant, sont deux statues de Bouddha, hautes de sept mètres, debout dans des niches et soutenant de la main gauche leurs draperies qui sont parfaitement sculptées.

Les plus beaux temples souterrains sont ceux d'Ellora, village à 5 kilomètres au nord du Godavens et du Pahara. On y voit taillé dans le roc Kaïlaça paradis de Siva, et en bas-reliefs, les combats du Ramayana et du chahabarata ; dans des niches, les personnages de ces poèmes, et Mahaman auteur d'un schisme parmi les bouddhistes. Enfin le palais d'Indra où l'on remarque la statue d'Adinatha, la divinité des Djaïns. — Cette statue se retrouve dans le Tyndalé, vaste temple à trois étages.

CÉRÉMONIES DU CULTE

Pratiques élémentaires.

Mantrans. — Les mantrans sont des prières et formules consacrées auxquelles les Indiens attribuent une vertu extraordinaire, même celle d'enchaîner le pouvoir des dieux.

Leur principal effet est d'effacer les péchés ; mais ils en ont encore d'autres bons et mauvais ; ils produisent l'amour et la haine, la maladie où la mort et la guérison, la possession ou la dépossession du démon, la victoire ou la défaite des armées. L'effet d'un mantran peut être détruit par celui d'un mantran opposé. Quelques-uns sont de simples formules d'invocation, d'évocation et de conjuration.

Un certain nombre de Bouddhistes, dans les provinces aux frontières de l'Inde ou limitrophes, croient aux mantrans, et ont leurs recueils de mantrans, bien que cette croyance ait été condamnée par Bouddha. Le plus puissant de tous les Mantrans est le Gaïatry dont voici la signification générale.

« Adorons la lumière sublime du dieu de toutes choses, de ce soleil placé dans les cieux comme un œil pour diriger notre esprit. »

La syllabe AUM ou OM est la formule par excellence de l'adoration. Il y a des mantrans pour les médecins, les sages-femmes, les magiciens, les sorciers, les devins, voir même pour les gens de la police auxquels ils servent à découvrir les objets volés et les voleurs.

Le San-Calpa. — Le San-Calpa ou direction d'intention est une méditation qui sert d'introduction à toutes les cérémonies des Brahmes ; elle est faite à l'intention de Vichnou et tous les objets sur lesquels elle porte sont considérés comme compris dans la divinité.

Le Poudja. — Le Poudja ou offrande fait partie de presque toutes les cérémonies publiques ou privées.

Il y a le petit Poudja, le moyen et le grand. Le petit Poudja comprend les offrandes suivantes :

Sandal en poudre ; — graines de riz enduites de saffran ; — des fleurs ; — de l'encens ; — une lampe allumée ; — le Neiveddia, composé de betal, de beurre liquéfié, de riz bouilli, de fruits, de sucre et autres comestibles.

Dans le Poudja moyen, on commence par offrir avant ce qui vient d'être dit : un breuvage de lait, de sucre et de miel dans un vase de métal ; — du lait pour le bain du dieu ; — des habits, joyaux et autres ornements.

Pour ce grand Poudja on a en plus d'autres préliminaires : on évoque la divinité, on lui offre un siège pour s'asseoir, on lui apporte de l'eau pour se laver les pieds, la bouche et le visage et, pour s'arroser le corps, de l'eau mêlée de fleurs, de poudre de sandal et de safran. On se prosterne à la fin. On ne fait de sacrifices sanglants qu'aux divinités malfaisantes et aux démons, on leur présente la chair et le sang des victimes.

Aratty. — L'aratty est une cérémonie très usuelle faite par les femmes pour détruire l'effet du mauvais regard que les Hindous craignent énormément. Après avoir versé dans un plat de métal de l'eau préalablement rougie avec du vermillon, du safran et d'autres substances, les femmes élèvent, l'une après l'autre, le plat avec les deux mains à la hauteur de la tête de celui qui est l'objet du sacrifice, et en le tenant ainsi, elles décrivent un certain nombre de cercles.

On fait l'Aratty sur les rois, les personnes de distinction, les idoles, et même les éléphants et les chevaux.

Pavitram. — C'est un anneau fait avec des tresses de l'herbe Darba, que le Pourohita met au doigt du milieu de la main droite ; il le trempe dans l'eau lustrale dont l'aspersion met en fuite les géants et tous les esprits malins qui pourraient nuire à l'effet des cérémonies.

La consécration de l'eau lustrale (Pounia Avatchena) se fait au moyen de mantrans et d'un poudja fait avec un Chimbou ou vase de cuivre.

Purifications. — Les Indiens soumettent à une purification leurs maisons et tous les lieux où doivent se faire quelque cérémonie ; c'est l'ouvrage des femmes qui le font principalement avec de la fiente de vache et l'herbe

Darba. Elles mettent sur le parquet une couche de fiente de vache délayée dans de l'eau, ou bien elles y dessinent avec la même substance diverses figures. Elles répandent sur le tout de l'herbe darba dans les grandes occasions. Ces soins quotidiens contribuent beaucoup à la salubrité.

Homam. — Le Homam se fait en allumant un brasier que l'on divinise par des mantrans. On y jette de petits morceaux de bois provenant de l'un des sept arbres sacrés ; on y répand du riz bouilli et un peu de beurre liquéfié et l'on récite les mantrans voulus. Presque toujours on offre ensuite le pudja ordinaire au feu.

Cérémonies dans les temples.

Dans la plupart des temples, des produits naturels forment la nature des offrandes qui, dans ce cas, sont présentés par les Brahmes. Ces officiants non plus que leurs assistants ne sont point les plus considérables de la caste.

Les lampes alimentées par du beurre liquéfié sont l'offrande la plus commune, et elles brûlent par millions dans les fêtes des grandes pagodes. Les sacrifices sanglants sont faits par des prêtres sudras ou même pariahs.

Les prêtres offrent le sacrifice régulièrement le matin et le soir : on va chercher à la rivière, en grande pompe, l'eau destinée à laver l'idole ; pour les sacrifices journaliers des grandes pagodes, le brahme officiant, l'eau et les divers objets destinés au sacrifice sont portés sur le dos d'éléphants qui marchent précédés des bayadères de la pagode.

L'officiant habille l'idole et lui offre le Poudja en faisant sonner de temps en temps une clochette.

Il vient ensuite dans la nef et distribue au peuple les fragments des offrandes qui composent le sacrifice ; les bayadères dansent devant l'idole et lui font l'aratty ; elles chantent alternativement avec des musiciens des poésies en l'honneur des dieux ; d'autres musiciens font un grand bruit avec des espèces de clarinettes et de hautbois, des cymbales et diverses sortes de petits tambours.

CHAPITRE V

FÊTES DES PAGODES, PÈLERINAGES, FÊTES ANNUELLES

§ 1. — *Fêtes des Pagodes.*

Dans la fête principale de chaque pagode de quelque importance, il y a une procession où l'idole est promenée sur un grand char massif porté sur d'énormes roues pleines ; sur deux grosses poutres servant d'essieux repose une sorte de coffre quadrangulaire dont les pans sont couverts de sculptures représentant les faits et gestes du dieu de la pagode et en outre des obscénités fort grossières. Sur cette base s'élève une charpente pyramidale à claire-voie à plusieurs étages, recouverte d'étoffes précieuses, de feuillages et de fleurs et ornée sur les côtés de chevaux et d'éléphants en bois peint, tous en rut.

L'idole, magnifiquement parée, occupe dans une châsse élégante le sommet de l'édifice qui s'élève de 10 à 12 mètres au-dessus du sol. Au-dessous de cette châsse sont étagées les bayadères qui agitent autour du dieu des éventails de plumes de paon ; au milieu d'elles sont les Brahmes qui président à la cérémonie.

Ces chars sont traînés par des dévots tirant des cables énormes auxquels ils s'attèlent quelquefois au nombre de plus de deux mille.

La mise en mouvement du char se fait au moyen de longues poutres recourbées en S dont l'une des extrémités en biseau, est poussée entre la roue et le sol et dont l'autre extrémité relevée reçoit des hommes qui pressent sur elle de manière à former levier.

On peut se faire une idée des fêtes annuelles des grandes pagodes par celle de la pagode de Chellembrun où nous nous sommes arrêté à égale distance de nos deux établissements de Pondichéry et de Karikal [1].

Elle commence cinq jours avant la nouvelle lune de Mai et ne finit que cinq jours après.

Les huit premiers jours se passent dans l'intérieur du temple ; les Hindous de haute caste y sont seuls admis ; les basses castes restent dans l'intérieur de l'édifice, se contentant d'entendre de loin la musique et les chants sacrées.

Le premier jour est consacré à Siva et employé exclusivement à célébrer son action bienfaisante sur la nature par la loi de la destruction et du retour. C'est par lui que, de la décomposition du grain naît le germe qui fait pousser le riz etc.

Pendant la nuit, on chante l'union mystique de Dieu avec Prakriti et on salue le soleil levant par l'hymne au saint personnage Cartiguay.

Le second jour on prie pour les Mânes ou âmes des ancêtres, la nuit on leur offre du riz bouilli consacré, du miel, du beurre clarifié et des fruits. On distribue ensuite ces offrandes aux assistants qui doivent les manger et aller immédiatement après se plonger dans l'étang sacré.

Le 3e jour est consacré aux Pouléars. La nuit on bénit les statues de ces dieux apportées par les fidèles qui les placent ensuite dans leurs maisons et sur les bords des champs, pour en protéger les limites. Le 4e, diverses dévotions.

Le 5e jour est celui des offrandes ; les fervents apportent du riz, de l'huile, du bois de Sandal dont on fait brûler la poudre dans les trépieds d'or et les vases précieux.

Le 6e jour on prie pour que les entreprises de ceux qui se sont particulièrement distingués par leurs dons, ne soient traversées par aucun mauvais génie; et un brahme annonce le lendemain à la première heure du jour quels seront les jours de l'année qui seront fastes ou néfastes.

Le 7e jour spécialement destiné aux femmes qui n'ont

---

[1] Pour plus de détails, se reporter aux ouvrages de M. Jacouliot.

pas encore conçu, est employé à conjurer Siva de leur accorder la fécondité ; les plus désireuses d'avoir un enfant, doivent passer la nuit dans la Pagode sous la protection du dieu.

Les Brahmes y viennent pendant la nuit. — Il n'est pas rare, (dit M. Jacouliot, que des femmes de haute caste, très belles, soient livrées à des étrangers pour de fortes sommes d'argent payées aux Brahmes. Si ce renseignement est exact, et nous en doutons pour plusieurs raisons, les Brahmes sont plus vils qu'on ne l'a jamais dit.

Le 8e jour on orne le char sacré qui porte l'idole de Siva.

Le 9e jour on traîne le char sous lequel des fakirs se faisaient écraser autrefois.

A ce moment on reçoit les étrangers pour leur montrer les Sanyassis et les Fakirs qui exécutent des vœux cruels ou révoltants. M. Jacouliot cite une femme qui s'est brûlée ou coupé les parties sexuelles ; les vers la rongent à demi-vivante.

On accuse les Brahmes d'élever et de dresser pour ces rôles des sujets qui servent ainsi leurs desseins en émerveillant la foule.

Le 10e jour, on porte l'idole au pagotin situé au milieu de l'Etang sacré ; tout le monde se précipite dans l'Etang. Le lendemain, à 4 heures du matin, on reconduit Siva dans le temple et la fête est terminée.

§ 2. — *Pèlerinages.*

Les pèlerinages ont pour but et pour effet supposé d'absoudre les péchés et de gagner la faveur d'une divinité qui peut donner à ses dévots un paradis ou les exempter de nouvelles naissances ; ils ont souvent pour objet l'accomplissement de quelque vœu. Pour beaucoup d'Indiens, ils sont une occasion, sinon un but de voyage et de plaisir. Quelques-uns se rendent au lieu de pèlerinage, sans marcher ; ils traînent leur corps en s'appuyant sur les bras.

Le jour du départ et de l'arrivée, le pèlerin se rase la tête, jeûne et fait un sacrifice aux mânes. Il voyage à pied ne mangeant qu'une fois par jour et seulement des végétaux. Il doit rester au moins sept jours dans le lieu du pèlerinage. Les femmes doivent faire l'offrande d'une tresse de leurs cheveux de la largeur de deux doigts. Chacun donne aux Brahmes du lieu le plus d'argent qu'il peut, il reçoit en échange des feuille de Tolaci, des cendres de fiente de vache, etc., qui ont servi à la toilette de la divinité.

On se rend en pèlerinage à tous les lieux remarquables, sources et fleuves sacrés, confluents, rochers, cascades, montagnes etc. Dans chacun de ces lieux, il y a des édifices plus ou moins considérables consacrés au culte. A certains jours désignés, des foules de pèlerins se baignent dans les fleuves et les étangs sacrés.

Le nombre de ceux qui visitent annuellement certains lieux est énorme ; à Djagrenat il dépasse 300.000 ; beaucoup de pèlerins pendant ces longs voyages succombent à la fatigue et aux maladies qu'ils contractent en route. Les lieux les plus fréquentés sont: dans le nord de l'Inde : Gangotri, village situé à l'altitude de 6.000 mètres au pied de l'une des cimes les plus majestueuses des Himmalayas au-dessus du confluent des deux branches les plus reculées du Gange; Hurdwar point où le Gange sort des montagnes pour entrer dans les plaines, on y trouve un nombre considérable de petites pagodes dont les murs sont couverts de peintures mythologiques grossières, Bénarès qui remplace l'ancienne Cassi; Allahabad qui remplace Prayaya au confluent du Gange et de la Jumma; Djagrenat, Tiroupaty, Chellembrun, Seringam sur le Cavéry ; tous les bords du Gange, de l'Indus, de la Nerbuda et un grand nombre de lieux sur le Godavéry, la Khristna et le Cavéry.

Les pèlerins affluent à la fête annuelle principale de chaque grande pagode.

Tout, dans les fêtes religieuses, est calculé pour impressionner et attacher fortement les Hindous ; tout répond à leurs goûts et flatte leurs faiblesses et même leurs défauts. L'éclat, le bruit, les plaisirs sensuels, le merveilleux, le terrible, la satisfaction miraculeuse de leurs désirs et de leurs espérances, l'exaltation et ensuite l'apaisement de leurs craintes pour ce monde et pour l'autre, tout est mis en œuvre pour les enchaîner à leur religion au profit de ses représentants, rien pour les améliorer intellectuellement et moralement. Le culte tel qu'il est aujourd'hui dans l'Inde n'a qu'un but l'intérêt des Brahmes, c'est par lui seulement qu'ils ont encore de l'influence sur leurs compatriotes qu'a fort indisposés contre eux l'avidité avec laquelle ils ont prêté aux étrangers conquérants du pays leurs services pour la perception de l'impôt.

§ 3. — *Fêtes annuelles.*

A la nouvelle lune de mars, on célèbre *le premier jour de l'an*, cette fête est analogue à la nôtre du même nom.

Au mois de juin vient *la fête du Feu*. Un brasier de quelques mètres de longueur est étendu à terre ; à l'extrémité est uu fossé plein d'eau. Des Indiens le traversent nu pieds en courant, sans se brûler, grâce sans doute à la calosité de leurs pieds.

Pendant le mois de septembre, ce sont tous les jours des processions, ou représentations religieuses où un nombre considérable d'Hindous figurent peints et travestis en dieux, en déesses, en démons, en singes etc. Les légendes de Krischna et de Rama sont représentées en grandeur naturelle etc.

Chaque fête se termine fort avant dans la nuit par des promenades aux flambeaux et des feux d'artifice où se lancent force pétards et fusées au point de faire croire à des incendies.

C'est à la lune de septembre que se célèbre l'Ayouda Poudja ou sacrifice aux armes en l'honneur de Serasvati, Latchoumy et Parvati, déesses des arts, des richesses et de la bonne fortune. Le laboureur rassemble en un tas les charrues et les autres instruments, l'artisan ses outils, le soldat ses armes, les femmes tous leurs ustensiles de ménage ; on leur offre le Pudja et le Neiveiddia, on se prosterne devant eux et on les adore comme des divinités qu'il faut se rendre propices.

A la lune d'octobre vient la plus obligatoire de toutes les fêtes, celle des *Ancêtres ou des morts* qui dure neuf jours. Chaque famille fait à ses ancêtres les sacrifices ordinaires et des cadeaux de toile neuve pour qu'ils puissent se vêtir.

C'est aussi la fête des *militaires et des écoliers;* ceux-ci parcourent les rues en troupes bien parées, avec des palanquins ou des chars fort élégants et se livrent à des divertissements qui ne manquent pas de grâce.

Les gens de guerre font à leurs armes le sacrifice d'un bélier au son d'une bruyante musique. Viennent ensuite des combats d'hommes et d'animaux à la manière antique.

A la mi-octobre, l'Inde entière célèbre le Ram-Lila anniversaire et représentation de la prise de Lanka par Rama ; ces simulacres d'assauts et de combats entre deux armées, l'une de singes et d'ours, l'autre de géants, durent trois jours ; à la fin du 3e toute l'armée de Ravana, géants, eléphants etc.. saute en l'air ; Ravana lui-même haut de 5 mètres éclate en vomissant des pétards, des fusées et une pluie de magnifiques feux d'artifice.

En novembre on fait la fête de Kartikeya, fils de Siva et dieu de la guerre ; c'est celle où il y a le plus de feux et d'artifices.

Il y a encore les Pongols, sortes de fêtes domestiques, la fête des Serpens, à la lune de février le Sivarattry ou nuit de Siva, enfin dans le nord de l'Inde la fête pittoresque de la terrible déesse Dourga qui est figurée comme décapitant un homme.

Enfin il y a les fêtes nocturnes de Krishna du sensualisme et du réalisme le plus grossier. Les fêtes se célèbrent pour la plupart la nuit, et la plupart des processions se font aux flambeaux. On sait combien les nuits de l'Inde sont belles.

LIVRE XI

Avenir religieux de l'Inde.

CHAPITRE PREMIER

SUPERSTITIONS, MAGIE

Les Indiens sont très superstitieux. Ils croient aux revenants, aux incubes, aux présages, à la divination, à la magie, à l'astrologie, aux signes et jours fastes et néfastes, et à des effets d'apparence surnaturelle que, de nos jours, les occultistes admettent et s'efforcent d'expliquer naturellement.

Les superstitions populaires sont dans l'Inde encore aujourd'hui ce qu'elles ont été en tout pays dans le moyen-âge. Il existe des recettes, des formules de prières ou mantrans et des magiciens : pour inspirer l'amour ou la haine ; pour procurer tous les biens et combattre ou écarter tous les maux, pour envoyer la maladie ou la mort à un ennemi, pour faire périr le bétail etc. Il y a des livres qui enseignent des secrets pour tout, excepté pour ne pas mourir.

Pour être expert dans la magie, dit l'abbé Dubois, il suffit, à un Indien, de suivre les instructions secrètes du gourou des magiciens. C'est lui qui le guide, qui lui confère son pouvoir et à qui il doit obéissance. Si un dieu, un démon ou un esprit dédaignait d'écouter les ordres du nouvel initié, celui-ci n'aurait alors, pour être immédiatement obéi, qu'à faire au récalcitrant une nouvelle injonction *au nom et de la part des pieds de son gourou.*

On sait cependant qu'autrefois dans l'Inde comme aujourd'hui encore au Thibet, la magie était l'objet d'un cours d'études et d'examens dans des sortes de facultés ; l'Atharva-véda trace des rites pour la magie.

Brahma, Vichnou et Siva eux-mêmes sont soumis aux commandements des magiciens. Il y a cependant des divinités qu'ils évoquent de préférence. Au premier rang sont les planètes. Le nom de *Graha*, sous lequel elles sont désignées, signifie l'action de saisir, c'est-à-dire de s'emparer de ceux qu'une conjuration magique leur enjoint d'aller tourmenter. Viennent ensuite les boutams, les prétas, les psittachas, les shactis, la déesse Kahli, Marana Dévi, la déesse de la mort etc.

Le magicien met tous ces esprits en action par diverses opérations mystérieuses, des mantrans, et des sacrifices qui présentent quelques particularités ; ainsi il doit être tout à fait nu lorsque ces sacrifices sont offerts à Latchoumy déesse de la fécondité ; il faut au contraire qu'il soit vêtu modestement s'il s'adresse à Rama.

Les fleurs offertes à la divinité qu'il évoque doivent être rouges, le riz bouilli doit être teint de sang, lorsqu'il s'agit de causer la mort. C'est pour parvenir à cette fin que parfois une victime humaine et de préférence une jeune fille est immolée (Alharva Véda).

On ne saurait énumérer les drogues, les ingrédients et les ustensiles qui composent l'attirail d'un magicien. Il y a tels maléfices pour lesquels il lui faut employer des os de soixante-quatre (nombre sacré) animaux différents ; et parmi ces os sont compris ceux d'un homme né un dimanche où tombait la nouvelle lune, d'une femme née le vendredi, les os des pieds d'un pariah, d'un savetier, d'un musulman et d'un Européen. Si tous ces ossements mêlés ensemble, enchantés par des mantrans et consacrés par des sacrifices sont enterrés dans la maison ou à la porte d'un ennemi, une nuit propice pour cela d'après l'inspection des étoiles, la mort de cet ennemi s'ensuivra infailliblement.

En pétrissant de la terre tirée des soixante-quatre endroits les plus sales, avec des rognures d'ongles, des morceaux de cuir, etc., on fait des statuettes sur la poitrine desquelles on écrit le nom de son ennemi ; on prononce sur elles des paroles et des mantrans magiques, on les consacre par des sacrifices. Dès que cela est achevé, les *grahas* ou planètes vont saisir la personne à qui l'on en veut et lui font souffrir mille maux.

On perce quelquefois ces figures d'outre en outre avec une alène, ou on les estropie de diverses manières, dans l'intention de tuer ou d'estropier en réalité celui qui est l'objet de la vengeance.

Souvent, ajoute l'abbé Dubois, des magiciens sont rivaux, ou de partis contraires et opposent aux enchantements d'un adversaire des contre-charmes. Quelquefois ils engagent des sortes de duels. La lutte consiste, par exemple, à lever de terre une baguette ou une pièce de monnaie enchantée. Les deux antagonistes placés chacun d'un côté à égale distance de l'objet font mine de s'en rapprocher ; mais des mantrans qu'ils prononcent ou des cendres enchantées qu'ils se jettent réciproquement ont la vertu de les arrêter l'un et l'autre ; une force invincible et irrésistible semble les repousser ; ils essaient de nouveau d'avancer, mais ils reculent ; ils redoublent d'efforts ; des mouvements convulsifs les agitent ; ils suent à grosses gouttes, crachent le sang. Enfin l'un d'eux vient à bout de se saisir de la chose enchantée et il est déclaré vainqueur.

Quelquefois encore l'un des combattants est renversé par la force des mantrans de son adversaire. Alors il se roule par terre comme un démoniaque, il reste quelque temps ensuite immobile, paraissant avoir perdu connaissance. A la fin, il recouvre l'usage de ses sens, se lève dans un état apparent de fatigue et d'épuisement et se retire tout couvert de confusion et de honte. Une maladie de plusieurs jours est censée être la suite des efforts incroyables, quoique impuissants, qu'il a faits.[1]

Quelle est dans ces scènes extraordinaires la part du charlatanisme ? Quelle est celle de l'hypnothisme, du magnétisme ou de tout autre agent mystérieux ?

L'abbé Dubois termine ainsi :

La multitude qui paie pour se procurer cette sorte de spectacle et qui en considère les acteurs avec crainte et admiration est fermement persuadée que toutes leurs grimaces sont dues à des causes surnaturelles. *Il faut avouer que ces hommes remplissent leurs rôles avec une rare vérité d'expression*, et que, dans mainte autre occasion, on leur voit faire des tours de passe-passe capables d'étonner des personnes infiniment moins crédules que les Indiens.

---

[3] Cela rappelle les exercices et convulsions du Beni Aissa confrérie Mulsumane mystique d'Algérie.

CHAPITRE II

ASTROLOGIE

L'intérêt que les frères Shlagenweit ont su attirer sur *l'Astrologie au Thibet*, ne permet point de passer sous silence l'Astrologie Indienne qui en est l'origine, au moins en grande partie. Voici l'exposé qu'en fait l'abbé Dubois :

Les planètes exercent chacune leur empire successivement durant l'espace d'une année. La planète régnante en a une autre qui lui sert de ministre. Celle-ci prend l'année d'après les fonctions souveraines de la première ; et ainsi d'année en année.

Les unes sont bienfaisantes et les autres malfaisantes. Les premières sont la lune, Mercure, Jupiter et Vénus. Sous leur règne, tout prospère ; les hommes vivent dans la joie et dans l'abondance. Le soleil, Mars et Vénus au contraire, ont un naturel toujours enclin à faire du mal aux êtres animés et inanimés : aussi leur règne est presque toujours funeste ; les hommes sont accablés de peines et de maladies, rien ne leur réussit ; les pluies manquent, la disette et la misère sont universelles.

Si cependant une planète malfaisante a pour ministre une planète d'un caractère opposé, et *vice versa*, l'une corrige et contrebalance, au moins en partie, la funeste influence de l'autre ; de façon qu'on ne doit s'attendre à jouir d'un bonheur sans mélange que dans les années où dominent à la fois deux planètes bénignes ; de même qu'on n'a à redouter des malheurs persévérants que lorsqu'elles ont l'une et l'autre un caractère malveillant.

Quatre principaux nuages donnent la pluie et remplissent

cet office chacun une année. Le premier et le dernier procurent des pluies fécondantes, les deux autres ne produisent que des tempêtes et des ouragans.

La fréquence des pluies dépend aussi beaucoup de la bonne ou mauvaise volonté de sept éléphants dont la fonction annuelle consiste à porter l'eau aux nuages, chacun à tour de rôle. Quatre mettent une grande activité dans leur service et fournissent à la pluie une ample provision; mais les trois autres ne s'en acquittent qu'avec nonchalance; la terre est aride et la disette se fait sentir.

Des serpents, au nombre de sept, exercent successivement, une année chacun, un empire souverain sur toutes les espèces de serpents.

Le serpent Ananta qui soutient l'univers sur sa tête est le premier et le plus puissant de tous; l'année de son règne est funeste, en ce que les serpents sont alors extrêmement venimeux et que la mort suit ordinairement de près leur morsure.

Le règne du serpent Karkata n'est pas moins funeste.

Les cinq autres serpents sont bénins. Il est rare qu'on soit mordu des serpens sous leur régie, ou, lorsqu'on l'est, le venin n'est pas mortel. Le serpent Maha Padria en particulier, est l'ami des hommes; non seulement il empêche les autres serpents de leur nuire, mais encore, si par hasard quelqu'un en était mordu, il envoie le médecin Darmantary pour le guérir.

Par la combinaison des douze signes du zodiaque avec les planètes et l'étoile qui tombe chaque jour de la lune, les astrologues indiens se croient en état de deviner es choses occultes et les événements de la vie.

Le soleil reste trente jours dans chaque signe; la lune deux jours et un quart; Mars un mois et demi; Mercure le même espace de temps; Jupiter un an; Vénus deux ans et demi; Saturne, un an et demi.

Chaque signe a de plus deux étoiles et un quart, qui lui sont assignées parmi les vingt-sept constellations ou étoiles du mois lunaire.

Par la comparaison de tout cela, et en joignant par ordre certains mots aux différents signes du zodiaque, on pourra connaître le passé, le présent et l'avenir, et retrouver les choses perdues ou volées. On combine à cet effet la coïncidence de ces mots avec le signe du zodiaque, la planète, l'étoile, et le moment du jour ou de la nuit où l'astrologue est consulté.

On connaîtra, par le même moyen, de quel côté est recélée la chose soustraite, le sexe et la caste du voleur. On saura encore si l'objet volé ou perdu se retrouvera ou non, selon que le signe, la planète et l'étoile qui correspondent au moment où on en fait la demande, sont favorables ou défavorables.

On apprend de même si une personne absente depuis longtemps est morte ou en vie ; si elle est malade ou en bonne santé ; si elle est libre ou en prison ; si elle reviendra ou non.

Mais la combinaison la plus importante est celle qui a rapport à la naissance. Les Indiens croient que le sort futur des hommes dépend du signe du zodiaque et de l'étoile sous lesquels ils viennent au monde. C'est ce qu'on appelle *lagna*. On suppose que chacun des douze signes préside aux événements du jour pendant un intervalle de temps déterminé. Ainsi, par exemple, le Bélier préside pendant deux heures ; le Taureau, deux heures un quart ; les Gémeaux, deux heures et demie, etc. Or le signe qui répond au moment de la naissance est ce qu'on appelle *djenna-lagna* ; et en le combinant avec la planète et l'étoile du jour, on connait si l'enfant sera heureux ou non.

Trois jours de la semaine, le dimanche, le mardi et le samedi sont néfastes. On doit, ces jours-là, entreprendre aucune affaire importante, ni se mettre en voyage.

Sur les vingt-sept étoiles de chaque mois lunaire, sept sont plus ou moins malheureuses ; et tout ce qu'on entreprend les jours où elles tombent a une issue funeste, etc.

L'abbé Dubois constate qu'à l'époque où il écrivait, beaucoup d'Indiens laissaient ou faisaient périr ou abandonnaient ceux de leurs enfants qui étaient nés sous une mauvaise étoile.

Aujourd'hui les enfants abandonnés par leurs parents pour ce motif ou pour tout autre sont recueillis ou élevés par les missionnaires.

Ces infanticides ou abandons devaient nécessairement être très nombreux avant l'avènement du Bouddhisme ; c'est une des plaies qu'il a guéries pendant qu'il a régné.

CHAPITRE III

LE YOGA ET LES POUVOIRS EN APPARENCE SURNATURELS

Les Hindous, en général, croient que les Yoguis possèdent une science occulte Yoga et des pouvoirs anormaux que les Européens, à l'exception des occultistes considèrent comme surhumains. A. P. Sinnett a été en rapport avec un Indien instruit qui possédait un répertoire complet de phénomènes d'ordre occulte, en apparence surnaturels, dont plusieurs avaient été observés dans sa propre famille et dont quelques uns lui étaient même particuliers.

Jacoliot, qui fut à même d'examiner différents effets d'un art sinon d'une science occulte, rapporte cette réponse d'un homme qui y semblait initié : « Vous avez étudié la nature physique et vous avez obtenu des résultats merveilleux par la connaissance de ses lois — la vapeur, l'électricité, etc. — Pendant vingt mille ans et plus, nous avons étudié les forces intellectuelles ; nous avons découvert leurs lois, et nous obtenons en les faisant agir seules ou de concert avec la matière, des phénomènes encore plus étonnants que les vôtres. » Jacolliot ajoute : « Nous avons vu des choses que quelqu'un ne peut décrire, de crainte que ses lecteurs ne doutent de sa raison..... mais pourtant nous les avons vues.

A. P. Sinnett auteur du « *monde occulte ou hypnotisme transcendental en Orient* et du » *Bouddhisme ésotérique* est le président de la société théosophique éclectique de Simla qui s'efforce de relier et d'expliquer par une science spéciale les faits anormaux crus ou constatés dans l'Inde, au Thibet, et, pendant des siècles, dans tout l'Empire d'Orient, et à Rome ainsi que nous l'avons déjà dit. Aujourd'hui les missionnaires considèrent ces faits comme diaboliques et les Positivistes les regardent comme des erreurs ou des impostures.

Aucun pays ne peut mieux que l'Inde être le point de départ sinon le principal théâtre des recherches, des expériences, des inductions d'une science des choses occultes méritant d'être encouragée dans les limites et dans l'esprit définis par la lettre de M. Franck qui sert de préface au traité méthodique que M. Papus a récemment publié.

L'Inde est un terrain neutre et presque commun où se rencontrent toutes les écoles et tous les systèmes anciens et nouveaux de l'Orient et de l'Occident. Comtistes, Darvinistes, Franc-maçons, spiritistes, Théosophes, occultistes de toute origine, y ont tous séparément une organisation presque officielle, aussi bien que les Unitairiens de toute nuance et les chrétiens de toute communion. Là se déploient sans entraves l'indépendance et l'audace d'esprit qui soulèvent tous les problèmes et tirent des principes reconnus, des faits constatés toutes leurs conséquences logiques ; le libéralisme religieux qui s'affiche déjà en Angleterre, surtout à Londres et qui est l'effet du passage du protestantisme encore plus ou moins chrétien, au rationalisme absolu, trouve l'Inde préparée pour ainsi dire exprès pour donner carrière à son initiative. Là par la lutte d'abord et ensuite la conciliation des systèmes opposés s'établira peut-être l'accord entre la science et les mystères. Quant au point de vue religieux et philosophique auquel se placent actuellement les Indiens savants, rien ne nous le montre mieux que la curieuse lettre suivante « d'un Indou initié au Yoga à un Européen » publiée dans *le Bouddhisme ésotérique* de A. P. Sinett.

LETTRE

Vous nous demandez de vous enseigner la vraie science, l'endroit inconnu de l'envers connu de la nature, et vous croyez la réponse aussi facile que la demande.

Vous ne semblez pas vous faire une idée exacte des effrayantes difficultés qu'il y aurait à communiquer même les plus simples éléments de notre science, à ceux qui ont été pétris cérébralement dans le moule des méthodes familières à vos sciences à vous occidentaux.

Vous ne voyez pas que, plus vous vous croyez instruits dans les unes, moins vous êtes capables de comprendre l'autre.

En effet un homme ne peut penser que selon la réceptivité de ses catégories et à moins qu'il n'ait le courage de les remplir et de s'en ouvrir de nouvelles, il doit forcément suivre ses vieux errements.

Permettez-m'en quelques exemples ! En conformité avec vos sciences, vous ne reconnaîtrez qu'une seule énergie cosmique. Vous ne verriez aucune différence entre la force vitale dépensée par un voyageur qui bat les buissons sur son chemin et le même équivalent dynamique, employé par un savant à mettre une pendule en mouvement.

Nous savons faire cette différence ; nous savons qu'il y a un abîme entre ces deux hommes.

L'un dissipe et gaspille sa force, sans aucun profit ; l'autre la concentre et l'emmagasine, et ici, veuillez bien comprendre que je ne considère nullement l'utilité relative de nos deux hommes, comme on pourrait le supposer.

Je tiens seulement compte de ce fait, que, dans le premier cas, il y a simplement émission de force irréfléchie, sans que cette dernière soit volontairement transformée en une forme plus haute d'énergie mentale ; dans l'autre cas, c'est justement le contraire qui a lieu. N'allez pas cependant me prendre pour un nébuleux métaphysicien, car voici l'idée que je désire formuler :

Quand un cerveau travaille d'une manière véritablement scientifique, la conséquence de sa plus haute activité intellectuelle est le développement, l'évocation d'une forme sublimée de l'énergie mentale, et cette dernière peut produire dans l'activité cosmique des résultats illimités.

D'autre part, le cerveau qui, sous l'influence d'une science purement mnémotechnique, ne sait pas créer, et n'agit que d'une manière automatique, ne détient ou n'accumule en lui-même qu'un certain équivalent d'énergie brute qui est improductive, soit pour l'individu, soit pour l'humanité.

La cervelle humaine est un générateur inépuisable d'une force cosmique de la qualité la plus délicate et supérieure à toutes les énergies brutales de la nature physique.

L'adepte complet est un centre de rayonnement d'où s'irradient des puissances, des potentialités qui, de corrélation en corrélation, plongent jusque dans les cycles des temps à venir ².

Voilà la clef du mystère de la propriété qu'a le cerveau humain de projeter et de rendre sensibles, dans le monde visible, les forces que sa puissance créatrice à générées et fait surgir des éléments du monde invisible.

L'adepte ne crée rien de nouveau, mais il utilise, il met et œuvre les matériaux que la nature a amassés autour de lui, en qui, pendant des éternités, ont revêtu toutes les formes possibles.

Il n'a qu'à choisir ce qu'il faut et à donner à sa pensée l'existence objective.

Vos savants occidentaux prendraient certainement tout ce qui précéde pour un rêve d'halluciné.

Vous dites qu'il y a peu de branches de la science, qui ne vous soient plus ou moins familières, et que vous croyez faire un certain bien, grâce aux capacités qu'ont pu vous faire acquérir de longues années d'études,

Sans doute ; mais voulez-vous me permettre de vous esquisser encore plus clairement la différence entre les procédés de vos sciences appelées exactes, quoique bien souvent par pure politesse, et les méthodes des nôtres.

¹ Selon M. Sinnett, c'est par la connaissance des propriétés de *l'akas* agent beaucoup plus subtil et puissant que l'électricité, que l'adepte produit les phénomènes physiques qui sont en son pouvoir et d'autres d'une magnificence encore plus grande ; la science qui lui a été léguée est identique avec celle des anciens initiés en occultisme. Les adeptes constituent une fraternité ou association secrète qui étend ses ramifications sur tout l'Orient, mais dont le siège principal serait actuellement le Thibet, bien que de nombreuses recrues lui viennent de l'Inde ; les nouveaux adhérents, de n'importe quelle race et de quel pays, sont toujours les bienvenus, pourvu qu'ils possèdent les qualités requises. Le candidat à l'initiation doit faire un stage d'au moins sept ans avant d'être admis à la première des épreuves qu'il aura à subir. Le complet développement de l'adepte demande entre autres choses une vie absolument pure au point de vue physique. On n'atteint pas le véritable occultisme par l'ascétisme dégoûtant du Yogui des bois et des déserts. Yog vidra est le nom indien de la science occulte dont les branches inférieures comportant des exercices purement physiques composent l'Hatti yog, tandis qu'on nomme *Rag-yog* la science de la discipline mentale qui conduit aux sommets de l'occultisme, le Yoguisme transcendant.

Ces dernières, comme vous le savez, repoussent le vulgaire et toute vérification devant des assemblées mixtes ; aussi M. Tyndall les range-t-il parmi les fictions de la poésie, ce qui indiquerait que la science des choses physiques est condamnée sans appel à une prose absolue.

Parmi nous, pauvres philantrophes inconnus, aucun phénomène d'aucune de ces sciences n'est intéressant que par rapport à sa capacité de produire des effets moraux, qu'en raison directe de son utilité humaine.

Or, qu'y a-t-il de plus entièrement indifférent à tous et à tout, de moins nécessaire à qui et à quoi que ce soit, si ce n'est qu'à d'égoïstes recherches pour son propre avancement, que cette science matérialiste des faits, dans son isolement dédaigneux de tout ce qu'elle ignore ?

Je vous demande ce que les lois de Faraday, de Tyndall et de bien d'autres ont à faire avec la philanthropie, dans leur abstraction de toute relativité avec le genre humain considéré comme un tout intelligent [1].

Quel souci ont-elles de l'homme, de l'atôme isolé du grand tout et de la grande harmonie ?

Quand parfois elles sont pour lui d'une utilité plus ou moins pratique, n'est-ce pas par hasard ?

Dans votre credo occidental, l'énergie cosmique est chose éternelle et incessante, la matière est indestructible ; et vos faits scientifiques sont cloués sur cette borne.

Pourtant, toute cette nomenclature de faits scientifiques n'a jamais pu fournir aux expérimentateurs une seule preuve que, dans sa mystérieuse conscience, la nature préfère que la matière soit plus destructive sous la forme organique que sous la forme inorganique.

Aucun fait matériel et matériellement observé n'a jamais pu infirmer que cette nature travaille lentement, mais incessamment vers l'apparition de la vie consciente, dont la matière inerte n'est que le voile.

De là la profonde ignorance de vos hommes de science au sujet de la dispersion et de la concentration de l'énergie cosmique sous des aspects hyperphysiques ; de là leurs divisions au sujet des théories de Darwin ; de là leur incertitude relative-

---

[1] A cela on répond qu'une découverte de la science qui, au premier abord, ne paraît pas féconde, a souvent des conséquences et une utilité tout à fait imprévues.

ment au degré de vie consciente renfermée dans les éléments, dans les états distincts de la substance ; de là le dédain pour tout phénomène, qui se permet de ne pas appartenir à leur classification, et pour la seule idée que des mondes de forces semi-intellectuelles et, *a fortiori*, intelligentes, sont à l'œuvre dans les hauteurs et les profondeurs cachées de la nature.

Passons à un autre exemple. Nous, orientaux, nous voyons une grande différence entre les deux qualités de deux quantités égales d'équivalents vitaux déposés par deux hommes, dont l'un, supposons, s'en va tranquillement à son travail quotidien et dont l'autre se dirige vers une station de police pour y dénoncer son semblable.

Pour vos hommes de science, il n'y aura pas de différence.

Nous en voyons encore une très grande, très spécifique, dans l'énergie du vent et dans celle d'une turbine. Pourquoi ? parce que dans son évolution invisible, toute pensée humaine passe dans l'endroit dont l'ordre physique est l'envers, et devient une entité active, en s'associant, en s'unissant avec un élément particulier, c'est-à-dire avec une des forces semi-intellectuelles des royaumes de la vie.

Cette pensée survit comme une intelligence active, comme une créature engendrée de l'esprit, pendant une période plus ou moins longue et proportionelle à l'intensité de l'action cérébrale qui l'a générée.

Ainsi une bonne pensée se perpétue comme une mauvaise et une mauvaise, comme un pouvoir démoniaque et maléfique.

De sorte que l'homme peuple continuellement sa course dans l'espace, d'un monde à son image, rempli des émanations de ses fantaisies, de ses désirs, de ses impulsions et de ses passions.

Mais, à son tour, ce milieu invisible de l'homme réagit par son seul contact sur toute organisation sensitive ou nerveuse, proportionnellement à son intensité dynamique.

C'est ce que les Bouddhistes appellent Shanda, les Indous Karma.

L'adepte crée sciemment ces formes, les autres les génèrent au hasard.

L'adepte, pour réussir et conserver son pouvoir, doit demeurer dans la solitude et plus au moins dans l'intérieur de sa propre âme.

Il y a des choses que la science sensoriale perçoit encore moins.

L'industrieuse fourmi, l'active abeille, l'oiseau qui bâtit son nid, accumulent, chacun dans son humble degré, autant d'énergie cosmique dans une forme spécifique, que Hayden, Platon, ou un laboureur poussant sa charrue, dans leurs actions spéciales.

Mais le chasseur qui tue le gibier pour son plaisir ou son profit, ou le positivisme qui dépense sa mentalité à prouver que $+\times+=-$ [1], gaspille et perd l'énergie cosmique, ni plus ni moins que le tigre des jungles bondissant sur sa proie.

Ce sont tous des voleurs qui frustent la nature et tous auront à lui rendre des comptes proportionnellement au degré de leur intellectualité.

Vos sciences expérimentales n'ont rien à faire avec la moralité, la vertu, l'humanité ; c'est pourquoi elles ne peuvent pas compter sur notre secours jusqu'à ce qu'elles rétablissent leur lien et leur alliance avec l'ordre hyperphysique.

Sèche classification de faits extérieurs à l'homme, de ténèbres extra-humaines, existant avant et devant exister après lui, le domaine de leur utilité cesse pour nous à la frontière même de ces faits.

Cette science occidentale se soucie fort peu des suggestions et des résultats que peuvent entraîner pour l'humanité les accumulations méthodiques ou non des matériaux qu'elle remue.

C'est pourquoi, comme notre sphère scientifique échappe entièrement à son domaine et l'enveloppe d'aussi loin que l'orbe d'Uranus entoure celui de la Terre, nous nous refusons à sortir de nos lignes distinctives et à nous laisser broyer sous aucune des roues de l'engrenage occidental.

Par ce genre de mentalité, la chaleur n'est qu'un mode de mouvement et le mouvement génère la chaleur ; mais pourquoi le mouvement mécanique d'une roue qui tourne, a-t-il dans l'ordre hyperphysique une valeur plus haute que la chaleur dans laquelle il se transforme et s'absorbe graduellement ?

Vos sciences ont encore à la découvrir : la notion philosophique et transcendante, donc absurde n'est-ce pas ? des théosophes du moyen âge, que le progrès final du travail de l'humanité aidé par les incessantes découvertes de l'homme arriverait à imiter l'énergie solaire et sa faculté comme premier mobile et qu'il en résulterait un produit tirant de la nature inorganique une transformation en éléments nutritifs ; une telle idée est inadmissible pour la cervelle de vos hommes de science.

[1] C'est sans doute une ironie, car $+\times+=+$.

Mais si le soleil, si le père et le grand nourricier de notre système planétaire s'avisait de changer en granit les poulets d'une basse-cour, d'une manière accessible à l'observation et à l'expérience, ces mêmes hommes de science l'accepteraient sans doute comme un fait scientifique, sans exprimer un regret que ces poulets n'étant plus vivants ne puissent plus nourrir l'homme qui a faim.

Mais qu'un *Shaberon*, qu'un de nos frères traverse les Monts Himmalayas en temps de famine, qu'il multiplie des sacs de riz pour empêcher de périr des multitudes humaines comme il pourrait positivement le faire, que diront vos magistrats et vos collecteurs d'impôts ? Ils le jetteront probablement en prison pour lui faire avouer dans quel grenier il aura volé ce riz.

Voilà votre science occidentale, voilà votre société positive, pratique.

Vous avez beau dire que vous êtes frappé de l'immense étendue de l'ignorance générale sur toutes choses ; vous avez beau définir si pertinemment cette ignorance érigée en science et dire qu'elle ne représente qu'une nomenclature grossièrement généralisée de quelques faits palpables, qu'un jargon technique inventé par les hommes pour déguiser la réalité cachée derrière ces faits, vous avez beau parler de votre foi dans les puissances infinies de la nature, vous vous contentez cependant de dépenser votre vie dans un travail qui ne fait qu'aider cette même science occidentale à engendrer les mêmes résultats sociaux.

De toutes vos nombreuses questions, nous discuterons tout d'abord, s'il vous plaît, celle qui est relative à l'impuissance supposée qu'aurait montrée la fraternité des Individus en ne laissant aucune trace dans l'histoire du monde.

Avec leur réserve d'arts extraordinaires, ils auraient dû, selon vous, réunir dans les écoles une partie considérable des esprits éclairés de toutes les races humaines.

Sur quelles bases vous appuieriez-vous pour croire qu'ils ne l'ont pas fait ?

Que savez-vous de leurs efforts, de leurs succès ou de leurs insuccès.

Comment votre société Occidentale serait-elle capable de rassembler des preuves relativement aux faits et gestes d'hommes qui ont mis tous leurs soins à fermer hermétiquement toute porte possible par laquelle la curiosité pût les espionner ?

La première condition du succès de ces hommes a été de demeurer l'inconnu et l'imprévu.

Ce qu'ils font, ils le savent, et ce que ceux du monde extérieur à leur cercle ont pu apercevoir n'a jamais été qu'un résultat dont la cause est demeurée voilée aux yeux.

Nous n'avons jamais prétendu pouvoir conduire les nations prises en masse à tel ou tel apogée, en dépit du courant général des relations cosmiques du monde.

Les périodes de lumière et de ténèbres se succèdent dans l'ordre intellectuel et dans l'ordre moral aussi bien que dans l'ordre physique.

Les Yougs [1] mineurs et majeurs doivent s'accomplir conformément à l'ordre établi, et nous, sur les bords de la puissante marée des temps, ne pouvons modifier et diriger que quelques-uns de ses moindres courants.

Si nous avions les passions imaginaires du Dieu personnel, tel que le Vulgaire l'entend, si les lois universelles, immuables n'étaient que des hochets avec lesquels on pût jouer, alors, nous aurions pu créer des conditions d'existence qui eussent fait de cette terre une Arcadie d'âmes sublimes.

Mais nous avons affaire à une loi immuable, nous sommes nous-mêmes ses créatures, et nous devons nous contenter de ce qui nous est accessible et en être encore reconnaissant.

Il y a eu des temps où une partie considérable des esprits éclairés, comme vous dites, a reçu l'enseignement, l'initiation de nos écoles.

Ces temps ont existé dans l'Inde, en Perse, en Egypte, en Grèce, à Rome pour l'Occident.

Mais, comme je l'ai indiqué dans une lettre à M. Sinnett, l'adepte est l'oiseau rare, l'efflorescence suprême de son époque et *il y en a relativement peu dans un seul siècle.*

La terre est un champ de bataille non seulement pour les forces physiques, *mais aussi pour les forces morales*; et les brutalités des passions animales, aiguillonnées par les rudes énergies du dernier groupe des agents éthérés, tendent toujours à écraser les puissances intelligibles, les forces intelligentes.

Ne doit on pas s'y attendre de la part d'hommes si étroitement liés encore à l'ordre physique d'où ils ont été évolués ?

---

[1] Youg ou Yougam la vie d'un univers comprenant sa naissance, sa croissance, sa dégénérescence ou décadence et son exstinction.

Il est également vrai que nos rangs se sont éclaircis ; mais, comme je l'ai dit, la cause en est que nous appartenons à la race humaine et que, soumis au mouvement général de ses cycles, nous ne pouvons pas les faire rétrograder.

Pouvez-vous dire au Gange ou au Brahmapoutra de remonter vers leurs sources ? pouvez-vous même les maîtriser de telle sorte que leurs ondes comprimées ne débordent pas et n'inondent pas leurs rives ?

Non, mais vous pouvez soutirer de leur courant une partie de ces ondes, en remplir des canaux et utiliser cette force hydraulique pour le bien de l'humanité.

Il en est de même de nous qui, impuissants à arrêter le monde dans sa course et dans sa direction, pouvons cependant utiliser quelque partie de son énergie en l'attirant dans des canaux bienfaisants.

Regardez-nous comme des demi-dieux et mon explication ne vous satisfera pas ; considérez-nous comme de simples hommes un peu plus sages que les autres, grâce à des connaissances et à des études spéciales, et votre objection aura trouvé une réponse.

Quel bien dites-vous, mes compatriotes et moi pouvons-nous atteindre par cet ordre de connaissances cachées ?

Quand les Indiens verront que les Anglais prennent intérêt, jusque dans la personne de leurs hauts fonctionnaires à la science et à la philosophie de leurs ancêtres, ils s'en occuperont au grand jour.

Quand il leur sera prouvé que les anciennes manifestations de l'ordre divin n'étaient pas des miracles, dans le sens vulgaire de ce mot, mais des résultats scientifiques d'un ordre transcendant, la superstition tombera d'elle-même.

Ainsi le plus grand mal qui, actuellement, opprime et retarde la résurrection possible de la civilisation indienne disparaîtra avec le temps.

La tendance actuelle de l'instruction publique est de faire des matérialistes et de déraciner tout spiritualisme, et cela dans les Indes comme partout.

Mais si l'on arrivait à comprendre ce que nos ancêtres ont vraiment voulu dire dans leurs écrits et dans leurs enseignements, l'instruction deviendrait une bénédiction, tandis qu'aujourd'hui, elle est souvent une malédiction. A l'heure actuelle, les Indiens, instruits ou non, considèrent les Anglais comme trop remplis de préjugés par le christianisme d'une part et d'un autre côté, par la science moderne, pour se donner la peine de les comprendre, eux Indiens ou leur tradition.

Ils se haïssent mutuellement, ils se défient les uns des autres.

Que cette attitude vis à vis de notre ancienne intellectualité vienne à changer, les princes de l'Inde et les hommes riches ne manqueront pas de fonder des écoles normales pour l'éducation des Pundits ; les vieux manuscrits jusqu'ici inaccessibles à la recherche des Européens apparaîtront de nouveau à la lumière et on y trouvera la clef de beaucoup de choses qui, pendant des siècles, ont été cachées à l'entendement populaire, choses dont vos philologues sceptiques ne se soucient pas et dont vos missionnaires religieux n'ont pas l'audace d'aborder la compréhension.

La science y gagnerait beaucoup, l'humanité tout. Les mêmes causes qui tendent aujourd'hui à abaisser les Hindous dans le matérialisme travaillent également la pensée occidentale.

L'Instruction actuelle met le scepticisme sur le trône, mais elle condamne au cachot l'intelligence pure.

Vous pouvez faire un bien immense en aidant les nations occidentales à construire sur une base solide leur foi qui s'écroule.

Ce dont elles ont besoin, c'est de l'évidence que la psychologie asiatique peut seule donner.

Apportez-leur cela et des milliers d'esprits vous devront le bonheur.

L'ère de la foi aveugle est passée, et celle de l'examen est arrivée.

L'examen qui se contente de démasquer l'erreur sans découvrir aucun principe réel sur lequel l'âme puisse bâtir n'engendrera jamais que des iconoclastes.

L'Iconoclastisme qui n'a pour principe que la destruction n'engendrera jamais rien, il ne pourra jamais que faire table rase.

Mais l'homme ne trouvera jamais de repos dans la négation.

L'agnosticisme n'est qu'un relais temporaire et le moment est venu de guider l'impulsion récurrente qui ne peut manquer d'advenir bientôt et qui poussera le siècle vers l'extrême athéisme ou le rejettera dans un cléricalisme extrême, si on ne le ramène pas à l'intellectualité primitive et consolante des Aryas.

. . . .

Le principal but de votre société doit être d'extirper d'un

côté la superstition, de l'autre le scepticisme et, du fonds des anciennes sources cachées, de tirer la preuve que l'homme peut former lui-même sa destinée future, et savoir d'une manière certaine qu'il peut revivre après la mort, s'il sait le vouloir, et que tout phénomène n'est que la manifestation de la loi naturelle dont l'étude et la compréhension sont le devoir de tout être intelligent.

Koot-Hoomi Lal Sing.

Sinett, Occult world p. 85 à 95. London 1883.

Cette lettre très remarquable nous révèle à l'occasion de la théosophie qui n'est qu'un incident, les aspirations actuelles des Indiens d'origine Aryenne ; c'est le retour à la brillante intellectualité de leurs ancêtres. Mystiques de tempérament, panthéistes de tradition, ils se croient appelés à recueillir et restaurer le glorieux héritage de poésie et de philosophie religieuse que leur ont légué les œuvres et interprètes illustres du génie national ; les chantres des Védas, des grandes épopées, des Pouranas ; les Manou, les Kapila, les Bouddha et les autres maîtres admirés et vénérés [1].

[1] Le Principal (un Hindou) du collège de Jeypoore fondé par le Maharajah disait à André Chevillon fin de 1888 ,

Dans les classes supérieures, on étudie le Persan, le Sanscrit, le Pali, les philosophies Orientales, surtout les Upanishads et le vieux Védantique où l'on trouve à la fois Spinosa, Kant, Hegel et Scopenhauer. Stuart mille et Spencer sont lus comme des classiques.

Depuis cinq à six ans, il se fait une réaction en faveur de la vieille métaphysique de l'Inde. Nous commençons à comprendre que sous l'extravagance apparente de la religion Hindoue, se cache une pensée profonde et vous la verrez défendre par nos érudits et nos penseurs. Nous réagissons contre le « théisme » anglais que le *Jeune Bengal* (le Bramat Samaj) avait accueilli avec trop d'enthousiasme. Nous sentons que nous possédons quelque chose de plus original et de plus profond. Si nous lisons, Si nous aimons Spencer, c'est qu'il dénonce l'idée d'un dieu personnel comme une des formes de l'Antropomorphisme. C'est que sa matière indéterminée, homogène à l'origine et qui, par une série de changements insensibles, développe par cycles tous les êtres et toutes les formes, rappelle par bien des traits le Brahma de nos Védantistes.

A leurs yeux, certaines traditions, certains systêmes sont la vérité indiscutable, ce qu'est pour nous la révélation. Telle est la conception de l'univers comme un organisme, un être unique, soumis à des naissances, à la croissance et la dégénérescence, aux extinctions, à des renaissances etc., telle qu'elle est exposée dans les Pouranas. Telle est aussi la Butha Tatagatha, (nous prenons ici la désignation bouddhiste), agent infiniment subtil, presque spirituel, omni présent, se révélant par tout ce qui nous paraît mystérieux, le vent, les traces du mouvement, l'entrechoc des vagues etc. le tout par une sorte d'harmonie préetablie (voir la Butha Tatagatha au Bouddhisme Japonais.)

Telle est encore l'existence d'une force cosmique, résultat de la vertu des actes moraux et *processus* de cette vertu, le Karma qui, dans les idées indiennes, régit le Macrocosme ou Univers, aussi bien que le Microcosme ou l'homme.

La lettre se plaint de ce que la brillante et profonde intellectualité Indienne n'a été ni comprise, ni suffisamment étudiée par les Anglais.

En effet, ce n'étaient point des écrivains, missionnaires ou professeurs de philosophie, tous plus ou moins imprégnés de christianisme qui, malgré la plus entière bonne foi, pouvaient porter une vue assez libre et assez claire sur les doctrines de l'Inde.

Quant aux hommes de science, rebutés dès le premier abord par les évidents écarts d'imagination des livres Indiens, ils ne pouvaient prêter que rarement aux systèmes d'ensemble une attention assez sérieuse, malgré certaines ressemblances qu'il pouvait y avoir entre les systèmes cosmiques de l'Inde et les théories récentes de l'évolution.

On peut donc considérer comme légitime l'appel fait par l'auteur de la lettre à l'intérêt des hauts fonctionnaires Anglais en faveur de la culture de la science Indienne par les Indiens eux-mêmes.

Cette science dailleurs est déjà fort répandue en Europe où presque toutes les œuvres importantes de l'Inde ont été traduites et sont étudiées, de telle sorte que leur valeur et leur portée sont connues et largement appréciées.

L'heure de la vulgarisation a même déjà sonné pour elles.

A faire ce qu'il importe encore, il n'y a aucun obstacle. Le libéralisme du Gouvernement de l'Inde, à cet égard, ne saurait faire l'objet d'aucun doute.

Depuis près d'un demi-siècle, il existe à Calcuta un collège de Brahmes savants, (sorte de collège de France) institué et entretenu par le gouvernement pour les études et recherches relatives à l'Hindouïsme. Les hauts fonctionnaires Anglais encouragent et aident avec une impartialité et une bienveillance absolues tout essor de l'intelligence, tout effort de la pensée.

Politiquement, les Anglais n'ont aucun intérêt contraire à la résurrection de l'intellectualité Aryenne de l'Inde. Les castes non Aryennes qui forment l'immense majorité de la population ne sauraient y prendre qu'une bien faible part, livrées comme elles le sont à un naturalisme sectaire auquel elles n'échappent que par la conversion au mahométisme ou au christianisme. Quant aux Aryens (les Brahmes etc.) le retour à la culture ancienne n'aura pour eux de résultats que dans le champ de la poésie, de la littérature et de la spéculation philosophique ; le principal sinon l'unique effet sera la mise en relief et en lumière de l'antiquité Indienne. En admettant qu'ils fassent quelques découvertes ou œuvres remarquables, la portée en sera certainement très limitée. Cela résulte des déclarations mêmes de la lettre citée :

Nous avons à faire à une loi immuable ; sur les bords de la puissante marée des temps, nous ne pouvons modifier et diriger que quelques-uns de ses moindres courants.

C'est l'aveu du peu d'action qui, d'après la conception cosmogonique indienne, peut être exercée sur la marche de l'humanité : il était expliqué à l'avance par ces autres lignes :

Nous n'avons jamais prétendu pouvoir conduire les nations prises en masse à tel apogée, en dépit du courant général des relations cosmiques du monde. Les périodes de lumière et de ténèbres se succèdent dans l'ordre moral aussi bien que dans l'ordre physique.

C'est en effet la tradition hindoue. Mais ce dogme cosmique est la négation de la loi du progrès indéfini dans l'ordre moral, proclamée par Condorcet et acquise aujourd'hui à la cause de l'humanité.

L'Hindouisme est essentiellement local et par conséquent infécond pour l'universel.

Les trésors de poésie et de haute métaphysique qu'il renferme ne peuvent être mis en valeur que par une épuration du Vichnouvisme dans le sens d'une substitution de l'amour divin à l'amour charnel, grâce à laquelle il deviendrait un panthéisme réellement mystique, spécial aux Aryens de l'Inde.

Quant aux adeptes de la science occulte dont l'association fraternelle a actuellement son siège au Thibet, leurs efforts paraissent, en dehors de leurs recherches spéciales sur les forces occultes, devoir concourir à la propagation d'un Bouddhisme panthéistique, tel que celui professé déjà par plusieurs sectes, notamment au Japon.

Cette doctrine flatterait beaucoup moins que le Krishnaïsme, la vanité nationale de l'Inde, et ne satisferait pas son besoin de poésie sacrée. *Le Bouddhisme ésotérique* de M. Sinnett, par exemple, ne saurait, selon nous, la conquérir: C'est l'occultisme grevé sur le Bouddhisme avec des théories physiques et cosmologiques tenant en partie de l'Inde, en partie de la science moderne, dont les initiés ou adeptes ont, déclarent-ils, une vue particulière, mais non une démonstration logique. Ces hypothèses manquent souvent de clarté et n'ont d'autre charme que l'hyperbole des nombres. Positivisme et Hindouïsme sont deux termes contradictoires qui se repoussent mutuellement. Le système n'est pas encore fixé définitivement.

Dans notre cadre restreint, nous ne pouvons faire entrer que quelques citations caractéristiques de ce système.

Colonel Olcott. — Karma se réfléchit sous le masque de personnalités se succédant tout le long de la chaîne presque interminable des naissances qui les contient toutes sans solution de continuité, comme le fil réunit les grains d'un chapelet.

C'est toujours la même ligne particulière *et jamais une autre.*

Donc ce qui est *individuel*, c'est cette ondulation vitale qui, commençant au Nirvana du côté *subjectif* de la matière, traverse par des vibrations semblables à celles de l'Ether, de part en part, l'envers objectif de la nature sous l'impulsion de Karma et sous la direction formatrice de Tanka, et tend, après de nombreux cycles de transformations, à retourner au Nirvana. Ce qui passe de personnalité en personnalité, le long de la chaîne individuelle, M. Rhys Davids l'appelle « caractère ou l'agissant. Pour nous, la vibration vitale, restée toujours la même au milieu de tous les changements, revient à son point de départ (par une sorte de giration et un renversement alternatif des causes et des effets comme dans celui des douze Nidanas.) Considérant cette vibration vitale comme *l'individualité*, nous appelons « personnalité » ce quelque chose de distinct, de passager, qui naît, vit et meurt et qui n'est absolument qu'une des nombreuses manières qu'affecte *l'individualité* à travers les formes diverses où elle se manifeste. Pour nous, « le caractère » de M. Rhys Davids est la somme de toutes les qualités intérieures et de toutes les propensions morales de *l'Individu*.

La négation de l'âme par Bouddha (se reporter à la citation que nous avons faite précédemment) ne s'applique qu'à cette croyance trompeuse qui nous fait prendre la *personnalité* toujours changeante pour *l'individualité* et nous fait attribuer à la première l'immortalité qui n'appartient qu'à la dernière. Dans le Sangulho-Nika-Pisaka, Bouddha fait surtout bien ressortir que le « *moi* » qui n'est le moi que par l'effet d'un état de conscience ne peut logiquement être regardé comme permanent, puisque les Shandas, les éléments constitutifs de ce *moi* ou *personnalité*, varient constamment.

La croyance générale du Bouddhisme est que tout homme (*toute individualité*), après avoir passé par des existences innombrables, arrive à être un Bouddha, (d'après quelques écoles il faudrait dire : *tout Être*).

L'homme qui est arrivé à sa dernière naissance (l'Arhat) et celui qui par un entraînement s'est élevé au 4e degré de la contemplation (la 4ª Dyana) possède un tel état de *conscience*, que, dans une des naissances qui précèdent la grande victoire, il peut contempler toutes ses vies passées.

Citons maintenant A. P. Sinnett. Le Dévachan

Le Dévachan est *l'état* où passent les principes *les plus élevés* de la nature humaine après la mort.

Ce qui reste d'un mortel qui soit capable de jouir de *l'état dévachanique* n'est pas la *monade individuelle* seulement, c'est la propre conscience intime (self conscience) de la *personnalité* de chair et d'os, avec quelques différences.

C'est la même personnalité, surtout en ce qui regarde les aspirations *les plus hautes, les affections les plus tendres,* même *les goûts les plus élevés,* et absolument comme si c'était sur cette terre ; en un mot, c'est *l'essence* de la *personnalité,* qui passe à la vie *subjective* du *Dévachan.*

Celle-ci a ses périodes correspondantes à celles de l'existence physique. Il y a le premier émoi de la vie psychique ; on progresse ensuite et l'on gagne le culmen ; puis, par un graduel épuisement, on arrive à une espèce d'état léthargique conscient. Alors l'état de conscience s'affaiblit, l'oubli vient, les eaux du Léthé sont bues ; on se réveille par la renaissance dans un corps de chair pour une nouvelle vie, jusqu'à un autre terme dévachanique.

En Dévachan, l'âme ignore l'isolement, la douleur des séparations ; elle est *toujours,* avec ceux qu'elle a choisis, appelés, qu'elle aime. L'amour place l'image adorée en face de l'amant qui désire sa présence. Elle est là, toujours là, prête à répondre au moindre appel, pour satisfaire les désirs du cœur amoureux (ce qui n'empêche pas l'amante d'être en même temps ailleurs à l'occasion).

En Dévachan tout est juste et proportionné aux capacités. Il est pour chacun *sa propre création, l'œuvre de ses aspirations et de ses facultés.*

Le Colonel Olcott est resté dans le Bouddhisme Indien, mais P. A. Sinnett s'en éloigne complétement et lui substitue un Bouddhisme dans le goût des Occidentaux. Il faut, selon nous, imiter le Bouddha qui a évité de trop s'expliquer sur le Karma et le Nirvana et s'est borné à donner de chacun d'eux une idée sommaire que chacun peut approprier à son usage particulier.

Les Chrétiens eux-mêmes n'ont pas une définition précise ni une idée parfaitement arrêtée du Paradis. Seuls les musulmans ont de lui une idée simple et nette dans sa grossièreté.

CHAPITRE IV

MOUVEMENT RELIGIEUX, LE BRAHMA SAMAJ

En dehors des conversions faites par les missionnaires, il s'est produit dans l'Inde, par la contagion des idées et l'influence des institutions européennes, par l'émigration temporaire des coolies et par le développement général de l'instruction, un progrès très marqué, surtout dans les classes élevées, sinon vers le christianisme, au moins vers les idées chrétiennes telles que la charité universelle, la croyance en un seul dieu, etc.

L'autorité Anglaise fait les efforts les plus intelligents et les plus louables pour répandre l'instruction parmi les natifs. J'ai vu près de Chandernagor une école de village tenue par un instituteur natif formé à Calcuta dans une école normale ; elle ne le cédait en rien à nos bonnes écoles primaires.

Toutes les facilités et toute la liberté désirables sont laissées aux particuliers et aux corporations, quelle que soit leur croyance ou leur origine, pour fonder des établissements d'instruction publique ; et lorsqu'un de ces établissements justifie que, pendant plusieurs années, il a donné des résultats satisfaisants, le gouvernement, après enquête, lui accorde une subvention égale à la moitié de ses dépenses courantes. La connaissance de la géographie et de la cosmographie ouvre les yeux aux Hindous sur les fables cosmogoniques et cosmiques du Brahmanisme, et en détruit ainsi la base dans les esprits. Déjà, au Bengale, beaucoup d'Indiens, parmi les plus riches et les plus instruits, font partie des loges Maçonniques qui y sont très multipliées et qui s'affichent presque comme un Culte.

On a traduit en Hindoustani et on répand les principaux ouvrages de nos philosophes, comme le Novum Organum etc. Ce mouvement d'idées, quelle que soit la forme qu'il revête d'abord, philosophie humanitaire ou protestantisme, aboutira plus tard, au moins pour le peuple, à un Culte imagé, le seul sympathique aux Hindous.

On peut prédire en toute certitude qu'un jour l'Inde se partagera exclusivement en trois religions ; le Christianisme, le Brahma Samaj dont nous parlerons bientôt et le Mahométisme. Les Musulmans, qui ne se convertissent nulle part, ne pourront disparaître de l'Inde, aussi bien que des autres pays qu'ils ont occupés en conquérants, que par des causes politiques et sociales, dont l'effet ne se produira qu'après plusieurs siècles. Plus forts, plus énergiques, plus entreprenants, plus généreux, mais moins laborieux que les autres Hindous et moins intelligents que la plupart d'entre eux, ils sont en minorité et paraissent en décroissance dans le Sud de l'Inde où ils s'adonnent au commerce, à la navigation, et aux métiers sédentaires, comme ceux de tailleurs, de pions etc., à l'exclusion de l'Agriculture. Ils paraissent dominer au Bengale, sinon par le nombre au moins par leur richesse et leur activité. Ils occupent à peu près seuls quelques villes et ont un quartier séparé dans tous les autres centres de population. On prétend même qu'au Bengale, ils augmentent en nombre plus rapidement que les Chrétiens, et cela se comprend. Partout où ils ont de l'aisance (et c'est leur situation ordinaire) la pluralité des femmes fait augmenter la population Musulmane plus rapidement que la population Brahmanique.

En outre, tout bon Musulman est, on le sait, un zélé propagateur de sa foi. Ce qui est remarquable c'est la pénétration réciproque du Mahométisme et de l'Hindouïsme. Les Musulmans ont pris beaucoup aux Hindous et les Hindous bien plus encore aux Musulmans et aux Chrétiens. Les Pagodes Hindoues récemment construites ressemblent beaucoup à des mosquées, ou à des églises.

Beaucoup d'Hindous Brahmaniques prennent part aux fêtes chrétiennes et musulmanes, estimant qu'on ne saurait trop se concilier tous les Dieux.

Les ressources chaque jour plus grandes dont disposent les missions chrétiennes, et les secours qu'elles apportent dans les années calamiteuses et à l'aide desquels elles font beaucoup de conversions, donnent lieu de penser que l'apostolat chrétien prendra définitivement la supériorité dans toute l'Inde sur le Mahométisme les Anglais y ont tout intérêt, car les Mahométans sont leurs seuls adversaires dans l'Inde.

Le Brahma Samaj paraît devoir recueillir tout ce qui ne sera pas Chrétien ou Musulman, probablement il deviendra une religion ayant les mêmes dogmes que l'Unitarisme le plus d'Angleterre et des cérémonies dans le goût des Hindous.

Le Brahma Samaj, ou société de Dieu, a été institué par Ram Mohun Roy qui a une certaine Notoriété parmi les Indianistes Anglais. Il naquit en 1774 à Rahnagar d'une famille de Brahmes de Vichnou et se fit réformateur ; sa doctrine procédait directement du Védanta, et il en déduisait la condamnation du grossier polythéisme de ses contemporains. Il n'admettait point, il est vrai, un Dieu personnel, mais il faisait consister l'essence de la religion dans la reconnaissance de l'unité divine, panthéisme ou monothéisme peu importe. Dans son ouvrage sur : « Les préceptes de Jésus, guides de la paix et du bonheur » il rend hommage à la valeur morale du Christianisme tout en contestant la divinité de son fondateur. A sa mort en 1833 il légua au Brahma Samaj qu'il avait fondé en 1830 un local pour lieu de réunion à la condition que ce lieu serait consacré aux prêches, conférences, prières et hymnes faits pour favoriser la contemplation de l'auteur et conservateur de l'univers et le progrès de la charité, de la moralité, de la sympathie, de la vertu, enfin le resserrement des liens entre les hommes de tous les cultes et de toutes les croyances.

Mohun Roy reprit l'œuvre de Ram Mohun Roy. Il tendait au dogme d'un dieu personnel. On lui opposa les panishads reconnus dans l'Inde comme essentiellement panthéistes, bien que quelques Indianistes et entre autres Max Müler aient cru y démêler l'Être suprême tel que nous le concevons.

Mais si on se reporte à la définition de l'Athman donnée par le Katha Oupanishad que nous avons citée ailleurs et qui se trouve reproduite presque identiquement dans le livre XII de Manou au moins pour la partie essentielle, on voit que l'Athman est l'âme du monde ; et on ne peut méconnaître là le Panthéisme. Se rendant à cette objection, Mun Roy remonta jusqu'aux Védas et s'éfforça d'y trouver le Dieu personnel, caché sous un polythéisme apparent. Certains Indianistes ont cru voir dans les hymnes exaltant tantôt un dieu, tantôt un autre, au-dessus de tous les dieux, la croyance à un dieu unique adoré sous des noms divers et envisagé sous différentes faces et attributs.

Il eût été plus prudent de considérer les élans pieux de ces hymnes comme le cri de la conscience humaine et l'expression spontanée de la tendance naturelle des cœurs religieux et surtout des poètes vers le dieu personnel ; c'était de l'inspiration, de l'intuition et non un système arrêté. On retrouve des élans semblables jusque dans le polythéisme des Pouranas et même aujourd'hui chaque secte tend à faire de son dieu l'Être suprême.

Cette interprétation des Védas dans le sens du Monothéisme fut vivement combattue et enfin reconnue erronée par le Brahma Samaj après une étude approfondie des textes authentiques des Védas :

Alors le Brahma Samaj rompit avec la tradition de l'Hindouïsme, et repoussant toute révélation, même celle des Védas, devint une religion purement déiste — la première peut-être, après l'Unitarisme, qui ait acquis une importance sérieuse dans le monde.

Debendra — Math — Tagore fit adopter à la société de Dieu sous le nom de Brahma-Darma, « le credo du Théisme : l'unité et la personnalité de Dieu ; l'immortalité de l'âme, l'efficacité morale de la prière — et la nécessité du repentir pour le rachat des fautes. — Ce credo est à peu près celui du protestantisme libéral qui gagne aujourd'hui tant de terrain parmi les protestants.

Il règne dans la secte du Brama Samaj une grande ferveur religieuse et de prosélytisme. Il est probable qu'elle ralliera une grande partie de l'Inde. Sa provenance et sa forme hindoues, l'appui des Brahmes éclairés et celui de l'autorité Anglaise, semblent devoir lui permettre de vaincre les obstacles légaux et sociaux qui arrêtent les progrès du Christianisme dans les présidences de Calcuta et de Bombay.

Déjà, et cela est une preuve de vitalité, a commencé

dans son sein la lutte éternelle entre le sentiment et la raison.

Sous l'influence et la direction de Keshak Chandra Sen fils d'un Brahme Vichnouviste, qui entra dans le Samaj en 1858, les membres les plus jeunes, et les plus ardents de l'association se lancèrent dans des tentatives de réformes radicales.

Ils demandèrent que les Brahmes renonçassent à porter le cordon sacré ; ils voulurent reformer les cérémonies pour les Mânes, les cérémonies funèbres et celles du mariage. En même temps ils entreprirent l'œuvre de l'éducation des femmes, la suppression de la polygamie et du mariage des jeunes enfants, celle de l'interdiction aux veuves de se marier et aux personnes de différentes castes de se marier entre elles.

Bien qu'approuvant ces réformes, les anciens membres ne crurent pas pouvoir s'y associer. De là une scission en 1865.

La nouvelle société prit le nom de Brahma Samaj de l'Inde et fit la profession de foi suivante :

« Dieu est la cause première de cet univers qu'il a créé de rien et qu'il soutient : Il est pur esprit, parfait, infini, tout puissant, tout miséricordieux, tout saint ; notre père, notre conservateur, notre maître, notre sauveur. »

« L'âme est immortelle ; il n'y a pas de nouvelle naissance après la mort ; la vie future est la continuation et le développement de la vie présente. Les hommes qui vivent maintenant sont les *embryons* des hommes qui doivent être dans l'avenir. »

Le mot embryon ne peut-être entendu ici dans un sens absolument matériel, sans quoi, il y aurait contradiction avec les lignes précédentes.

« Les véritables écritures sont de deux sortes, le livre de la nature et les idées naturelles entées dans l'âme ou l'esprit. La sagesse, la puissance et la bonté du créateur sont écrites sur l'Univers. Toutes les idées qui concernent l'immortalité et la morale sont des convictions primitives, c'est-à-dire innées et en germe dans la nature humaine. »

C'est la doctrine du plus grand nombre des franc-maçons. Il en est de même de l'alinéa suivant :

« Dieu ne s'est jamais incarné, sa divinité réside en chaque homme et rayonne plus particulièrement dans quelques-uns, tels que Moïse, Jésus-Christ, Mahomet, Nanak, Chaïtanya etc. Ce sont de grands bienfaiteurs de l'humanité, dignes de sa reconnaissance et de son amour. »

« La religion de Brahma est distincte de toutes les autres ; cependant elle en est l'essence. Elle n'est hostile à aucune autre croyance. Elle accepte ce qui est vrai dans les autres. Basée sur la constitution humaine, elle est éternelle et universelle. »

Cet alinéa rappelle à la fois la franc maçonnerie et le Krishnaïsme.

« Tout le genre humain est une famille. Il ne doit y avoir aucune distinction de castes.

« Il y a 4 sortes de devoirs : les devoirs envers dieu, envers soi-même, envers les autres, envers les animaux ; » comme dans toutes les morales spiritualistes et théïstes.

« Tout pécheur supportera les conséquences de ses propres péchés, plus tôt ou plus tard, en ce monde ou dans l'autre. L'homme doit travailler à sa sanctification par les honneurs (essentiellement spirituels) rendus à Dieu, par la répression de ses passions, par le repentir, par l'étude de la nature et des bons livres, par la vie solitaire et contemplative. C'est ainsi qu'il obtiendra le salut à l'aide ou par l'action de la grâce divine. »

« Le salut est la délivrance de l'âme de la corruption, et son progrès continue en pureté pendant toute l'éternité. Elle devient de plus en plus sainte et plus heureuse au sein de Dieu dont la société est son Paradis. »

Keshab-Chandar-Sen fit plusieurs voyages dans l'Inde dans un but de prosélytisme et se rendit en Angleterre en 1870 poursuivant toujours son entreprise à la fois religieuse et sociale.

A son retour, il fonda d'abord « une association pour la réforme de l'Inde, » dont le principal objet était de travailler à l'amélioration de la condition des femmes, et à la diffusion de l'instruction dans toutes les classes de la société.

Cédant à une agitation qu'il provoqua spécialement, le Gouvernement anglais de l'Inde, en 1872, sanctionna une loi qui autorisait le mariage civil, rendait légales les unions entre personnes de castes différentes, fixait l'âge auquel on pouvait se marier à 18 ans pour les garçons et à 14 ans pour les filles, défendait la bigamie, et permettait le mariage légal aux veuves.

C'était un pas immense ; malheureusement les résultats de cette loi entravée par les habitudes et les préjugés séculaires, n'ont pas été ceux qu'on attendait ; si ce n'est parmi les chrétiens, peu de personnes encore s'y conforment. Il faut cependant compter sur l'action du temps.

En 1877 la branche du Samaj, la conservatrice sous la direction de Debendra Nath Tagore *et la progressiste* sous celle de Keshab-Chandar-Sen comptaient ensemble dans l'Inde plus de cent sociétés affiliées.

Keshab-Chandar-Sen inclina de plus en plus vers la piété en s'éloignant du rationalisme. Il institua des jours de fête périodiques (fêtes du Seigneur) avec une sorte d'office comprenant les exercices suivants : (Mgr Laouenan).

On récitait d'abord un hymne ; le ministre adressait ensuite à Dieu une invocation suivie d'un autre hymne ; après quoi l'assemblée entière chantait une formule d'adoration que le Ministre terminait seul. Suivait un silence de quelques minutes pendant lesquelles on communiait *spirituellement*. Ensuite l'assemblée entière chantait : conduisez-nous, ô Dieu, de l'erreur à la vérité, des ténèbres à la lumière, de la mort à l'immortalité. O vous, père de la vérité, révélez-vous à nous. Vous êtes bon, protégez-nous dans votre bonté sans bornes : Paix ! paix !

Le ministre récitait alors, se tenant debout, une prière pour le bien-être du monde entier. (Réminiscence bouddhique). A cette prière succédait la récitation d'un nouvel hymne et des passages empruntés aux livres sacrés de l'Inde et à d'autres livres. On terminait par un sermon suivi d'une prière, d'une bénédiction et d'un hymne.

Ce n'était là sans doute qu'un minimum obligatoire et toujours dépassé. Un Européen qui a assisté à une fête du Seigneur, la décrit ainsi :

A 6 heures du matin, un hymne fut entonné en chœur dans la galerie supérieure du mandir pour annoncer la solennité du jour. On continua par d'autres hymnes avec accompagnement d'harmonium jusqu'à 7 heures.

L'office, y compris le sermon, dura de 7 à 10 heures. A midi, on se réunit de nouveau ; quatre pandits vinrent successivement réciter des textes sanscrits.

A une heure le Ministre, un Brahme, donna une conférence sur les quatre points suivants :

1º Le véda est inférieur à la véritable écriture où se révèle le Dieu éternel ;

2º Le sage doit partout rejeter l'erreur et retenir la vérité.

3º De toutes les écritures, grandes et petites, extrais l'essence, car c'est la vérité.

4º Pour trouver Dieu, adresse-toi à la fois aux Ecritures, aux sages et à ta conscience.

Vinrent alors plusieurs thèses philosophiques et religieuses, exposées par leurs auteurs. — Des hymnes, des méditations et des prières en commun durèrent jusqu'à 7 heures ; à 9 heures on fit la cérémonie de l'initiation de 7 nouveaux brahmaïstes. Après ces 15 heures de dévotions, l'assemblée se sépara en chantant qu'elle n'en avait pas assez. *The heart wisches not to return home.*

Il y avait évidemment excès de dévotion ; et si le Brahma Samaj avait persisté dans cette voie, au lieu de devenir un culte populaire, il serait resté forcément une association fort restreinte de piétistes assez tristes. Keshab-Chandra-Sen étant tombé dans un mysticisme voisin du spiritisme, une réaction eut lieu et ramena la nouvelle religion à peu près aux doctrines et aux formes de l'Unitarisme, formes déjà trop sévères pour l'imagination Hindoue.

D'autres Hindous ont adopté les mêmes dogmes, mais sans rompre avec l'Hindouïsme, et en s'efforçant de les déduire plus ou moins logiquement des Védas ou des Upanishads. Les écrivains du protestantisme libéral leur savent gré de cette nouvelle tentative et applaudissent tous ceux qui, par une voie quelconque, vont au théisme voir même au déisme. En s'unissant, le particularisme, propre de tout temps aux Brahmes et celui essentiellement propre aux protestants et aux loges maçonniques qui sont nombreuses et puissantes dans l'Inde, ne peuvent manquer d'engendrer nombre de sectes monothéistes alliant dans des proportions diverses les Védas et l'Evangile par un accouplement plus ou moins forcé et plus ou moins adroitement justifié. Aux yeux des Indépendants et des humanistes représentés presque officiellement dans l'Inde par de nombreuses loges maçonniques, et par les disciples de Comte réunis en une secte. « *Dans des sujets mystérieux et presque insondables, la rigueur des déductions et la cohérence des systèmes importent beaucoup moins que la conclusion : Devoir impératif ; amour envers l'homme et Dieu, — c'est-à-dire justice et charité.*

« *Les dissidences secondaires sur les sources de la morale et de la piété peuvent même avoir leur utilité, en stimulant l'activité religieuse, pensées et œuvres.* »

FIN

TABLE DES MATIÈRES

LIVRE I

DEPUIS LE BOUDDHA JUSQU'A ASOKA (543 à 276 avant J.-C.)

Chap. I. — Période historique de rénovation religieuse . . 1
Chap. II. — Le premier concile bouddhique. 14
Chap. III. — Les écritures bouddhiques 18
Chap. IV. — Le deuxième concile 32

LIVRE II

AÇOKA (276 ou 264-222).

Chap. I. — Légende de la conversion du roi 43
Chap. II. — Les édits d'Açoka 47
Chap. III. — Zèle du roi. Légende de Vithaçoka 56
Chap. IV. — Légende de Kunala. 62

LIVRE III

ENTRE AÇOKA ET KANISHKA

Chap. I. — Le premier âge du Bouddhisme allié à la mythologie de l'Inde 77
Chap. II. — Le Bouddhisme à Ceylan. 87

Chap. III. — Le Ramayana. 100
Chap. IV. — Syncrétisme religieux ; les Esséniens d'après Flavius Joseph ; les Thérapeuthes. 118

LIVRE IV

DÉVELOPPEMENT DU BOUDDHISME

Chap. I. — Expansion 133
Chap. II. — Influence du Bouddhisme sur le Brahmanisme 139
Chap. III. — Les plus anciens Bouddhistes, et la doctrine sur le vide 144
Chap. IV. — Le grand véhicule 152
Chap. V. — Les Sutras développés, le Lotus de la bonne loi 160

LIVRE V

TRANSFORMATION ET DIFFUSION DES DOCTRINES INDIENNES

Chap. I. — Le Yoga de Patanjali 175
Chap. II. — Le chant du bienheureux 188
Chap. III. — Pèlerinage de Fa-Hien 209
Chap. IV. — Les doctrines indiennes à Rome et dans l'Empire d'Orient 214

LIVRE V

PÈLERINAGE DE HIOUEN-TSANG

Chap. I. — Lieux saints du Bouddhisme 221
Chap. II. — Etat de la religion 232
Chap. III. — L'Assemblée de la délivrance, le culte Bouddique 240
Chap. IV. — Déclin du Bouddhisme 249
Chap. V. — Les Djains 257

LIVRE VII

LES POURANAS

Chap. I. — Généralités	269
Chap. II. — Linga Pourana et Vichnou-Pourana. . . .	281
Chap. III. — Le Baghavata Pourana	293

LIVRE VIII

DERNIÈRES SECTES ET ÉCOLES DE L'INDE

Chap. I. — Le Sivaisme primitif. — Siva et Vichnou . .	319
Chap. II. — Les Saktis	325
Chap. III. — La Bacti et l'Erotisme.	338
Chap. IV. — Les Yogatchéria.	350
Chap. V. — Extinction du Bouddhisme. Ecoles Brahmaniques modernes.	360

LIVRE IX

DERNIERS ÉVÉNEMENTS HISTORIQUES

Chap. I. — Les Musulmans dans l'Inde	371
Chap. II. — L'Inde au xviiie siècle, les Sicks	378
Chap. III. — Politique des Anglais dans l'Inde . , . .	383
Chap. IV. — Le Christianisme dans l'Inde	389

LIVRE X

L'INDE ACTUELLE

Chap. I. — Les Hindous et leur manière de vivre. . . .	393
Chap. II. — Sectes de Vichnou et de Siva ; les Gourous .	399
Chap. III. — Les Brahmes et le culte privé.	404
Chap. IV. — Monuments et cérémonies du culte public .	413
Chap. V. — Fêtes des Pagode, Pèlerinages, fêtes annuelles.	423

LIVRE XI

AVENIR RELIGIEUX DE L'INDE

Chap. I. — Superstition, magie 429
Chap. II. — Astrologie 432
Chap. III. — Le Yoga et les pouvoirs en apparence surnaturels 435
Chap. IV. — Mouvement religieux, le Brahma Samaj . . 454

FIN DE LA TABLE

Imprimerie DESTENAY, Saint-Amand (Cher)

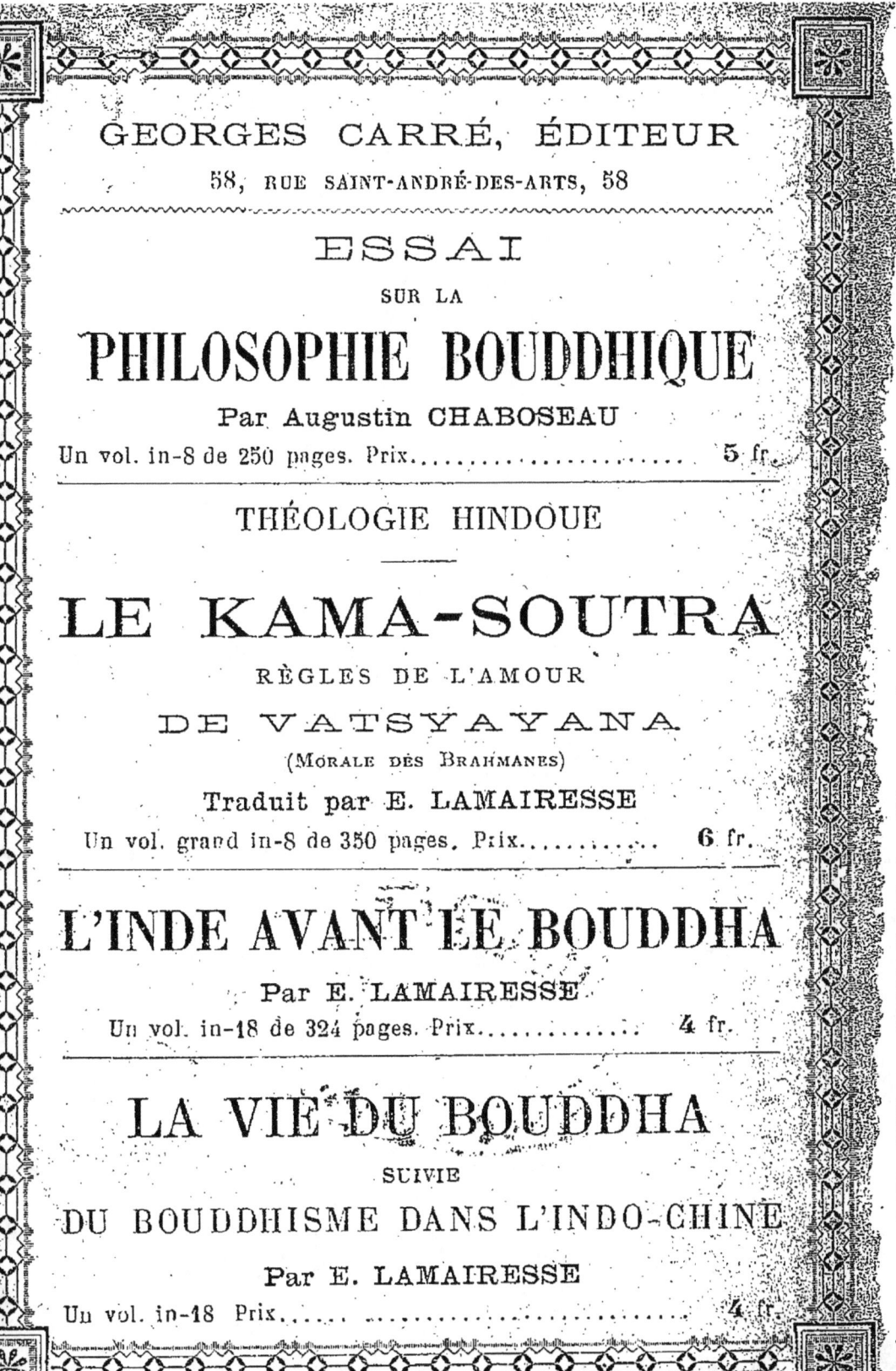

GEORGES CARRÉ, ÉDITEUR
58, RUE SAINT-ANDRÉ-DES-ARTS, 58

ESSAI
SUR LA
PHILOSOPHIE BOUDDHIQUE
Par Augustin CHABOSEAU
Un vol. in-8 de 250 pages. Prix...................... 5 fr.

THÉOLOGIE HINDOUE

LE KAMA-SOUTRA
RÈGLES DE L'AMOUR
DE VATSYAYANA
(MORALE DES BRAHMANES)
Traduit par E. LAMAIRESSE
Un vol. grand in-8 de 350 pages. Prix........... 6 fr.

L'INDE AVANT LE BOUDDHA
Par E. LAMAIRESSE
Un vol. in-18 de 324 pages. Prix............. 4 fr.

LA VIE DU BOUDDHA
SUIVIE
DU BOUDDHISME DANS L'INDO-CHINE
Par E. LAMAIRESSE
Un vol. in-18 Prix....... .... 4 fr.

www.ingramcontent.com/pod-product-compliance
Lightning Source LLC
Chambersburg PA
CBHW070201240426
43671CB00007B/514